―――― 谨以本书 ――――

献给为中华民族解放事业
英勇战斗的前辈们！

井冈山地区革命斗争故事系列之三

十万工农下吉安

肖栈光 著

·广州·

图书在版编目（CIP）数据

十万工农下吉安/肖栈光著. —广州：华南理工大学出版社，2022.10

　ISBN 978-7-5623-7169-4

　Ⅰ．①十⋯　Ⅱ．①肖⋯　Ⅲ．①长篇小说–中国–当代　Ⅳ．① I247.5

中国版本图书馆 CIP 数据核字（2022）第 181298 号

SHIWAN GONGNONG XIA JI'AN
十万工农下吉安
肖栈光　著

出 版 人：柯　宁
出版发行：华南理工大学出版社
　　　　　（广州五山华南理工大学 17 号楼，邮编 510640）
　　　　　http://hg.cb.scut.edu.cn　E-mail: scutc13@scut.edu.cn
　　　　　营销部电话：020-87113487　87111048（传真）

策划编辑：王　磊
责任编辑：李秋云　庄　严
责任校对：洪　静　梁晓艾
印 刷 者：广州市人杰彩印厂
开　　本：787mm×960mm　1/16　印张：28.75　字数：455 千
版　　次：2022 年 10 月第 1 版　2022 年 10 月第 1 次印刷
印　　数：1～5000 册
定　　价：98.00 元

版权所有　盗版必究　印装差错　负责调换

序

  肖栈光的红色长篇纪实小说《十万工农下吉安》写完了，从这部沉甸甸的大作来看，他是花了很多心思的，是倾注了很深感情的，也是寄托了厚望的。

  从2012年8月着手谋划到2022年10月完成，历经了整整十年，他把全部的精力和心血都倾注到了这部恢弘的著作中来。

  2019年7月，我休假探亲，见到肖栈光时，问他的第一句话就是："《十万工农下吉安》这部著作写到哪一步了？"他回复我说："一个字也没写。"我问他："为什么？"他说："历史情节太杂，涉及人物太多，牵扯事件太广，一手资料还没整理齐，布局谋篇还没有头绪，一直不知从哪里下笔。"

  我很是理解，他所说的这段历史错综复杂，要理顺它还真不容易：1930年10月初，在红一军团总前委和赣西南特委的领导下，十万工农攻下吉安城，建立起了江西省苏维埃政权，转眼间到现在已过了将近一个世纪。其间涉及的历史人物众多，战场背景复杂，政治事件重叠，加之那段历史的经历人——那些老红军、老赤卫队员、老支前模范等，一个一个的都相继去世了，若没有理顺这段历史资料，就想把这么个波澜壮阔、宏大纵深的战斗故事有声有色地写出来，恐怕是在痴人说梦。

  许多作家因为缺乏这段历史的第一手资料，以致近一个世纪过去了，也没有一个人把它生动地书写出来。

然而，拜访百多位这段历史的经历人，亲耳聆听那些老前辈讲述当年那场战斗的历程，这种机遇不是人人都有的。肖栈光恐怕是唯一拥有这种机遇的人。肖栈光的爷爷和外公当年都参加了攻打吉安城的战斗，凭借这一渊源，他抓住每次拜访革命老前辈的机会，勤跑多问，下了一番苦功夫，终于积累起了厚厚一沓珍贵的一手资料。

肖栈光在对待红色历史传承问题上是颇为认真的，在对待红色文学创作上是十分用心的，在对待缅怀革命先辈和革命英烈问题上是相当虔诚的，他自觉自律，始终不渝，不改初衷，坚持不懈，吃苦耐劳，日积月累，积攒起了这段历史的许多资料。

肖栈光还是个有信仰、有目标的人，他对党史的熟悉一直是我十分佩服的。他以前创作的长篇小说《高原雪里红》《在风吹雨打中成长》《万安星火》《八十农民上井冈》等作品我都读过，他创作的法学专著《知识产权法的辩证法思考》和经济学专著《现实经济热点问题的辩证法思考》等作品我也读过，我对他的好学充满了敬重。我相信他能够完成这部红色著作的创作，我对他充满了期许。

时间慢慢地过去，不知不觉到了2022年。有一天我给他打电话，问他：《十万工农下吉安》创作进行得怎样了？他说初稿已经完成，已送出版社审阅完毕，并报呈上级主管部门审核。这是个好消息。

"十万工农下吉安"，这一伟大的革命事件，在今天很多人可能不甚熟悉，甚至没有听说过，然而这一革命事件在中国革命的历史长河中却影响深远。

这一革命事件，当年惊动全国、震动世界，它是中国共产党领导的井冈山革命斗争史上、中国工农红军书写的历史中辉煌浓郁的一页。打下一座较大的城市，建立一个体制成熟的省苏维埃政府，实践一场农民土地革命运动，坚定一番马列主义中国本土化革命种子的播撒，留下一份彪炳千秋的热血，实在是一件可圈可点的自豪之事。

《十万工农下吉安》是井冈山斗争题材中一部较为厚重的著作，尽管故事情节没有太多悬念，人物设置没有太多惊心动魄，但它再现了那段艰苦卓绝的岁月中革命前辈信仰坚定、不畏流血牺牲的光辉历程，拉近了我们与历史的距离。可以说，这部作品是改革开放以来一部较为难得的红色长篇小说。

这部小说让我读了忍不住流泪。它表现了大革命时期一种朴素的农民革命精神。农民革命精神是一种民族本色，也是一种民族化心理。

所谓民族化，就是没有被法西斯化和西方化。不被法西斯化和西方化，这不是土地标签，不是农民脂粉，也不是农村装饰，更不是随便谁编上一段故事、抹上一层感情、添上一点枪炮要素就可以营造出来的。

所谓"化"，是彻头彻尾、由里到外、融入骨髓、渗入血液的一种中华民族本色的意思。作为井冈山斗争时期中国工农红军题材故事的民族化，不单是一章一节、一战场一战斗、开头或结尾有中国的农民味，也不单是一两个英雄人物、一两处战斗场面、布局或谋篇有中国的农民元素就可以行得通的。

即使只是照搬中国古代农民起义战斗故事的叙事框架，因这段历史本身就是扣人心弦的，因而它仍然完全是中华民族血脉里流淌的东西，并体现出一种中国农民和中国工农红军为人民谋新生而甘愿牺牲的大无畏精神。从肖栈光创作的《十万工农下吉安》中，从书中描述的那些共产党人的身上，任何读者都可读出一种勇于自我牺牲的民族精神。

攻打吉安城这样一座城防坚固的城市，是中国共产党领导中国工农红军和十万工农实践革命正确道路的象征。它不同于攻打长沙，也不同于攻打南昌和武汉，它是马列主义革命先驱者在政治思想和军事措施上审时度势、与革命实际相结合的结晶。它对中国革命实践中农村包围城市方针的确立的战略意义是重大的，对中国革命积累小米加步枪的力量攻打大城市的战术意义是相当重要的。可以说，攻打吉安城是大革命时期党带领人民进行的一场非常重要的战斗。《十万工农下吉安》无疑是这样一部反映早期井冈山斗争历史的血性优秀之作。

肖栈光创作这部长篇小说前后历经十年。在这十年里，他一直在做准备工作，譬如采访老红军、老赤卫队员，收集老红军、老赤卫队员的口述史料，听取党史专家讲述看法，往返福建、江西、湖北、湖南、上海、广东、广西、贵州、北京、天津及东北三省等地，搜集当年战争的遗迹。这

种实事求是的采风和一丝不苟的调研精神，不是每个作家都能做得到的。为着这个红色故事、这个红色目标，他坚持不懈地努力着！

现在肖栈光把《十万工农下吉安》这一革命题材的红色长篇小说创作完成了，从一定意义上讲，这部小说填补了我国大革命时期革命斗争文学的空白，填补了井冈山革命斗争文学创作的空白。期待这部小说可以感染更多的读者，激励大家继承革命先烈遗志，不忘来时之路，团结一心，为建设习近平新时代中国特色社会主义、实现中华民族的伟大复兴贡献力量！

是为序。

肖伯扬
2022年7月

目录

引子　　　　　　　　　　　1

上部　倚清秋

第 一 章　进城　　　　　6
第 二 章　重负　　　　　19
第 三 章　使命　　　　　26
第 四 章　通告　　　　　41
第 五 章　走失　　　　　53
第 六 章　围剿　　　　　63
第 七 章　被捕　　　　　75
第 八 章　叛徒　　　　　84
第 九 章　牺牲　　　　　90
第 十 章　起义　　　　　101
第十一章　斗笠　　　　　114

中部　大江流

第十二章　授旗　　　　　128
第十三章　营救　　　　　138
第十四章　歼灭　　　　　151
第十五章　谜底　　　　　164
第十六章　炮队　　　　　173
第十七章　高手　　　　　185

第十八章　任务	196
第十九章　诬告	206
第二十章　客人	216
第二十一章　调查	222
第二十二章　黄牛	236
第二十三章　证人	247
第二十四章　虎穴	258
第二十五章　巡查	263
第二十六章　汇报	276

下部　几时收

第二十七章　质询	298
第二十八章　对象	312
第二十九章　通知	325
第三十章　折翼	339
第三十一章　复仇	353
第三十二章　恋情	367
第三十三章　整编	381
第三十四章　总攻	395
第三十五章　逃跑	410
第三十六章　胜利	417

参考文献	443
后记	446

引子

1929年1月,湘赣两省敌人准备"会剿"井冈山革命根据地。为了打破敌人的"会剿"和解决部队给养的问题,毛委员、朱老总决定:红五军主力和红四军三十二团留守井冈山,红四军主力向赣南进军。其间转战吉安东固,与赣西特委领导的江西红军独立第二、第四团会师。随后进入闽西,开辟了赣南、闽西根据地。

1929年1月下旬,坚守井冈山革命根据地的红五军和红四军三十二团在敌人优势兵力的包围和压迫下,不得不撤出井冈山,向赣南转移,与红四军主力会合。

中共赣西特委根据井冈山革命根据地的形势变化,为着确保中共赣西特委的安全,决定将对敌工作重心转移到农村。

1929年3月的一个下午,在日趋紧张的环境下,中共赣西特委紧急召开了一次常委会议。

会议内容如下:

一,传达和贯彻中国共产党第六次全国代表大会《农民问题决议案》文件;二,全面总结和检查赣西特委数月来扩大苏维埃区域、建立特委所属的地方红军、纠正非无产阶级意识、加强吉安城秘密工作等任务;三,讨论吉安县靖卫大队大队长罗炳辉申请入党的问题。

中共赣西特委常委会议上，常委们对罗炳辉申请入党的问题展开了讨论。

中共江西省委特派员赵醒吾："罗炳辉祖籍云南昭通彝良县阿都嘎乡，他的父亲在彝良县阿都嘎乡偏坡寨给地主恶霸做短工，他的母亲在彝良县阿都嘎乡偏坡寨做家庭妇女，家境贫寒，他为着填饱肚子参加了滇军。由于战功，曾担任过国民党第三军第九师二十五团二营营长。那一年我受党的委派，打入到该二十五团团部任副官。我的家乡在云南省宾川县大营乡，与彝良县阿都嘎乡同属偏僻贫瘠的山寨，因此我与他走得比较近。后来罗炳辉受我的牵连，遭受政敌举报，说他有通共嫌疑，被第九师遣散回家。他回到家后很是苦闷，在家人的指点下，来到南昌投靠他的亲戚。他的亲戚托国民党南昌军界的人给他谋了个吉安县靖卫大队大队长的职位。任职期间，他体恤下属，同情劳动人民，思想进步。"

中共赣西特委常委曾山："罗炳辉，1897年12月生人。据特委敌工科科长萧文昌的报告，罗炳辉在工作、思想、学习上和我党的政治主张相近，与我党打入吉安县靖卫大队的同志关系较好，社会关系比较纯洁，具有劳动阶级的朴素秉性。罗炳辉军事本领过硬，思想比较单纯，要加强党的意志教育。仅工作好、军事过硬还不能算是先锋战士，还要引领他有党性修养。"

中共赣西特委秘书长刘士奇："罗炳辉比较单纯，不良习惯不多，进取精神较好，学习较虚心。在吉安县靖卫大队很少听到他有埋怨、闹情绪，等等。对待下属的事情，总体还是任劳任怨，对同事很注意团结，也挺尊重我党的同志。组织纪律尚好，进出营区会打招呼。近一年来，写了几次思想汇报给靖卫大队我党的秘密支部。他也能重视贫寒兵士的成绩。不足的是，可能有自卑心理，学习发言较少。总的来说，他是有培养前途的，入党的基础条件是比较好的，但也不要急急忙忙吸收。参党动机要弄清楚，要让他端正态度。"

中共赣西特委组织部部长王百元："经过对罗炳辉情况的摸底，他基本符合入党的条件。至于他对党性的认识，建议吉安县靖卫大队我党的秘密支部组织他多上党课，有计划地对他进行教育。"

中共赣西特委书记冯任："可以进一步了解一下罗炳辉的社会家庭关系，他南昌的这个亲戚叫什么名字、家庭有些什么成员、在干什么工作。他入党的动机要弄清，他对党章也需要进一步学习。"

中共赣西特委宣传部部长黄宜："罗炳辉有个表弟叫罗芳初，自幼于吉安城长大，现在万安县茅坪区赤卫大队任党代表。"

中共赣西特委常委曾山："前些日子我让特委敌工科科长萧文昌，通知万安县委敌工科科长邓正勉，调万安县茅坪区农民赤卫大队党代表罗芳初到吉安城区区委工作，以开一家私人医疗诊所作掩护，加强吉安城的情报收集工作。"

…………

千里赣江，惊涛骇浪。高山峻岭，苍松翠柏。万里云烟，迤逦延漫。江水涡旋翻银，船帆穿梭，汽笛啸鸣，渔舟悠悠，霞光拂面。

江岸，一条土路上，两个身影匆匆向郊区走去……
蔚蓝的天空中飘着雪浪般的白云，山鹰在山岭中树丛的上空盘桓。

国民党万安县检查哨旁一座低矮的平房，平房顶上一面国民党的青天白日旗孤零零无精打采地飘动着。平房里喧嚣声阵阵，门窗里传出了国民党兵士们推牌九和哼小调的声音。

萧祖耀和邓正勉随着排队的人群慢慢走近哨站，接受国民党兵士的搜身检查。国民党兵士没发现他俩有什么可疑之处，便放他俩通过了检查哨。萧祖耀和邓正勉相互看了一眼，随后快速越过山峦，走在逶迤的山路上。

渐渐地，一个弥漫着烟霭的小山村，由模糊到清晰，显现在他俩的眼前。萧祖耀领着邓正勉走进了小山村。

令人难以忘怀的故事，就从这里开始讲起……

倚清秋

上部

千古江山，英雄无觅、孙仲谋处。舞榭歌台，风流总被、雨打风吹去。斜阳草树，寻常巷陌，人道寄奴曾住。想当年、金戈铁马，气吞万里如虎。

元嘉草草，封狼居胥，赢得仓皇北顾。四十三年，望中犹记、烽火扬州路。可堪回首，佛狸祠下，一片神鸦社鼓！凭谁问：廉颇老矣，尚能饭否？

——（南宋）辛弃疾《永遇乐·京口北固亭怀古》

第一章

进城

1

秋渐渐深了，漫山遍野变得色彩斑斓。苍翠茂密的林木，连绵不绝的山峰，澄澈清滢的赣江水，把夏露乡装扮得郁郁葱葱，充满激情。

夏露乡仙潭寺晒谷场，一个挂着"万安县茅坪区农民协会"和"万安县茅坪区农民赤卫大队"两块竖牌的院子前，一支支红缨枪上的红布条迎风飘动，一群群男女老少排列成阵，各自在操练，到处是热气腾腾的景象。

1929年8月，新成立的茅坪区农民协会在中共万安县委的坚强领导下，成立了茅坪区农民赤卫大队，罗芳初任党代表。由于茅坪区夏露乡仙潭寺的院子宽敞，茅坪区农民赤卫大队和茅坪区农民协会便合在一个院子里办公。这个院子原是国民党茅坪区夏露乡公所议事的地方，因它坐落在仙潭寺，山外的人又把它叫作仙潭寺乡公所。

这天，茅坪区农民协会主席萧祖耀，陪着中共万安县委敌工科科长邓正勉来到了赤卫大队。赤卫大队党代表罗芳初远远地看见他俩，便快步走上前来，与萧祖耀一起把邓正勉迎进了大队部。

萧祖耀招呼邓正勉在他旁边坐下。罗芳初走到一边倒了两碗热水，一碗递给邓正勉，一碗递给萧祖耀。

萧祖耀叫罗芳初在他俩对面坐下，开门见山地说："赣西特委做出了'发展工农武装'的决定，敌人肯定是不会善罢甘休的。今后敌人的'清乡'行动可能会更频繁、更残酷，我们农民协会和农民赤卫大队的作战任务以后可能将更艰难，工作的流动性也可能更大。为了使我们的战斗能变得主动，赣西特委要求万安县委选派一名对党忠诚、有一定对敌斗争经验、懂一定医学知识的同志到吉安城区去，设一个私人医疗诊所，以便随时侦测敌人动向。你是吉安城区人，自小在吉安城区长大，你的表哥又在吉安县靖卫大队当大队长，万安县委和县委敌工科遵循赣西特委领导的指示，经县委研究，决定派你回吉安城区去，把设立私人医疗诊所的任务挑起来。"

"回吉安城区？设个私人医疗诊所？我这里走了，茅坪区农民赤卫大队的工作谁来干？我一个人赤手空拳的，又拿什么去设立私人医疗诊所？"听说要回吉安城去设立私人医疗诊所，罗芳初惊讶地看了看萧祖耀，又看了看邓正勉。

"这些组织上已考虑好了。你回到吉安城区，到竹牌巷三十一号找到一个叫彭泉清的，他会协助你做好一切。你要医护人员也好，要医疗器材和药品也罢，回到吉安城区有什么需要都可以找他。彭泉清同志上过武昌中央农民运动讲习所，是吉安城区区委书记，专门负责对敌情报工作，以后他就是你的上线，也就是你的直接领导。"邓正勉端着茶碗喝了口热水，对罗芳初说道。

"困难可能会有些，"邓正勉仿佛看透了罗芳初的心思，用充满鼓励的声音继续说，"但是，你回吉安城也有别人没有的有利因素。你的直接领导彭泉清同志对领导地下工作很有经验，他给你配的医护人员觉悟也很高。你在吉安城区长大，会讲一口流利的吉安城区话，你的表哥又是吉安县靖卫大队的大队长，这就是你克服困难、做好私人医疗诊所工作的保证。"

邓正勉的话提醒了罗芳初,吉安城区发生过的许多往事瞬间浮现在他的眼前,这些往事好像就发生在昨天一样。它们似乎在鼓励着自己:"你是共产党员,自小在吉安城区长大,又懂得医疗知识,有什么样的工作任务你罗芳初挑不起来?没什么犹豫的,坚决接受任务吧!"

罗芳初感到勇气倍增,于是站起来对邓正勉说:"你分析得很对,依靠吉安城区区委、依靠群众,即使有什么困难,我也要把赣西特委和万安县委交代的任务完成好。我坚决接受赣西特委和万安县委交给我的光荣任务。"

邓正勉随后从口袋里掏出一枚银戒指,嘱咐他一定要保管好。他对罗芳初说:"回到吉安城区,可能面临着一些复杂环境,你要有这个思想准备。这里有枚银戒指,你收好,谁也不能告诉,在情况紧急的时候,会有人拿着一枚同款银戒指来跟你联系。你的这枚银戒指里面有个'凤'字,另一枚银戒指里面有个'凰'字,这是将来你和接头人见面的信物。哪天遇到紧急情况了,你可以到吉安城区赵公塘天主教堂找一个姓赵的清洁工,他会协助你做要做的一切。记住,没遇到紧急情况,你不要轻易去赵公塘天主教堂。"

罗芳初双手接过这枚银戒指,慢慢举高,对着光线放近眼前,仔细看了又看,然后用一块手绢慢慢地把它包好,小心翼翼地放进贴身衣服的口袋里。

2

罗芳初自小在吉安城区生活,对吉安城区各个角落熟门熟路。罗芳初的家所在的那条街叫作竹牌巷,是条不宽也不窄的巷子。这样的巷子在吉安城比较多见。竹牌巷两边的屋子有的是简陋的木板楼,有的是用石头砌成的小洋楼,也有的是用红砖砌成的平房。

竹牌巷的街面上,面食铺、铁匠铺、五金铺、打金铺、典当铺、配钥匙铺、修伞铺、日用品杂货铺、竹器铺、木具家私铺、裁缝铺、卖布铺、学校、邮政所,给皮鞋修后跟的,给瓷器补颜色的,五花八门,应有尽有,人来人往,熙熙攘攘,很是热闹。

竹牌巷表象繁华，其实是一条只有百户手工业者在此经营的商贸街。北伐战争前夕，吉安城区流行过一首歌谣："竹牌巷子深不深，百行各业此扎营。进包小盐进条筐，过手钱币没响声。"北伐战争爆发后，党领导全国各大中小城市的手工业者成立了工会，开展了减税减租的斗争，手工业者经营贸易的利润多了一点，养家糊口的条件也就宽松了一些。许多人以为以后大家就可以过好日子了，个个莫不满心欢喜。

然而，1927年4月12日，蒋介石率先在上海纠集大批流氓伪装成工人，袭击上海总工会工人纠察队，藉口"工人内讧"，勒令工人纠察队缴械。全上海工人去往国民党上海警备司令部请愿，行至宝山路时，蒋介石命令军队开枪屠杀，一时尸首满街，侥幸没有被屠杀的工人也都被捕。这就是国民党蒋介石集团发动的臭名远扬的"四一二"反革命政变。

这股屠共屠工屠农的歪风邪气迅速刮遍全国。1927年5月21日，许克祥在湖南长沙发动了"马日事变"；1927年7月15日，汪精卫在武汉发动了"七一五"反革命政变。他们动用军队上街，大肆捕杀工会工人、农民协会农民、共产党员及革命群众。在国民党蒋介石集团的高压下，工会、农民协会的工作一路走向了低潮。

罗芳初原是云南昭通彝良县人。他的父亲在北平中国大学上学，认识了吉安籍在北平女子师范大学上学的罗芳初的母亲。北平中国大学是由孙中山先生创办的，这所大学办学时间不长，因为办学经费紧张，难以为继，后来就解散了。

而罗芳初父母的关系反倒更结实了，他们一起从北平回到了吉安。罗芳初的父亲学的是国政专业，罗芳初的母亲学的是国文专业，两个人都没有读到毕业就离开了北平。

罗芳初的家在竹牌巷七十二号，于是组织上给他的代号就叫"七十二号"。罗芳初十八岁这年，他的姐姐嫁到了南昌。第二年，他的父母去了南昌侍候姐姐坐月子。罗芳初则去了乡下，在舅舅的教育局衙门里打杂，后来参加了革命，加入了中国共产党。在党组织的授意下，他离开了舅舅的教育局，被派到了万安县搞农民武装。

罗芳初的姐夫是江西省国立师范学校的国文教员，这一年学校要招个国政教员，罗芳初的父亲在北平上学时学的就是这个，于是一去面试就被学校录用了，此后就留在这所学校教书。

罗芳初的姐姐是南昌市国立女子师范学校的图书管理员，休了一年产假后就回学校上班了，孩子由保姆带着。她托了学校教育长的关系给母亲在学校里也谋了份差事，母亲便留在南昌市国立女子师范学校教国文。这样，就只把罗芳初留在了吉安。

这边厢罗芳初按照组织的安排，回到了吉安城区竹牌巷七十二号自己的家。放下了背包，顾不得其他，他便前往竹牌巷三十一号去找吉安城区区委书记彭泉清。

3

见到彭泉清，罗芳初将万安县委的介绍信交给了他，把受命前来吉安城区设立私人医疗诊所的任务说了说。看完介绍信，彭泉清欢喜地说："赣西特委常委曾山同志早对我说过，城区区委盼望你的到来很久了！没什么可说的，罗芳初同志，你赶紧开张吧，赣西特委吉安城区区委完全支持你！晚上我们就开个城区区委会，大家坐下来讨论讨论。"

晚饭一吃过，罗芳初、黄义、曾道懿、申中、刘生元、梁一清、梁铎便先后来到竹牌巷三十一号彭泉清的住处，参加吉安城区区委的会议。黄义，江西省安福县人，共青团吉安城区第七师范支部书记；曾道懿，江西省上饶县人，共青团吉安城区学生联合会支部书记；申中，江西省九江县人，共青团吉安城区总工会支部书记；刘生元，江西省吉安县人，共青团吉安城区菜农协会支部书记；梁一清，江西省新淦县人，共青团吉安城区码头工会支部书记；梁铎，江西省上栗县人，共青团吉安城区染布工会支部书记。

黄义是吉安城区第七师范学校教务长，又是吉安城区区委的组织委员，平时一向负责区委的组织工作，遇到再大的困难也从不叫苦，乃是吉安城区区委里的一根"台柱子"。

彭泉清把罗芳初介绍给了大家，一提在竹牌巷设立私人医疗诊所的事，黄义就抢着第一个发言："在竹牌巷设立一家私人医疗诊所，这是赣西特委对我们的信任，也是我们吉安城区区委的光荣，就是有再大的困难，我们也要挺着腰杆撑起它。"

刘生元是吉安城区区委的宣传委员，他性格内向，言语不多，可是每到要紧时他的话总是举足轻重。他一边吧嗒吧嗒地抽着旱烟，一边似乎在思考着什么，然后不紧不慢地说："要撑起这个医疗诊所，完成好赣西特委交给我们的任务没问题。不过不能太张扬，仅限于我们几个区委委员知道就可以。我们要把这个秘密联络点，作为吉安城区各行业协会团结合作、与敌人斗争的重要据点。我们要从最困难的地方着想，怎么经营的点子多想它几套，一旦有什么紧急情况，也好兵来将挡、水来土掩。"

经过研究，大家一致决定将私人医疗诊所设在竹牌巷七十二号罗芳初的家里，由罗芳初和彭泉清全面负责诊所的工作。

黄义认识的吉安城区衙门里的人多，区委决定由他负责办理开医疗诊所需要的手续；刘生元负责医疗诊所病患人员的吃喝和应付敌人；曾道懿和申中负责筹集医疗诊所所需的经费事项；梁一清和梁铎负责医疗诊所所需药品和器械的采购事宜。一切研究妥当之后，黄义便急不可待地说："说干就干，我等不及到明天再去找衙门里的人，今天晚上就去上人家的门，托托人情！我提前走一步！"

第二天，由彭泉清负责，把城区区委开会研究的事项向赣西特委常委曾山作了汇报，并向他请示下一步工作怎么开展。曾山同意彭泉清的工作分工，支持由罗芳初给他那在吉安县靖卫大队当大队长的表哥罗炳辉写信，邀他抽时间回一趟吉安城区竹牌巷，给他的私人医疗诊所开张站台。

罗芳初遂修书一封，在信中告诉了表哥罗炳辉他的私人医疗诊所几时开张的消息。

吉安城区靖卫大队、吉安城区警察局和吉安城区各社会团体，听说吉安县靖卫大队大队长罗炳辉的表弟在竹牌巷开设了一所私人医疗诊所，他们不管远近忙闲，都来道贺送份子钱。有的送来了医疗诊所用的床铺，有的送来了药品柜，有的送来了猪肉和大米，有的甚至从南昌、北平、天津买来了药品和器械。

吉安县靖卫大队更加有意思，提前一天派了一个班的人马给罗芳初的私人医疗诊所送来了十个热水瓶、十套被单被套和棉被。

这些贺礼五花八门、品种繁多，对经费紧张的吉安城区区委来说，可谓是雪中送炭。赣西特委常委曾山代表赣西特委托彭泉清捎来六块大洋，作为罗芳初私人医疗诊所的启动经费。

罗芳初诊所开张的第二天，赣西特委敌工科科长萧文昌找到了彭泉清，对他说："由于敌人重重设卡，实施了对东固根据地盐和药品的封锁，东固根据地医院缺医少药，一些重伤病员得不到及时医疗救治，很可能会有生命危险。组织上决定把东固根据地的三名重伤病员，秘密转运到罗芳初的私人医疗诊所来治疗。不知吉安城区区委对完成这个任务有没有信心？"

彭泉清毫不犹豫地对萧文昌表态："没有问题，随时可以接收。"

当天晚上，在萧文昌的安排下，从东固根据地秘密转运到吉安城区的三名重伤病员悄然住进了罗芳初的私人医疗诊所。过了两天，萧文昌又找到了彭泉清，说："东固根据地还有七名重伤病员，需要转运到罗芳初的私人医疗诊所救治。"

彭泉清表示，坚决完成任务。

4

赣西特委敌工科科长萧文昌利用夜色的掩护，趁菜农送菜进吉安城区的机会，把东固根据地的七名重伤病员秘密转运到了吉安城。

然而，重伤病员是安置好了，医疗诊所的人手却没配置好。诊所里设有十个床位，但医护人员只有罗芳初、一名姓杨的助理和一名姓王的护士，共三个人。私人医疗诊所刚刚开张，就转运来了十个重伤病员，照顾的人手哪里够，大家不吃不喝不睡觉也忙不过来。三个人精力有限，对重伤病员一时照顾不周，有的重伤病员就有了意见，甚至耍脾气不配合治疗，这可把罗芳初急坏了。

罗芳初带领大家白天黑夜不休息，轮换上阵，一边要给这些重伤病员消毒、打针、煎药、喂药、擦身子、换纱布，一边还要替这些重伤病员煮稀饭、喂稀饭、洗衣服，三个人连轴转，有时忙得连撒个尿、喝口水的时间都没有。罗芳初便把这个情况向彭泉清作了汇报，彭泉清于是与黄义和曾道懿商量，从吉安城区第七师范学校和吉安城区学生联合会的进步青年中物色了三名共青团员到罗芳初的诊所工作，如此才缓解了诊所人手紧张的局面。

突然，有一天晚上彭泉清装作要看病，悄悄地把罗芳初找了去，嘱咐他带齐药品和器械跟他上门去看个急诊。罗芳初也没在意，他准备好了药品和器械，跟着彭泉清慢条斯理地一路走着。两人东转西转，最后来到了一个闹中有静的院子，罗芳初一看，不禁"哦"了一声。

原来，这个院子是吉安城区区委菜农协会支部书记刘生元的家。这次吉安城区区委书记彭泉清亲自陪同罗芳初上刘生元的家门来看急诊，可以猜想到，这个伤病员的身份不一般。

出门之时，罗芳初便笑着问彭泉清："这个伤病员是谁？为什么不把他直接送到医疗诊所来呢？"

彭泉清笑了笑，回答道："为了保密和这个伤病员安全的需要，城区区委决定把这名伤病员另外安置。"罗芳初一听这话，知道这个伤病员是位重要的人物，也就不再多问。

在险恶的环境里，遇事不多问，乃是地下工作者要把握的一条纪律。

到了刘生元的家门口，彭泉清在门上一长两短敲了三下门。屋里人听到了有节奏的敲门声，知道是自己人来了，赶紧前来开了门。

开门的人正是刘生元。他见到彭泉清和罗芳初，面露喜色，轻轻接过了罗芳初的药箱，说了一句："来啦？快进屋吧！"然后习惯性地探出头去，朝门外四处张望了几眼。静静的夜色中，没有什么异常情况。

刘生元轻轻掩好门，紧迈两步走在前面引路。他的老婆菊香嫂留在了院子里警戒。三个人穿过一个长廊，进到堂屋。只见刘生元的妈妈罗姨站在堂屋里，掌着一盏煤油灯，迎候着大家。互相打了招呼，罗姨便掌着灯走在最前，引着大家去西边的那间屋。西屋里点着煤油灯，光线似乎比罗姨手中掌的灯要暗淡些。

在两盏昏暗的煤油灯的照耀下，屋里一下子显得亮堂了许多。

进到屋里，只见靠西边右角一张简陋的床上，躺着一个穿灰布衫深蓝裤、胸膛很宽、中等身材的清瘦男子。见这么多人进来了，清瘦男子动了动身，想起身招呼。

罗芳初看见，赶紧走前两步，轻轻按了按清瘦男子的双肩，说道："首长同志，你身体有伤，还是躺着要紧，身体不要动，先让我看看你的伤。"

罗芳初熟练地打开药箱，然后给那位看起来和善而又温顺的清瘦男子细细地检查着伤口。清瘦男子伤势不是很重，但由于伤口初期处理不当，没有消毒，现在有点化脓。

罗芳初说道："首长同志，我先把你伤口的脓水挤掉，才能给你治疗和包扎。挤脓水时可能有点痛，你要忍一忍，忍不住，就喊它几声。"清瘦男子点点头，眼神里透着一股"你放心挤"的鼓励。

罗芳初停顿了一下，轻轻地按摩了几下伤口，左右齐手，将伤口的脓挤了出来，然后把它清理掉，再挤，再清理掉。

昏黄的煤油灯下，清瘦男子痛得紧咬牙关，只见他额头上的汗珠直往外沁，但凭着坚强的意志力，他愣是一声没吭。

罗芳初不敢停手，狠了狠心，借着这股力道不停地挤压清瘦男子的伤口，挤出脓水后反复用棉签剔除，脓水逐渐由浓变淡，又由淡变清，再由清变红。就这样伤口处被使劲反复挤压，直到挤出的全是红色的血液为止。

罗芳初把伤口上挤出的脓水和血水清理干净，给伤口消了毒，又给清瘦男子打了支消炎针，然后在伤口上敷了点膏药，用纱布包扎好，这才长长地吐出一口气。

罗芳初接着扭头对罗姨说："水，给我一碗温热水。"罗姨赶紧把灯交给刘生元，转身去倒了碗温热水，端了过来。

罗芳初从药箱的底层拿出一粒药丸，递给清瘦男子，说："首长同志，我扶你起来，把这粒药丸吃了吧。"说着伸出左手，撑扶着清瘦男子的后背，帮着他从床上慢慢坐起来。

清瘦男子接过药丸，放入嘴里，罗芳初将右手端着的水轻轻送近他的嘴边。只见他轻轻地喝了一口，"咕噜"一声，把嘴里的药丸和水都吞下了肚，然后又喝了几口水，清了清口腔，直到把碗里的水都喝完了。

罗芳初缓缓地扶着清瘦男子躺下，从药箱里取出几粒药丸，用纸包上，递了过来，说道："首长同志，好在伤口处理及时，不要紧的。躺在床上休养一个星期，不碍事的。这里留下几粒药丸，温水吞服，早中晚各吃一次，每次吃一粒，这样伤口会好得快些。"

清瘦男子点了点头，对罗芳初说道："辛苦你了，罗芳初同志！这点轻伤不要紧的，你还是赶紧回去，照顾其他伤病员要紧。我手头还有好多工作要做，在这里躺一个星期是不可能的。但是，听了你这个红色医疗专家的话，我悬着的心也就放下了。"

罗芳初说："首长同志，工作是做不完的，既然你称我是'红色医疗专家'，就应该听从红色医疗专家的意见。至少这一两天，你是坚决不能下地走动的。不然伤口破裂，容易引起伤口肿胀感染化脓，这样就不好治愈了。"

清瘦男子点点头，对罗芳初的诊疗意见表示遵从，对罗芳初的细致工作表示满意。

罗芳初起身收拾好药箱，看了看彭泉清，又扭头看了看刘生元和罗姨，轻轻地说道："已经好晚了，就不打扰首长同志了，让首长同志好好休息一下，我们有什么话出去说。"

罗姨将屋里的血污清理干净，将治疗用过的血棉签、血棉块拿去屋外销毁。走出屋子前，她又把煤油灯的火苗调小了点，将灯留在屋里，然后轻轻带上了屋门。

罗姨拿着医疗垃圾走进灶房，在这些血棉签、血棉块上洒了点煤油，然后把它们放进炉灶里，点上火，烧掉了。

5

灶台的火光，映在罗姨的脸庞上，显得那样灿烂安详。

在堂屋里，罗芳初对着彭泉清、刘生元说："首长同志长时间营养不良，又流了好多血，对身体恢复有点不利，城区区委能不能想想办法，搞点好吃的给首长同志，如果能改善下营养，伤口会愈合得快些。"

刘生元说："这件事早想过了，交给我好了，我来想办法。"于是，罗芳初放心地告辞回诊所去了。

第二天晚上，罗芳初忙完医疗诊所的活，悄然背起药箱，准备出门去刘生元家，给首长同志换药。走到门前，像想起什么似的，突然回转身放下药箱，从里面取出需要的药品和器械放在桌上。

他走到门背后，打开放衣裤的柜子，从里面取出一件灰衫衣，然后回到桌前，把桌上的药品和器械放在灰衫衣中细细地包裹好，把包裹往腋下一夹，信步走出了诊所，把药箱留在了桌上。

在街上，他走走看看、停停留留，故意东绕西绕、兜兜转转了半天，最后瞧着街上没人，这才快步走到了刘生元的家门前。

刘生元开门，见是罗芳初，笑呵呵地对他说道："来啦！还以为你要晚一些才来呢！"

罗芳初说："彭泉清同志呢，他没来？"

刘生元说："在呢，正汇报工作。"

穿过刘生元家的院子，一股香味直钻鼻孔。进屋一看，只见菊香嫂正一手端着鸡蛋汤，一手拿着两个番薯，往西边的屋里送。罗姨见罗芳初来了，就到院子里放哨去了。

罗芳初跟着刘生元走进西边的屋。清瘦男子侧躺在床上，与彭泉清交谈着什么，看样子交流好一阵子了。

菊香嫂把热腾腾的鸡蛋汤和两个番薯放在靠近床头的矮柜桌上。随后走到窗前，拿起窗台下竹椅上的针线活，就着昏暗的灯光，一针一线为清瘦男子缝补衣服。

罗芳初打开包裹严实的药品和器械，用沾了酒精的棉签把清瘦男子的伤口清洗了一遍，换了药，用消了毒的纱布重新包扎好。

罗芳初忙完，起身刚要离开，清瘦男子心情愉悦地把他叫住："罗芳初同志，你辛苦了！我的伤口感觉好多了，谢谢你的细心治疗！明天你就不用来了，今天晚上我要离开这里了。特意和你打声招呼，向你道个别！"

罗芳初神摇目夺地凝视着清瘦男子，有点迟疑地说："首长同志，你的伤口还没全好呢，怎么这么快就要离开呢？忍耐几天，多换两天药再走，就好了！"

清瘦男子对罗芳初莞尔一笑，说："你给我留下几天的药，回去后我每天自己换换就可以了。与你相处了两天，也麻烦了你两天，罗芳初同志，你还不知道我叫什么名字吧？"

他把头转向彭泉清，低声地问："大概你没有向罗芳初同志介绍过我吧？"

彭泉清用手拍了拍自己的额头，有点不好意思起来，说："没有。光记挂着你的伤势，还没顾得上介绍。"

清瘦男子看了看彭泉清，又看了看刘生元、菊香嫂，然后把头转向罗芳初，说："你们还不知道吧，罗芳初同志1927年冬就入了党，当时离开了他舅舅的教育局。在宁冈县办慈善医院，受宁冈县陈慕平影响，秘密发展成为我党党员，领导宁冈工农运动。宁冈县的陈慕平，彭泉清你是知道的，1927年春受宁冈县委的委派去了武昌，和你同一批参加了武昌毛委员主办的中央农民运动讲习所的学习，与你也算同学。陈慕平同志就是罗芳初同志的入党介绍人。1927年春受党的委派，罗芳初同志被调去万安支援万安农民运动，在万安搞农民赤卫大队。这次赣西特委亲自点将，把罗芳初同志调回到吉安城区，与城区区委一起搞这个私人医疗诊所，以便加强我党在吉安城区的地下情报工作。之所以指名道姓调罗芳初同志回来吉安城区区委工作，就是陈慕平同志向赣西特委推荐，经我批准同意的。"

罗芳初听了如梦初醒，才知道自己回到吉安城区工作，是自己的入党介绍人陈慕平同志向赣西特委推荐的。

更没有想到的是，这几天接受自己治疗的首长，竟是赣西特委常委曾山同志。更令自己难以置信的是，曾山同志对自己的履历了如指掌。他的心好像要飞起来了，高兴得不知说什么话才好。

曾山把罗芳初的履历介绍到这儿，突然话锋一转，脸色变得严肃起来，他说："同志们，我这里有一好一坏两个消息，你们可能不知道，给你们通报一下。9月23日，在闽赣边界打游击的江西红军独立二团、四团，在二团政委罗万、参谋长陈伯钧，四团团长刘铁超的领导下，准备开到万安县茅坪区夏露乡九龙潭休整。独立二团、四团经南丰走乐安时，遇到南丰县和乐安县的地主豪绅还乡团的拦截。独立二团、四团沉着应敌，前后夹击，把这个地主豪绅还乡团打得四处溃散，没有被独立二团、四团打死的地主豪绅还乡团全逃到了抚州城。独立二团政委罗万、参谋长陈伯钧和独立四团团长刘铁超见此情景，一不做二不休，顺势攻占了乐安县城。国民党乐安县靖卫团团长张英，在我们共产党政策的感召下，在我们江西省红军独立二团、四团的政治教育下，毅然率部起义了。"

彭泉清、罗芳初、刘生元、菊香嫂四人听到这里，禁不住齐声说："太好了，我们的红军独立二团、四团真是了不起！"

| 第二章 |

重负

6

屋里的人都十分敬佩和爱戴曾山,尤其是罗芳初,更是带着一种羡慕而敬仰的目光看待曾山。他对眼前这位赣西特委常委,是打心眼里敬仰和崇拜的。

曾山的心情看起来不错,脸上展露着一种革命者的乐观豪迈气概和政治家的沉稳自信精神。

在大家的叫好声中,他对大家摆了摆手,说:"大家不要急着说'了不起'。如果刚才这个消息是个好消息的话,那么下面这个消息可是个不好的消息了。"

他故意停顿一会儿,看了看大家,说:"乐安县靖卫团团长张英率部起义后,消息传到了南昌城,国民党江西省政府主席鲁涤平大为惊恐,担忧一个部队在一个地方驻防久了,怕是都会被共产党赤化,于是下令将国民党驻防吉安的部队立即换防。"

曾山端起桌上的茶碗,轻轻地喝了口水,下意识地从上衣口袋里掏出一块怀表,瞧了瞧时间,心想着来接他的赣西特委敌工科科长萧文昌按照事先约定的时间该到了。

作为赣西特委常委,曾山始终关注的除了军事运动就是群众运动,平日是极少与城区区委的同志见面交流的。这次有此机会,他又接着说了下去:"你们留在敌人的心房里斗争,都是经过了组织精筛细选的。面对瞬息万变的对敌环境，你们要有能够应对一切的本领。"

曾山春夜喜雨似地看着大家，他清了清喉咙，细声轻语地继续说道："9月27日，滇军金汉鼎部第十二师马昆第三十四旅开往赣州赣县，张兴仁第三十五旅开往赣州城；湘军谭道源部第五十师成光耀第一四八旅进驻吉安城。鲁涤平鲁胖子为了把赣西这个'共产党的赤色基地'彻底铲除，开始把'清乡'魔爪逐步伸向吉安城区周边的一些县镇和乡村。成光耀第一四八旅辖下的黄敬团和彭诗圭团，近日轮番出动，下到吉安城区周边的一些县镇和乡村进行'清剿'。他们经常突然包围一些事先侦察好的乡村，进行'清乡'和搜捕。临近吉安城区的县镇和乡村的农民协会和农民赤卫队，处境随之变得愈加艰险。"

屋里，床头边和窗子下的两盏煤油灯闪着坚韧的黄光。罗芳初稍微俯了一下身，鼻子碰到了刘生元的背脊上。

"为了适应革命形势的发展，赣西特委准备今年底明年初召开赣西工农兵代表大会，成立赣西苏维埃政府，制定苏维埃土地条例，实施按人口平均分配土地，解决群众的心头之忧。"曾山举着手，含有深意地透露道。

罗芳初站在靠床尾的一角，手里紧攥着包裹有药品和器械的衣服，入神地聆听着。透过煤油灯的黄光，菊香嫂看见他静定地盯着曾山，盯着曾山握紧的拳头扬起的地方。

屋里安静了几十秒，曾山注意到大家的情绪，慢慢地翻身坐起，哑着嗓子说："鲁涤平鲁胖子把成光耀的第一四八旅调防至吉安城已经三四天了。他对成光耀说，'第一四八旅是党国的模范旅，也是国民党江西省政府的先锋旅。第一四八旅在驻防吉安城期间，不但要有剿灭周边县镇赤色匪患的雄心，而且要有清除吉安城内赤色地下组织的壮志'。但敌人的恐吓，阻挡不了革命的热情空前的高涨，阻挡不了鲜红的旗帜在赣西的天空上飘扬！我们赣西特委是有这个信心的！你们城区区委也要有这个信心！"

这天晚上，特委常委曾山与吉安城区区委的几个支部书记、骨干进行了一场多年来从未有过的倾心畅谈。从对敌斗争、对敌环境变化到大家坚持的对敌纪律，以及对我党、团组织发展的展望，作了一番历史性的宣讲。

果然，吉安城区新的驻防部队调整之后，敌人对农民协会和农民赤卫

第二章 ★ 重负

队采取了更加严酷的高压态势。一时间，吉安城，这座坐落在赣西大地上的军事古城，在成光耀第一四八旅的铁蹄践踏和屠刀屠宰之下，到处笼罩着一种沉闷的气氛，到处弥漫着丝丝血腥的紧张气味。

一天，罗芳初在诊所里刚给伤员换完药，第一四八旅的侦缉队便来了。他们来到了罗芳初的私人诊所，用手枪对着靠门一张病床上的伤员的脑袋，问道："床上躺的是什么人？"

罗芳初伸手推开敌人的枪口，没好气地回答："什么人？我的病人，给你们修战壕被你们当官的打伤了的病人。"说着他伸手去拿一旁小碗里的一只苹果。

侦缉队的人看到小碗里的苹果，像好久没有吃过东西似的，一把从罗芳初手里夺过小碗，拿起里面的苹果，在袖子上揩了揩就往嘴里塞。

侦缉队的人一边嚼着苹果，一边在罗芳初眼前不断晃着手枪，吓唬着他，高声地问："这里藏了共产党的伤病员没有？"

罗芳初装出激动的样子，说："没有啊！老总！这种掉脑袋的买卖，给再多的诊疗费，我也不敢收啊！"

侦缉队那个领头的听了这话仍然不太相信，带着人在各个房间里搜查，里里外外查了个遍，连厕所都没漏下，但什么也没有发现，于是骂骂咧咧地走了。

7

国民党驻防吉安城的成光耀第一四八旅侦缉队，这一次突然到诊所搜查，虽然什么也没有发现，诊所也没有遭受损失，但也提醒了罗芳初：往后从东固革命根据地转运来的重伤病员，不能再往这个私人医疗诊所送了。包括往后吉安城区区委开会、讨论事情，也不能再在这个私人医疗诊所里聚了，否则会引起侦缉队的注意，只怕迟早会出问题。

今天之所以能侥幸躲过侦缉队的搜查，是因为成光耀的第一四八旅刚刚调来驻防吉安城区，还不熟悉吉安城区的道路交通和社会环境。待时间稍微一长，这个私人医疗诊所就难保不会被侦缉队怀疑和发现。为了安全起见，事不宜迟，这里的伤员今晚必须全部转移，换到一个不为敌人注意的地方。

这个想法罗芳初很快就向区委书记彭泉清汇报了。彭泉清觉得敌人的侦缉队白天搜查医院是正常的事，事情不至于变得这么严重。然而，罗芳初不这样认为，他坚持伤病员今晚必须全部转移。伤病员的生命安全是大事情，这个私人医疗诊所的安全也是大事情，不怕一万就怕万一，一旦被敌人的侦缉队盯上了，这个好不容易建立起来的私人医疗诊所也就跟着作废了。

彭泉清觉得罗芳初的神经过于紧张，但还是同意今晚便将伤病员全部转移。可是伤病员全部转移到哪里去呢？罗芳初提议转移到万安同乡会会馆里去，那个地方宽敞，且处于闹市区商贸街中心，人来人往人流量大，比较容易隐蔽，只要不是内部的人出问题，就比较不容易被发现。

万安同乡会会馆设在江西吉安商会楼馆里，坐落在吉安城区竹牌巷十七号。这个楼馆是江西吉安商会会长鲁恒源的产业，是万安同乡会每月花了两块半大洋向江西吉安商会租借的。

万安同乡会是中共万安县委设在吉安城区的一个秘密立脚点，是赣西特委地下组织与万安县委地下组织的一个秘密接头点。

江西吉安商会会长鲁恒源，是个做生意灵活又非常关注政治的人，他有个国民党江西省政府参议员的头衔，与鲁涤平是同乡。鲁涤平当上国民党江西省政府主席不久，下乡视察的第一站就是吉安城，在吉安城拜访的第一个人就是鲁恒源，可见这个鲁恒源是个不简单的商人。

因此，将罗芳初私人医疗诊所里的重伤病员转移到万安同乡会会馆是有一定掩蔽作用的。侦缉队若是拿不出铁一样的证据来，一般是不敢轻易到万安同乡会这样的地方去搜查的。毕竟吃国民政府公家饭的人，不是谁都愿意来招惹这种政治是非的。

正是基于这点优势，罗芳初向彭泉清大胆提议，不妨尽快与万安同乡会取得联系，将这些重伤病员转移到万安同乡会会馆，诊所只要派几个政治可靠的医护人员驻馆护理就好了。要知道吉安城区乃是白区，凡组织上的接头和工作汇报，在有限的环境条件中选择这种有点来头的楼馆作依托，多数情况下会显得自然些，也可能会更安全些。

傍晚，吉安城区挨着的巍巍赣江在血色的暮色中昏昏欲睡，江边停靠着一些大小不一的帆船。晚风吹来，帆船上拉帆布的杆绳撞击着船杆，此起彼伏地发出脆响。

吉安城区赣江码头上停靠着的这些帆船，都睁着它们的两只"大牛眼"，不怀好意地盯着岸上匆匆行走的人们。

随着赣江浪涛的涌动，只见帆船的船头随着浪潮一起一落，仿佛已经读懂了这座赣西重城的心情。

8

天空现出了半弯月，周边是一些长年累月甘苦与共的星星。空气里渗透着一种鱼腥草味和水煮鱼味。夜色重重地覆盖着这座古老的赣西重城，这将又是一个充满未知的夜。

静静的沿江堤岸，突然出现一个上身穿着一件褪了色、镶着花边的蓝衣，下身穿一条陈旧的、绣着波浪白纹裙子的女人的身影。短短的两条辫子晃动着，随着身影的移动给人一种莫名的青春感召力。她走过赣江堤边的石子路，走进一条黯淡的窄巷子街，穿过一幢幢冒着炊烟的矮房，熟门熟路地来到万安同乡会会馆的门前。

万安同乡会会馆的门檐下垂着一对幽静的红灯笼，门里的木梁上一左一右挂着两盏玻璃罩小马灯，小马灯里的灯芯弱弱地燃着，发出的光线映照着会馆内的四周。

大门内站着彭泉清和罗芳初，当扎着两条短辫的女人走近万安同乡会会馆的时候，罗芳初跑上前去与她握了握手。

在门内站着未动的彭泉清，看见进到会馆来的女人，他便笑着问："你就是万安同乡会会长萧淑青同志？这么快就到了！"

萧淑青对内是赣西特委书记冯任的秘书，对外是万安同乡会会长，因此吉安城区区委的人即使没见过面她也大体知道他们的名字，对各地区委书记她也都大体清楚。她一听到这爽朗的声音，就已辨析出这是吉安城区区委书记彭泉清。

对跑上前来与自己主动握手的，她也猜出这就是被特委常委曾山称为

"红色医疗专家"的罗芳初。

萧淑青看见这两张温和的面孔,仿佛是见到了自己的两个亲人。她向彭泉清点点头,然后对着罗芳初轻声说道:"这儿就是伤病员们的家,你不要有什么顾虑,有什么需要帮忙的,你都可以尽管开口。"

她走到彭泉清面前,带着一种喜气的笑意说道:"彭泉清同志,我不与你多说,特委书记冯任同志要调回省委,你也要一起去,他现在永叔路盐桥码头的源记广货商铺等你。这里吉安城区区委书记的工作由罗芳初同志代替。我刚从冯任同志那里过来,他让我通知你:赶紧回特委接受任务!"

"这么急?我回家收拾一下行装就去。"彭泉清喜不自禁地摸了摸自己的头说道。

"来不及了,情况紧急,冯任同志命令你马上回去,迟了你们就出不了城了。"萧淑青一脸严肃地催促道。

"冯任同志和彭泉清同志都去了省委,彭泉清同志的工作定了由我暂时接替,那么冯任同志的工作定了由谁接了吗?"罗芳初好不诧异,扮了个笑脸问道。

"根据上级的命令,由特委组织部部长王百元同志代理。"萧淑青仰着脸望着罗芳初,缓缓地回答道,"冯任同志让我告诉你,接内线报告,今晚十点全城开始戒严,不准放一个人出城。伤病员转移到万安同乡会会馆的事情暂不要告诉其他人,包括城区区委的人,越少人知道伤病员的情况越安全。后勤保障如果需要什么,暂由我出面协调,帮你解决。"

"十点全城开始戒严!"彭泉清不敢浪费时间,与萧淑青、罗芳初握手道别,匆匆地往永叔路盐桥码头的源记广货商铺赶去。

萧淑青、罗芳初追到门口默默凝望着,那熟悉而又模糊的黑影在街道的拐角处消失,彭泉清就要远行赴省委任职了。

"愿冯任同志、彭泉清同志一路平安。"罗芳初深深地吸了口气,转身回到会馆。

萧淑青跟随罗芳初进了病房,检查这些临时转移来的伤病员的安置情况,仔细察看这些伤病员治疗期间可能还缺些什么。

十点整,一楼会馆大堂突然响起"当、当、当"的钟声,罗芳初起身远望窗外,心中想着冯任同志、彭泉清同志应该已安全地出吉安城了。

第二章 ★ 重负

在连年与敌人周旋、斗智斗勇中，罗芳初见识过许多次紧张的关头，自己的同志多能逢凶化吉，安然无恙。

这时，街上响起了枪声，随后隐隐约约传来一阵杂乱的脚步声，敌人果真对吉安城开始戒严了。

不知为什么，罗芳初自从参加革命入了党，不知经历了多少次紧张而焦躁的场面，但是从来不曾有现在这种烦闷的情绪。是牵挂冯任同志和彭泉清同志他们安全出城了没有？是担心他们前往省城路途遥远，路上能否安全、会不会出什么问题？还是在担忧转移到万安同乡会会馆里的伤病员们会不会被敌人搜查出来？

萧淑青显然看出了罗芳初的忧心忡忡，她轻轻地抓住了他的胳膊，将他拉到了一边，关切地问道："你在牵挂什么？又在担心什么？看你一晚上都有点心神不宁似的。"

罗芳初不好意思地抬头看她，心事被一个初次见面的女同志看破，他感到有些害羞。

"罗芳初同志，我知道你心里在想什么，也知道你心里在焦虑什么。其实你没有必要多想，也没有必要焦虑，因为冯任同志和彭泉清同志早就出城了，路上他们的安全也没有问题的；转移到这里的伤病员暂时也不会被发现，不会被发现也就不会有什么危险的。"

罗芳初睁大了眼睛，惊讶地看着萧淑青，急促地问道："你怎么知道？敢这么肯定？"

萧淑青笑了笑："你大概忘了，我好歹也是赣西特委书记冯任同志的秘书，吉安城区把守城门的都是吉安城区警察局、吉安城区靖卫团的人，不是新换防的成光耀第一四八旅的执法队、侦缉队，吉安城区警察局和吉安城区靖卫团里一直有我们的同志传送消息。至于这万安同乡会会馆里伤病员的安全，就更不用担心了，这个会馆可是江西吉安商会会长、国民党江西省政府参议员鲁恒源的产业，他还是国民党江西省政府主席鲁涤平鲁胖子的同乡，如果没有确凿的证据证明这些伤病员来自东固革命根据地，成光耀的第一四八旅里谁会没事找事，给自己惹麻烦呢？"

听完萧淑青的解说，罗芳初顿感如释重负，暗地里一直悬着的心也就放下了。

第三章

使命

9

夜深时分，煤油灯孤零零地燃着。

1929年10月10日的夜，仿佛带着一种神秘的自然病态的纤瘦。

国民党吉安城区驻防部队成光耀第一四八旅司令部成光耀的办公室里，中西合璧的精工桌椅，清式硬木沙发椅，檀香台桌，紫檀书橱，一应家具陈设应有尽有。

檀香台桌上放着全新的文房四宝。紫檀书橱中，诸子百家的文集很是耀眼。尤其是紫檀书橱旁边的雕花木柜上，摆着一套线装《曾文正公全集》，体现了屋里的主人热衷于趋雅附韵的趣味。

屋内，窗帷低垂，煤油灯发出焦灼而猥琐的光。

成光耀坐在办公桌旁，静静地看着军情简报和文件。不知看到了什么内容，他生气地把手中的军情简报和文件往桌上一摔，从桌旁站了起来，情绪显得有点激动："搞什么个鬼！搞什么个鬼嘛！这不是故意要我难堪！马上下令侦缉队、警察局、靖卫团全部出动，全城搜查地下党，抓捕一切可疑人员！"

侍立一边的司令部副官冷继成小心翼翼地说："旅座，赣西特委匪首书记已然逃到南昌，赣西特委匪首机关也已搬到匪区吉安县纯化乡陂头村，现在即使全城搜查也无济于事了，我们不如缓一缓，等到……机会来了，届时再把他们一网打尽？"冷继成上前，在成光耀耳边喁喁私语了几句。

第三章 ★ 使命

成光耀想了想,说:"那就抓紧落实,由你全权负责,一定要把潜藏在吉安城的共匪地下组织一举起获!"

冷继成答道:"是!旅座!我一定抓紧落实!"

成光耀低着头,沉默了一阵,又抬头望着副官,忽然问:"冷副官,你说说,为什么共产党的地下组织在我们的眼皮子底下天天晃晃荡荡,我们却找不到,漏洞出在了哪里?"

冷继成窘迫地笑道:"旅座,主要是我们侦缉队、执法队的人被他们一些表面的东西蒙蔽住了,他们用一些表面的东西作掩护,让我们的人对他们做的事不去产生怀疑。"

成光耀严肃地看着冷继成:"怎么样我们的人才不会被他们蒙蔽呢?"

冷继成有些发慌了,他说:"这个不好说,比如做生意的我们看着是做生意的,做医生的我们看着是做医生的,做教师的我们看着是做教师的,然而他们背后是做什么的通过表面的东西看不出来。他们真正的身份是不是共产党的地下组织,谁也不好说。"

成光耀道:"我们的人就没有办法了?"

"也不是没有办法。有办法,就是我刚刚给旅座报告的,我打算从侦缉队、执法队的人里面挑一些人,扮装成教师打入学校,扮装成病人打入医院,扮装成商贩打入市场,天天观察这些活动积极分子的行动。与他们的人交朋友,跟着他们的人晚上去贴传单、白天去卖菜,迟早能揪住他们的尾巴,然后顺藤摸瓜,将他们一网打尽。"冷继成慌忙辩解道。

"我等着你的好消息,冷副官。作为这个地区的驻防司令,若是调来这里一两个月,共产党的地下组织还是不能破获几个,'清乡'也不能比上一任的驻防司令做得好,我在省政府鲁主席那里就没有面子了,我在年终的述职报告上也没办法交代了。这就叫严重失职啊。"

"旅座,请放心!"冷继成立正并回答,"卑职保证,在半个月之内,给您破获掉这些隐蔽在城区里的共产党的地下组织。"

成光耀听了冷继成的话,放心而愉快地说:"冷副官,看到你这么有信心,我就放心了。不过,对着狡诈的共产党地下组织,提醒你对侦破前的细节还是要考虑得周全一些、充分一些、详细一些,不要搂草没搂着,最后把兔子吓跑了,那你就白忙活了。"

冷继成思索了一下,认真地说道:"旅座提醒得极是,这么一说,我要逐个地去检查一下,连夜督促他们,绝不能放过任何一个疑点。"

"好,去吧。"成光耀点点头,"我这里你不要管了。只要管好肃清共产党的地下组织这个事,比你做什么都要强。"

"是,旅座。"冷继成衷心感激地低声道。

冷继成出去了。成光耀仍坐在办公桌旁,重新拿起桌上没有看完的军情简报和文件,慢慢地看着。他回味着冷副官的话,心情不能平静。凭良心说,冷继成对待他成光耀是忠心的。从当营长时就跟着他,到当团长、当旅长,冷继成一直是他的智囊,为他分忧解难。

今年,要不是吉安地区闹共产党闹得最凶,他的第一四八旅还在新余、抚州一带驻防,哪会被江西省政府主席鲁涤平看中,换来吉安城区驻防呢?吉安城是赣西重城,在江西省行政区域里是个举足轻重的军事重地,所以在他看来这是鲁涤平对他的重用,他不能平庸地混日子,得有所表现。

10

时间过得非常慢,一秒钟一秒钟地压抑着特委领导们的心。大家静静地等待着,消息,依旧没有一点消息,从吉水县那边传过来。

"江西红军独立第二团万安连,究竟接到省委特派员蔡升熙、省委巡视员江汉波两位同志没有?"赣西特委每个人都在忧虑这个事,有点担心红军独立第二团万安连能不能完成好这个任务。

吉水、新淦地主豪绅还乡团聚集了五百余人马,在吉水八都至新淦一带张开铁网,"等待"着中共江西省委特派员蔡升熙、中共江西省委巡视员江汉波的到来,敌人"大围捕"开始了。

江西省委敌工处派了一个特务班乔装打扮昼伏夜行,一路护送着两位省委领导离开南昌、莲塘,越过丰城、樟树公路,冲过重重阻碍,向吉安陂头方向靠近。

成光耀第一四八旅侦缉队副队长何一史,奉命带着十几个打手出了吉

第三章 ★ 使命

安城，在南昌通往吉安的交通要道上盘查共产党，抓获了一名从南昌到吉安的贩马商人，从他身上搜出了一张字条，上面写着"四十九出仓不日到货"。初看这张字条没什么特别之处，仔细揣摩，何一史又觉得这张字条很可疑。他盘问贩马商人姓什么、哪里人，字条里写的什么意思，要去哪里，字条送给谁，等等。贩马商人一会儿这样说一会儿那样说，难以自圆其说，问急了就总是说不知道。何一史认为贩马商人不老实，就把他吊起来严刑毒打。贩马商人扛不住了，吐露自己姓唐，丰城县人，是中共江西省委的地下交通员，来给赣西特委送信，不日中共江西省委有大人物要来赣西，通知赣西做好迎接保卫工作的准备。

何一史破此消息，如获至宝，立即押解这个地下交通员回吉安城，向冷继成报告，冷继成又向成光耀报告，成光耀听了这个消息感到很震惊。然而，他的部队主力还在泰和、万安两县"清乡"，"清剿"两县的农民赤卫队、农民协会，城里反而没留什么部队。这可怎么办呢？他突然想到了吉水、新淦两县的地主豪绅还乡团。他立即电令吉水、新淦两县的地主豪绅还乡团迅速集结兵力，在吉水八都至新淦一线拦截，对南昌方向来的人一律必须抓活的，押解进吉安城。

赣西特委敌工科侦得此消息，马上向特委代理书记王百元报告，王百元赶紧找特委常委曾山商量。曾山说："距离吉水、新淦最近的武装，只有留在特委护卫机关安全的江西红军独立第二团万安连。这是支刚组建的部队，结构单一，人员都来自万安农民赤卫队，不知道这支部队能否完成这种政治任务？"

王百元说："经历过'暴动'洗礼的万安子弟兵，相信个个都是好样的，这是一支来自英雄县的英雄部队。现在情况紧急，身边又没别的部队，也只有派他们去执行这项任务了。只是这支部队一走，特委的胸膛就完全裸露给了成光耀呐。"

曾山笑着说："这点倒是不用担心！成光耀的部队主力还在万安、泰和两县'清乡'，特委的胸膛即使全部裸露给他，此刻他也派不出部队来对付我们，对我们只有干瞪眼的份。"

王百元说："哦，这样就好！那就赶紧通知我们英雄的万安连连长，让他们即刻动身前往吉水，迎接省委来的'上差'首长们平安回家。"

曾山让通讯员去把万安连连长陈为作、党代表罗明生找来交代任务。陈为作、罗明生一听说有任务，高兴得一路猛跑赶来特委。

曾山也不废话，打开一张"江西省区域军事态势图"，指着陂头村，对着他俩说："两位看仔细了，我们现在的位置是吉安县纯化乡陂头村，在这里。你们要去的地方是吉水县的桃仁岭、桃仁村和新淦的狐井村一带，在这里。你们要执行的任务，是把从南昌来的省委特派员和省委巡视员平安地接回家，他们都是省委来的'上差'首长，半点不得马虎。在迎接'上差'首长们回家的路途中，有吉水、新淦两县约五百人的地主豪绅还乡团等着你们。你们要确保'上差'首长们的安全，做好以一敌十的准备。桃仁岭、桃仁村、狐井村一带地形险峻荒无人烟，是南昌到吉安陂头的主要通道，你们接到'上差'首长们就赶紧护送回家，不要恋战。时间紧任务重，党考验你们的时候到了。半小时后，你俩带着万安连沿着这条线路出发，去迎接省委来的'上差'首长们回家。"

"是！保证完成任务！"陈为作、罗明生向曾山敬了个礼，转身赶回连里布置任务去了。

11

入夜。江西红军独立第二团万安连在连长陈为作、党代表罗明生的带领下，一路急行军，赶到吉水县八都乡东南方向的桃仁岭。

陈为作，共产党员，万安县茅坪区横路村人，家庭出身贫寒，没什么文化，参加过茅坪区农民协会，担任过横路村农民赤卫队队长。

罗明生，共产党员，万安县茅坪区珠山村人，家庭出身殷实，上过几年私塾，参加过茅坪区农民协会，当过茅坪区珠山村农民协会主席。

陈为作认为省委的"上差"首长们没有这么快到达，估计部队要在这里休息一宿。他们按战斗部署布置好岗哨，派出两组侦察员出去侦察以后，已经是深夜了。

在空间狭窄的桃仁岭，黯淡的星星在天空悬着。陈为作、罗明生正聚精会神地察看各排各班的宿营情况。忽然，一声枪响从远处传来，陈为

第三章 ★ 使命

作、罗明生全身不禁猛然抖动了一下。在这局势十分复杂的关头，执行这次任务的只有一个刚刚组建不久的万安连，面对的是约五百人的地主豪绅还乡团，怎么着也不能掉以轻心。陈为作、罗明生匆匆地向岭下跑去。

哨兵迎面跑来："报告连长、党代表，西北方向有枪声……"

接着，派往西北方向的侦察员也回来报告："狐井方向发现敌人！"

种种迹象显示，敌人合围上来了。陈为作一面命令侦察员继续侦察，一面与罗明生研究敌情，准备战斗。

因为桃仁岭空间狭小，部队作战不好施展，陈为作决定暂避敌人锋芒，重新调整战斗部署。陈为作率两个排作前导，罗明生率一个排作后卫，迅速向桃仁村河堤北转移。

大约午夜时分，万安连来到桃仁村河堤北，不料前面又发现了敌人。为了不让敌人发现，万安连又折回头，南奔狐井村方向暂避，待接到省委来的"上差"首长们后伺机寻找敌人的缝隙，再向敌人发起冲锋。

抵近狐井村时，天快亮了。消息陆续传来：

"桃仁村河堤北方向发现还乡团。"

"桃仁岭方向的还乡团向北开来。"

"狐井村的还乡团移到桃仁村住下了。"

……

还乡团还没发现我们万安连！陈为作判断敌人仗着人熟地熟，想在桃仁村守株待兔。不能让省委来的"上差"首长们被敌人拦截！陈为作迅速与罗明生商议制敌之策。

部队停在狐井村外路边，陈为作平心静气地检查各个排班的人数。战士们一声不吭地注视着陈为作，一双双明亮的眼睛里放射出肃穆的期望，那坚毅的神态仿佛都在说："我们坚决完成好党交给我们的任务！绝不向还乡团后退半步！坚决接到省委来的'上差'首长并平安护送回家。"

罗明生立在一个土坡上，两手叉腰眺望着桃仁岭方向，若有所悟地思考着。陈为作知道罗明生在忧虑什么，便停止走动，两眼圆瞪思考着对付敌人的策略。

陈为作的脑海里不停地思考着：凭着我们一个连的战士，接到省委来的"上差"首长，不恋战，保护"上差"首长们冲出地主豪绅还乡团的包围圈,是这次任务的重中之重。

"陈连长,你看这样好不好,我们折返回去,潜伏在桃仁岭,等省委的'上差'首长们一接到,我带两个排杀开一条血路,你带一个排护卫'上差'首长们安全回家。"罗明生突然提议道。

"这个方案可行。不过,到时接到省委的'上差'首长们,带两个排去杀开一条血路的,应该是我,我是连长。"陈为作说。

桃仁岭,位于吉水县八都乡西南方向,是一座东西一里来路、南北不到半里宽的小山。遍山丛林岩石,岭上有几处嶙峋断壁,岭下是一条布满卵石的河床。东北方向有一块小高地,像一个士兵守卫着主岭。

万安连悄无声息地离开狐井村,摸上了桃仁岭,陈为作、罗明生带着几个排长一丝不苟把地形察看了一遍。陈为作指着东北面的小高地,对一排排长萧荣说:"在那里放你的一排,埋伏好,作为桃仁岭主岭的前哨阵地,由我亲自带队。"

陈为作又指着西面和南面的丛林,对三排排长曾传秀、二排排长刘家初说:"三排埋伏在西面,以西面丛林为掩体,居中策应,由罗党代表带队。二排埋伏在南面,以南面岩石为掩蔽,为主要防御面。要特别注意西面三排的居中策应,打起精神来,那是个容易被敌人突破的地方。"

"是!连长。"排长们一面回答,一面在心里琢磨,连长会派哪个班到小高地去呢?

这时候,陈为作看了看天色,严肃地说:"省委来的'上差'首长们的安危,就要看我们万安连勇猛顽强的斗志了。现在'上差'首长们还没见到,我们不能过早暴露自己。我们必须耐得住性子,坚持到黄昏,用各种方法保存我们的体力和战斗力。"

陈为作的指示目标明确,给了排长们巨大的鼓舞。排长们根据陈连长的战斗部署,立即回到各排的指挥位置上。陈为作去了一排,跟萧荣在一起。罗明生去了三排,跟曾传秀在一起。两人约定,只要一方接到人,余下两方就赶紧靠拢,依据战斗情形趁黑率队突围。

部队进入了各自的阵地,找好了掩体。狭小的桃仁岭渐渐安静下来。四周除了鸟叫和潺潺流水声,没有别的声音,任谁也想不到这里潜伏着一支有生力量。

第三章 ★ 使命

12

桃仁岭四周不时地响起零星的枪声,狐井村那边偶尔还响起一两声小钢炮发出的炮弹的爆炸声。战士们都安静地埋伏着,不为漫无目的的枪声、炮声所惊扰,他们知道那是敌人在自我壮胆。

一排的主阵地上,二班班长朱贤阶的烟瘾上来了。他从袋子里拿出旱烟丝和卷纸,想卷一筒旱烟过过嘴瘾,只吸了一口,便被陈为作发现了。陈为作大为恼火,轻声骂道:"谁在抽旱烟?怎么管不住自己这张嘴?"

一排排长萧荣扭头一看,是二班班长朱贤阶,于是轻轻地对他说道:"把烟给熄灭了。等打完这一仗,回去让你抽个够。"

二班班长朱贤阶吐吐舌头,扮了个怪脸,把旱烟给擦灭了,轻轻地放进口袋。

天色渐临中午,大家趴在原地,吃了一个红薯。出发前匆匆忙忙,每人只带了两个红薯,剩下的一个红薯留着晚上吃。难受的是口有点干渴,战士们从出发到中午都没有喝过一滴水。

太阳光底下,不时地有刺刀的反光刺激着战士们的眼——有两个排的地主豪绅还乡团漫无边际地上桃仁岭来了。他们端着枪,东看看西瞧瞧,东放一冷枪,西放一冷炮,不断地给自己壮胆。一颗流弹从陈为作的头顶飞过,擦破了他头上一点头皮,他竟然理都不理。

战士们在丛林里一动也不动,还乡团的团丁们从一排埋伏的地方慢慢地走过,什么也没有发现,但他们仍不放心,几次往丛林里放冷枪。他们生怕共产党的大人物什么时候悄然到了,藏在看不到的哪丛树林里,把枪口偷偷地对准他们。

桃仁岭下山的路口,大约一个班的地主豪绅还乡团也在巡逻,严密地把控着路口的要隘。还乡团搜索着慢慢走远了,直到他们的说话声和脚步声都听不到了,陈为作才允许大家一个一个轮流起身适当地活动筋骨,解下大小便。

天色渐渐暗了下来,模模糊糊的夜色下有两个模糊的人影朝一排的潜伏阵地移来。距离两个人影三四十米远,有七八个人影不紧不慢跟着,他们由北而南向一排的阵地靠近。

"连长,连长,你们在哪里呀?我是三排一班班长萧敬福。"压低嗓子的声音由远而近。

"喊什么,喊什么,别喊了,我在这儿呢。"刚轮到陈为作起身活动活动筋骨、解大小便,便听到三排一班班长萧敬福一路找来的声音,他连忙轻轻地制止萧敬福出声。

"不去搞侦察,找到这儿来干吗?"陈为作说话间刚才那两个黑影已摸到了面前。

"看看,连长!你看看,我给你带谁来啦?!"萧敬福一派喜上眉梢表功的味道。

"报告陈连长,谢天谢地,总算在这里见到你们啦。我是省委军委书记、特派员蔡升熙同志及省委巡视员江汉波同志暨吉安巡视组特别护卫班班长张贤蔚,特奉命前来与你联系。"张贤蔚低沉着声音,自我介绍道。

"太好啦!辛苦你们了,张贤蔚同志。我是江西红军独立第二团万安连连长陈为作。"陈为作上前一步,与张贤蔚紧紧握手,在夜色中打量了张贤蔚一阵。

"哦,你们是'万安连'?也就都是万安人啰?报告陈连长,我也是万安人。"张贤蔚高兴地咧了咧嘴。

"你也是万安人?万安哪里人?"陈为作用万安口音问道。

"报告陈连长,我是万安茅坪区南洲村人。"张贤蔚也用万安口音回答道。

"真是太巧了,张贤蔚班长,我是万安茅坪区横路村人。"陈为作对张贤蔚的好感和信任一下子从心底里涌上来。他紧跟着问道:"你们的人呢?现在在哪儿?……走,张班长,快带我迎接省委首长们去!"

"不用张班长带,我们自己来啦。"这时,一直尾随在后的七八个人影来到了陈为作的跟前。陈为作快步上前,与他们一一握手,嘴角带着笑意:"你们来啦!接到了你们真是太好了,见到了你们真是太高兴了!一天一夜悬着的心,我终于可以放下了。"

"见到了你们,我们也好高兴。"省委军委书记、特派员蔡升熙那闪

第三章 ★ 使命

耀着容光的脸上散发着一种成熟、热情的气息。

在夜色下，在山岭里，陈为作向蔡升熙虔诚地敬礼，然后热情地拥抱着彼此。

"你们怎么搞的！这么多天，也不主动派侦察员来寻找我们，害得我们路上吃了这么大的苦头。"旁边的省委巡视员江汉波笃笃地挂着木棍，瞅着陈为作，心里有点气往上提，不禁失声表达出了心里的不高兴。

蔡升熙脸上一直带着微笑，他一指身后挂着木棍的江汉波，向陈为作介绍道："陈连长，给你隆重地介绍一下，这位是中共江西省委秘书长、巡视员江汉波同志。"

陈为作高兴地点了点头，挺起身板向江汉波敬了个礼："报告省委来的'上差'首长同志，这是我的工作没有做好，是我的错！江西红军独立第二团万安连连长陈为作，在此郑重地向你道歉！我一定虚心地好好地接受省委来的'上差'首长的批评指教。"然后他弯下腰，伸出双手，握了握江汉波的手，额头上不知怎的不知不觉沁出了汗珠。

"你这个陈连长，参加革命工作多长时间了？你说的什么'省委来的"上差"首长同志'，是谁教你这么称呼的？'首长同志'就'首长同志'，为什么前面还要加什么'省委来的上差'称号，你这种习气，是封建社会典型的农民游击思想。"江汉波把眼睛瞪得大大的，有点不悦地对陈为作说道。

江汉波这一句话像一记响锤，"噔"的一声把陈为作的心突然砸懵了。陈为作有点不知所措，赶忙回答道："报告首长同志，这些称号都是我自己瞎叫的，是我参加革命工作以前在家乡看皮影戏看多了，从皮影戏里无意中学来的，不知不觉地也就叫上了，我保证以后不会这么叫了。"

党代表罗明生听到动静，带着曾传秀及三排战士急忙向陈为作这边靠拢。罗明生的到来解了陈为作的尴尬。陈为作故意轻轻咳嗽一声，一把扯过罗明生，向蔡升熙、江汉波介绍道："报告两位首长同志，这位就是我们万安连的党代表，罗明生同志。"然后扭头看了看罗明生，又把蔡升熙、江汉波两位首长介绍给了罗明生。

罗明生肃然起敬，一种崇敬感油然而生。他向蔡升熙、江汉波敬完礼，又真诚地与他们握手，说了些"辛苦啦""热切地欢迎"之类的话。

刘家初带着二排战士不知什么时候也来到了他们跟前。他从一棵大树背面冒了出来，默默地站在一边，看着领导们相互寒暄。

13

风在桃仁岭间徐徐吹起，从茂密的松林间吹过来的清风带着一种赣西地区特有的凉凉湿气，拂过大家的脸颊。江汉波感觉有点饿又有点冷，一直打着寒颤，不自禁地打了几个喷嚏。江汉波的喷嚏，在静静的夜里、在空旷的山岭间显得有点清脆。

陈为作见此情形，似乎想到了什么，赶紧从口袋里掏出一个没舍得吃的红薯，递给了江汉波。江汉波一阵迟疑，没有接受。陈为作又脱下身上的外单衣要给江汉波穿上，江汉波在推搡中穿上了陈为作的外单衣。

罗明生心有灵犀，叫大家把自己没吃的红薯从口袋里拿出来，分发给蔡升熙、江汉波及随行的特别护卫班的战士们。罗明生特意挑了两个大的红薯，递给了蔡升熙和江汉波。

江汉波见个个都有，也就不再不好意思，欣然接受了罗明生塞到自己手里的红薯。

罗明生脱下自己的外单衣，要给蔡升熙穿上，蔡升熙在犹豫中接受了罗明生的好意。其他战士见此情景，也纷纷脱下自己的外单衣给特别护卫班的战士们穿上。

罗明生对蔡升熙、江汉波说："两位首长同志，请你俩带个头，抓紧时间把这个红薯吃了，好恢复一点体力，一会儿准备突围。山下狐井村、桃仁村河堤北、桃仁岭四周的交通要道布满了还乡团的人。山岭下还有五百多人的还乡团在守着，他们装备精良。我们只有一个连，加上两位首长的特别护卫班，力量对比远远弱于还乡团，我和陈连长及几位排长到一边去商量怎么突围。"

蔡升熙瞅了一眼罗明生，赞许地向他点点头，说："罗党代表先去忙，不用因为考虑我们而分心，我们自己会照顾好自己的。"

罗明生向大家打了个手势，陈为作和排长及战士们一下子分开来，走到不远的一边,轻声细语地研究和讨论突围的方案。

蔡升熙、江汉波和特别护卫班的战士们见万安连的人都走到了一边,他们这才想起手里拿着的红薯还没吃,要赶紧把它吃掉。

不知是否是江汉波在桃仁岭上打的几声喷嚏惊动了还乡团,陈为作、罗明生走到一边商量怎么突围,还没有开口说话,狐井村、桃仁村河堤北、桃仁岭山下四处已是一阵轰响,随着几声尖锐的啸叫声,东北、西南两个方向的小高地上响起了爆炸声,瞬间升起一团团黑烟。

战士们都伏在桃仁岭丛林里,全神贯注地望着远处两个方向的小高地。陈为作也把身子探出丛林,注视着东北和西南方向的动静。可是在夜幕中,除了浓密的火光和烟雾之外,什么也看不清。

14

西南方向是狐井村,东北方向是桃仁村河堤北,猛烈的炮击持续了半个钟头,渐渐地稀疏下来,然后没有动静了。正当大家以为地主豪绅还乡团打炮是盲目打的,没有发现桃仁岭上藏着一支部队,应该不会有什么事时,突然暴风雨般的枪声和手榴弹声在桃仁岭下响了起来,而且越响越近。

陈为作突然醒悟了过来,暗暗地反问自己:"还乡团打炮莫非是放的烟雾弹?他们莫非发现了桃仁岭上的秘密?莫非是在调兵想暗中四面堵截?"陈为作一时不好下结论。

一个钟头以后,枪声稀落下来,小高地周围的烟雾慢慢消散,山岭上似乎恢复了平静。

晚上十点半左右,西南方向狐井村还乡团的大炮开始轰击桃仁岭主峰,岭上硝烟弥漫,弹片和石块乱飞,好多树木被炸成了两截,不少战士被弹片和石块划伤。

地主豪绅还乡团从三面向桃仁岭发起了进攻,他们果然知道桃仁岭上的秘密。

陈为作有了主意:他带领三排、二排往狐井村方向猛冲,吸引住还乡团所有的主力；罗党代表带领一排及张贤蔚的特别护卫班，保护省委的首长们直接往吉安陂头方向突围，中途不能停歇，有多快就跑多快，要不惜一切代价把省委的首长们安全地接回家。

罗明生表示，由他来带三排、二排往狐井村方向突击，由陈连长带一排及张贤蔚的特别护卫班保护省委的首长们安全回家。

陈为作说："时间好紧，我们不要再争了，护卫省委的首长们安全回家是我们最要紧的任务。"于是，突围方案确定了下来，大家各归各位，整理行装，准备行动。

陈为作、罗明生向蔡升熙、江汉波报告万安连党支部会的决议，也向张贤蔚通报万安连十一点突击的方案，叫护卫班作好准备。

晚上十一点整，陈为作带着三排、二排的人在桃仁岭下来回跳跃着，指挥部队猛攻敌人。一颗颗手榴弹倾泻下去，一排排还乡团团丁倒了下去。陈为作率领三排、二排往狐井村方向猛冲，用手榴弹开道，炸得还乡团团丁鬼哭狼嚎，还乡团团丁的尸体越积越多。

还乡团听到往狐井村的方向传来了激烈的枪声、手榴弹爆炸声，以为共产党的大人物选择了从狐井村突围，于是所有人马都往狐井村方向涌去。五百多人的还乡团主力全部被陈为作吸引去了狐井村，交通要道上把守路口的还乡团丁也只留下零星的一两个排。

还乡团丁越聚越多，在手榴弹的威力下，倒下的敌人也越来越多。然而万安连的伤亡也在不断增加，万安连的战士们以坚强的意志和惊人的勇气，打退了还乡团一次又一次的冲锋。

晚上十一点半的时候，罗明生带领一排在前开道，张贤蔚带领特别护卫班护卫着省委的领导紧随于后。

荷枪实弹的还乡团，原在各个交通要道上都留有一两个排继续守卫路口，当听到狐井村方向的猛烈爆炸声时，大部分还乡团丁都涌向了狐井村，留下来的还乡团丁只有少数，而且几乎全部放下了警觉。

当罗明生带着战士们穿过路口关卡时，把守路口关卡的还乡团丁竟然毫无抵抗，只是眼睁睁地看着他们旋风般地过去。等到还乡团丁的脑瓜子反应过来时，罗明生他们早已在黑夜里跑得没了影，还乡团丁们只能向空中放几枪了事。

最困难最有压力的一方还是陈为作,他们以区区两个排的兵力,吸引和拖住了几百个人的还乡团。陈为作和三排、二排战士们的手榴弹都打光了,西面方向的还乡团却已冲到狐井村阵地前沿,与从后面追逐他们的还乡团形成了一张严实的铁网。

二排排长刘家初对三排排长曾传秀说:"我带二排往左边杀出一条血路,你带三排保护连长突围。"三排排长曾传秀却是不干。

三排排长曾传秀对二排排长刘家初说:"你在家是独苗,我在家上有哥哥下有妹妹,我带三排往左边冲锋,你带二排保护连长突围。"二排排长刘家初却也是不干。

陈为作说:"你们别争了。你们都是我的好兄弟,好同志。我们要生一起生,要死一起死,要冲锋一起冲锋,要我舍下你们独自逃生我不干。我谢谢你们的好意。"

还乡团密密麻麻地涌了上来,陈为作跳出队伍,对万安连的战士们大声叫道:"为了让省委的首长们安全回家,为了我们革命的胜利,同志们,今晚跟这些还乡团王八蛋拼啦!"说完,他迎向还乡团,与敌人拼起了刺刀。

战士们在连长陈为作的感召下,激昂地喊着"跟这些还乡团王八蛋拼啦",纷纷跳出掩体,与敌人拼起了刺刀。

只见苍茫的夜色下,战士们斗志激昂,还乡团尖厉的嚎叫声和刺刀拼杀声响成一片。战士们这种不要命的阵势吓倒了还乡团,许多还乡团丁纷纷露出怯意。经过半个多钟头的汹涌厮杀,还乡团终于丢下三十多具尸体,败下阵去。三排排长曾传秀、三排一班班长钟永泷、三排三班班长李祚春、二排一班班长郑昌云、二排二班班长赖家善、二排三班战士邱廑初等六人牺牲。

陈为作抱着三排排长曾传秀的遗体,大声地喊道"三排长……三排长……我的好兄弟",泪如泉涌。只见陈为作满脸汗水和血渍,身上有好几处伤口,手臂和腿上也有好几处血迹和刀痕。

还乡团不甘心失败,他们仗着人多,乘着夜色的掩护,整理了一下队伍,准备向万安连再次发起冲锋。

这时，原野上突然刮起了大风，黑云猛然遮住了天空，只听雷声开始轰鸣，电光不断闪烁。密集的傲慢不驯的冰雹大雨，毫无征兆地向大地倾泻下来。很似应了辛弃疾《蝶恋花》的咏唱：

泪眼送君倾似雨，不折垂杨，只倩愁随去。有底风光留不住，烟波万顷春江橹。　老马临流痴不渡，应惜障泥，忘了寻春路。身在稼轩安稳处，书来不用多行数。

在雨夜中，陈为作被雨水打得有点睁不开眼。天空像决了口，任由大雨发出怒吼。

陈为作一向不信命，然而今天这场突发的暴雨，除了理解成是天助万安连，他无法作出其他解释。他直觉得老天爷是有灵性的，是与受苦受累的劳动阶级一条心的。

第四章

通告

15

杀人不眨眼的地主豪绅还乡团顾不上围堵共产党,都一团团地在雨中急走,在寻找个可以避雨的地方。个个感觉好像是大祸将临,吓得仓皇逃窜,巴不得父母生他们时给他们多生两条腿似的。

陈为作对二排排长刘家初说道:"快!叫上战士们,四人一组,抬上牺牲的兄弟们,赶快突围!老天爷在帮我们,不要停留,赶紧去追党代表他们!"

同志们四人一组,两人抬脚、两人抬手,用手托着身子,抬着牺牲的兄弟们回家。他们几乎是一路小跑,冲出了还乡团的包围圈。然而不见一个还乡团丁,一路畅通无阻。战士们手抬累了就转个圈,前排变后排,后排变前排,迅速换一只手再抬,个个是脚不停步、人不歇脚。

凌晨五点多钟的时候,罗明生带着省委的两位首长冲出了包围圈。他们不惧疲惫,继续向家里赶路。临近吉安陂头根据地地界,罗明生让萧荣带着一排一班和张贤蔚的特别护卫班一起保护省委的首长回赣西特委机关,自己则征得省委首长的同意,带着一排二班、三班掉头折返回去接应陈为作他们。半道上两支队伍相遇,一排二班、三班两个班的战士谁都没有说话,主动地从二排、三排战士们的手中接过牺牲的同志们的遗体,继续往家里赶去。

回到陂头已是上午八点,大雨早已停歇,太阳却迟迟没有出来。连长陈为作一路上一瘸一拐,见到前来迎接他们的特委代理书记王百元、特委常委曾山,他挥动着右手,凝聚身上所有的力量,说了一句:"报告特委两位首长,江西红军独立第二团万安连,任务圆满完成!"说完脚一软,身体一歪,人便倒在了地上。

罗明生扑到陈为作身上,用力推着他、摇晃他,大声喊着:"老陈,老陈,你醒醒……陈连长,陈连长,你醒醒……"

陈为作一声也没有回答,他永远地合上了眼睛,听不到罗明生对他的叫唤,但是他的嘴角上露出一丝只有他自己才说得明白的微笑。

16

第二天,吉安县陂头村中,中共赣西特委在操场上为牺牲的英雄们举行了一个隆重的追悼仪式。

为了迎接和护卫中共江西省委特派员、省委军委书记蔡升熙和中共江西省委秘书长、省委巡视员江汉波平安回家,英勇牺牲的万安连三排排长曾传秀、三排一班班长钟永泷、三排三班班长李祚春、二排一班班长郑昌云、二排二班班长赖家善、二排三班战士邱廪初、万安连连长陈为作等七人,他们的牺牲,像晃动燃烧的火焰,映照着祖国的天空;他们年轻生命的消逝,似赣江绵绵的流水,悲伤地淌在祖国黑暗的大地上。

蔡升熙来了,江汉波来了,王百元来了,刘士奇来了,曾山来了,特委委员们来了,村农民协会主席来了,革命群众来了,江西红军独立第二团万安连的战友们来了……他们自觉排成队列,绕着整齐摆放在地的烈士们的遗体走了一圈,然后才把烈士们的遗体放入棺木,抬到山上埋葬,然后集体举杯,往地上洒下一杯杯清泉水,给烈士们送行。

在陂头,参加完这场追悼仪式的人们回到屋里都吃不下饭,直想关上门痛哭一场。战友们想打开那扇挡住情感洪水的闸门,把心中对烈士们的寄托、牵挂、哀愁、祈祷,一股脑儿统统地发泄出来。愿历史、愿后代不会忘记他们的名字!

第四章 ★ 通告

　　一个星期后一天的上午，太阳从远处的山峰露出脸来，爬了一丈多高。在赣西的山村里，天气似乎还有点凉，也许是山风有点留恋山村的孤寂。山径里的杂草和荒林显得昏昏沉沉，没有了生机和蓬勃。

　　吉安陂头村的祠堂，陂头村农民协会议事室，一间极其简陋的谈不上什么宏大、风光、古典的农屋里，挤满了一群穿戴朴素但衣着干净，说话语音跳跃、极具地域特色，但都能听得懂说什么意思的人，他们都是来自赣西特委、赣南特委、湘赣边特委、各个县委、各个县农民协会的代表和领导。

　　一进这间三十多平方米的会议室，只见正对着大门的墙上，挂着一幅用毛笔书写的"中国共产党江西省委暨赣西赣南湘赣边特委学习和贯彻《中央通告第四十九号》文件精神联席会议"的红纸条幅。条幅下面挂着一面洗得有点发白的中国共产党党旗。党旗上的镰刀锤头条纹清晰坚定、尺度分明、均匀适度，显得这般深沉厚重、鲜艳夺目、铿锵有力，迸发出一种庄重肃穆的艺术美感，让人无论从哪个角度观察，感觉似乎都是在召唤自己为了人民准备在浩瀚的中国大地上浴血奋战。

　　会议室门口警卫森严，四周战士们站着岗，在曾山的安排下，本来在万安县茅坪区夏露乡九龙潭休整的红军独立第二团、第四团，被调回吉安县陂头根据地来担任会议的警戒任务，以确保中央文件指示精神的传达会议安全地进行。

　　脸色天生古铜色、眼光充满纯朴和憨厚的赣西特委代理书记王百元，嘴唇微厚、鼻梁笔直、鼻梁上架着一副度数较低的近视眼镜的省委军委书记、特派员蔡升熙，以及颧骨突出、腮帮肉有点薄的省委秘书长、巡视员江汉波走进了会议室。

　　由于敌人四处"围剿"和组织内部有叛徒出卖，赣南特委和湘赣边特委组织结构几乎全部被破坏；赣西特委的组织建制是个例外，基本上还保持完好；红四军正在闽西、东韶地区艰苦卓绝地打仗，没有代表出席这次会议。

　　喧闹不已、烟雾缭绕的会议室渐渐安静下来，变得鸦雀无声。不知过了多久，也不知谁带的头鼓了下掌，掌声一下子提醒了与会代表们，顿时大家掌声四起,左边响了,右边又响,此起彼伏,阵势甚是浩大。

王百元、蔡升熙、江汉波等在主席台前排中间就座,赣西特委领导刘士奇、曾山等在主席台前排边上就座,来自赣南特委、湘赣边特委的王怀、李文林、丛允中等领导在主席台后排中间就座。此次中央文件指示精神的传达会议由赣西特委主持。

主席台上,王百元、蔡升熙、江汉波三人相互默视、点头,表示会议可以开始。曾山主持会议,他站起来目视会场,眼光炯炯有神,声音清脆洪亮:"我宣布'中国共产党赣西、赣南、湘赣边特委学习和贯彻《中央通告第四十九号》文件指示精神联席会议'现在开始。会议进行第一项:全体起立,唱《国际歌》。"

大家起立,曾山起了个头:"'起来,饥寒交迫的奴隶',预备唱!"

17

会场上下响起了雄壮的《国际歌》声:

起来,饥寒交迫的奴隶,
起来,全世界受苦的人。
满腔的热血已经沸腾,要为真理而斗争。
旧世界打个落花流水,奴隶们起来,起来!
不要说我们一无所有,我们要做天下的主人。
这是最后的斗争,团结起来到明天。
英特纳雄耐尔,就一定要实现。
这是最后的斗争,团结起来到明天。
英特纳雄耐尔,就一定要实现。
…………

似惊雷轰鸣般的歌声,震撼会场,响彻山村,响彻云霄。在歌声中,似有千百万革命战士化成一股洪流;在歌声中,似有千百万革命战士凝聚

第四章 ★ 通告

成一股雄伟的力量。它们像千里赣州之水，穿过丛山叠岭、绝崖断壁，激荡滚滚，向前冲击。它们像千里赣江之礁石，立于茫茫银雾，不管曲折回环，无视昼夜，坚定不移，对决浪击。

《国际歌》唱完，会场一片寂静肃穆。

曾山的呼吸，似乎奇异地与祖国山川融成一气，他久久地沉浸在歌声荡人心魄的气势里，竟然忘记了请大家坐下。

身材有点魁梧、虎头虎脑、国字脸上长着一双细眼的李文林坐在后排中间，在曾山的侧后边，他不由自主地从背后向曾山扫了一眼，然后在桌子底下伸出手，轻轻拉了拉曾山的衣角，提醒了一下曾山。曾山回过神来，对着会场说道："同志们请坐下！"

"咚隆"，与会人员全体齐刷刷地坐下，所有人的视线都没有离开主席台，都全神贯注地凝视着。

曾山说道："下面进入大会的第二项内容：请中国共产党江西省委秘书长、巡视员江汉波同志，给我们传达《中央通告第四十九号》文件的指示精神，请大家鼓掌隆重欢迎。"

曾山话音刚落，会场顿时响起一阵雷鸣般的掌声，主席台上的人也跟着鼓起掌来。

身材瘦削、脸上有几颗麻子、头发有点稀疏、眼神有点锐利的江汉波从座位上站起来，他端起桌上的一碗热水，轻轻喝了两口。他表情庄重，咳嗽了两声，望了望会场上来自赣西、赣南、湘赣边的与会代表们，从怀里拿出《中央通告第四十九号》文件，开始作报告。他说道：

"同志们，工友们，农友们：受中国共产党江西省委的隆重委托，今天我来到可爱的革命焰火纷飞的赣西大地，向大家传达1929年9月18日《中共中央通告第四十九号》文件的指示精神。在传达《中央通告第四十九号》文件的指示精神之前，我想起我们党的一位伟人说过的一句话，想起了1926年5月14日，李立三同志在'第三次全国劳动代表大会'上讲过的一句话。李立三同志说：'我们过去的经验，已集合起来；世界未来的经验，我们也预备接收起来。同时，我们对于教育问题、组织问题、失业问题以及其他种种问题，均有很好的解决方案。我们能依照大会的议决案努力去做，定能得着很好的结果。'李立三同志的这句话，给我们的

一个重要的启示就是：我们要用这种思想来学习我们党的《中央通告第四十九号》文件的指示精神，我们要用一种对党对伟人的虔诚来贯彻我们党的《中央通告第四十九号》文件的指示精神。"

江汉波小心翼翼地把文件铺在桌上，用手从下往上轻轻地反复捋了几次，想将皱褶的文件压平。他的动作里透着一股对文件指示精神的崇敬，眼睛里露出一股对革命的未来满怀天真的理想和温情。他说道：

"军阀战争的酝酿，处在日趋严重的态势之下。蒋桂、蒋冯战争以来，军阀战争的根本矛盾——帝国主义的相互冲突，资产阶级、买办地主阶级争夺反革命领导权的斗争，以及军阀争夺地盘的冲突，一点也没有减轻，而且在许多政治问题上表现出日益紧张的形势。蒋系军阀企图制造暂时缓冲的机会，以准备在将来的战争中获得更有利的条件。

"现在，各派军阀正在日益加紧酝酿反蒋，蒋系内部也发生了新的破裂，尤其是各派军阀都加紧了对革命势力的进攻，如'围剿'朱毛与蚕食湘东、湘西苏维埃区域，极力破坏各地共产党的组织等，这些都是他们积极准备战争与战争快要爆发的表现。"

江汉波端起碗喝了一口水，静了静神，看了看台下，继续说道：

"在上次反蒋桂、蒋冯战争时，各地党组织只做了一些宣传的工作，没有坚决地去发动与领导群众的斗争，我们甚至对群众自发的斗争，如顺直几千农民反对拉夫的斗争等坐视不管，实在是莫大的错误！各级党组织必须使全体同志清楚地认识，军阀战争予群众以莫大的痛苦，只要我们有正确的口号，能深入到群众中去，必然可以发动群众起来斗争！这正是我们争取广大群众，领导广大群众走向革命斗争之最便利的机会，绝不可以有丝毫忽视的观念！在各种群众斗争发动起来以后，有必要在主要城市与农村中组织群众进行反军阀战争的示威运动，使广大群众在这样的示威运动当中更加提高他们斗争的勇气与决心，各级党组织必须有计划地去准备这一工作。"

在讲到"各级党组织必须有计划地去准备这一工作"这句话时，江汉波扬起了右手，在空中握紧了拳头。

台下与会的代表们听了江汉波的报告，看到江汉波扬起的拳头，好似自己的头脑里突然涌出一股强烈的激昂，浮起一种以前从来不曾有过的激动，他们热切地鼓起掌来。

江汉波看着台下，等大家的掌声停了下来，他伸手端起碗来想再喝一口水，才发现水已喝完，只好把碗放下。

18

会议现场的工作人员叫冯兴华，是个女同志，吉安永丰县人，生于1911年10月10日，正是那天爆发了辛亥革命，推翻了帝制，迎来了共和。于是她的父亲冯老绅士给她取名兴华，意为振兴中华。冯兴华有兄弟姐妹四人，她排行第四，因此乡里人又称她四妹。

冯兴华幼年时因家境殷实，当地有个清光绪年间的秀才在县城开了一所私塾，于是她父亲冯老绅士送她上了私塾，后来她又上了永丰县县城小学堂。从小学堂毕业那年，她的父亲去世，她也就没有再上学了，留在家照顾老母亲。

1928年10月，刚满十七岁的冯兴华参加了永丰县妇救会。1929年7月，赣西特委书记冯任去永丰县委视察农民协会的工作时，接触了冯兴华，想好好培养她，就把她调到了赣西特委妇救会。

冯任调任中共江西省委委员时，只把彭泉清带走了，冯兴华则继续留在特委妇救会工作。

由于赣西特委连续遭到敌人的破坏，为了减少敌人给党的事业带来的损失，在特委书记冯任调往省委当晚，赣西特委在冯任的秘密安排下也及时转移到了吉安县陂头村，冯兴华所在的妇救会也随着特委转移来了陂头村。

省委巡视员、省委特派员来赣西特委巡视，传达《中央通告第四十九号》文件指示精神，需要人手，特委代理书记王百元就给妇救会打招呼，妇救会安排了冯兴华前来帮忙。

谁知由于一时疏忽，省委巡视员江汉波碗里的水喝完了，冯兴华竟然没有发觉。这个首长可是省委的巡视员，这个疏忽一下子吓得她脸上有点变色，她赶紧拿着茶壶上去给江汉波续上水。由于心情紧张，结果把热水洒到了桌上，她又忙着用衣袖把洒到桌上的热水擦掉。

江汉波看着工作人员毛毛躁躁的样子，不禁皱了皱眉，水也不想喝了。他努力保持着一种轻柔的情绪，接着作报告：

"在现在的苏维埃区域，更应号召广大群众起来反对军阀战争，我们应极力去发动附近各县的农民斗争，加紧建立并扩大红军，加紧武装农民，采取坚决进攻的策略，去攻打那些大中城市，去消灭地主阶级的武装，去扩大苏维埃区域。在发展红军的策略上：第一，积极扩大现在占有的苏维埃赤色区域；第二，更积极地去发动广大群众起来反对军阀战争；第三，尽可能地扩大红军的组织与武装农民；第四，到群众基础比较强大以及到军阀战争附近的区域去实行游击；第五，坚决肃清地主阶级的民团、保卫团以及小军阀的武装组织；第六，扩大红军队伍，坚定攻城信念，打下一两个大中城市，继而扩展到占领一两个省，然后延伸全国。

"在兵士群众中，要积极制定和实施兵士群众工作计划，发动兵士群众的斗争，同时要积极宣传'不替军阀当炮灰，不打红军，与工农联合起来到红军中去'的口号，向着这样的根本口号前进。在兵士运动已有基础的地方，必须有计划地去准备发动兵变，如果能号召广大兵士群众实行反军阀战争的兵变，在促进革命斗争中是有很大的意义与影响的。"

江汉波作报告时善于调动情绪，近一两年来他在这方面不断地努力。台下的与会代表们感悟到了他的报告的魅力，掌声一阵接一阵地响起。

江汉波的报告还在继续，他说：

"从当前的革命形势来看，我们要遵循李立三同志的革命观点，势如破竹地进攻南昌、九江、武汉、长沙。全国直接进行革命的形势已经成熟，国民党的统治日益走向崩溃死亡的末路。全国的工农武装和苏维埃的政权，无疑要在这一个革命高潮之中涌现出来。我们的主力红军应该转变思想，做好攻打大中城市的支持与准备。上下动员，进行有组织的征调新兵，扩大红军，发动群众，巩固后方，只有这样才能建立和巩固全省的赤色政权，去达到争取全国政治中所要达到的任务。"

随后，江汉波把农村包围城市的路线解释成是背离共产国际军事精神的退却路线，认为这不是列宁主义而是自由主义。起初江汉波是在传达报告，到了中途变成是在分享理解，在报告容易产生歧义的段落处，他还不时插进一些他所理解的主观性经验总结。

省委军委书记、特派员蔡升熙，赣西特委代理书记王百元，赣西特委秘书长刘士奇，赣西特委常委曾山，提前一个星期学习过《中央通告第四十九号》文件，都觉得江汉波传达的内容没有遵从文件的真正精神。

尤其是省委特派员蔡升熙，更是不知把《中央通告第四十九号》文件学习过多少遍，对江汉波在认为别人可能忽视的句子上插进了一些文件外的个人见地作为理论报告，以他所认为的个人见地作为文件来传达，觉得不甚合适，但是谁也没有对这个事提出反驳。

等到江汉波把报告作完，已经是中午十二点多。曾山与王百元私语了几句，提议散会，待吃完中饭，省委的首长休息一阵后下午继续开会。王百元侧身，问了旁边蔡升熙的意见，蔡升熙表示同意。江汉波也点头说，下午农民出工时分继续开会。于是曾山站起来，对与会代表们宣布："今天上午的报告就传达到这里，现在是吃中饭的时间，大家先散会填饱肚子，下午农民出工时分，回到这里继续开会。"

19

由于敌人的严密封锁，好多日用品如布匹、大米、烟酒、茶叶、肉类、食盐等，只有吉安城区才买得到。在周边县城和乡下，除了花生、瓜子、红薯、竹笋、霉豆腐等农村特产可以买到，其他物资都非常缺乏，甚至连食盐都买不到。与会代表的午饭是分散在附近各个村庄，由农民协会协调解决的，都是红薯稀饭加萝卜咸菜一类。条件好点的村庄，即敌人破坏少点的村子，或许吃饭还能多一碟稀得能照见日头影的鸡蛋汤、辣椒酱。

吃过中饭，距离下午开会时间还有点早，蔡升熙闲不住，拉着曾山到村口走走聊聊。刚走到村口，红军独立第四团二连的连长陈升喜低着头惊惶地往村里跑，一头撞在蔡升熙的身上，把他撞了个四肢朝天。

曾山赶紧扶起蔡升熙，帮他拍打掉身上的泥土，板起脸来严肃地批评陈升喜："陈连长怎么回事？是成光耀带部队烧了你家房，揭了你家屋顶的瓦了,至于这么心急火燎的吗?看把省委蔡特派员撞的。"

陈升喜抬眼一看,正是自己要找的特委常委曾山,心里吓了一跳。他不认识省委蔡特派员,但曾山常委这么说,这位自然就是省委蔡特派员了。

他赶紧向省委蔡特派员敬了个礼,并赔礼道歉。他一张脸羞得成了猪肝颜色,恨不得蔡特派员扇自己两耳光,心里才会觉得畅快些。

蔡升熙鼓起的天庭、饱满的太阳穴让他看起来精神抖擞,他目光如炬,没有一点畏葸;他粗发浓密,挺起胸,像一棵旷野中冷峻的杨柳青。他一只手按着被陈升喜撞痛的位置,一只手扬起来对陈升喜摆了摆,说道:"陈连长同志,以后走路看着点。如果今天碰撞到的是个老人,只怕骨头就会被你撞折了。看你走得这么匆忙,说吧,是不是发生什么事了?"

陈升喜说:"报告首长同志,刚刚我团的侦察员回来报告,国民党金汉鼎第十二师第三十六旅朱淮团的一个营,押送十七艘满载弹药军需品的船只,往赣州驰去,团长让我赶回来向特委和首长同志报告。"

曾山脸上浮现出一种有所思虑的神色,说:"报告什么呀?到嘴的军需品你们团长都不要,还要什么呀?赶紧通知你们团长带队伍去追,想办法把这十七艘船只的军需品,都给截下来!"

"是!我马上回去。"陈升喜转身就要走。

"嗳!陈连长,你等等!"曾山喊住陈升喜,扭头对着蔡升熙问道:"蔡特派员,你看呢,下午不是还要开会,传达中央文件指示精神吗?"

蔡升熙沉吟了一会儿,对曾山说道:"十七艘船只的弹药军需品,正是我们红军目前所急需的,都经过家门口了,如果我们不取的话,金汉鼎也不会感谢我们。至于下午开会,我看可以延迟开。这样,王百元书记那里我去协调。你现在去安排部队拦截这批军需物资,我去通知大家下午的会议因为军情紧急临时取消,明天上午的会议召开时间不变。"

"好!有蔡特派员做主,我就敢放手去做了。"曾山与蔡升熙握了握手,对陈升喜说:"陈连长,前面走吧,带我找你们团长去。"

到了红军独立第四团团部,曾山以特委的名义,命令二团、四团沿赣江追击拦截,截取这批弹药军需物资。

然而,由于二团、四团获得消息较晚,等到报告给特委,曾山前去调兵遣将发布追击命令时，敌人的船只已然到了泰和县境内。

他们马不停蹄，一路开枪一路追击，但船上的敌人也毫不示弱地开枪还击。赣江沿岸一路都是让人身心惊颤的枪声。

他们一直追击到了万安，敌人还是溜了。截船未成，大家只好悻悻然返回吉安。在泰和县固陂根据地歇了个脚，吃了个晚饭，然后连夜赶回吉安县陂头根据地。

回到陂头，团长、政委双双到特委汇报：追击敌船未果，请求处分。曾山安慰他们：哪来这么多的处分？不要气馁，养精蓄锐，敌人还需运输军需物资，以后有的是机会。

《中央通告第四十九号》文件指示精神的传达会议，第二天上午九点继续进行。

不管昨天二团、四团追击敌人的战况如何，这两个团从吉安县赶到泰和县、再赶到万安县，这股不畏强敌的勇气提振了与会代表们的战斗精神。他们知道，此前赣南、湘赣边特委已经被敌人折腾得一点信心都没有了，许多乡村、许多群众缩在自己家里，根本不敢与共产党的干部来往、打交道，路上看到都掉头躲到了一边，昨天这两个团的表现已是鼓舞人心！

20

上午。祠堂，会议室。与会代表们早早地到齐。

曾山说："今天的会议，仍是延续昨天下午中断的会议主题。现在请中共江西省委军委书记蔡升熙同志作报告，大家鼓掌欢迎！"

会场上顿时响起了热烈的掌声。

蔡升熙说："现在全江西省各赤色区域都被反动派的军队及地主豪绅还乡团折腾够了，反动派的军队及地主豪绅还乡团也被我们的坚强行动吓倒了。在这敌我胜负未分的拉锯战中，我们要学习江西红军独立第二团、第四团的勇敢精神，听到敌人来了敢于迅速出击，看到敌人运输军需物资敢于主动迎敌向他们开枪。我们的工农革命之路，要的就是这种不畏强敌的志气。现在我们的基层干部队伍里面，畏惧敌人、放弃革命理想的同志有好多,这要引起我们党内领导同志们的广泛注意。"

蔡升熙的开场白,就把党内尤其是基层干部间这种畏惧困难、畏惧敌人、畏惧群众的情况直白明了地指出来,并严肃地批评了这种由急躁、粗糙激起的危险情绪,引起了会议室里与会代表们的极大震动。

他说:"当前赣西特委、赣南特委、湘赣边特委的斗争策略,存在着一些严重问题,主要是:一,不敢扩大斗争,不敢会合各地的赤卫队联合群众及党的力量攻打大中城市。二,不愿多开各种宣传会议,不愿参加群众大会,不愿参加党内的活动分子会议,不愿参加党员大会,不重视政治报告、理论报告,甚至轻视工作报告,总是把生产放在第一位,把过好自己的小日子放在第二位,把革命斗争放在第三位,敌人向根据地反攻时,只懂得一味地转移,不敢组织群众把敌人镇压下去。三,保守主义、地方保护主义严重,有许多的赤色区域都是各人自扫门前雪,不想派出有生力量援助白色边境被压迫的群众,也不想帮助隔壁村受到敌人伤害的群众,以致敌人对我赤色区域越来越凶残、越来越嚣张、越来越肆无忌惮。四,赣西特委、赣南特委、湘赣边特委各自为政,不能集中管理,没有整合力量,不能统一指挥,使敌人时不时能够找到空隙对赤色区域乘虚而入,给群众和组织造成很大的损失。五,敌人渗透赤色区域严重,许多赤色区域到现在都还没有解决土地分配问题,究其原因,是这些赤色区域的农民协会、妇救会、农民赤卫队的领导都是由代表地主富农利益的人把持,他们百般阻挠群众获得土地,即使有的群众获取了一点点土地,他们也是不择手段想把群众手里的土地夺走。六,我们的党组织、我们的干部学校,对我们的党团干部和骨干群众培养得并不够多,关心得也不够多,保护得更是不够多,甚至有的赤色区域用AB团的名义,对那些忠诚于党、忠诚于革命事业的中坚分子,公然地不经群众大会讨论就加以枪杀。这种种问题、种种现象,若是继续发展下去,是会很危险的,是会断送我们的革命事业的。"

蔡升熙讲到这里,停顿了一下,他在考虑下面的内容语气是否要委婉一些,他怕有些领导听了受不了。

他瞧见碗里有水,端起就喝。没有想到水太烫了,才入口就烫得马上又吐出来了。

第五章

走失

21

开水是工作人员冯兴华刚刚才给倒的。蔡升熙作报告太投入,自然就没有注意到这一点。

冯兴华站在台下靠大门的一旁,看到主席台上发生的这一幕,心里不禁有点慌了,不知怎么办才好。她心想:"自己做事怎么这么倒霉!昨天上午省委巡视员作报告,关键时刻想喝水,自己却没注意到碗里是空的,他想喝水没喝成。今天上午,自己小心翼翼时刻提醒要注意这一点,不要第二次犯这样的低级错误,没想到自己还是太笨,因为自己倒的开水太烫,竟然把省委特派员的嘴……给烫伤了……这可怎么得了?两次得罪了省委的领导……"

冯兴华越想越觉得有点受不了,直觉有点想哭。可是大会场里有这么多的领导干部在,她只好克制住自己的情绪。她忍了又忍,想哭却又不敢哭,最后实在忍不住了,于是她冲出了会场。她的这个突然举动,没有引起谁的注意。

主席台上,刘士奇坐在蔡升熙的右边,知道自己的这碗水不热,自己也没喝过,于是他把自己前面的这碗水推给了蔡升熙,轻声说:"蔡特派员,我的这碗水不烫,也没喝过,你喝吧。"

蔡升熙向刘士奇点点头,端起刘士奇推过来的这碗水"咕噜、咕噜"喝了几大口。

他放下碗，刚要继续讲话，在会议室的外面却响起了一阵哭泣声。尽管声音压得很低，但还是传进了主席台上领导们的耳朵里，也传到与会代表们的耳朵里。大家在台下议论："是谁在哭？""是谁在外面哭？""好像是会场倒开水的那个工作人员冯兴华。"

议论的人多了，于是声音就杂了，会场的吵闹变得有点像圩集。蔡升熙没办法把报告作下去，看到冯兴华也不在会场，就想知道是怎么回事。他扭头对着曾山说："会议暂停一下吧！大家都累了，不妨休息十分钟。"

曾山表示同意，他也正想休息十分钟，藉此了解一下是谁在会场外哭泣。他站起身来，拍掌让会场安静下来："同志们开会累啦，休息十分钟，要喝水的喝水，要方便的方便，稍候会议继续。"

曾山讲完，径直走下主席台，循着哭声走出会场。只见冯兴华蹲在会场外的一个墙角处，一个人呜呜咽咽地哭泣着。

曾山轻手轻脚走近前去，和气悦色地叫道："小冯同志，为什么一个人蹲这里哭啊？遇到什么事，能跟我说说吗？"

冯兴华抬起头，看到是曾山站在自己面前，忙站起来，用手抹干了眼泪，回答道："没，没有哭……谁哭啦？"

"哭就哭啦，我都看见啦。谁生下来没哭过？快告诉我，你为什么哭？"曾山问道。

冯兴华站在原地，就是不吭声。无论曾山怎么问，她就是不回答。其实曾山已猜到了她为什么哭，他说道："是因为刚才倒水，开水烫到了省委蔡特派员，你感到是自己的工作没做好，有点自责就哭了，是不是？"

冯兴华还是不吭声。曾山继续说："加上昨天上午开会，省委江巡视员的碗里没有水，你觉得自己的工作没做好，心里有点难受。两件事串联在一起，你感觉自己特倒霉，没有服务好省委的两位领导，所以忍不住一个人跑出会场来哭，我说得对吗？"

曾山的这些话一下子说到了冯兴华的心坎上，她情不自禁地点点头。曾山看着她笑了。

这时，一只大手递过来一块手绢，塞在冯兴华的手里。冯兴华不管三七二十一，很自然地接了过来，用这块手绢抹了抹眼泪。

她抬头一看，却是省委特派员蔡升熙，手绢是他递过来的，她的脸一

第五章 ★ 走失

下子变得红通通的。蔡升熙很是自责的样子，对冯兴华说："小冯同志，都是我不好，给你造成了工作压力。其实你倒开水我是知道的，刚倒的开水自然烫。怪我只顾得上讲话，没顾得上想，喝到嘴里才想起开水是你刚刚倒的。我想吞下去，可是烫呵，自然是吞不下去，只好赶紧吐出来啦。因为吐的动作太急太猛，有点吓到你了。你因而心里不好受，就一个人跑出来偷偷哭个痛快，是吗？"

冯兴华不好意思地点了点头，心想："自己没有同蔡特派员和曾常委说为什么哭泣，他们怎么全看出来了？"

蔡升熙又说："小冯同志，你不要自责，你没有做错什么。是我心急，忘了心急喝不得热开水，给你造成了压力。你可是赣西特委妇救会的骨干，不兴自己给自己压力，更不兴一个人跑出来哭鼻子。你看，我和曾山同志都出来看你啦，你可不准再给自己压力。"

曾山附和道："小冯同志，蔡特派员说得对，你没有做错什么。会场估计也没什么活了，你先回去休息一下，还有一个多小时就到吃午饭的时间了。你要听蔡特派员的话，不准自己给自己压力。悄悄地告诉你，蔡特派员是个了不起的人，黄埔军校第一期毕业的，参加过南昌起义，又参加过广州起义，当过广州市公安局局长，他还去了你们永丰县巡视工作，见到了你那位当区农民协会主席的大哥呢。"

蔡升熙连忙点头，说道："是啰！是啰！当着县农民协会主席的面，我还表扬过你的哥哥，工作做得很好哩。"

听了两个领导的劝说，冯兴华心情愉快了许多。一股凉爽的风吹着她的头发，她觉得头脑比刚才清爽多了。

蔡升熙、曾山倒回去会场，继续他们未开完的会议。她看着他俩离去的背影，看着手上拿着的手绢，才想起这是蔡特派员的，刚才忘了还给他了。她的心里对这个长着一张黑瘦的脸的人突然有了一种莫名的亲切和敬重。

蔡升熙在主席台上坐下，江汉波正倚着桌子看文件，他看见蔡升熙回来了，便扭转身子问道："那个'大麻烦'不哭啦？"

蔡升熙微微一笑，回了一句："这个小冯同志是个好干部苗子，责任心非常强，组织上要好好培养一下她。"他说这话时，表面上是在回应江汉

波的问话,眼睛却看着曾山。

曾山探出身子对蔡升熙、江汉波诚挚地问道:"两位首长同志,十分钟刚好过了,是不是继续刚才的会议?"

江汉波淡淡地说道:"那就开始吧。"

曾山站起来,双手伸到空中,又拍了拍巴掌,说道:"同志们,静一静,十分钟休息时间到了,下面继续请蔡特派员作报告。"

蔡升熙站起来,对大家继续说道:

"同志们,我们都是在地方上工作过的人,平日不但要学会善于做群众的工作,也要学会善于做自己的工作。自己对群众的言行不能有严格要求,但是对自己的言行必须有严格要求。刚才我们会场的一名女工作人员,就是这样一位严格要求自己的好同志。我们任何时候都要体谅群众自我要求的心情,在任何时候都要认真看待群众对我们的信任和对我们的担心。尤其是我们这些做军事工作的同志,要想到自己的一言一行一举一动,都可能关系到群众的生死甚至他们全家的存亡,因此我们不能有埋怨群众、歧视群众的心理。"

蔡升熙简单的几句话像一股轻烟一下子就飘进了与会代表们的脑海里,又像一股清水一下子就涌进了与会代表们的心腔里,他们的心他们的思想一下子被拉回到了会场里,他们手中的笔自觉地在笔记本上沙沙沙地记着。

蔡升熙从容地看了一下会场,看见冯兴华也悄无声息地进了会场,坐在门边的一张小矮凳上,认真地倾听和记着笔记。蔡升熙对她的进步表现深感赏识。

蔡升熙继续说道:

"现在赣西、赣南、湘赣边的群众基础相对全国来说,是非常的好、非常的乐观、非常的激励人的。其中,赣西相对赣南、湘赣边的成就而言是最好的。以赣西南地区拥有党员的总数量作比较,赣西地区拥有党员数量大约28000人,赣南地区拥有党员数量只有2000人,仅是万安县拥有的党员数量的三分之一,地域发展显得很是不平衡。赣西地区拥有这样的成绩,值得祝贺,但不能骄傲,我们也要看到当前时局的复杂和严峻。

"据可靠消息:国民党江西省政府主席鲁涤平鲁胖子,已调来了他的

第五章 ★ 走失

王牌旅朱耀华第五十四旅，准备与成光耀第一四八旅密切配合，对赣西地区的共产党机构和红军来个一锅端。朱耀华第五十四旅易镇湘团昨天凌晨五点已抵达赣西。敌第五十四旅的到来，加之成光耀第一四八旅的呼应，可能在四个方面给赣西南赤色区域的革命工作造成伤害：第一，可能大肆搜捕我党的地下党员，破坏吉安城区我党的地下组织。第二，可能以大的军事力量挫残我党的赤色区域，残害赣江流域赣州到吉安、吉安到樟树的交通，破坏我地方机关的后防。第三，可能肆意破坏吉安直达东固、兴国直达万安、永丰直达吉安的活动区域，破坏我红军独立第二、三、四团的根据地。第四，可能运用软硬并进的手段，恢复、扶持豪绅地主的政权，用烧杀抢掠政策实行白色清乡。我们打算怎么办呢？办法已有一个，就是将赣西、赣南、湘赣边三个特委合并，组成一个新的统一的领导机构。

"这个统一的领导机构就叫赣西南特委。我们要在统一的领导机构的领导下，提出'攻进吉安城去'的目标，动员广大群众参加红军，集中赤色区域全部武装，扩大政治宣传。还要成立赣西南暴动总司令部及南路、北路、东路、西路四路指挥部，调动一切力量向吉安城进攻。这就是我和省委秘书长、巡视员江汉波同志，这次来赣西巡视的目的和任务。明天、后天的会议日程，就是酝酿和选出统一的领导机构——赣西南特委的领导班子，尽快实现对赣西南地域的统一领导。形势不等人！我的报告就作到这里，请大家讨论。"

蔡升熙的讲话瞬间震动了与会代表们的心，人群中一阵骚动，三三两两开始了讨论，每个人的心情都有点不平静，竟然都忘记了鼓掌。

在这"问报告为谁来、为谁去，忽忽太速"的气氛中，午间倏忽而至。与会代表们草草地吃完中饭，不待上级发话催促，就早早地都来到了会场，继续下午会议的日程。

下午，蔡升熙的报告作完，赣西、赣南、湘赣边特委书记也相继作了简短发言，表示会坚定遵从省委的指示精神，坚决服从省委巡视员、省委特派员巡视赣西南政治工作的目标任务。

天色已晚。于是，曾山宣布：散会。

22

晚上的时间过得似乎有点快。饭桌上大家交流了一阵,月亮便已经挂在高空。开了一天的会,有人实在有点疲惫,就提前下桌,回各自的屋子休息了。

然而,江汉波、蔡升熙、王百元、刘士奇、曾山五人却没有睡,都还在王百元的房里讨论事情。

他们不是讨论赣西南特委谁进领导班子的问题,而是讨论吉安县、峡江县、永新县靖卫队起义的事情。在赣西特委敌工科科长萧文昌的细致工作下,这三个县的靖卫队都同意起义。

晚饭时,萧文昌委托特委的地下交通员李大姑转来峡江县靖卫队队长杨必恭的一封密信。杨必恭在信中提出,希望靖卫队在起义之前能够与赣西特委书记见个面,第二天中午12点他会在赣河边水东村村西口的灵威庙,恭候赣西特委书记大驾,请特委书记当面谈谈改编靖卫队的事情。他说只有当面听听特委书记谈话,他心里才踏实。

王百元把杨必恭写的密信给江汉波、蔡升熙、刘士奇、曾山传阅了一遍,大家纷纷发表意见。

江汉波蹙着两眉对王百元说:"工作做到这个份上,你这个特委代理书记要是不去,可能杨必恭会有疑虑,在做好安全措施的情况下可以去见见。"

蔡升熙说:"肯定是要去一趟的。如果不去,杨必恭的起义就可能发生变故。这样一来,事情反倒会弄僵了。"

曾山说:"要不明天中午12点,我这个特委常委代替特委代理书记走一趟?"

"那不行,杨必恭的密信里明确提出,是见特委书记,想要特委书记一个承诺。"王百元觉得特委常委代替特委代理书记不妥。

刘士奇说:"出发之前,我让特务连去打个前哨,提前做好保密工作。并告诉敌工科科长萧文昌,要求他工作做细,要确保特委代理书记的安全。"

第五章 ★ 走失

最后，大家都同意次日上午的会议特委代理书记不用参加，先去赣河边水东村村西口的灵威庙与峡江县靖卫队队长杨必恭见个面。方案确定，几个人便各自回去休息了。

王百元没有休息。他想了一下，觉得明天一早出发去赣河边水东村的灵威庙时间上怕来不及，路上稍微耽搁点时间，就会误了峡江县靖卫队起义的大事。不如今天晚上就出发，既节省时间又降低了风险，也不容易泄露机密。

王百元立即叫通讯员蒲之柏去把地下交通员李大姑叫起床，连夜与他一起去水东村灵威庙赴会。蒲之柏问："要不要向蔡特派员、江巡视员报告一声？"

王百元说："不用报告啦。他们累了一天，已经睡了，就不用惊动他们了。我们抓紧时间，做好自己分内的工作要紧。"

蒲之柏拗不过王百元，就去把地下交通员李大姑叫了起来，连夜赶路。李大姑本来有点不情愿，可是一听说是特委代理书记的意思，她也就不好说什么了。她用冷水抹了抹脸，与通讯员一起跟着王百元悄悄出发了。

三个人低着头，闪出大门。岗哨看见了问道："是谁？干什么去？"上前一看，发现原来是特委代理书记王百元和通讯员蒲之柏，他们互相是认识的。另一个女的，岗哨就不认识了。

岗哨问道："首长这么晚还出去？"

王百元说："有紧要公务，出去一趟。"

一行三人在路上走了好长一段路，谁都不说话，只顾往前赶路。夜色变暗，路上一片黑沉沉，只能凭李大姑对路况的记忆在前带路。

走了三个多小时，王百元有点口渴。下午开大会，晚饭后开小会，开完小会就出发，他一直忙得没顾得上喝水，这一赶路更是渴上加渴。他便对李大姑说："大姑同志，这里休息一下吧，找点水喝喝。"

李大姑说："前面不远就是赣河水东村渡口，可以到那里喝点水，休息一下。"

王百元同意，就又往前走，前方隐隐约约果然是赣河。因为晚上下了一场雨，天空暗得没办法辨别河和路，他只能循着声音到水东村渡口喝点水。蒲之柏见夜空暗黑，怕特委代理书记有什么闪失，便跟着一起前往赣

河边水东村渡口，只留李大姑一个人在原地休息。

王百元摸到水东村渡口，隐隐约约看见脚下有片反光的路子，以为是河堤。他试着伸脚踏上去，不想一脚踏空，"啊"的一声，摔进了赣河里。

23

赣河的河底水深浪急，数百年来是出了名的。王百元又不会游泳，人在赣河里一沉一浮，被汹涌的水浪打了几个来回，在夜色下被冲向下游，一会就无声无息了。

一个对党忠诚的革命干部、赣西特委代理书记，就这样不明不白毫无征兆地被赣河的急流冲走了。

蒲之柏黑暗中听到王百元"啊"的一声，意识到王百元发生了危险。他本能地伸出手，黑暗中循声想拉住王百元的手。然而上天不怜惜善人，手没有拉到，他的脚却没有站稳，鞋子一打滑，一个"咚隆"响也掉进了赣河里。蒲之柏本来会一点游水，但这点微末的本领在浩瀚的赣河里几乎微不足道。

蒲之柏在湍流中挣扎，终是对抗不过这黑夜里汹涌的流水。最后他的遭遇与王百元一样，落得一个尸骨无觅的命运，与王百元双双为革命为人民献出了生命。

李大姑在路边老等苦等，就是不见王百元和蒲之柏两人。她着急了，便起身去找，一路找一路低声喊着。这时，月亮出来了，星星也出来了。李大姑借着亮光，沿着赣河水东村渡口上下几里反复地找，反复地喊，但始终没有谁回应她一声。她一路找，一直找到天亮，喊到天亮，两个大活人还是没有找到。

李大姑吓坏了，她泪眼婆娑，心里害怕极了。堂堂赣西特委代理书记和他的通讯员，就这样为了喝口水一瞬间没有了影子。李大姑不敢停顿，继续一路走、一路找、一路喊，到了中午还是信息全无。

李大姑不死心，干脆自己跑去赣河边水东村村西口的灵威庙找峡江县靖卫队队长杨必恭。杨必恭见了她，问她：特委书记的人呢？原来，他等

第五章　★　走失

了一个上午，不见特委书记来灵威庙，心里也正焦虑着呢。但是，当他听完李大姑的叙述之后，他心里也着急起来，却又不敢声张，只能派人暗中联系特委敌工科科长萧文昌。

杨必恭送了两匹马给萧文昌和李大姑，让他俩赶紧悄悄骑马回去，向特委报信。

接报后，特委的会议立即停下，不开了。

在江汉波、蔡升熙的主导意见下，特委保卫科把李大姑抓了起来，对她严厉审查。

李大姑反反复复把这个晚上的经过讲给江汉波、蔡升熙和特委的领导们听，无奈说破天也没有用，活不见人死不见尸，又没有证人，只她一个人活着回来，只能先关起来审查。

李大姑说他们出门时见过哨兵，哨兵可以作证。结果哨兵作为证人也好，作为知情人也罢，也被特委保卫科抓了起来进行政治审查。哨兵当时这个怨呀，是哭也不是喊也不是，解释也没有用。

而那边厢敌人正在调兵遣将，准备对赤色区域进行"围剿"。特委没有办法，没有能力，也没有人手根据李大姑说的情形去彻查一遍。

特委这边的会议还没有结束，于是停了两天的会议在大家的痛苦中又继续开了起来。

在蔡升熙、江汉波的定夺下，赣西、赣南、湘赣边三个特委机构被取消了，取而代之的是新成立的赣西南特委，作为赣西南赤色区域的行政指导机构，以统一赣西、赣南、湘赣边三地的组织和行动。

由于赣西特委代理书记王百元失联，联席会议酝酿了刘士奇、曾山、王怀、李文林、丛允中五人为常委，刘士奇为赣西南特委书记。

《中央通告第四十九号》文件指示精神传达会议暨中国共产党赣西南特委成立大会结束之后，赣西南特委开始全面布局攻打吉安城的工作。吉安城内的国民党部队就像一缸被掀翻了的染布料，开始疯狂地到处抓捕可疑人员，疯狂地到处侦缉地下党的组织。

当赣西南特委万般杂乱的工作从混乱中慢慢稳定下来后，特委敌工科科长萧文昌向特委常委曾山提出，把李大姑和哨兵放了。萧文昌说，经审查，他们确实没有问题。

曾山表示支持敌工科的决定，他向刘士奇转达了敌工科科长的意见和自己的看法，刘士奇也表示同意。当天，李大姑和岗哨都被放了出来，只是组织上决定以后工作上不再用她。

李大姑回到家里，从此心理压力日增，忧伤蔓延，变得寡言少语。次年三月，李大姑在家上吊自杀。

那个哨兵放出来后，被勒令离开红军的部队。他没地方可去，只好回到乡下老家，跟随娘舅家的表哥在河北学做生意。第二年他娘舅家的表哥鼓励他报考河北保定军校，后来他被录取了。从军校学习出来没几年，他当了国民党的一名上校军官。在抗日战争时期，在湖南衡阳保卫战中，他与日寇勇拼刺刀，为国捐躯。

第六章

围剿

24

五月初赣中的夜晚,是清新和碧澄澄的。天空像是一面镜子,蓝洁洁的,又阔大又高远。静谧的月光透过云片的空隙,把深邃的山谷照出了一种如梦如幻的感觉。

国民党谭道源第五十师的主力旅,主要是成光耀的第一四八旅和唐云山的独立第十五旅。

成光耀第一四八旅的主力团,主要是黄敬团和彭诗圭团。

唐云山独立第十五旅的主力团,主要是罗奇团和邓春华团。

成光耀和唐云山都在黄埔军校上过学,他俩手中的两个旅自然也是蒋介石的嫡系旅,武器装备精良,战斗力强。

成光耀第一四八旅司令部及其辖下的黄敬团和彭诗圭团,驻扎在吉安首府吉安城。

唐云山独立第十五旅司令部及其辖下的罗奇团和邓春华团,驻扎在新余城和吉安新淦县城。

1929年4月,谭道源面对吉安区域内农民赤色武装的不断蔓延,作为负责吉安、新余区域治安的最高军政长官,他觉得自己有不容推辞的"守一方秩序、护一方平安"的职责。

4月中旬,谭道源从江西首府南昌城秘密来到吉安新淦,召集第五十师团级以上军政主官开会,专门布置对吉安区域内的农民赤色武装实施全面

清剿计划，欲一举扑灭吉安赤色区域内燃起的农民革命军的熊熊烈火。

为着清乡围剿行动计划不被吉安城区的中共地下党截取，谭道源简车轻装，选择距吉安城有200多里的新淦县秘密举行这次军政首脑会议。

在新淦县城第五十师的秘密军政会议上，谭道源宣称，近阶段成光耀第一四八旅和唐云山独立第十五旅的主要军事任务，就是剿灭吉安赤色区域内风起云涌的农民赤卫武装。

谭道源命令，自即日起，成光耀第一四八旅的黄敬团配合唐云山独立第十五旅的罗奇团和邓春华团，对吉安、新余、分宜等地实施拉网式清乡围剿。并发布通令，独立第十五旅唐云山旅长任本次清剿行动的前线总指挥，凡吉安、新余区域内的各县区乡村所属的清乡团、靖卫团、还乡团，由独立第十五旅唐云山旅长节制和统辖、调度和指挥，在本次清剿行动中若有违令者或不听调度和指挥者，将按《国民政府军政干部条例》规定送军法处严办。

此次成光耀第一四八旅的彭诗圭团不用配合唐云山独立第十五旅开展清剿行动，留在吉安城区担负成光耀第一四八旅司令部的警戒保卫及吉安城区的治安守备任务。

吉安首府吉安城，其隔壁就是吉安县，是个工农赤卫军活动相当频繁的县。近一年来，这个几近被共产党全部赤化的县让成光耀的第一四八旅头疼得很。

新任国民党江西省政府主席的鲁涤平，在江西省政府的几次军政会议上不点名地提到吉安县被赤化的问题，批评成光耀第一四八旅剿赤匪不力。谭道源是成光耀的顶头上司，省政府主席鲁涤平在省军政会议上虽没有提到谭道源只字片语的不是，但于谭道源面子上自然也是挂不住了。

成光耀作为国民党政府驻守赣西区域的最高军政长官，当然要为辖区内的吉安县境内存在着的李锦云、郭承禄领导的江西工农赤卫军第九纵队武装负责。

江西工农赤卫军第九纵队，是在赣西特委的领导下，在吉安县油田游击队基础上以周边乡村工农赤卫军为主干于1928年成立的，下辖3个区中队，共200多人、100多条枪。

根据赣西特委的统一部署，第九纵队接到了在两日内开拔到万安县百

第六章 ★ 围剿

嘉乡境内隐蔽的指示。这一天也正是谭道源抵达吉安新淦县召开清剿军事会议的那一天。

李锦云、郭承禄于当夜打点行装，率江西工农赤卫军第九纵队悄无声息地转移到清乡围剿行动的外线万安县百嘉乡境内隐蔽，并参加由赣西特委组织的工农赤卫军军事干部集训班。第一期军事干部集训班就设在万安县百嘉乡黄滩村。

留在吉安县境内坚持斗争的，仅是工农赤卫军青年干部学校六十多人、二十多条枪和临时医院里的五个人。

第二天傍晚，刘佐云带着工农赤卫军青年干部学校和临时医院的人员，按要求转移到了永丰县与吉水县交界的罗坊岭。

支部书记刘佐云的任务，是隐蔽好、保护好青年干部学校和临时医院，坚持做好斗争。

青年干部学校队员有六十多人，临时医院有五人，都是来自各区、乡农民协会的骨干，以及在同国民党吉安县清乡团的战斗中暴露了的党员团员。

随学校一同转移的临时医院还有一些第九纵队的伤病员，身体没有痊愈，便跟随学校一起行动。

他们参加第九纵队的时间还不到一个月，有的是才认识几个字的队员，有的是有点文化的小学教员，不过都有一些打仗的经历。

学校唯一的武装，是一个临时组织起来的战斗中队。这个战斗中队共有二十人，从中队长到战士都是从青年干部学员中选拔的。虽然他们使用枪械的程度大多还不灵便，然而却都是些经历过战斗考验的预备队员，尤其是中队长赖土地。

刘佐云带着青年干部学校和临时医院的人员一进入罗坊岭，中队长赖土地就对刘佐云说："刘支书，这一带的山谷、道路、村庄我比较熟悉，组织上要是有什么任务，请放心地交给我，我有信心去完成！"

赖土地的性格和为人刘佐云是了解的，他在北伐军攻打吉安城时给北伐军带过路，在国共合作初期进过吉安县农民运动讲习所。

虽然不久前赖土地在吉安县观音崖乡与反动清乡团的一次战斗中负了伤，走起路来腿有点瘸，但正像他以前说过的"身体负伤了，心没负伤",他仍然精力旺盛,满身干劲。

刘佐云坚信,和这样的青年干部在一起,天大的困难都是能够克服的,再艰难的环境都是可以挺过去的。

25

当天夜晚,成光耀第一四八旅黄敬团从侧面追上了罗坊岭,在四面点上了火把,想先从阵势上压倒刘佐云和队员们。

由于天黑草深,看不清上山的路,也看不见山岭,敌人不敢搜山,只能盲目地打枪、打炮,虚张声势地大呼小叫,遇到树林里窜出一只兔子,也是架起机关枪一阵猛扫。

罗坊岭连绵十几里,是东固岭向北的一条余脉,岭高树密,峭壁飞榕,那些起伏的地势形成了一道保护青年干部学校和临时医院队员们的天然屏障。

刘佐云和队员们分散隐藏在这些山茛菪葳蕤的地势里,任敌人怎么打枪打炮也不出声。

第二天早晨天刚蒙蒙亮,国民党黄敬团闹哄哄的,在团长黄敬的督战下开始猛力搜山,但搜了半天,没有搜到一个人。

黄敬改换搜山方式,以连为单位,把一个团的兵力分散在各自的山岭上排成一条条直线,挺着枪刺,挨个树丛捅、挨个山头搜,还时不时远远近近放几声冷枪、冷炮。

无论黄敬的人马怎么排成一条条直线,然而连与连之间、营与营之间在绵延十几里的罗坊岭总是有许多空隙,有许多搜索不到的盲点。

一个入校才一个星期的小队员由于心里紧张,在树丛里藏的时间久了脚有点发麻,他稍微移动了一下位置,随即被敌人放的冷枪击中牺牲了。

当晚,刘佐云以青年干部学校支部书记的名义通知所有党员、团员召开紧急会议,讨论如何对付搜山的敌人。

中队长赖土地提出,不能死蹲在树丛里,要采取主动出击的办法,转移敌人的注意力,打破敌人的搜山计划。

第六章 ★ 围剿

刘佐云采纳了中队长赖土地的意见，决定由自己和赖土地各带十名队员，闯出山岭去，分别骚扰敌人。

刘佐云和赖土地带着队员们乘着黑灯瞎火的夜色，轻轻松松地从搜山敌人的空当溜下了山。山岭上学校和临时医院的领导工作则由临时医院院长徐峥负责。

天亮了，敌人早早吃了早饭，开始整理队伍搜山。刘佐云和赖土地各自带着十名队员早已插到了敌人的背后。

没等敌人整理好队伍，刘佐云和赖土地便带着队员们从敌人的背后打了起来。

敌人听到枪声慌了神，忙调转身一边向响枪的方向还击，一边催促着快速围过去，以为这下工农革命军的队员一个都跑不掉了。

可革命军的队员们都是农村长大的，天天跟大山江河打交道，知道怎么样藏身，怎么样可以打击敌人。

敌人到了响枪的地方，却连个队员的影子都见不着，只能泄气地四处胡乱放枪。

刘佐云带着队员们钻到另一个山呑处向敌人打枪，敌人循着枪声轻手轻脚包抄过去，又什么也没有捞到。

正在疑惑间，赖土地带着另一批队员在远处的山峦上朝敌人打枪，敌人一闻枪声又像涨水般包围过去，却又一次什么也没捞到。

敌人想休息一下，刘佐云和赖土地带着队员们又悄悄地靠近，瞄准敌人开枪。开完枪他们也不耽搁，转身便朝更远的山坡上跑，引着敌人在深山里打转转。

敌人围了东岭，刘佐云钻到西岭继续向敌人放枪；敌人掉头扑向西岭，刘佐云瞅着空隙带着队员们插到了敌人中间，放敌人几枪；敌人持枪从两头回援中间的队伍，赖土地跑到了北岭上放枪；待敌人追上北岭，赖土地又故意慢吞吞地等敌人靠近，然后向他们甩出几颗手榴弹，接着带领队员们又跑到了南岭。

26

这时,天空中布满了乌云,旷岭里一片黑暗。

树草丛刺本身密密的,山岭天空像一张巨大的黑幕压了下来,人们眼前瞬间黑沉沉得什么也看不见了。

只见空中一阵阵倾盆似的大雨点纷纷跌落在树林里、草丛上。

雨越下越大,夹闪着阵阵猛烈的雷电。国民党的部队里,当营长的、当连长的都是冲锋打仗惯的,但却没有经历过山岭上的这种苦。

当官的心里有种说不出的闷憋,感到有点难忍难捱,不得已命令部队停止了追击,不再搜山,先下山回营房里休息。

当官的这么一说,士兵们马上一阵欢呼,风似的一齐下山。但脚步再快也没有雨快,个个还是淋成了落汤鸡。

这边厢,躲在山岭树丛里的队员们置身这深深的岭野,遭受蚊叮虫咬,都有点受不了,有些人心里变得有点浮躁起来。

好在临时医院院长徐峥经验丰富、有先见之明,在上山之前就带领临时医院的同志们准备了一些防蚊虫叮咬的药水,这时正好派上了用场。

暴雨持续下了两个小时,骤然地停下了,雷电也不闪了,天空现出了一片白光。

徐峥院长和临时医院的几个同志从药箱里拿出了药水,把它们分发到队员们的手上,教他们怎么涂抹蚊虫叮咬之处。这种药水有点刺鼻,但倒很神奇,一涂抹到身上蚊虫就再没叮咬他们了。

敌人在长官的督促下,在绵延的罗坊岭山上疲于奔命好几天,却什么也没有搜到,他们有点不死心。

黄敬在临时搭建的团指挥所召开了连级以上军官会议,研究搜山方案,决定变换策略,命令部队横下一条心在罗坊岭四周驻扎下来,即使不搜山,围困也要把泥腿子共匪们围困死。

有个说话有点慢吞吞的营长向团长黄敬提议,干脆放火烧山,把泥腿子共匪们烧死在山岭里。

黄敬否决了那个营长的提议,骂道:"这是个败家子的馊主意,这些山岭树林都是国家的财宝,是子孙后代赖以生存的地方,作为堂堂的国军,不能为抓几个泥腿子赤匪就把山岭树木都点火烧光。"

幸好,国民党的军官里仍有些像黄敬这样还有些国家财富意识的官员,他没有采纳那个营长的建议,不然真的点上一把火烧山把树木烧光了,干部学校的战士们在山上就怎么也藏不住了。

刘佐云和赖土地带着队员们按事先约好的地点,在敌人眼皮子底下时聚时散,在敌人的包围圈外不时骚扰敌人。

刘佐云让一个猎户出身的队员趁着下雨天暗的时机悄悄摸上山,给躲藏在山岭深处的徐峥院长带信,让徐峥院长带着队员们在山岭深处丛居简出不露面,队员们所有的大小便必须固定在一两个隐蔽的洞穴里解决。

那个送信的队员爬进深岭里,到原隐藏地点寻觅时却没有看到躲在深岭里的队员们,有点气馁,正准备到别的山岭去寻找时,被两个躲在树桠上放暗哨的队员发现了。

其中一个队员从树桠上溜了下来,把他带到了徐峥院长面前。徐峥院长为送信队员的安全起见,叫他不要下山了,就留在山上帮助临时医院照看伤病员。

送信的队员对徐峥院长笑着说,巧哩,刘校长也是这意思,要他留下。

时值五月,天气多变,头一天下雨,第二天又天晴,隔一天又下雨,次日又是太阳。天气反反复复,给国民党黄敬部队的搜山增加了不少难度。

躲在深岭里的队员们听从在树桠上放哨的队员的指挥,侦察着敌人的动向,依据敌人的行动移动位置,减少了很多的被动。

27

白天天气晴朗时,队员们走出树林草丛晒晒太阳,有的队员还找了点野菜,有的队员则跟着小学教员用树枝在地上写写画画学文化,也有些队员盘腿坐在一角,拿出针线包做些缝缝补补的活儿。

晚上,队员们坐在树底下,就着从树枝缝隙照射下来的月光围成一圈

一圈的,讲水浒,说三国。

刘佐云和赖土地带着队员们在山下汇合不再转圈了,一则是队员们的子弹所剩无几了,二则是敌人搜山的动作不像开始的几天那么如狼似虎气势汹汹了。

刘佐云和赖土地明显察觉到敌人的行动有点松懈有点放缓了。

刘佐云猜测,国民党部队的战略目标已改变,黄敬的作战意图可能是想长期驻扎,想用时间换胜利。因为围困他们的时间一长,队员们就会断粮,部队若没有粮食,队员们就会失掉意志,只能活活饿死在山上。

赖土地是个喜欢动脑筋的人,他同意刘佐云的这个观点。他建议刘佐云不妨带战斗中队回到山岭与同志们汇合,一起商量应付的计策。

刘佐云表示同意,决定利用天黑敌人吃饭的时机带领战斗中队摸上山,由赖土地和几个年轻队员断后。

他和赖土地带着战斗中队悄悄摸上了山,队员们见了高兴得互相拥抱,个个都很热情。

徐峥高兴地与刘佐云和赖土地握手,好像久别重逢的老朋友相见一般。其实,她与他们相识也就是一周之前上山前的两三天,加起来的时间还不到十天。

徐峥不爱多说话,在队伍里每逢大家天南海北说笑时,她总是独自坐在一旁的石头上整理药箱,或做些针线活。

她走到哪儿都带着两个包,一个针线包,一个救急包。

在临时医院里,她走到这个伤病员面前看完病、换完药,都会向他问一声:"有没有破了的衣裳要缝?"走到那个伤病员面前,检查完伤势、打完针,也会向他说一句:"你的衣肩上怎么有个洞?脱下来,让我给你补补。"

看到一些手脚不灵便的同志衣服或裤子脏了,发出了一股酸味,她便会叫他们脱下来,像妈妈一样不声不响地将衣物带出病员帐篷,走到溪边洗涮干净,然后摊在竹竿上晾干,折叠好后再轻手轻脚地送回到他们的病床前。

徐峥的手很巧,有些在别人看来只能丢弃的衣裤往往经她一修补,就又是一件合身的衣裤。

第六章 ★ 围剿

在南昌护理学校上学时,学校发的两套校服她至今还珍爱地保存着。每次打开包袱,那蓝宝石的颜色,总是吸引着许多队员的目光。

一看到队员们的活跃劲头,她就会想到自己在南昌护理学校上学时的情景,往往在这个时候队员们就会要求她讲讲上南昌护理学校时的故事。

她有时不想讲,实在拗不过时才会向队员们讲起在南昌上学时的往事,讲起去年她是怎么走上革命道路的。

四五天过去了,山下的敌人仍没撤走。学校带的粮食不多了,即使省吃省用,总也有吃完的一天。

五月的时节,罗坊岭上的野菜也不多,山峦上的野果才结果,没有食物一时成为青年干部学校最大的问题。怎么解决这个问题呢?

刘佐云、徐峥为着这个问题心里一直发着愁。

这天早上,刘佐云把赖土地叫到跟前,要他带几个骨干下山侦察侦察,看看有没有办法搞到粮食。

赖土地欣然应允,挑了三个精干队员下山。刘佐云要他多挑几个人,他回答说,这几天敌人变得鬼精鬼精的,人多目标大容易暴露,带三个队员下山足够了。

刘佐云沉默一阵同意了,并嘱咐赖土地注意安全,早去早回。赖土地向三个队员使了个眼神,四人便出发了。

等到中午,刘佐云没见赖土地按时赶回,心里焦虑不安起来。

黄昏,在一阵狂风骤雨之后,一道彩虹悄然出现在罗坊岭上空,几道被光芒涂抹的金美色彩高悬在天空,给人一种清洁而鲜明的诱惑感。

刘佐云还在愁眉苦想,嘴唇抿得紧紧的,他倚在一棵苍松下不时往山外眺望,一直保持沉静,啥话也不说。

28

大概晚上九点时分,赖土地额上弯着三条皱纹,笑咧咧慢悠悠地带着三个队员回来了。他用手捋了捋下巴的胡须,蹋着身子走到刘佐云面前,兴冲冲地说:"刘书记,我们回来了!"

"你们总算回来啦!"刘佐云紧紧抓住赖土地的手,低着嗓子迫不及待地问道:"怎么样?你们有收获没有?"

赖土地高兴地说:"有,当然有,还是大收获!我们下了山,往北走了七八里,十里地不到的样子,侦察到有个小山村叫沙溪村,村里有个敌人的后勤补给仓库。仓库里有三个国民党兵轮流看守,我们今夜可以带些人下山把这个后勤补给仓库端了,刘书记觉得怎么样?"

这个消息来得很是及时。刘佐云立刻同意了赖土地的建议,遂带领战斗中队趁黑下山,连夜摸进沙溪村,准备搞它一顿。

沙溪村里的群众都跑光了,国民党黄敬团从四处强征来的粮食丢在地主家的一个大院里,大部分是番薯、面粉,少部分是稻米。大概敌人嫌番薯、面粉不好吃,只留下三个兵士看守。

刘佐云命令留一个队员警戒,其余的队员全部动手背粮食,于是队员们都忙活起来。

突然,在外面担任警戒的队员进来报告:院外不远处发现有手电光,可能是留下来守仓库的国民党兵士。刘佐云叫队员们安静,并立刻关上院子门隐蔽好,等国民党兵士一进院子就把他们绑了。

同志们都说这办法好,于是都散开,在粮食堆四周将自己隐蔽起来。三个国民党兵士一个亮着手电走在前面,两个抬着一桶水在后面跟着。

亮着手电的国民党兵士唱着小曲推开了院子门,自言自语地说道:"这院子门怎么是关着的,出去抬水的时候好像是开着的呀。"

抬水走在前头的国民党兵士说:"是风把院子门关上的吧。"

抬水走在后头的国民党兵士开着玩笑说:"或许是赤卫队下了山,把院子门关上的。"

打手电光的国民党兵士一听"赤卫队下了山",神色立即紧张起来。他扭转身走到后面那个抬水的兵士面前,狠狠踢了他一脚,呵斥道:"他妈的什么话不好说,说'赤卫队下了山'这话干什么,你要再胡说,小心我用皮带抽你!"

后面的兵士有点不服气,嘟囔着说:"你自己都说,还说我说。"

这时,掩在大院的两扇门后的刘佐云和赖土地用脚关上了院门,走到三个兵士面前,调侃地说:"你们都没胡说,赤卫队是下山了,现在就站在你们面前。"

两个抬水的一下子呆住了，抬着的一桶水跌落地上，桶里的水溅洒一地。打手电的兵士本能地从肩上摘下步枪，想要反抗。

赖土地纵步上前，把这个兵士的枪抢下，麻沙着嗓子警告道："别动！想要狗命的话，你还是给我老实点！"打手电的兵士乖乖地不动了。

隐蔽在粮食包四周的队员们纷纷现身，两个队员迅速上前摘下了这两个抬水的国民党兵士肩膀上的枪。

刘佐云说："看样子你们也是农民家庭出身，是不得已才当了国民党的兵。我们只是想搞点粮食，没打算伤害你们，你们要配合好。"

三个国民党兵士听了刘佐云的话心里安定了许多，都连连点头，表示愿意配合。

刘佐云命令三个国民党兵士解下皮带，相互把自己绑上，剩下一个未绑的国民党兵士由一个队员上前把他绑了。

赖土地不放心，怕他们喊叫，进到屋子里找了两条洗脸毛巾撕成两半，塞进了他们的嘴里。

见一切办妥当，刘佐云才叫战斗中队的队员们开始搬粮食。

队员之中有两三个是负了伤未痊愈的，搬粮食行走山路有点不方便。刘佐云嘱咐他们少搬点，他们不听，硬要和没有负伤的队员们搬一样多，刘佐云只好由着他们。

没有负伤的队员们背着粮食走起路来像风车一样快捷。负了伤的两三个队员背着粮食走不快，就与队伍落了单，被远远甩在队伍后面。

刘佐云和赖土地只好走一段路停一段路，慢慢地等他们。

29

刚刚走出村口，有一队巡逻的国民党兵士经过，发现了背着粮食走不快的落单队员。敌人立马大呼小叫着向这三个落单队员开枪，从背后追赶过来。

刘佐云和赖土地催促这三个落单队员快走，他俩留下来阻击敌人。赖土地走到刘佐云面前,说:"刘书记,你随这三个队员上山,我去把敌人引开。"

不等刘佐云答话,赖土地已一个人朝着进山的相反方向跑去。他一边向着敌人开枪,一边故意让敌人看见,敌人调转方向便朝他追去。

一阵猛烈的步枪声、手榴弹声,把巡逻的国民党兵士大呼小叫的声音压了下去。刘佐云背着粮食趁机拐向一条山谷,追赶前面的三个队员去了。

山下的枪声离刘佐云越来越远,返回驻处时天已渐亮,树顶上一片一片的云朵好像揭开了遮掩天空的星星的幕布一般。

战士们听说战斗中队搞回来了粮食,都从各自隐蔽的地方钻出来。

战斗中队像工农革命军第九纵队一样,是一个充满故事的英雄集体。可是,当战士们听到赖土地没回来时,都神态低沉,不约而同地把眼睛望向山下方向,焦虑地盯着那崎岖的上山小路。

刘佐云看着那很远很远的地方一言不发,心里也在担心着赖土地的安危。远处,树上的叶子有时像生抽酱油一般墨绿,闪着绿晕。

战士们安慰刘佐云:"刘书记不要担心!赖土地同志战斗经验丰富,不会有什么事的,他一定很快就会回来!"

队员们说这些话,与其说是在安慰刘佐云,倒不如说是在安慰他们自己。大家在艰难困苦中相处了这么多天,赖土地为了这个战斗集体不惜把危险留给自己,这样的好中队长谁不担心!

只要赖土地一天没回来,谁一天也不能平静。

刘佐云手捧着这些粮食,觉得不应该空等下去。他思虑再三,挑了几个队员,准备下山去找赖土地。

他们走到一棵大樟树下,在樟树上放哨的队员突然叫唤起来:"刘书记,刘书记,赖中队长回来啦!赖中队长回来啦!"

"刘书记我回来啦!同志们怎么样了?都回来了吗?"刘佐云还没走出大樟树树阴底,一个熟悉、爽朗的声音传进了刘佐云的耳朵里。

第七章

被捕

30

成光耀第一四八旅自从得了朱耀华第五十四旅的增援,兵力上不再像之前那样种捉襟见肘了。他在吉安城区和周边的万安、泰和、吉安、永丰、永新五县的清乡行动中起获了大批共产党的地下组织,在清剿周边县乡的农民赤卫队方面也取得了不小的成绩。成光耀四处清剿的行动愈残酷,共产党组织的地下活动进行得也就愈不容易。

万安同乡会会馆在吉安城区地下组织联络中本来是个非常隐秘的地点,全城区的地下组织支部有好几个原来都选择在会馆开会,包括共青团吉安城区第七师范支部、共青团吉安城区学生联合会支部、共青团吉安城区总工会支部、共青团吉安城区菜农协会支部、共青团吉安城区码头工会支部、共青团吉安城区染布工会支部六个支部,有地下党员近百人,而且还有一批向组织靠拢的积极分子。

这个地址处于城区闹市,每天进出的人都在增加,而且还有一些新人出现。大家以为有了"江西吉安商会会长鲁恒源的产业"这个招牌好似就有了免死金牌,因而对敌人的防范减弱了。但警惕心一旦松懈,敌人很容易就会侦缉到,这就是搞地下工作不能有麻痹思想的原因。

确实,地下党员们也感受到了,最初"竹牌巷十七号"是提都不允许提一下的名字,到了后来却发展到了组织上的人在此开展活动时都可以随意往来。这个地址逐渐变得引人注意起来,但这会带来什么危害,从某种意义上讲在危险降临前是不会有人去进行反思的。

吉安城区区委各个支部在此的活动开展得愈加频繁，乃至成光耀第一四八旅的侦缉队与国民党吉安城区靖卫团的侦缉队通力合作，已在万安同乡会会馆周围张开了一张大网都没有察觉到。

在一次出去贴传单返回万安同乡会会馆的路上，申中突然说："我们天天晚上出去张贴传单，贴完了就回会馆，要是被敌人的侦缉队发现了怎么办？不行，这样不按纪律随意出去贴传单很容易暴露自己，今晚的区委例行工作会议上我要提出这个问题，要赶紧停止这样的活动。"

刘生元说："对，这样天天晚上出去贴传单，违背了我们隐蔽任务的宗旨。"

当天晚上，吉安城区区委的工作会议上，申中提出了自己的疑问："我们天天晚上出去贴传单，是不是有点不符合我们隐蔽任务的宗旨？"

然而，谁也没有反思申中这一问该不该引起重视，也没有谁认为申中提问得对。也许吉安城区区委的委员们也曾想到他们有被捕的可能，不过这或许只是一种大家转瞬即逝的忧虑，因为大家自信地认为目前区委还没有引起侦缉队的任何注意。

也正是在这个时期，赣西南特委候补委员、万安同乡会秘书长萧淑青在跟曾道懿等几个最活跃的同志谈话。萧淑青和他们谈完话之后，就再没有见过他们，大家彼此都抱有侥幸心理，希望敌人的侦缉队没有注意到他们。

曾道懿的白头发也生出来了，参加组织上的活动时似乎逐渐松懈不那么谨慎了。可以感觉得出，他生出白头发并不是由于身体问题，而是因为萧淑青代表组织找他谈了话。萧淑青找他谈话的时候，申中、刘生元、梁铎、梁一清、黄义等人都在。曾道懿几次想站起来，他不愿坐在凳子上默不作声地与上级谈话，只有梁铎、梁一清虚心地接受了组织的谈话。萧淑青找他们谈话时的态度是友好的，言辞是诚恳的，目光是严谨的，对他们没有丝毫私心上的打压。

曾道懿几次三番问到同一个话题，反反复复、刨根问底地向萧淑青询问："吉安城区区委的工作任务，不就是在敌人的心脏里开展地下斗争吗？吉安城区区委书记调去省里了，代理书记为什么是罗芳初而不是我们其中的一

第七章 ★ 被捕

个？"

萧淑青回答："这是特委领导的决定，是组织上的考虑，个人必须服从组织，个人不能把对职务任免的不满带到工作上去。"

萧淑青找曾道懿他们谈完话之后就离开了万安同乡会会馆，她还要料理特委在吉安城区的机要任务和协调已养好伤的战士出城回部队的问题。她一直小心翼翼地借助内线和江西吉安商会会长鲁恒源的力量开展工作，直到伤愈的战士们安全地回到了红军队伍中，她的心才能踏实下来。

菊香嫂按照往日习惯，每天去帮吉安城区警察局的厨房取菜。自从刘生元担任吉安城区菜农协会支部书记，受特委的指示打入了警察局后，与警察局建立起了一种互动的利益关系，并把警察局每天要采购新鲜蔬菜的业务揽到了手上。一年多来，菊香嫂与冬嫂、暖叔、夏姐、凉哥等工友们每天轮流去菜市场取菜，在警察局的厨房里帮厨，处理洗菜、摘菜、生火煮饭等事务。

吉安城区警察局的厨房后窗正对着万安同乡会会馆的大门。这天，菊香嫂在厨房门口换鞋换装，她把拖鞋套到脚上，披上厨房的工作服，很快地搬来柴草生火煮饭。煮饭前她给每个水壶灌满了开水，漫不经心地想着心事，无意识地走到了对着会馆大门的窗前。突然，她发现会馆的四周布满了国民党侦缉队的队员，她轻轻地"啊"了一声，心底里不禁倒吸了一口凉气。

31

低低铺满碎云的天空中阴霾满布，在竹牌巷的巷道上奔驰着两辆闷罐子车。

车子在竹牌巷十七号门口停下，只见大批的吉安城区靖卫团侦缉队队员从会馆里出来，将共青团吉安城区六个支部书记押进了闷罐子车中。车子微微启动，拉响了长长的警笛，往成光耀第一四八旅执法别动队的监狱方向开去。

闷罐子车上挂着一面有国民党标志的小旗，它在车子的风驰电掣中冽

烈飘荡。在莱蕺巷二十一号天后宫的大门顶端,飘荡着一面更大的青天白日旗。一大群国民党兵和几个穿便服的人站在围着铁栏栅的大门附近的大石狮子旁边,麻木地望着从闷灌子车里押下来的六个共产党干部。

大石狮子屁股后面站着两个挎短枪的国民党军官,一个站着擦洋火给自己点烟,也给同伴点了烟。这个人弯着腰,用一只手捂着点燃的洋火,点燃了烟。他们站在原地一边长长地吸了口烟,一边慢慢地吐着烟雾,时而望望从车里押下来的地下党员,时而跟站在旁边的人交谈几句,视线始终没有离开过被侦缉队押送的人员。

个子较高的军官对个子较矮的军官低声地说道:"一共六个,都是共党城区区委的支部书记,要尽快想办法把这个事汇报给上峰。"

夜幕降临,漆黑笼罩着浑沌沌的吉安城,一股阴森恐怖的气息笼罩着莱蕺巷二十一号天后宫。天空突然下起了雨,瓢泼似的大雨持续到了深夜两点多才有点不太情愿似地停了下来。

走进莱蕺巷二十一号,只见天后宫偏殿是一栋由石块砌筑的储藏房,看得出来这个储藏房原是用来储藏食品和杂物的。单调冷酷的储藏房与斑驳陈旧的天后宫并立于被大雨冲洗过的地带,显得色彩各异。仔细揣摩,又让人顿觉突兀,甚至觉得有点格格不入。

如今,这座天后宫被国民党成光耀第一四八旅的执法别动队占据了。明面上这个天后宫是执法别动队的办公场所,但在天后宫的这栋储藏房里却关押着许多共产党员干部、农民协会骨干和进步知识分子等政治要犯。这个天后宫成为国民党成光耀第一四八旅执法别动队名副其实的牢房。

天后宫正门里面,门的两侧立着秦琼、尉迟恭两尊雕像。这两尊雕像噘着大嘴,一副想随时起身扑上去与人撕打的架势。

不久前遭到国民党吉安城区靖卫团侦缉队的突然袭击,在竹牌巷十七号吉安城区万安同乡会会馆开会时被逮捕的六名共青团吉安城区区委支部书记,就被关押在这里。

国民党吉安城区靖卫团侦缉队队长向廷灏做事一向老奸巨猾,为不走漏这六名共产党的支部书记被抓捕的消息,以防共产党潜伏在吉安城区的地下组织劫狱,他下令将这六名共产党的支部书记连夜移交到了成光耀第一四八旅直属的执法别动队的牢房里。

第七章 ★ 被捕

这个执法别动队的顶头上司，就是吉安城区驻防部队成光耀第一四八旅司令部副官冷继成。执法别动队队长叫彭圭章，是第一四八旅彭圭诗团团长彭圭诗的堂弟，也是成光耀的小舅子。

彭圭章接收了吉安城区靖卫团侦缉队送来的这六名潜伏在吉安城区的共产党头头，精神振奋，如获至宝，命令把他们都关押到天后宫偏殿的这间储藏房里，并连夜组织对他们严加审讯。然而，审讯到了天亮，却什么也没有捞到。

32

在天后宫的储藏房内，黄义、曾道懿、申中、刘生元、梁一清、梁铎六人双手都被捆绑着，靠着墙疲惫地坐着，他们的脸对着储藏房里的一扇小窗，大家都沉默着，无人出声。

早晨的曦光越过小窗，投射进了储藏房。

他们身陷囹圄，身上伤痕累累，有的臂膀上露出一道道血痕，有的大腿上渗出一大片血渍，有的褴褛不堪显得狼藉，有的皮开肉绽让人不忍多看。

天后宫偏殿，储藏房外。门口两个国民党执法别动队队员在持枪看守，手臂上戴着标有"执法别动队"字样的白色袖章。

彭圭章一身笔挺的戎装，显得得意满满、神清气爽。他带着副队长鲁寿庵、参谋长曾思豹及几个执法别动队队员来到了储藏房门口。

他向身旁的执法别动队队员努了努嘴，同样戴着标有"执法别动队"字样白色袖章的队员连忙拿出钥匙开锁开门。

彭圭章在他的参谋长曾思豹的引领下，一边用手在鼻子前扇了扇混沌的空气，一边皱着眉头跨进了储藏房的门。

鲁寿庵走在彭圭章的身侧，几个执法别动队队员紧跟在鲁寿庵身后。

彭圭章站在靠小窗的墙边，逐一打量着被捕的这六名共产党头目。审视了一遍后，他面带讪笑地说："壮士们，你们受苦了。你们都是热血青年，有理想、有抱负，我敬佩你们。你们血气方刚，命运多舛，就是因为

走错了路，误入了歧途，以致没能遇到一个可以让你们正当施展才华的舞台。如今身陷囹圄，让你们的家人揪心牵挂，我对你们深表同情，真是有点难为了你们这帮爱国知识青年。"

黄义坐的位置靠近门边，他愤怒地睁着眼睛，对彭圭章的惺惺作态不予理睬。

彭圭章颇有耐心地对着这六名共产党要犯察言观色，捕捉着他们的脸色变化，但一直没有人回应他。

彭圭章知道这些干部双手都被绳子绑着，但他装出才发现的样子，有点生气地对曾思豹说："曾参谋长，你是怎么当参谋长的？怎么壮士们的手都被绑着？是谁下命令绑他们的？这太不像话了，快快快，快点把壮士们身上的绳子解开。"

曾思豹作出一副恍然大悟的样子，自嘲地说："哦，队座，都是我的错，是我一时失察，没注意到这个问题，我这就让人把他们身上的绳子解开。"

曾思豹说完，假装用训斥的语气朝身边的几个执法别动队队员说："你们几个蠢货怎么搞的，没听到队座的话吗？仍傻站着干什么，还不赶紧执行队座的命令，去把这些壮士们身上的绳子解开。"

于是，这几个执法别动队队员把端在手上的长枪背在了背上，空出双手从靴筒里抽出一把匕首，上前把这六个共产党要犯身上的绳子割开，然后将刀插回刀鞘放回靴筒里，走到原来的位置站立着。

"这样做就对了嘛。"彭圭章侧头对着曾思豹点了点头。他咳了咳嗽，回过头来对着这六个共产党要犯问道："你们都是有信仰有志向有追求的人，咱们说话做事就不兜圈子，还是言归正传吧。你们当中有谁愿意告诉我，你们在万安同乡会会馆开会，又是在研究什么新的军事行动？"

六名共产党人听着彭圭章的这个问话齐齐地心头一震，互相对视了一眼，知道彭圭章这是在套他们的话。大家仍然面无表情，丝毫不理会彭圭章。

第七章 ★ 被捕

33

彭圭章也不生气，他把视线转向曾道懿，久久地看着他，故意阴起了个脸说道："曾道懿，你这个南昌农民运动训练班第六期的高材生，从南昌回来就参加了共产党，这几年你也闹腾够了吧。现在我想由你来告诉我，你们在万安同乡会会馆开会，是不是在研究什么新的军事行动？"

曾道懿的脸色略显惶恐，他喘着气摇摇头，轻声地说："没……没有……"

"没有？曾道懿，你没有讲真话！"彭圭章晃了晃头，说，"据我所知，你们的省委书记在南昌农民运动训练班第六期学员的课程上其中讲的有一堂课，强调的就是党员干部要讲真话，干革命工作要实事求是。"

曾道懿感到很诧异，有点不解地反问道："彭圭章，你一个国民党正规军的执法别动队队长，怎么会知道南昌农民运动训练班第六期学员课程上的事情？"

彭圭章得意地笑了笑，说："曾道懿，我不妨告诉你，我曾经也是南昌农民运动训练班第六期的学员，只是学习学了一半，造化弄人，我又去了黄埔军校，我与你的经历正好调过来了。"

曾道懿情不自禁地说："啊！怪不得看你有些面熟。"

彭圭章望着曾道懿，以胜利者的姿态说道："曾道懿，你现在可以说真话了吧！11月7日晚上，你们在竹牌巷十七号万安同乡会会馆里明明是在开会，在研究什么军事行动或有关事项，你敢说没有吗！？"

曾道懿说："我们……我们……是在闲聊农民卖菜的事，没有研究什么军事行动或有关事项，也听不懂你说的什么军事行动是什么。"

"好吧，既然是在闲聊什么农民卖菜的事，那你告诉我，你们闲聊农民卖什么菜？菜卖给谁呢？青菜萝卜多少钱一斤？你们又准备卖多少菜呢？你给我都说出来！我就有点不懂了，农民卖菜这样的平常事，为什么要拿到你们共产党吉安城区区委的会议上专门去说？"他摇了摇头，又对着刘生元说："刘生元，你是吉安城区菜农协会支部书记，你告诉我，曾道懿说真话了吗？"

刘生元用骇异的眼光望着彭圭章,仿佛不敢相信这个人就是国民党吉安驻军执法别动队队长,不明白这些消息他是怎么知道的。自从入党那天起,他就做好了随时会被捕牺牲的准备,他希望自己牺牲时是勇敢的。他不想回答彭圭章的问话,他习惯地选择了沉默。

曾道懿也沉默了起来,彭圭章追问他,他只是摇头。彭圭章再追问他,他干脆不吭声。然而,精通兵法的彭圭章已觉察到曾道懿的心头上显出了一种紧张,已发觉他的身子有些发抖。

彭圭章冷眼观察着曾道懿,心里有了主意。他觉得审讯要想有结果,就要把他们六个人隔开来关押。

彭圭章根据以往的经验,已判断出曾道懿是这六个人当中心理防线最薄弱的一个。

彭圭章决定主攻曾道懿,把他作为重点突破方向。与其他出身于农民家庭的农会干部相比,曾道懿出身于地主家庭,自小生活条件优越,他从小根本不可能吃过苦,追求的物质理想多数是享乐型的物质理想,追求的政治理想多数是私欲较重的精致的政治理想。

曾道懿从吉安到南昌、从南昌到广州,本是要去考黄埔军校的,无奈没有考上,只好打道回府,后来成了南昌农民运动训练班第六期的学员。

彭圭章清楚,像曾道懿这种出身于地主家庭,见识过广州、南昌都市繁华的共产党干部,是比较眷恋物质生活的,也是比较容易放弃政治理想和初衷的。

34

彭圭章心里有了主意。他转身对着曾思豹说:"曾参谋长,这些壮士都是吉安名人,乡里乡亲的,别难为了人家。你看这么多人,挤一间屋子里时间长了恐会闷出病来。你安排一下,都给他们换成单间。"说完,向曾思豹挤了挤眼睛,做了个手势。

曾思豹暗思了好一阵,猜到了彭圭章的深意,故作姿态地用手拍了拍自己的脑门,说道:"队座真是菩萨心肠,都是我的疏忽、我的错。我马上

第七章　被捕

给他们换成单间。只是队座有所不知，在天后宫一下子没这么多的单间，容我想办法一个一个慢慢落实。"

曾思豹对身边的两个执法别动队队员耳语了几句，大声地命令着："你们俩带曾道懿先生出去，先安排到我办公室走廊尽头的那间房，好生侍候着。"

两个执法别动队队员上前，一左一右从地板上搀扶起曾道懿，架着他走出了储藏房。

曾思豹虽没有彭圭章的敏锐洞察力，但也看出来了这六个共产党要犯除了曾道懿的心理松动了之外，其他几个共产党要犯都是铁了心一心准备要去赴死的人。

在曾思豹心中始终想不明白，这些共产党要犯的心里面究竟是犯了什么糊涂，为何都这么意志坚定不惧死亡。

彭圭章目送执法别动队队员把曾道懿搀扶出去，嘴角露出了一丝不易被人察觉的微笑。他扭转身子，盯着黄义说道："你呢，黄义壮士。你是个有知识的明白人，既然能够以优秀成绩考入省立第七师范学校，说明你家里是家底殷实人家。你能成为第七师范支部书记，说明你是个念书优秀、威望服众的人才。我就不明白，你怎么会受人家挑唆，相信共产党这行当呢？你这样做，你觉得对得起谁？对得起你父母吗？你这样走邪路，哪天你父母知道了，岂不是寒了他们的心？"

黄义不吭一声，他明白自己既然落在执法别动队的手里，再多说也是无益。

第八章

叛徒

35

彭圭章见黄义沉默着,一直不吱声,以为自己的开导说中了黄义的心思,有点高兴起来。

"我们都是做子女的,生而当为父母者尽孝,死而当为妻儿者尽责。若是你们由于参加共产党,丢掉了自个的性命,留下白发苍苍的父母,抛下无依无靠的妻儿,以后谁来管他们呢?无论如何,这都不是一种壮士该有的所为,这都不是一种壮士该有的担当啊!"

彭圭章继续劝解着:"黄义,你想过没有,现在你被政府逮捕了,哪天你即使出去,共产党也是不会再相信你的了。你何必还要为共产党卖命死扛?你这样做值得吗?什么为着千千万万的劳苦大众得解放,这不是以卵击石吗?你连自己都没有解放,又怎么去解放其他的劳苦大众?你是个有知识的人,这样的鬼话你怎么可以相信?你还是好好想想,自己怎么出去、明天怎么活、家里的人怎么生存吧!"

黄义对彭圭章的劝说还是没作半点回应。黄义之所以不出声,一则是他的性格内向,平日里本身就不爱说话;二则是他知道自己无论怎么回应,对彭圭章来说也是白费口舌,彭圭章这种人是无法懂得一个共产党人的心思和信仰的。

黄义抬起头来,透过小窗仰望着储藏房外的天空,自言自语道:"生当为天下劳苦大众,死亦为天下劳苦大众。今天既然落在刽子手们的

第八章 ★ 叛徒

手里，也就只有赴死这条路了，实在也不想有什么多余的东西与彭圭章这种反动分子辩论的。"

彭圭章说得有点口干舌燥，见他们却都不搭腔，只好停下来不说话了。他给自己找了个台阶下，说道："各位都是明白人，我言尽于此都是为了各位好，各位在晚上睡觉时不妨好好想想吧。我还有公务在身，也不给你们多上政治课了。给你们十二个钟头的时间考虑，如果仍是不愿回头，顽固不化，不向政府坦白，那政府也只有忍痛割爱了。在此我先行告辞，望各位好自为之，好生爱惜自己的性命要紧。"

彭圭章说完调转身子，头也不回地往门外走去。

从头到尾一直没有说话的副队长鲁寿庵跟在彭圭章身后走了出去。他似乎觉得少说了点什么，又折转回来，沉下脸来对黄义他们几个恶狠狠地提醒道："自古以来，识时务者为俊杰，你们莫要执迷不悟，害了自己的性命。你们与政府作对，是绝没有好下场的。你们要知道一四八旅'执法别动队'这个名号，可不是让人干叫的。你们为着各自的父母妻儿的后半生，也得好好反省反省自己！"

36

一直折腾到晚上，被关押在天后宫储藏房里的黄义、申中、刘生元、梁一清、梁铎五人，丝毫没有半点向执法别动队回复他们的"反省"情况的意思，彭圭章有点气急败坏。

参谋长曾思豹把这五个共产党区委头目的名单送来给彭圭章过目，彭圭章报给了成光耀审阅。

成光耀看都不看，直接拿起红色朱砂笔，签发了"立即处决！"的字样。

曾思豹拿着成光耀签发的这份"立即处决！"的文件，走到了门口，彭圭章又把他叫住了，叮嘱他要安排好曾道懿去陪看法场的事宜。曾思豹信心满满地说："队座放心，都安排妥了。"

夜晚，在天后宫的草场上，执法别动队的参谋长曾思豹亲自押解着被

捕的共产党吉安城区区委支部书记级别的五个头目上了车。

那一夜，真君山附近的居民听到了真君山的一处山坡上响起了"共产党万岁！"的口号声，随后便听到一阵枪声，口号声和枪声传出去很远很远……

曾道懿没有被执法别动队处决，只是被曾思豹拉去陪了一下法场，然后又被曾思豹完整无缺地拉回了天后宫，回来后他已面如土色。

莱菔巷二十一号天后宫，楼道尽头的一间复式卧房。

彭圭章、鲁寿庵、曾思豹和曾道懿围绕着一张小圆桌坐着。

曾道懿环顾卧房的陈设，卧房分卧厅和卧室两室。

卧室内除了大床、躺竹椅、晾衣架，还有一个衣柜，靠墙的大床上铺着崭新的被子、枕头。

卧厅里有几张椅子、一张茶几，侧墙壁上挂着郑板桥的"难得糊涂"条幅，还挂着一幅艳丽的丰满女郎油画，丰满的乳房、婀娜的腰肢让人看了情不自禁要浮想联翩。

彭圭章拍了拍掌，一个乳房半露、打扮妖艳的女郎从卧室暗门内走了出来。她来到曾道懿身旁，弯下了腰，两只纤手作环绕状，环着曾道懿的脖子，坐在他的双腿上娇滴滴地说："曾先生今天是大难不死必有后福，你看看是墙上的女郎漂亮，还是你身边的我漂亮？"

曾道懿吞咽着口水，局促地小声回应道："都……都漂亮。"

漂亮女郎微笑着在曾道懿脸上哈了一口热气："今天当着彭队座的面，给你个选择的机会。曾先生，长夜漫漫，你是愿意选择站在你身边的我陪伴你，还是愿意选择挂在墙上的女郎陪伴你？你不能骗我，你可要讲真话呵。"

曾道懿像是坐了一回过山车，性情大变，说话都改变了声调："我……我当然愿意选择你。"

37

过道上一阵有序的脚步声由远而近传来，曾道懿抬起头来，只见一队女服务员鱼贯而入，每个女服务员手上都托着个菜盘，菜盘里放着杯子、

第八章 ★ 叛徒

碗筷，盛着酒和菜肴。她们依次走到圆桌旁，将托盘放低，把托盘里的餐具和菜肴取下，整齐地摆放在小圆桌上。

曾思豹拿起桌上的红葡萄酒，一一给桌边的人倒酒。

彭圭章环顾四周，清了清嗓子，端起酒杯对着曾道懿说道："曾老弟能够悬崖勒马，及时投靠政府，算是一个俊杰，从此我们就是一家人了。共产党只是让你当个共青团吉安城区学生联合会支部书记，我让你当吉安城区靖卫团侦缉队副队长！只要你肯为我清除共产党在吉安城区的地下组织，我还可以让你当侦缉队队长，还把站你身边的大奶子小妞送给你做老婆！"

曾道懿眼里放出一丝浮光，他似是心有余悸，饥渴地笑了笑，点了点头说："感谢彭队座的再造之恩。从此，我当竭尽全力配合彭队座，清除吉安城区里的共产党地下组织。"

彭圭章一副温情的模样，笑道："这就好，这才是一个侦缉队副队长应有的态度。在此，我预祝曾老弟旗开得胜！"

彭圭章、鲁寿庵、曾思豹、曾道懿和那个女郎都满脸欢喜，举起了酒杯，嘴里一起嚷着"干杯"。

在一个谈不上有什么景致的小镇里，一条笔直的鹅卵石铺就的街道绵延数里。

街道两旁耸立着长排长排的灰色的或黄色的两层土砖房，顺着街道远眺，远处都是模糊的旷野和山岭。

街道尽头是一棵大樟树，大樟树旁是一栋有个小院落的土砖房。

院落里摆着一张简易的四方桌，桌上放着一些文件资料和一张吉安行政区域地图。

地图旁边是一张《民国江西通讯报》，报上刊载了一则消息：《吉安驻军成光耀旅执法别动队再立新功　一举擒获共匪共青团吉安城区区委头目多名》。

文章标题分外醒目，印刷字迹很是清晰，消息内容言简意深：

十一月八日吉安驻军通信：七日夜，吉安驻军成光耀旅执法别动队接获线人密报，倾巢出动，包围了坐落在竹牌巷十七号的吉安城区

万安同乡会会馆，一举擒获在里面开会的共匪共青团吉安城区区委头目多名。

经执法别动队连夜组织精干人员突审，已详尽掌握这些共匪头目的真实身份。他们是共青团吉安城区第七师范支部书记黄义、共青团吉安城区学生联合会支部书记曾道懿、共青团吉安城区总工会支部书记申中、共青团吉安城区菜农协会支部书记刘生元、共青团吉安城区码头工会支部书记梁一清、共青团吉安城区染布工会支部书记梁铎等六人。

闻谭道源师长心情愉悦，已令吉安驻军一四八旅成光耀旅长代表他至莱菔巷二十一号天后宫，专贺执法别动队及彭圭章队长。

38

一只茶杯被重重地掷在桌上，茶杯里的水溅洒出来，落在桌上。

赣西南特委常委曾山骤然站起来，一只手在另一只手上卷起袖子，厉声问道："你说什么？再说一遍！"

一位地下交通员喘着气，重复道："曾道懿叛变了。与曾道懿一同被捕的黄义、申中、刘生元、梁一清、梁铎五人已全部被一四八旅成光耀的执法别动队处决。由于曾道懿的叛变，吉安城区的我党、团组织整个的都被成光耀破坏了。日前吉安城区的我党、团同志被成光耀逮捕杀害的有三分之二。其中，还有我中共江西省委特派员赵醒吾同志，也被曾道懿出卖，于前日夜被捕，现关押在天后宫。成光耀贴出告示，要把赵醒吾同志的心挖出来，以震慑那些参加共产党组织、敢于与民国政府作对的人。"

曾山听了心惊肉跳，心情十分压抑，他扭头向着里屋大声地喊着通讯员："刘敦风，传我的命令，集合队伍！"

赣西南特委常委李文林站起来反对："等等！老曾，你这是要干什么？"

"攻打天后宫，营救赵醒吾同志！"曾山认真地回应。

"冷静一些！老曾！"李文林摇摇头，"天后宫要是这么好打，我们前几次攻打吉安城，不就打进去了？还是等刘士奇书记回来，召开一次赣西

第八章 ★ 叛徒

南特委常委会，在会上讨论讨论，再作决定。"

"讨论讨论？等刘士奇书记回来召开完这个常委会，省委特派员赵醒吾同志的心恐怕已经被成光耀挖出来了！"曾山带着不同意的语气，气愤地说道。

"革命总是会有牺牲的，但是冒险带来的牺牲是我们要努力避免的。"李文林用一种劝诫的口气说道，"我们不了解吉安城区的敌人，敌人通过叛徒这条线却了解了我们。成光耀贴出告示是在故意放出消息，这是布了个陷阱想引诱我们往里钻呢。现在，我们只有耐心等待，等待刘士奇书记回来，开个会讨论讨论，研究研究，听听常委会的意见再作决定。"

曾山起先冒火握紧了拳头，恨不得马上带着队伍攻进天后宫救出赵醒吾，听了李文林的劝说才慢慢地把拳头放开了，脸上显露出隐隐的理解和同意的表情。

"老李，你大概不知道赵醒吾特派员，他是一个非常优秀的领导。我与他共事过一段时间，从他身上我看到了一个共产党员丰富的马克思主义理论修养和群众利益高于一切的思想。"他望了望李文林，心里的难过溢于言表，心中对赵醒吾被捕的揪心始终没有消减多少。他气恼得有点不知如何是好："可惜我曾山能力太小！眼看着我党这么优秀的同志就要被敌人杀害，自己却无能为力，这实在是一种折磨。像赵醒吾特派员这么优秀的领导，我们如不能把他营救出来，实在是我党的一大损失啊！"

一直呆呆站在一边的地下交通员这时用舌头舔了舔自己的嘴角，继续向赣西南特委的两位留守领导报告他未报告完的事项："杨掌柜让人带口信出来，说是成光耀的执法别动队打算明天上午拿赵醒吾同志开膛。另一头成光耀又打电话给吉安靖卫大队大队长罗炳辉，要他率部出兵，配合吉安驻军到吉安城区附近各县'清乡'。"

第九章

牺牲

39

山洞里，一片熊熊燃烧的火光。

刘佐云兴奋地迎上去，猛地抓住赖土地的双手："同志们都回来了，就差你呢！"赖土地和刘佐云紧紧地握了一下手，脸上现出疼痛的表情。

借着晨曦，刘佐云发现赖土地的胳膊在流血，才知道他受了伤。刘佐云关切地问："你挂彩啦？伤重不重？"

"伤得不重，只是子弹穿了个小洞。"赖土地微笑着宽慰刘佐云："我的这条右腿在上次吉安县观音崖乡与反动'清乡团'的一次战斗中负了伤，弄得一个多月来走起路来一瘸一瘸的；好不容易等到腿上的伤好了，没想到右手又让国民党黄敬团的子弹咬了一下。看来这一辈子，我只能与国民党、'清乡团'势不两立到底了。"

临时医院院长徐峥走上前，拉过赖土地的右手看了看，用一种命令的语气对他说道："别扯这些没用的，现在赶紧手术，把胳膊里的子弹取出来，不然这只胳膊会废掉的。"

队员们簇拥着赖土地走进了用几十个麻袋布片临时搭建而成的简易医院里。

医院里没有消毒酒精，徐峥只能借助晚上没燃完的火堆，将自制的军用匕首似的手术刀的尖头放在火堆上烤红消毒。

临时医院的姑娘们毫不客气，利索地把队员们赶出了简易医院。

第九章 ★ 牺牲

队员们识趣地离得远远的，按照医院的姑娘们画出的警戒线站开，不再靠得那么近，也自觉地不再喧闹。

赖土地真是个好工农赤卫纵队队员，负了伤，还血流不止，却好像没事似的，在这深邃山岭的临时简易医院里与徐峥院长说着开心话。

队员们默默地挤在外面，听着赖土地说开心话。听着听着，赖土地说不出开心话了，队员们猜测，是徐峥院长拿了布片或毛巾啥的叫赖土地咬着。

只听徐峥院长说："忍不住痛就喊出来。"

赖土地嘴里只是"唔唔"地吱着，就是不喊，忍了有二十多分钟，终听见盘子里"咣当"一声响，应是子弹取出来了。赖土地可能憋得太久忍不住痛了，他咬着布片含糊不清地大喊了两声："该死的国民党黄敬，你这只黄老狐狸，我一定让你也吃我一颗子弹！"他一喊完又没了声音。

又过了十几分钟，只听徐峥院长说道："好啦，我的中队长同志，这颗子弹你留着，下山时你自己把它还给黄敬吧。"

赖土地说话又活跃起来："就好啦？我的徐大院长，这么快就完活啦？"

徐峥打趣地回道："我的赖大中队长，你还想怎的？想赖在这里带走我一个姑娘，回家做你的老婆不成？"

在简易医院警戒线外，等待着手术结束的队员们听了徐峥与赖土地在简易手术室里的对话，都禁不住"哈哈哈"地大笑起来。

简易医院的麻袋布片拉开了，赖土地从"手术室"里走了出来。队员们都围了上去，打趣地问他："赖中队长，你看中徐院长手下哪个姑娘了？"

赖中队长故意逗他们说："就是不告诉你们。"弄得队员们又是一阵大笑。

刘佐云走过去，把赖土地按在一块石头上坐下，看了看徐峥院长用一块消了毒的旧纱布包扎好了的伤口，终于放下心来。他觉得这次学校转移，还好有徐峥院长和临时医院在身边，化解了他的许多担忧。

刘佐云也清楚，这次战斗中队能够搞来这么多粮食，赖土地是立了大功的。

他似是突然想到了什么，转身对通讯员说："告诉炊事员同志，给伤病员和医院的女同志煮点米饭，其他的同志都吃玉米炖野菜。"

然后回过头来对赖土地说："你要好好地休息休息，别老是闲不住，工作上的事我会安排。好好地把伤口给我养好！"

搞到了粮食就不用担心饿肚子了，工农赤卫军青年干部学校的队员们又慢慢活跃起来。

临时医院的姑娘们知道粮食得来不容易，个个主动提出要与队员们同甘苦，吃玉米炖野菜。

这几天，山下的国民党士兵没见有什么动静，刘佐云心里有点担忧。他不知道国民党黄敬团下一步打算干什么，准备围困他们多久。

他决定派几个队员下山侦察侦察，摸清敌人有没有撤走的意思，瞧准时机顺便再搞一点食盐和菜之类的回来，以备环境更艰难下去的话有得吃。

赖土地知道了刘佐云的下山计划，几次向刘佐云提出恳求，要参加这个行动。

刘佐云考虑到他的伤还未痊愈，坚持不同意他下山，只让他在山上安心养伤。赖土地拉来了徐峥院长，让她帮忙说服刘佐云。

徐峥院长建议刘佐云："放赖中队长下山与你们一起行动吧，这不影响赖中队长的伤情。让他下山多运动运动，对他的伤口痊愈反而会更有好处。"

刘佐云被徐峥院长说服了。刘佐云知道，徐峥院长对赖土地的伤情是了解的，若没有十分把握，她是不会轻易同意他下山的。

又是一个模模糊糊的夜晚，漆黑的山野飘荡着一股混乱的软风。崎岖的小径上伸手不见五指，远处的天空和近处的山岭交融在一片黑暗的景致里。

刘佐云一看，这正是适合下山搞侦察的好天气，也是下山顺便搞点食盐和菜的好时机。他决定亲自带几个人下山侦察一番。

赖土地见刘佐云要带队员下山，飞快地从地铺上爬起，兴冲冲地说："好，就等刘书记出发，我们一块行动。"

刘佐云看着他的伤口并没有完全好，本来仍想找个理由推脱，却什么推脱理由也没有想出，只好同意他一起下山。

第九章 ★ 牺牲

按什么方案下山？商量了半天，最后还是徐峥院长出了个主意："为了避免下山扑空，刘书记和赖中队长不妨按老办法，各带十个队员下山，分头行动。"

刘佐云赞同徐峥院长的想法。

40

自从上次后勤补给仓库被刘佐云率领的战斗中队袭击后，山下的敌人格外警惕起来。刘佐云带着十个队员转了半夜，也没找到敌人的空隙，敌人防守得太严密了。

他带着队员摸到了敌人的一个营指挥部，不料被敌人的哨兵发现了。敌人好像早有准备，问都不问一句，直接就向他开火。枪声立马引来临时营房里的大批国民党兵士，他们挥动着枪要对他实施合围。

刘佐云若不是仗着上次偷袭敌人的后勤补给仓库缴获的那些手榴弹作掩护，还真差一点就被敌人给咬住了。他不相信敌人变得这么精明了，带着十个队员继续转悠，但转了敌人周边好几个地方，还是什么机会都没有。眼看天就要亮了，罗坊岭下的小湖泛起了轻轻的涟漪，在晨风的吹拂下，在阴凉晨曦的浮光里，小湖的水面闪烁着摇曳的蓝屏，使人从心底里生发出一种留恋和倾心。

他顾不得欣赏这大自然的美景，不情愿地带着十个队员无功返回了山岭。

赖土地嚷嚷着走近刘佐云，打招呼道："书记回来啦，没遇到什么危险吧？"

刘佐云看到赖土地比他们还要早回来，心里觉得惊异："一路上你们没有遇到敌人？"

赖土地轻描淡写地说："遇到了几个'脓包'，都把他们打发了回去。"

岩石下，炊事班把灶台隐蔽地埋在地下，从地底下传出了一阵阵煮熟的肉的香味，刘佐云惊异地问："这是在煮猪肉？从哪里弄到的？"

赖土地笑嘻嘻地回答："从国民党的大团长黄敬老狐狸的伙房里偷来的。"

"这怎么可能？"刘佐云有点好奇，"快说来我听听。"

赖土地慢慢地享受似地说了起来：

"本中队长奉刘书记之命，带着十个战斗中队的队员下山，一路向西，绕过三四个村庄，在夜深人静中发现有个比较气派的屋子，里面有几个国民党兵士打着灯笼，往车子上搬猪肉、鸡、鸭、大米。看看周边，兵士不多，也不带枪，不怎么警惕，我们就一家伙窜进了敌人的这间屋子里。好家伙，误打误撞竟然是撞进了黄敬老狐狸的团部伙房。久未闻到肉味的队员们当然也不客气，能拿得动的每人都扛了半边猪肉、一袋大米回来。发现忘了拿食盐，我又折回去找。找了好一阵子，终于找到了一大包食盐，一把揣在怀里就兴致浓浓地回来啦。在伙房外面，遇到了几个'脓包'兵士，看他们老实巴交没有造过什么恶的样子，就没有动他们，只用枪赶着把他们锁在了厨房里。我告诫他们说，今天暂时放过他们，谁也不许嚷嚷，谁若嚷嚷就开枪毙了谁。然后悄悄地出来了，就这样一路通行无阻地回来啦。"

赖土地说得轻描淡写，队员们听得精神焕发。

徐峥院长过来了，对赖土地说："我的赖大中队长，等一下再说你们战斗中队的英勇故事，现在该换药啦。"

赖土地伸出胳膊，一个护士端着托盘站在旁边，托盘里有药水、药膏之类的。徐峥院长麻利地解开旧纱布，帮他清洗伤口，换上药膏，用旧纱布再重新帮他包扎好，整套动作一气呵成。

刘佐云带着青年干部学校和临时医院上到罗坊岭以来，虽然炊事班埋的灶台在岩石下，埋得很隐蔽，然而为了大家的安全，为了尽量不被敌人发现，他还是要求炊事班白天不要生火。

天才微微亮，难得赖土地带着战斗中队的十个队员从国民党黄敬团的伙房里搞回了几片猪肉，炊事班一高兴就忘了刘佐云的嘱咐，生火煮起了猪肉来。

刘佐云当着众队员的面没有批评炊事班班长，背后才悄悄地找到了他，批评他忘记了炊事隐秘和炊事纪律，并提醒他这样的错误以后不能再犯了。

好在天才微微亮,敌人都还没起床,侥幸这次煮猪肉没有被敌人发现。炊事班班长作了自我批评,表示类似的低级错误下次不会再犯了。

然而,青年干部学校和临时医院的队员们谁也没有注意也不会知道,炊事班班长为了煮这顿猪肉,为了让同志们好好尝尝鲜,心里都高兴高兴,无意中竟犯了炊事隐秘和炊事纪律,挨了刘书记的一顿批评,还在刘书记面前作了自我批评。

但是,只要能让队员们改善营养、让大家吃得高兴,虽然挨了这顿批评,炊事班班长心里觉得也是值得的。

太阳落山,夜幕降临,队员们从各自隐蔽的地方都钻了出来,聚在一起。人一多,气氛自然就热闹了起来。

炊事班班长叫炊事员们把早上煮好留下的另一半未吃的红烧猪肉、烤番薯、煮玉米都端了出来。

队员们见了高兴得口水都流下来了。在这种艰难环境中,能够吃到这般美味,还有什么山珍海味可以媲美?在这种朝不保夕的岁月里,能够吃到这般佳肴,还有什么不满足的呢?

刘佐云看着队员们这般融洽、这般友爱,心里感到一阵宽慰。他突然觉得,今天是不是不应该批评炊事班班长呢?他觉得有必要向炊事班班长解释一下。

他走到炊事班做饭的地方,看见炊事班班长正坐在一块石头上,嘴里叼着一筒旱烟,若有所思地吸着。

旁边不远的小锅里在煮着什么东西,正散发着热气。晚饭不是煮好了吗?炊事班班长背地里还在煮什么呢?

他觉得疑惑,悄悄地走上前,问道:"何班长,你在想什么呢?……还在煮饭呀?"

炊事班班长没有看他,心不在焉地回答:"嗯,煮饭!"

刘佐云用轻松的语气问道:"是炖红烧肉,还是煮红薯排骨汤呢?"一边说,一边走近灶台,用手揭开锅盖往里看。

41

然而，锅里既没有炖红烧肉，也没有煮红薯排骨汤，而是煮着满满的一锅野菜，刘佐云看得心里一揪。

他用木勺子往锅底随意地翻动了几下，从锅底里浮上一些红薯片。

他问炊事班班长："何班长，你们炊事班不出去与队员们一起吃，就躲在这里煮这个当晚餐？"

炊事班班长从发呆中回过神来，一看是刘佐云，便在鞋帮上敲了敲手里的旱烟嘴，小心地向刘佐云解释说："天天有这个吃就很好啦。战斗中队昼伏夜出，从敌人那里搞来了番薯、猪肉，也架不住吃的时间长。青年干部学校和医院有六十多人，在山上待的日子一久，若不省着吃，怕是也不够队员们熬。我们炊事班的不用冲锋陷阵，有这个吃就能对付着肚子饿了。"

多好的炊事班班长呵！刘佐云听着炊事班班长的话，望着炊事班班长颧骨凸出的面容，原本满肚子的话竟是一句也说不出来。他的心里翻滚着，责怪着自己："何班长呵，何班长，你掌勺在背后，享受也落后于人。为了工农赤卫军青年干部学校，你不惜委屈自己、扣克自己；战斗中队是从豺狼窝里弄来了稻米、猪肉及食盐，可也有你的一份功劳啊！你不但一点都不吃，自己还甘受委屈，给自己准备的竟然只有一锅野菜！对这样好的炊事班班长，我有什么资格批评你呢？！"

这一夜，刘佐云久久不能入睡，他想起了身边的这些革命同志：抢着干危险活的赖中队长，为赤卫军青年干部学校默默作医疗保障的徐峥院长，为后勤保障任劳任怨、不计个人得失的何炊事班长……刘佐云深深感到自己对他们的了解和交流还太少、太主观了。

在国民党黄敬团铁桶般的围困中，难熬的日子一天天过去，队员们总是饱含热情，互相帮助，没有一个因为苦难而中途退缩的。

十多天以后，第九纵队秘密交通员曾炳秋同志来罗坊岭寻找他们，找了两天才找到。

第九章 ★ 牺牲

曾炳秋，1927年12月参加工农赤卫军第九纵队，1928年3月加入中国共产主义青年团。曾炳秋有个哥哥名叫曾炳春，在中共赣西南特委乃至中共江西省委都非常有名。1930年6月，中共赣西特委、赣南特委及湘赣边特委合并，成立中共赣西南特委，曾炳春增补为中共赣西南特委委员、常委。1930年7月，赣西南特委在吉安县陂头村召开军事会议，宣布成立赣西南特委工农赤卫军第二十军，曾炳春任军长。这是后话。

曾炳秋寻觅到青年干部学校和临时医院，给刘佐云带来了一份赣西南特委发行的油印机关报——《赣西南通讯》。

《赣西南通讯》在报上最显著的位置处刊载了蒋冯阎李与奉系军阀混战，战得如火如荼，蒋介石为了摆脱战场劣势，正从各省调集国民党主力军赴河南、河北参战的消息。

《赣西南通讯》从一个队员手中传到另一个队员手中，整张油印报几乎都传烂了，却没有几个人读懂了这消息背后的内涵。最后，还是刘佐云猜到了这则消息背后的意义。

刘佐云告诉队员们，不用太久的时间，大家就可以下山回家了。他见队员们不解，就向队员们解释说：

"蒋介石、冯玉祥、阎锡山、李宗仁四大新军事集团与张作霖军事集团正在河南、河北混战，蒋介石兵力吃紧，正从各省调集国民党主力军赴河南、河北参战。

"谭道源第五十师是蒋介石的嫡系部队，他必定会被抽调出江西，去河南、河北参战。谭道源部一旦被抽调出江西，就意味着成光耀第一四八旅得跟着去。这样黄敬团围困工农赤卫军青年干部学校和临时医院的图谋，注定就要中途退出，就要流产了！"

队员们听到刘佐云对消息的解读，个个恍然大悟，心情都舒畅起来。大家高兴不已，恨不得国民党黄敬团现在就被蒋介石抽调走了。

然而，刘佐云又说："黄敬团临被抽调走之前，不会就这么轻轻松松地走了的，他肯定还会最后疯狂一把。同志们要有这个思想准备，咬紧牙关，坚持到底，等待我们的主力纵队回来。"

果然，围困罗坊岭的国民党黄敬团开始疯狂起来。过去只是白天上山、白天打炮，现在是晚上也打炮、晚上也搜山。

晚上，队员们睡着了，有时睡得正沉，突然一发炮弹从空中飞来，就落在队员们打地铺不远的地方，一声巨响，地动山摇。

好在战斗中队两次下山提前搞到了一些粮食和食盐，不然越到后面同志们越难坚持。

然而，六十多人的队伍困在山上的日子一长，粮食再怎么节省着吃，也是容易吃完的。没有了吃的，队员们慢慢地思想上有些散漫，还有些队员已饿得有点不行了。

这时，刘佐云想尽办法号召共产党员、共青团员发挥先锋模范作用，然而却是心有余而力不足，有心发挥却怎么也发挥不出来了。

42

困守在山上的整个队伍中，只有刘佐云、何炊事班长、徐峥院长、赖中队长是共产党员，加上秘密交通员曾炳秋和战斗中队的郭有田、李有房三个人是共青团员，一共也才七个先锋模范，要怎么发挥作用呢？

刘佐云连夜召集党员、团员开了一个组织作风会。刘佐云在会议上说："在困难情况下，不能解决实际问题的共产党员，不是合格的共产党员；在恶劣环境中，没有坚定信仰和坚定信念的共产党员，不是真正的共产党员。同样，在艰难时局中不能克服实际困难的共青团员，不是合格的共青团员；在困苦条件里，不能坚守阵地和坚守任务的共青团员，不是合格的共青团员。"

赖土地非常同意刘佐云的这番话，他认为："当前情况下，最重要的，是尽快解决现实问题，归根到底是解决生存问题，没有粮食吃，是谁也难以生存的。"

组织会议上，四个共产党员、三个共青团员举手表决，同意刘佐云和赖土地的方案，决定各带十名战斗中队的队员再次下山去搞粮食。

刘佐云带着十名队员从西北方向下山，朝沙溪村方向走了七八里地，想悄无声息地重回沙溪村袭击敌人的那个后勤补给仓库。

一路上平安无事。到了沙溪村村口，竟意想不到地中了国民党黄敬团

第九章 ★ 牺牲

后勤补给连的埋伏。刘佐云本意是想给敌人来一个"出奇制胜",不想却被敌人"守株待兔",四个战斗中队队员在敌人密集火力的攻击下当场牺牲。

刘佐云领着队员们赶紧往山上撤,国民党黄敬团的后勤补给连紧随在他们的屁股后面凶猛地开枪射击。在掩护刘佐云撤上山的路上,郭有田、李有房这两个共青团员也牺牲了。刘佐云心情沉重,只能无功而返。

原来,敌人算准了山上没有粮食,几天前就开始设伏,等待刘佐云带队员下山来抢粮,不想真的等到了。青年干部学校战斗中队可谓损失惨重。

赖土地在北伐军攻打吉安城时为北伐军带过路,无形中学到了一点军事上的东西。赖土地带着十个战斗中队的队员从西南方向下山,他一路摸着石头过河,在黑暗中紧走慢走,竟然走到了黄敬团炮连的营房。一个敌炮兵出来撒尿时被他轻松拿下了,他命令敌炮兵带他们去伙房,敌炮兵乖乖地从命了。赖土地带着队员们小心翼翼地跟着敌炮兵摸进了敌炮连的伙房,搞到了三袋粮食,他们也不多停留,立即就向村外撤离。然而,他们却忽略了对敌炮兵的看押。

敌炮兵趁队员们不注意,一溜烟溜回了自己的营房,即刻向炮连长官报信。敌炮兵纷纷从营房里出来,从三面包围上来,欲将赖土地他们一网打尽。

赖土地一看队员们走不脱了,赶紧把肩上的粮袋交给一个队员,催促他们道:"你们快走,不要恋战,一定要把粮食送到山里去!"说完转过身,迎向敌人跑去,边跑边向敌人开枪。

敌人起初不想开枪,想要捉活的。然而,赖土地不断开枪,敌人气急败坏,也向赖土地开枪射击。

一颗子弹打在赖土地的胳膊上,赖土地继续往前冲,又一颗子弹打在他的脚上,他忍着疼痛继续迎向敌人跑去。在夜幕中,他从腰间拔出三颗手榴弹,毫不犹豫地冲向敌群,"轰隆"一声巨响,敌人倒下了一大片。赖土地也倒下了,他倒在了敌群里。在黑暗中,已分不清哪个是赖土地,哪些是敌人。

战斗中队的队员们回到了山上,眼里都噙满了泪水。

青年干部学校和临时医院的队员们站在山岭上的大樟树下，等待着赖中队长，期盼着赖中队长能够突然归来。队员们觉得，赖中队长一直没有离开他们，觉得他会像以前一样隔一段时间就会回来的。然而，队员们夜以继日地等，等了一夜又一天、一天又一夜，等了两天两夜，仍是没有等到他回来。

直到第三天，国民党团长黄敬带着他的一团人马跟着成光耀第一四八旅，离开吉安城去了赣南驻防，又过了一段日子被调去河南与东北军阀张作霖打仗，队员们才敢下山。

队员们一起下了山，在一片田地畦界上，在一片枯草丛中，发现了牺牲的赖中队长——赖土地同志。刘佐云与队员们怀着无比哀伤和崇敬的心情把他的遗体抬上了罗坊岭，安葬在了罗坊岭大樟树下的泉水边，并在大樟树下开阔的树阴里为他开了一个隆重的追悼会，寄托大家对他的哀思。

赖土地同志那种对敌人狠猛如虎、对队员慈爱如兄、舍己为人的工农赤卫军精神，就像一颗永远闪耀在辽远星空的星星，照耀着赣西南这块红色热地，照耀着工农赤卫军队员们的心身，鼓舞着工农赤卫军队员们度过了下山前最艰难的三天。

第十章

起义

43

中午下了一场暴雨,雨点落在值夏这座海拔较低的城郊小镇上,地上到处湿漉漉的。商埠码头参差不齐的建筑物距离赣西重城吉安城区仅数十公里,却显得有点混混沌沌的。远处有几座民国小楼和一些西欧式商店门面,旁边是一条不大而脏乱的街巷。

这里稀稀疏疏站着、蹲着或坐着超过百数十人,在传闻着成光耀的部队要调走。各色各样的人们伸长脖子,都在看着、听着一个穿蓝布长衫的人的演讲:

"没有道义的成光耀,在吉安驻防期间,坏事做绝,到处放肆烧百姓的房子,捕捉无辜的商人,这样的日子怎么过……"临时布置的桌台上,值夏小学的蒋校长站在上面愤怒地讲着,激动地挥动着双手,"大家为什么不投靠赤色根据地去?为什么不投奔共产党和红军去?为自己的父母、为自己的兄弟姐妹、为自己的妻子儿女、为自己的这一生,做一件正确的事!……"

桌台上方,大红的横额上写着"让老百姓有条活路",两旁竖起的木柱上挂着醒目的对联"参加农会搞生产,投靠红军闹革命"。

桌台前席地坐着一些背着武器的国民党靖卫队士兵,这是昨晚从吉安县调到值夏镇的罗炳辉的靖卫队士兵。蒋校长洪亮的声音激活了这条靠近商埠码头的街巷:"我们安分守己地出工生产,兢兢业业地经营商贸,以为

能够像地主老财那样过好日子……却还是到处被他们欺凌,到处被他们盘查,到处被他们抓捕……这样的日子几时有个头啊?"

桌台左边一排长凳上,面向群众坐着一些学生。他们模样清秀,神情振奋,有的面带微笑,眼神中闪烁着友善;有的充满信心,精神饱满。三个敌工科战士欣悦地倾听着。

"我们决不让自己的父母、兄弟姐妹、妻子儿女被成光耀欺负,也决不让自己的父母、兄弟姐妹、妻子儿女被成光耀逮捕……我们参加农民协会去,参加农民赤卫队去,参加红军独立团去,去保护我们的父母、保护我们的兄弟姐妹、保护我们的妻子儿女、保护我们的土地、保护我们的家园,向反动阶级展开英勇的反击……"

坐在桌子右边的萧文昌心情不安地看了看天色,又看了看远处的商埠码头,心情急切地斜睨着蒋校长。蒋校长激动而又满怀激情地继续演说着:"为了保卫我们的家园,为了让我们有工做、有饭吃……我们必须行动起来……"

萧文昌终于忍不住了,他探身扯了扯蒋校长的衣角,悄声地说:"蒋校长,时间……掌握时间,别演讲太久了……演讲太久容易招来成光耀的侦缉队。"

蒋校长扭过头来,同样微笑着小声地对他说:"好好,知道啦,知道啦。"他转向群众继续说:"这次鲁涤平鲁胖子又调来了朱耀华的第五十四旅,配合成光耀的第一四八旅对我们的农民协会和农民赤卫队、对我们的赤域根据地、对我们的父母、对我们的家园烧杀抢掠……我们心里怎么可以不难过?怎么可以这么心安理得?怎么可以这么无动于衷?"

说到这里,他随手从衣袋里掏出一些油印的小报,分发给那些听演讲的人,然后提高嗓门说道:"大家仔细看看吧,大家认真听听吧,红四军在闽西又打了大胜仗啰,打死打伤反动派一百余人,击毙敌营长一人、连长二人,缴获机枪一挺、步枪一百二十支。红六军在三曲滩打败反动派两个团,缴获枪支二十余支;在袁州打败敌人一个团,缴获枪支二十余支;在张家渡打败反动派两个团,缴获枪支七八十支。"

这时,右边巷子里走出三个成光耀第一四八旅的便衣侦缉队队员,他们不断地在四处侦缉着,嘴里叼着烟嘴,旁若无人。他们身材肥大,腰下

第十章 ★ 起义

斜挎着一支盒子炮，头上扣着一项国民党侦缉队的黑礼帽。

萧文昌紧张地苦笑着，继续斜视着演讲的蒋校长。蒋校长的演讲已到尾声："兄弟姐妹们，我们要组织起来、武装起来，保卫农民协会，参加红军和农民赤卫队，配合红军和农民赤卫队作战，让我们的人生没有遗憾，我们要过得更加有意义！"全场报以热烈的掌声。

商埠码头后边，三个便衣侦缉队队员挎着盒子炮神出鬼没地钻了出来，往演讲的街巷方向走去。他们扒拉着街上人们的肩膀，欲向桌台前面挤去。台桌上的萧文昌一眼看到了，他怔了一下，急忙从侧面跳下台去，对蒋校长说道："侦缉队的人来了，赶紧下桌台来，借着会场人多他们还没有看明白，从桌台后面赶紧撤，我们在这掩护你们。"

蒋校长向桌台左边的一些学生招了招手，带着他们从桌台后面溜下来，撤离了会场。

几个看热闹的靖卫队士兵看见三个侦缉队的人往桌台前挤，都对他们撇起了嘴、皱起了眉，纷纷起身离开了会场。他们扛起脚下的青菜、萝卜、猪肉和大米，上了旁边两辆马拉的货板车，驾着货板车扬鞭而去。

"有情况，萧科长。"在外围担任侦察任务的敌工科战士一面喘着气一面拭着汗滴，紧张地跑了过来，对萧文昌说："吉安城郊值夏镇农民协会刘秘书长，他们撤回去啦。刘秘书长要我告诉你，朱耀华第五十四旅易振湘团，昨天晚上进驻了赣西峡江县、永新县……"

"今天早上，易振湘团突然同时向峡江县靖卫队、永新县靖卫队动手了，峡江县靖卫队队长杨必恭被易振湘逮捕，永新县靖卫队队长李连波只身脱逃了。"那个敌工科战士继续补充道，"现在易振湘团全部解除了这两个县靖卫队的武装。"

特委敌工科科长萧文昌神色紧张起来，他拧紧了眉头，想了片刻，果断地说道："怪他们不听我们的劝告，被敌人侦得了他们要起义的消息。走！你带着你的人赶紧回特委去报告情况。我带几个人赶去吉安县靖卫队，通知罗炳辉去。按原定计划，今晚八点起义不变。吉安县靖卫队昨天晚上被成光耀调到青原区值夏镇来了，但愿罗炳辉不要有什么变故。"

44

深秋的值夏镇田地里到处堆着收割下来的稻秸。秋风刮过田垅,零散的秸秆到处飞扬,蜿蜒的土路的尽头是苍茫的山峦。

发黄的叶子在秋风中摇曳着。旷野里幽静的环境被搅乱了,天空中一阵阵由轻而重的隆隆声由远而近传来。

两架飞机在头顶上飞过,它们在空中盘旋了一阵,响着隆隆声径直飞向远方。一条延伸去值夏镇的土路上,萧文昌带着四五个敌工科战士警惕地走着。他们一边走,一边打量着周边的一切。

值夏镇距离值夏商埠码头还有一段路。值夏商埠码头是个卖菜卖米的市场,实际上码头的位置坐落在值夏镇郊区。昨晚刚从吉安县城调来的罗炳辉靖卫队,就驻在值夏镇里。

萧文昌朝后看了看,对战士们说:"同志们加快点脚步,迟了吉安县靖卫队就危险了,就可能被突然缴了械,步峡江县靖卫队、永新县靖卫队的后尘了。"

"罗炳辉不会这么傻,等着让成光耀的第一四八旅、朱耀华的第五十四旅易振湘团来缴械。"一个敌工科战士低声地嚷嚷道。

战士们十分敏捷地往值夏镇方向走着,一个个脸上汗水直流,但没有谁喊累。

萧文昌手提着短枪站在路边,看着战士们这吃苦耐劳的样子,心里又怜又惜,一种自豪的表情显露在他的面庞上。

他身旁的一班班长莫志坚钦佩地看着他,笑道:"以罗炳辉的精明,吉安县靖卫队……应该得到消息。鲁涤平鲁胖子调朱耀华的第五十四旅来支援成光耀的第一四八旅,朱耀华派易振湘团来缴峡江县、永新县、吉安县三个县靖卫队的械,这么大的动作,罗炳辉不至于一点风声也得不到,不至于一点防备都没有。"莫志坚建议萧文昌道:"科长,不差这几分钟,要不休息一会,坐下来抽筒烟吧。"

"不行。峡江县靖卫队、永新县靖卫队早上已经被缴械了,峡江县靖卫队队长杨必恭被易振湘逮捕,永新县靖卫队队长李连波只身逃脱,这已经使我们党遭受了很大的损失。作为战斗力最强的吉安县靖卫队，处于风口旋涡中怎么可能幸免？罗炳辉已然暴露，此时的吉安县靖卫队，又怎么可能没有危险？我们还是早点赶到镇里通知他们才好。"萧文昌一边解释道，一边火嗤嗤地命令，"再走两三里就到了，大家坚持一下！"

接着，他跳到路旁突立着的一块石头上，朝着战士们说道："我们是敌工科的战士，身上肩负着吉安县靖卫队这支武装力量的安危，通过峡江县靖卫队、永新县靖卫队突然被端事件，可知我们内部有人走漏了风声。在我们眼皮子底下即将起义的两个靖卫队被突然缴械，一定要想到有它的内部逻辑联系在，我们搞敌工工作的同志思想要时刻保持一种敏感性。"

听了萧文昌的话，莫志坚不再提抽烟的事了，战士们继续往前赶路。

"很显然，我们若没有及时通知到罗炳辉，他们可能就要吃大亏，我们的革命力量就可能要遭受损失。真要是被成光耀、朱耀华、易振湘他们抢先行动，我们前期做的许多策反工作，就白忙活了。"

45

突然，远处传来一阵飞机的隆隆声，听起来这飞机飞得很低很低。萧文昌说道："大家不用慌张，敌人这是在搞侦察，站在路边原地趴下，隐蔽就可以！"大家慌乱之中像山鸡一样静静地钻进路边的草丛里。

隆隆声越来越响，飞机身影越来越清晰，从战士们的头顶上越过，不一会又飞到别处去了。

罗炳辉的靖卫队驻扎在吉安城郊数十公里外值夏镇街中心后面的山坡上，作为吉安城区侧翼安全的屏障。一排简便的院落宽敞明亮，一应设置应有尽有，这是成光耀给他和他的靖卫队安排的临时营房。在罗炳辉自己看来，成光耀给他安排了这样的居住条件，说明他的共产党员的身份应该还没有暴露出来。

然而，这天晚上，万安同乡会秘书长萧淑青通过内线飞鸽传递出来的情报告知"竹牌巷十七号"已经暴露，这个联络点不能再用了。吉安城区区委的黄义、曾道懿、申中、刘生元、梁一清、梁铎等已然悉数被捕，被秘密关押在莱菔巷二十一号天后宫偏殿的储藏房里。

萧淑青冒着生命危险打电话给罗芳初的私人医疗诊所，通知罗芳初及诊所的工作人员立即从东门转移出城，罗芳初在萧淑青的催促下及时出了城。才一出城，守东门的吉安城区警察局里的内线就接到了成光耀的命令：关闭所有城门，不准任何人进出。随后，满街抓人的警车笛声呼啸，整个吉安城笼罩在一片惶恐的气氛之中。

罗芳初想到既然自己已经暴露，成光耀定会顺着这条线索追查到表哥罗炳辉那里。事不宜迟，得赶紧去吉安县靖卫队通知表哥。他还不知道表哥已是共产党员，正在筹备率队起义呢。

萧淑青从吉安城区警察局的那个内线处得知，罗炳辉及他的靖卫队昨晚已离开吉安县，调防到了吉安城市郊的值夏镇，她把这个消息告诉了罗芳初。

萧淑青和罗芳初在城外一个交叉路口分了手，私人医疗诊所里的几个工作人员随萧淑青径直回特委，而罗芳初只身赴青原区值夏镇去找表哥罗炳辉。临分手时，萧淑青交给罗芳初一个小包袱，里面是一部鲁迅的作品《彷徨》。

罗炳辉调来值夏镇的第一天，值夏的人都在聊着罗炳辉这个名字。罗芳初说话是地地道道的吉安城区口音，而值夏镇离吉安城区仅数十公里，生活习惯和口音都是相同的，因此没人怀疑也没有盘查罗芳初是干什么的，他也就比较容易地问到了驻兵的地址，找到了罗炳辉。

罗炳辉与罗芳初本是云南昭通彝良县人。罗芳初的父亲年轻时在北京上学，认识了一位同样在北京上学的吉安籍女子，他们一见如故，坠入爱河，后来回到了吉安城结婚，并留在吉安生活，第二年生下了罗芳初的姐姐，第四年生下了罗芳初。

罗芳初十八岁时，他的父母离开了吉安城去了省城南昌，在大学里当教员，这期间一直没有回过彝良。

罗炳辉则一直生活在云南，他家境贫寒，为了谋生便去当兵，参加了滇军。因为战功显赫，性格直爽，在原属于朱培德的第三军第九师二十五团二营当过营长。蒋介石发动了反革命政变之后，滇军内部也发生了很大变化。由于他与第三军第九师二十五团的共产党员赵醒吾有来往，被嫉妒

第十章 ★ 起义

他营长位置的政敌秘密举报,说他有通共嫌疑,遂被第九师师部强行遣散回家。回到家里生活无着落,他便在家人的指点下来到南昌,投奔罗芳初的父亲。

罗芳初的父亲是大学教员,自然是桃李满天下,在军界任职的学生有不少。他托在江西省军界当副官的学生帮忙,给罗炳辉谋个职位。这个在军界当副官的学生人缘很好,托到了金汉鼎这条路子。金汉鼎本来就是滇军的军长,听说罗炳辉原是滇军的一名营长,颇有点爱惜罗炳辉,提出想见见他。

"你就是罗炳辉?以前在第九师二十五团干过营长?这次怎么转来转去,转到江西来吃军粮啦?"金汉鼎的云南口音在罗炳辉的耳边响起,让他感觉到了一种天然的亲近感。

罗炳辉向金汉鼎敬了个军礼,说:"这就是命数!托来托去,又托到我们滇军这里来了!看来还是滇军的人跟我最亲!"说着走了过去,拿起桌上的茶壶给金汉鼎斟了一杯茶,带着笑意,爽朗地回答道。

"你是个直肠子的人,还是到下面去混个职位吧!不要浮在部队的上层,上层的人际关系比较复杂,以你的资历恐怕还不太懂得把控!我还是把你放到吉安去吧!正好我的十二师驻防在吉安,对你也有个照应。"金汉鼎在南昌城赫赫有名,到了吉安城也是鼎鼎有名,这次见到一个在滇军当过营长的愣头青罗炳辉,他甚是喜欢,便把罗炳辉的事当成了一回事,直接把他举荐到了吉安城。

驻防吉安城的原是金汉鼎第十二师的第三十四旅,旅长叫马昆,他一见金汉鼎的手令,对罗炳辉客客气气、关怀备至,遂派他去吉安县靖卫队当队长,武器装备都是给他最好的。

金汉鼎给马昆写的这个手令,起初罗炳辉也没有太在意。他接过金汉鼎的手令,与罗芳初的父亲辞行后,便马不停蹄地来到了吉安城。就这样罗炳辉凭着这个千金难买的手令懵懵懂懂地踏进了吉安城,当上了吉安县靖卫队队长。

金汉鼎的部队与成光耀的部队换防,金汉鼎第十二师的第三十四旅、第三十五旅去了赣州,罗炳辉的吉安县靖卫队则还留在吉安。金汉鼎的部队一走,罗炳辉便感觉到了一种孤寂感。也就是这时罗炳辉理解了金汉鼎

当初不让他浮在军队上层的深意,金汉鼎真的有一种关怀滇军子弟的情分在。

在吉安县,熟悉罗炳辉的人都会说他是个又谨慎又稳重的军人。这种评价也没有错,凭他在南昌晋见滇军军长金汉鼎时表现出来的这种自然、率直和爽朗,初次接触就赢得了金汉鼎的赏识,这种聪明和诚恳可以说是十分难得的。

罗炳辉见到了罗芳初,抓起他的一只手紧紧地握着,说道:"表弟你怎么找到这里来了?你这个时候来找我,可能有点不是时候。"

"来找自己的表哥还分什么时候?近几日在生活中有些突发想法,想到了就急不可待地来找你啦!"罗芳初话里有话地对罗炳辉说道。

罗炳辉不再询问,他也隐隐约约感觉到罗芳初话中藏话,便拉着罗芳初的手说:"我们到外面走走,有什么话到外面说。"

罗炳辉带着罗芳初走到了一处无人的地方,亲切地笑着说:"表弟有什么话在这里说。"

罗芳初抓起了罗炳辉的手,举起来仔细地看了看,问道:"表哥,你这个银戒指哪来的?"说完,他直起腰来用手拢了拢头上的头发。

罗炳辉笑眯眯地看着手上的银戒指,目不转睛地望着罗芳初,说:"你问这个干什么?"说着,他也用手拢了拢头上的头发。

罗芳初从怀里掏出一枚银戒指,递给罗炳辉,对他说道:"我这里也有一枚,与你手上的银戒指一模一样。"罗炳辉接过罗芳初的银戒指,接着取下自己的两相比较,只见两个戒指里面一个刻的是"凤"字、一个刻的是"凰"字,罗炳辉一下子什么都明白了。

罗炳辉把银戒指还给罗芳初,对他说:"原来是你呀,表弟,你怎么不早说呢!"

罗芳初说:"表哥,我也不知道,我是与你握手时看见了你手上的银戒指才问你的。"

罗炳辉说:"'吉安城区区委代理书记七十二号',原来是你呀。有什么指示你尽管说。"

"近几日,吉安城区区委出了叛徒,我也暴露了,怕他们追查到你,就赶来通知你。内线的人说你调到值夏来了,我就没有去吉安县,直接来了这里。一路过了两道关卡,终于见到你了。你是我表哥,我的私人诊所开张时,满吉安城的人都知道你来给我捧过场,因此你可能也暴露了。你不能再等了,必须马上起义,按照特委的指示连夜把队伍开到富田镇去。永新县靖卫队、峡江县靖卫队今天早上被朱耀华第五十四旅易振湘团同时缴械了,可能很快就轮到你的吉安县靖卫队了。成光耀把你调到值夏镇来,肯定是有他的目的的,你要马上做出决定,率队起义。"

46

罗炳辉是个有着丰富军旅经验的人,罗芳初这么一说他便感觉到了问题的严重性。他迅速拉着表弟的手回到了靖卫队,并说道:"既然你这个城区区委代理书记亲自来了,一切都更加好说了。为将者兵贵神速,我决定今晚就起义,一切听从你指挥和安排!"

罗炳辉走进院子,在院子的操场上吹响了哨子,集合起了队伍。一报数,发现只有一百八十八人,少了一个人。罗炳辉厉声问道:"少了的这个人是谁?……还有谁未点到?把名字报上来。"

"报告队长:不用报啦,是我!张二牛,刚才上大号来着。"张二牛匆匆地走到队伍前,向罗炳辉报告。

"张二牛,你都当兵三年了,看你松松垮垮的,哪像个班长的样子?"罗炳辉看了看他,低声对他说,"下不为例!赶紧归队!"

张二牛闭着嘴,不敢回答,掉头归了队。

"弟兄们,现在宣布一个紧急情况:1929年11月15日早上,也就是今天早上,永新县靖卫队、峡江县靖卫队被朱耀华第五十四旅易振湘团突然同时缴了械,两个县大队的兄弟全部被易振湘控制了起来。

"据内部可靠消息,今天晚上十点,成光耀就要针对我们吉安县靖卫队了。成光耀把我们调到值夏镇来,就是为了麻痹我们,以便于他们更快捷地缴我们的械。为了你们的父母、兄弟、姐妹、妻子、儿女老来有个依靠,为了你们不落得个跟峡江县靖卫队、永新县靖卫队的兄弟一样的下

场,我决定今天晚上八点率队起义,投奔共产党当红军去。"罗炳辉讲到这里,特意停顿了一会,然后接着说,"人各有志、心各有想,我不去猜大家的心思是怎么想的。不愿意跟我走的可以留在这里,晚上十点后悉听尊便;愿意跟我走的,愿意投奔共产党去当红军的,请举手!"

话音刚落,"刷刷刷刷"地只见所有人都举起了手。

罗炳辉朝队伍看了看,满意地向大家点点头:"谢谢兄弟们!谢谢你们对我罗炳辉的信任!现在我向大家隆重地介绍一个人,中国共产党赣西南特委吉安城区区委代理书记罗芳初同志。他这次到来,就是全权代表中国共产党赣西南特委来负责指挥我们的这次起义的。请大家热烈鼓掌欢迎!"一百八十九人的掌声顿时响成一片。

罗芳初看着这股生力军,心里充满了兴奋。他的眼睛放出了亮光,说道:"同志们,从现在开始,你们就是我的同志了!今天的起义是你们走向新生活的开始!今天的抉择是你们走向人民的起始!今天的勇气是你们走向红军的发端!我代表人民感谢你们!我代表赣西南特委欢迎你们!我代表江西红军迎接你们!这次起义的具体总指挥,我代表赣西南特委命令由罗炳辉同志担任!我在此除了对你们表示敬重外,就是祝福。我只要求同志们做到一点:从现在起,人不卸甲!马不卸鞍!值夏镇现在起实施宵禁!岗哨全部用双岗,三、五里外,布置三道岗哨!八、十里内,设置三组流动哨!所有进出值夏镇的路口现在开始都要有人把守,做到只准外面的人进来、不准里面的人出去!同志们都听明白了吗?"

"听明白了!"大家异口同声地回答,队伍里每个人的脸上都显露出一种庄严和活跃。

这时,哨兵捆绑着一个人进来了,罗芳初一看,正是特委敌工科科长萧文昌。他忙叫哨兵把萧文昌手上绑着的绳子解了,然后把他拉了过来,介绍给了罗炳辉。罗炳辉见是萧文昌,心里很是高兴,心里的底气更足了。

三个人情不自禁都伸出手来,握在一起形成一股合力。罗芳初说:"这样看来,你俩相互认识,熟得很,不需我多此一举作介绍啦。"

萧文昌一看这阵势,对罗芳初、罗炳辉说道:"看来你俩都知道情况了,峡江县靖卫队、永新县靖卫队已被朱耀华第五十四旅易振湘团控制住了,马上轮到成光耀第一四八旅对吉安县靖卫队动手了。你们的情报比我

第十章 ★ 起义

这个敌工科科长还灵通,似乎不用等我赶来告诉你们了。"说着他侧着头对着罗芳初轻声轻语地问道:"你俩接过头啦?"

罗芳初说:"我本来不知道……今天才知道……你都知道的,他本来就是我的表哥呀。"

萧文昌转过身对罗炳辉说:"还有几个战士在外面,你的战士没让他们进来。"

罗炳辉赶紧通知下去,让敌工科的同志全都进来。

这时,萧文昌变戏法似的从口袋里掏出了一块半个巴掌大小的薄薄的方形木牌。木牌正面写着一行字"赣西南特委特别通行证",木牌背面雕刻着"赣西南特委区域路线图案"。

萧文昌把木牌递给了罗芳初,郑重其事地说道:"赣西南特委吉安城区区委代理书记罗芳初同志,赣西南特委敌工科完全同意和支持罗炳辉同志率领吉安县靖卫队全体同志,于1929年11月15日晚上八点宣布起义。起义时,每位队员的左臂上扎一条红色布条,起义队伍的前进方向是我们共同的家园——富田镇根据地。今晚那边有赣西南特委的领导在等着大家,今晚那边还有热气腾腾的红薯馒头鸡蛋汤在等着大家。"

罗芳初拿着这个木牌,转身面对着罗炳辉,声音清脆地说道:"罗炳辉同志,这是赣西南特委的'特别通行证',从今天晚上八点整起,吉安县靖卫队便不再存在,中国共产党赣西南特委红军独立第五团正式诞生。此后,红军独立五团所到赣西南特委赤色区域之每一地每一角落,一律通行,免予检查,请你受牌。"罗炳辉双手接过木牌,看了又看,心情激动,觉得全身的热血都在燃烧。

罗芳初英俊的面庞上带着微笑,他不知道应怎么表达心里诚挚的祝福,他郁烈的眼神热切地盯着罗炳辉,以吉安城区区委代理书记的名义再次向他交代了起义的有关事宜。

罗炳辉抬头看着罗芳初,一边认真地听,一边认真地点头。萧文昌偶尔插话进来,给予一些起义细节上的补充和提醒。

晚上八点,空气有点清凉的值夏之夜,月亮从寂静的树林边上爬了上来,显出一种润湿的冷冷的光辉,照得一望无际的原野充满一种温暖的

浮动的威威。吉安县靖卫队的队员们撕下手臂上黑色的臂章,换上了红布条,宣布起义,那是一支得到动力、洒满凛冽光辉的队伍。

此刻,罗炳辉站在队伍前挺起了结实的腰板,面带笑意地看着战士们,每一张青春朝气的脸上都洋溢着一股欢畅的信念。不容易啊,人生走到这一步有了这样的心境变换,哪个战士能不精神振奋呢!罗炳辉用手抚摸着左臂上的红色布条,把手高高举起,向前用力地一挥,说道:"我宣布:起义开始!出发!向富田镇方向前进!"

约么走了两个多小时的样子,队伍突然听到值夏镇方向传来了隆隆的枪炮声,偶尔还响起了炮弹声。炮弹在值夏镇方向爆炸,飞起来的土块把值夏的天空遮挡得连星月的光亮都见不到了。成光耀对吉安县靖卫队的缴械计划果然开始了!不过他的行动还是晚了一步!

罗炳辉望着四周,起义队伍跟着罗芳初的步子穿过稻子刚割完的庄稼地,走上田间潮湿的小道,来到了一处河堤上。

夜色威严而庄重,河堤一望无际。热热闹闹的波浪翻滚声,给人心底里带来了一种透明,一种敞亮,一种鲜艳,一种呐喊,一种耀眼,一种火热,一种期待,一种光辉。

半夜时分,一发炮弹落在队伍后面半公里的地方爆炸了起来,巨大的冲击波把地上的尘土扬起,溅了罗炳辉他们一身,但是没有人受伤,也没有人受惊。整个队伍的精神面貌除了喜悦还是喜悦。

萧文昌带着几个敌工科战士从起义队伍的尾部追了上来,向罗炳辉、罗芳初他们喊了一声:"同志们,护送你们的任务就到这里了!我们就在这里分手,你们继续往前,我们要倒回去,去执行另外的任务了!"

罗芳初问:"萧科长,都送到了这里,不跟我们一起走吗?"

"不行呵,执行任务要紧。我们要回去找值夏小学蒋校长商量,要进一趟吉安城区去,让我们的内线想法子营救我们被捕的同志!"

说着,萧文昌与罗芳初、罗炳辉握手告别,带着敌工科几个战士跑下田埂,钻进了一条杂草丛生的僻静小路。罗炳辉、罗芳初停下脚步,望着萧文昌他们渐渐远去的身影,低声地说:"多么好的同志!多么有智有谋的幕后英雄!革命的路途上因为有他们,我们在每场战斗中才会这么有底气,这么从容!"

47

　　富田镇，就要出现在大家的眼前了！同志们心里一片欢畅。

　　富田镇，是民族英雄文天祥的故乡，位于吉安城区东南方向，距离吉安城区六十公里，与泰和县、吉水县、永丰县三县接壤，盛产石灰石，生长着成片成片的松树、枫树、银杏和楠木林。

第十一章

斗笠

48

人逢喜事精神爽。罗炳辉带着队伍经历了一夜的急行军,精神还是这般饱满,竟然一点都不觉得累。他带着起义队伍跨过了美丽的富水河,上到一个山坡,来到了一个小山村,此时天色已然大亮,太阳冉冉升起。

这个小山村就是富田镇栎社村。栎社村隐身在一个繁华的市场里,里面有饭馆、肉铺、茶馆、杂货店、铁匠铺、粮店、中药铺,等等。

一个神情庄重、面露笑意、干部模样的男子,带着一位五十多岁膀圆腰粗的庄稼汉,还有几个腰扎黄色布条带、肩上都背着一支长枪、背包上都插着三个手榴弹的青年,站在村口东眺西望,似乎在等候什么人的到来。这几个人身后站着两排老少妇孺,她们手上有的提着篮子,有的提着茶壶,有的拿着碗,有的拿着毛巾,有的拿着纸做的小红旗。

这个干部模样的男子身穿一身灰暗色的衣裤,洗得有点发白,袖子上和裤子膝盖部分缝着几个补丁,但丝毫没有影响美观和整洁。

罗炳辉进得村来,抬头望了望村道两旁的乡亲们,眼睛里闪出了泪花。他感觉根据地的群众太热情了,之前他一直在滇军里面待着,后来又在靖卫队里供职,稍微一比较他就感觉到了眼前这群人与前两者的不同,但是哪里不同又说不出来。

队伍刚走进村口,人群中那个干部模样的男子便向他们伸出双手,朗声说道:"这就是大名鼎鼎的罗炳辉同志吧?等你们很久啦,今天终于等到你们回家了！"

罗芳初上前与干部模样的男子握手，嘴里说道："你好，曾常委，这位就是罗炳辉同志。"

他扭头向罗炳辉介绍道："这位就是赣西南特委常委曾山同志。"

"曾常委辛苦了。"罗炳辉答应道，"今天终于回到家了，我感到很高兴。这是我多少个日子以来梦寐以求、日思夜盼的事情。今天一回到家里，我就感受到了家的温暖。"

"从此让我们携起手来，一起为壮大我们的家园，为搞好我们的家园，为我们许许多多的家人都有个美好的家园，共同努力，多作贡献。"曾山说着拉过站在自己身后那位五十多岁膀圆腰粗的庄稼汉，对罗炳辉说道，"这位是富田镇栎社村农民协会秘书长姚思金同志。"

罗炳辉笑着点了点头，与姚思金握了握手。姚思金说道："老早就听说你们要回来，一直盼着你们回呢。现在全村都安排妥当，做好了你们随时回家来的准备。只是都是穷乡僻壤的小山村，条件可能显得有点简陋，或许你们回家来陡然间有点不习惯。但我实心实意向你们保证，家里的饭是香的、茶是热的、被子是暖的，家里的男女老少对你们是热情的。"

罗炳辉挨近些姚思金，坦率地说："有了这些条件，我们就感激不尽了。我们初次回家回得匆忙，什么功劳也没有，反倒是让家里的人这么费心，来日在战场上多杀反动派地主老财，来报答乡亲们。"

罗芳初拍了拍罗炳辉的肩膀，说："经过一夜的急行军，终于回到家来啦，以后有的是时间细聊。现在我们还是先回家，喝口热水再说，我的口都干得有点要冒烟了。"说得大家都哈哈大笑起来。

"对，我们进村，回到家里喝口热水再说。"姚思金在前引路，曾山拉着罗炳辉的手并肩往村里走着。路上挤满了欢迎的乡亲，人群里突然敲起了锣鼓声，有人还点起了鞭炮，队伍在锣鼓鞭炮声中嚷嚷着进了村。

上午，当村里热闹一片的时候，富水河堤岸、栎社村渡口却安静得很。这里的地形显得一无遮盖，稀疏地立着一片树林，但没有几棵茂密的。

一间低矮的茅草屋里，摆渡的黎老伯和四个篾匠师傅坐在椅子上，不紧不慢地用竹条子夹竹叶棕丝，不慌不忙地编织着斗笠。

几天前，赣西特委常委曾山天天坐船过渡，在栎社村指导农民协会怎么接待起义部队的事情。

49

在渡船上，曾山对姚思金说："这次起义官兵大约有一百九十人，要是每个起义官兵来到我们村时都能有一份实用的纪念物就好了，这样我们的接待工作就做得更加完美啦。"可是穷乡僻壤的小山村，国民党成光耀的部队对赤色区域封锁得这么严密，农民协会也没有什么实用的纪念物可以准备。

但说的人无心，听的人有意。黎老伯系好船绳上了岸，一只脚踏在上坡的石头上，一只脚踩在地上，"吧嗒吧嗒"地抽着筒旱烟。他想了想，对曾山和姚思金说道："这个事说难也不难，说容易也不容易。如果农民协会能够想办法给我准备一百九十人的油纸，我就有办法给每个人准备一份礼物。"

姚思金掉过头来，眼光在黎老伯古铜色的脸上停留了半筒烟工夫，低声说了一句："你这里不产金不种银的，用油纸能准备什么样的礼物？给起义部队准备礼物是个大事情，当着赣西南特委常委的面，你可不能不着边际地乱说。"

黎老伯说："我一把年纪的人了，怎么会乱说？给起义人员送一件礼物这种事情的分量我还是拎得清楚的。"

曾山说："黎老伯，你说说，你要用油纸做什么，总不能是用油纸作礼物送吧？"

黎老伯说："起义的人过来我们这边，也就是红军了。要是有油纸，我就可以用竹条子给每个人编个斗笠送给他们。他们行军打仗，刮风下雨时用得上。"

曾山想了想，把右手握成一个拳头拍在自己的左手上，高兴地说："太好啦，黎老伯，你这个想法好，这可是给特委解决了一个难题。只是敌人对根据地封锁得厉害，油纸恐怕是搞不到。不过，我们可以用竹叶棕丝代替油纸，这个编织斗笠的材料不就有啦！"

"可以是可以，但编织斗笠是门技术活，如果由我一个人砍来竹子，搞来竹叶棕丝，再去编织斗笠，就这几天的时间，一百九十顶怕是来不及。"黎老伯苦笑着说。

姚思金说："这个问题好解决，晚上我就发个通知，动员栎社村的男女老少明天上山采集竹叶棕丝，赤卫队队员上山砍竹子，全部给你准备好材料，到时你只管编织，这样不就解决问题啦。"

黎老伯说："编织斗笠是个细致技术活，我一个人在几天之内编织一百九十顶斗笠，不睡觉不渡船也编织不过来。除非你们给我再找三四个篾匠来做帮手，这样这个任务我就敢应下啦。"

曾山说："这个事简单，我答应你。今天晚上我就去帮你找三四个篾匠师傅来。"

真是人多力量大。第二天，四个篾匠师傅便来了，一应竹子、竹叶、棕丝等材料姚思金也安排赤卫队的人送到了河堤茅草屋里。

黎老伯也不多废话，带领四个篾匠师傅脱下外套就开始干起编织活来。不久，早饭也由农民协会的人送来了，太阳也露脸了，看太阳升起的位置也不过八点钟光景。

这几天，黎老伯渡船也没摆，全副心思干着编织活，还叫上了小儿子春儿过来代他摆渡，自己和请来的四个篾匠师傅硬是憋着一股子劲，起早摸黑地编织起了斗笠。

50

渡口岸堤上的茅草屋面积太窄，四五个人一起在茅草屋里摆开阵势编织，有点施展不开手脚。黎老伯和冯老师傅就搬到了外面，在太阳底下赶起了编织活，幸好岸堤上的樟树有点年纪，枝枝杈杈虽不算茂盛，但它那不算大的树阴也为黎老伯他们遮住了一些阳光，不然时间一长眼睛也会编花了。

黎老伯的小儿子春儿，不摆渡时每天也在岸上的樟树下帮助黎老伯干活。他把农民协会和赤卫队队员砍来的竹子劈成编织斗笠的竹条，然后放在他们伸手便够得着的地方，让他们可以节省时间专心编织。

原来，春儿自小跟着黎老伯上门给人家干竹子编织活，时间一长不学也会了七八分。后来，栎社村闹农民协会，村外的渡口上要有个老成持重的人充当摆渡人，以这个身份作掩护，好一边收集情报、传递消息，一边监控外面敌人的动静。因此，黎老伯当了渡夫，春儿也就不出门干竹编活了。

在黎老伯的带动下，四个篾匠师傅不辞辛苦，密切配合，加班加点，不几天就编织出了一百八十多顶斗笠。

黎老伯让春儿回村里，通知村农民协会秘书长姚思金派些农民赤卫队的人来渡口堤岸搬斗笠，春儿答应一声就去了。

黎老伯正在编织斗笠，忽然远远的有个货郎，挑着一担杂货，拿着拨浪鼓，一边摇着一边往渡口走来。货郎肩上挑的杂货五花八门，小到女人用的针线，大到孩子身上戴的首饰，还有孩子们喜欢吃的糖果，应有尽有。

隐隐可见货郎的货担上写着"吉安苏记货铺"一行字迹。原来，这个人叫苏坏垜，北伐战争前曾在吉安县城干过典当行，有一套忽悠人钱财、唆使人典当的本事。

51

蒋介石发动反革命政变之后，朱培德在江西主政时，随波逐流，别开生面地对共产党员搞了次"礼送出境"。这股歪风刮到了吉安县城，还乡团们一夜之间跟着翻脸，把闹过农民协会和赤卫队的人一律抓起来，不问是非，直接当着群众的面枪杀或者活埋。有些人与农民协会仅是沾了一点边，他们也是毫无顾忌地将他们抓来，让当地的豪绅大户人家作担保，要求拿二十块银圆出来赎人，闹反共闹得还挺凶，一时间人心惶惶。

苏坏垜在典当行干不下去了，就在吉安县城摆地摊，给人相面算卦谋

第十一章 ★ 斗笠

活命，但也是赚不了几个钱，于是便投靠了吉安县还乡团团长陈荫枣。

因为苏坯垛识文断字肚里有点墨水，且凭着自己的三寸不烂之舌，他倒是颇受还乡团团长陈荫枣的喜欢。虽然没有直接做过什么坏事，他却给陈荫枣出过不少的馊主意。人往高枝飞，不久他又离开了陈荫枣，投靠了成光耀的侦缉队，时常扮个叫花子四处下乡搞情报。有人问他："苏坯垛，几时傍上了侦缉队这茬高枝？捞的钱不少吧？"他就会耸耸肩，说："赚人家几块鸡毛蒜皮的碎钱，才可以好好地活个命养个家。"

这时，他挑着货担来到了黎老伯身旁，透过门一瞥，看见茅草屋里堆满了一顶顶新斗笠，便问道："好精巧的一双手，编织了这么多的斗笠，绝对可以卖个好价钱。不知渡船老哥，打算卖多少钱一顶？"

"不卖！不卖！走！走！别捣乱！没看到我们正忙吗？"黎老伯手上的竹条刚编织完，正从地上捡起一条竹条准备续上，却被苏坯垛的脚踩住了。他斜着眼对苏坯垛说："快移开你那双猪蹄，你睁眼瞧瞧踩哪儿了，把我的竹条弄脏啦。"

苏坯垛移开双脚，走到茅草屋的门口，放下货担倚着门框，腆着个厚脸问道："不卖？那么编织这么多斗笠做什么用呢？难不成渡船老哥你是要拿它们送人？即使你要拿它们送人，也送不了这么多呀？"屋里屋外四五个人都不回答他，继续干着自己的活。

"挑货担的，你站在这里干吗？你快点挑着你的货担走，不要在这里妨碍我们干活。"

苏坯垛没有走，他滴溜溜地转动着一双鸡眼，从口袋里摸出一包"哈达门"卷烟，从里面抽出一支。他沉吟了一会，走到黎老伯面前，把烟递到了他的嘴边，不死心地说："来！渡船老哥，抽根我的'哈达门'，地道的英国货。"

黎老伯用手推开他的卷烟："洋鬼子的货留着你自己抽，别在我面前晃荡晃荡像幽灵。你赶紧走吧，别耽搁我的编织活。"

这时，春儿带着一帮背枪扛梭镖举大刀的赤卫队队员吆喝着往堤岸的茅草屋这边来了，他们是来搬斗笠的。

苏坯垛远远一见，脸上立马变色，他以为这帮赤卫队队员洞悉了他的身份，是来抓他回去的。他紧步上前窜到了货担前，挑起货担就往渡船跑

去，一边跑一边急急地对黎老伯说："渡船老哥，快，快，求求你，快送我过渡！我想起来了，家里还有点急事。"

黎老伯犹豫了一会，还是放下编织活，起身走向渡口，解下船绳，跳上渡船，操起船头上的划桨，载着他向富水河对岸划去。

苏坯垛双手抓住船舷，紧张地看着堤岸上那群背枪持梭镖舞大刀的人，故作静定地对黎老伯说："渡船老哥，你好自在、好兴致，一手的好技艺，既摇桨又编斗笠，想要赚钱好容易……就是有点不明白，老哥你编这么多的斗笠，打算作什么用？"

黎老伯一听，猜到了苏坯垛的心思，扑哧一声笑了，反问他道："你是个走乡窜村的卖货郎，为何对一个农村老头编织几个斗笠穷问不放？你究竟是个卖货郎，还是个侦探商？"

苏坯垛听黎老伯这么一问，只当对方看出了自己的身份，便向黎老伯挤了挤眼，岔开了话题。他咳嗽了一声，说道："嗳！这世道，我这个走乡窜村的卖货郎，比不上你这个坐在堤岸上编织斗笠的篾匠把式。这些个斗笠若是放在吉安城里，可是一尊能贮钱饿不着的'聚洋罐'。目前到处都在打仗，一到下雨的季节，这些当兵吃军粮的到处都在找遮雨衣，到处都在寻竹斗笠。这若是把它们都卖给成光耀的部队，怕是不只换来一栋小洋楼呀！"

黎老伯冷笑了一声，一边划桨一边看着他，故意端详了他一番，然后说道："你这么了解成光耀的部队，想必你这个卖货郎身份也不简单呵。莫非你是从成光耀那里出来的，四处来侦察共产党、刺探军情的？"

苏坯垛一听，被惊吓得不行，忙站起身对黎老伯说："渡船老哥，你说笑了，你说走题了。我一个吃了上顿不知道下顿的卖货郎，怎么会是从成光耀那里出来的呢？你不要取笑我这么个'浪荡仔'呐……"

这时渡船已靠岸，黎老伯放下手里的桨，拿着船绳跳上岸，把绳系在岸上的船桩上，对苏坯垛说道："挑货担的，挑上你的货，好好做你的卖货郎、卖你的货。天天出乡窜村的，要看稳点路再下脚往前走，这样才不容易摔跤。"

苏坯垛拿起扁担，整了整因船摇晃移动了位置的货担，然后把它挑在肩上上了岸。他也不放下担子，便一边伸手在裤袋里掏荷包，一边对黎老伯说:"渡船老哥,多少钱,我给你渡船钱……"

黎老伯有点看不起他似的,没好声气地对他说:"你赶紧走吧,我不要你的钱。我告诉你,挑货担的,以后做人老实安分些,好好卖你的货,不要替别人做一些伤天害理的事。你若是做了什么伤及无辜的事,下次坐我的渡船时我把你和你的货担丢到河里喂鱼去。"

苏坯垛一听这话,知道黎老伯不是个普通的渡船老哥。他被黎老伯的话吓得心烦意乱,好像丢了魂魄似的,忙挑着货担火急火燎狼狈地走开了。苏坯垛穿着田塍走,挑货担的步子没有先前那样悠闲慢吞吞了。

黎老伯看着苏坯垛远去的背影哈哈大笑了一阵,然后解开船绳跳上船,心情愉快地向对岸划去。

52

一百九十顶崭新的竹斗笠整整齐齐地码在茅草屋里,让人看了赏心悦目。十几个赤卫队队员的积极性空前高涨,他们每人十五顶二十顶地搬着,一趟就把竹斗笠全搬完了。

栎社村农民协会议事堂的场地有限,罗炳辉的起义队伍一开到栎社村,白天黑夜都要使用村农民协会的议事堂。一百九十顶斗笠放在地上是要占据一些空间的,栎社村农民协会议事堂还真是没地方摆放。姚思金就让春儿把它们放到栎社村梁石文家,梁石文家就在村农民协会隔壁,斗笠搬进搬出也方便。

梁石文是个在苦瓜田里长大的小伙,也是栎社村里唯一进过私塾给地主崽陪读过的穷小子。关于他小时候陪地主崽梁石壁上私塾,可是有一段故事:

栎社村的地主梁宅贵要送他的崽梁石壁上私塾,梁石壁因为没有同村的人做伴感到孤独,不愿一个人上私塾。说白了就是平日欺负穷人孩子惯了,上私塾没有谁趴在地上让他骑马,也没有谁弯着腰让他用棍子打,他觉得枯燥乏味,就不愿一个人上私塾去。

地主梁宅贵就在村东头的仁威寺庙里挑了一个同龄的小和尚,陪梁石壁上私塾。不料第一天梁石壁就把那个陪读的小和尚打得鼻青脸肿的，第二天小和尚便不来陪读了。梁石壁耍地主崽脾气，在地上撒泼打滚就是不去上私塾。

梁宅贵着急了，就又到梁氏家族的穷孩子里面挑人，相中了外表老实憨厚、做事巴交的梁石文。

梁石文第一天陪上私塾时就对地主崽梁石壁说："你要我给你做陪读可以，你却不准用棍子打我。你若是用棍子打我，我就不给你做陪读了。我不给你做陪读的话，以后就更加没有谁敢给你做陪读了。"

梁石壁喜欢跟梁石文一起玩，因为梁石文老实，骑马骑在他身上或者打他，他从不会还手。

梁石壁真担心梁石文不跟他玩了，于是他什么都答应梁石文。他把梁石文的肩膀一拨，用手指头在他眼前晃了两晃说："只要你天天陪我玩，天天陪我上私塾，我就不打你，我有什么好东西吃不完也会偷偷分一点给你。"

就这样梁石文难得被梁宅贵和梁石壁父子俩同时挑中，陪着地主崽梁石壁开始了两年的私塾生活。在私塾里，上课时梁石文带着个小矮凳就坐在教室后面一动不动，私塾先生教国文、教历史、教写毛笔字，梁石文也跟着认真地听。

放学回到家，他会回忆私塾先生当天教的内容，家里没有纸笔墨，他就想出了一个办法，用木炭在桌子上写字算术，写完了就用抹布擦掉重新写，两年下来掌握的知识比地主崽梁石壁的还多。第三年地主崽梁石壁上县城去念书了，住在梁宅贵的妹妹家里，再不需要谁陪读了，梁石文就待在栎社村给梁宅贵放牛，没有再进学堂了。

梁石文给梁宅贵放牛，梁宅贵却不给他工钱，也不管他饭吃。说是他上了两年私塾梁宅贵为他花了好多钱，必须放两年牛抵消他上私塾的开销。遇着这么霸道的梁宅贵，梁石文的父母也不敢作声。

时光一转眼来到了1927年，梁石文年满十九岁，但因为家里穷一直没有成亲。

这一年的中秋节前夕，栎社村外的许多地方都在打仗，有逃难的人来到了村里。逃难的人群里有个面黄肌瘦的女人，姓赵，叫赵丫子，孤零零

第十一章 ★ 斗笠

一个人无依无靠。

她看上梁石文心地善良，就对梁石文的父母说，能不能把她留在栎社村，她愿意做梁石文的老婆。梁石文也动了心。

梁石文的父母把家里唯一一只老母鸡捉去送给族里的长者，求族里的长者发个慈悯，表个意见。族里的长者说："石文这孩子小时候陪地主崽梁石壁上过两年私塾，识文断字，懂点礼数，这是梁家的气运。现在孩子成人，应该早点找个人完婚。逃难的人群里既然有这么个姑娘，无依无靠，想留在栎社村做石文的老婆，这是好事。你们还等什么，合一下他俩的姻缘八字，择个黄道吉日，就把那个姑娘娶进家里来吧。"

就这样，梁石文走了个狗屎运，在逃难的人中捡了个老婆。成亲那天，族里的长者给梁石文送来了两张空白红纸还有毛笔墨水，让他自己动手给自己的婚姻喜庆写一副对联。

梁石文写道："此日漫贺情爱缘，有女足添家庭威"，横联："千里一线牵"。乡亲们通过梁石文为自己书写结婚对联这件事，才知他陪地主崽梁石壁上的两年私塾没有白上，竟然会抓笔写对联呢。从此，栎社村周边数里的乡亲有什么文字、毛笔、书写一类的活，都会来梁石文家找他帮忙，托他润笔。完笔后，一枚两枚、五枚八枚的铜板送给梁石文，作为润笔的酬谢。

1928年1月11日，万安县发生了全县范围的大暴动，建立了苏维埃政府，给吉安城、江西省乃至全国的震动都很大。

这个暴动胜利的消息传到了富田镇，鼓励了富田镇尤其是鼓励了栎社村。栎社村地处深山丛林，却在万安农民暴动事件的影响下带头搞起了农民协会，率先成立了农民赤卫队。他们勇敢地拧成一股力量，与梁宅贵及豪绅们作斗争，分地分粮分山岭。

梁宅贵斗不过栎社村的农民协会，在一个下雨天偷偷领着全家装着细软逃到了县城。栎社村斗走了梁宅贵，大家都欢天喜地，独独梁石文却没有了笑脸。除了田间干活时出门，其他时间他都待在家里，不想惹是生非。他不知斗走梁宅贵是好事还是坏事。

春儿带着村农民赤卫队把一百九十顶斗笠搬到了梁石文家，放在了大厅上。梁石文拿起一顶左看右看,自言自语地说:"斗笠送人好是好,就是体现不了送人的喜庆。"

曾山在姚思金的陪同下来到了梁石文家看看这些斗笠,恰巧听到了梁石文的自言自语。他上前也拿起一顶在手上转了几转,似乎也感觉少了点喜庆的气息,但却又说不上来是什么,就问:"石文同志,你刚才说这些斗笠少了点喜庆,少了点什么喜庆?能不能说出来让我们听听?"曾山偏着脖子,诚挚地看着梁石文。

"我也说不上来,就觉得上面若是有几个字,画个什么喜庆标志之类的,拿去送人才会显得更好些。"梁石文随便的一个建议一下子说到了曾山的心尖上。

曾山连连点头,对梁石文说道:"石文同志,我想让你在斗笠上写几个字、画个喜庆标志,一个晚上搞得好吗?"

梁石文看了看地上的斗笠,心里盘算了一下,说:"应该没有问题,打算写什么字、画什么标志呢?"

曾山想了想,说:"斗笠是送给吉安县靖卫队全体起义人员的,现在这支部队的番号是'江西红军独立五团',就在斗笠上写'红军独立五团',怎么样?"

梁石文抬头望着曾山:"那画什么标志呢?"

曾山说道:"上面画个小红五角星怎么样?"

梁石文鼓起了掌,说:"若是能这样,送出去的斗笠就有价值得多了。"

姚思金若有所悟地说:"到底是上过两年私塾的,说事情想问题能够同新政府想到一个层面上。"

梁石文有点不好意思地说:"我哪有新政府的思想高度,只是凭人情世故的通常规矩考虑,没想到政府也是这么想问题的。"

"还是你的'通常规矩'考虑得好,让人心里舒服。"曾山用手指了指墙脚边的几堆斗笠,对梁石文说,"时间有点急,我们今晚就干,我给你磨墨打下手。明天下午开完欢庆会,就要把它们发到每个战士手上。"

梁石文沉思了一会,说:"来得及!应该不会耽误政府的大事。"

"你俩都有活干了,那么我呢,我晚上干什么呀?"姚思金怔怔地瞧

第十一章 ★ 斗笠

着曾山和梁石文，一脸正经地问道。

曾山一字一板地说："你是最忙的：安排放哨，负责招待这些新战士，开展革命理想交流，照顾他们的生活习惯，搞好他们的后勤保障，筹备'军民同喜庆'欢庆大会。你说说，有哪一样离得了你这个农民协会秘书长？"

姚思金松了一口气说："我以为我是多余的，原来我有这么多的工作要做呀。"

曾山走到桌前看了看，问道："石文同志，你的文房四宝呢？能不能给我看看，晚上干活得要有工具呀。"

"你稍等。"梁石文走进卧室，从一个破旧的柜子里取出了一个木匣子，拿到大厅放在了桌上，然后打开木盖子给曾山看，"这几样东西我们穷户人家买不起，还是我结婚时族里的长者送给我的呢。"

曾山说："很好！有了这几样宝贝，晚上就可以大干一场了，只是这个墨汁今晚不能用。"

梁石文有点不解："质地上好的墨汁，怎么就不能用？"

曾山说："画红五角星要用红颜色，写'红军独立五团'这几个字也要用红颜色，我们是红军。你都说过，此次活动代表一种喜庆，所以要用红颜色。"

梁石文连连点头，但却犯愁地说："红颜色我家里没有，小小栎社村里一时能去哪里找到这个颜色？"

曾山说："找到这个颜色容易，有朱砂就行，一百九十顶斗笠要的量可能还不少。"

姚思金说："要找朱砂只有去两个地方，一个是村东头的仁威寺庙，一个是梁氏家族的长者家，其他地方恐怕都没有。"

曾山说："这个找朱砂的任务就交给思金秘书长你啦。你看，你这不就又有事情做啦？"三人一阵哄堂大笑，姚思金喜滋滋地转身找朱砂去了。

53

第二天，即1929年11月20日下午，"吉安县靖卫队正式宣布起义暨江西红军独立五团正式成立誓师大会"的庆祝会在富田镇栎社村如期举行。

太阳灿烂，晴空万里，一朵朵洁白的羽绒白云在头顶游移。偶听一曲笛声，好像贺福之外又生出了几分温馨。不了解红军独立五团来历的人，是无法感悟到今天红军队伍壮大的每一步都充满了怎样的艰辛。当然，这也是一种让人视野开阔、心情愉快的艰辛。

这个时候罗炳辉已然感受到，由于成光耀对吉安城周边区域的全面封锁，栎社村的生活资料明显得要比吉安城区匮乏得多。吉安城区与周边县乡的交通也因地主豪绅还乡团的到处设卡而滞塞，只有赣江载运货物的木板船在赤色区域间的河段还可以顺畅通行，不足之处就是赣西南特委掌握的船只却是少之又少。赤色区域有的物资，栎社村根据地都有；栎社村根据地没有的物资，赤色区域也没有。

栎社村大多数的农民协会会员、农民赤卫队队员，尽管身在崇山峻岭之间，但他们对于村外山外形势的关注似乎不比县城的居民少。他们对地主豪绅还乡团配合国民党军下乡"清剿"共产党也会感到一些恐慌和不安，不过仅是心里有一些恐慌和不安而已，白天该进行田间劳作或须上山劳作时则照样劳作，夜里该睡觉时则照样睡觉休息。山外村外，栎社村赤卫队的警戒哨二十四小时没有断过。

日子就这么一天一天地过去了。

中部

大江流

第十二章

授旗

54

这天,栎社村的晒谷场被改造成了会场。吃完中饭,下午两点钟左右,与会代表们陆续来到了栎社村晒谷场。从栎社街到栎社村晒谷场到处一片热热闹闹、喜气洋洋,让人以为是到了过年或过元宵耍花灯时的时光。

在会场上,东边坐满了一群群装束整齐的士兵,个个全都是坐姿笔挺,配带着规格、款式相同的武器。他们一排排地坐着,没有哪个兵随意起身走动,严谨的部队会场风气给人一种纪律严明的印象。

会场西边坐着许多赣西南特委机关的代表,有赣西南办事处代表,吉安县赤色总工会代表、赣西南木业工会代表、竹业工会代表、小贩工会代表、独立劳动工会代表、妇救会代表、妇女劳动委员会代表、店员工会代表、富田镇农民协会代表,以及杂货业工会、洋货业工会、钱商业工会等行业代表,大家全都有条不紊地坐着,互相交流着。

"爱哭鼻子"的冯兴华代表赣西南特委妇救会也来到了会场,与众多妇女代表坐在一起参加大会,她穿着一件蓝色的外套,显得特别抢眼。

罗芳初坐在冯兴华的后面,代表吉安城区区委参加这个大会。他又是吉安城区区委代理书记、吉安县靖卫队宣布起义的参与者和领导者,本来是要坐在台前的,但他不愿意就前落座。他悄无声息地坐在会场中间,坐在冯兴华的后面,而冯兴华还没有注意到坐在自己后面的罗芳初。

会场的主席台也不能叫作主席台,只能称作会议台,这里没有搭建脚

第十二章 ★ 授旗

架平台，只有几张长桌和几张长条凳拼接在一起，桌上铺上四张纹路相同的竹席，一直延伸到地，这就是一个主席台。

桌上摆着几个花瓷碗，里面倒满了冒着热气的水。只见栎社村的妇女上上下下、忙前忙前，在做着会议的后勤保障工作。小点的孩子在大人的约束下没有到处追逐；大点的孩子参加了儿童团，臂上戴着"栎社村儿童团"的红色袖章，在村外的路口隘口放哨，帮助大人盘查过往行人、传递情报。

在栎社村村外路口、栎社村富水河渡口、村里大路隘口，农民赤卫队队员们手持着梭镖、长矛、大刀、长枪等长短不一的武器，在黎老伯小儿子春儿的带领下执勤放哨，配合红军设卡盘查，到处一派紧张而有序的气氛。

栎社村里，村农民协会秘书长姚思金手拿着一根旱烟烟斗，在忙着走访重点人家，挨家挨户询问、查看、检查会议吃饭的保障情况。

会场这厢，主席台上坐着赣西南总工会常委、吉安县赤色总工会主席王伯年，赣西南办事处委员长段起凤，赣西南红军第一分校主任萧明煜，赣西南特委常委曾山，江西红军独立五团团长罗炳辉，赣西南特委机要科科长、江西红军独立五团政委匡一心，中共江西省委委员何肇汤，江西红军独立万安大队大队长许自钰，赣西南特委委员胡品等领导。

主席台后面一左一右不远的地上临时挖了两个洞，洞里立起了两根木杆，木杆顶上牵了一条绳子，绳子上挂着一条红纸，上面写着"吉安县靖卫队正式宣布起义暨江西红军独立五团正式成立誓师大会"一行字，字样显得刚健有力，一看便知是出自敏锐政治家的手笔。这行字，正是出自曾山的手笔。

红纸在风中发出猎猎的响声，远远地看去，红纸上的字甚是鲜艳夺目，让人精神振奋，心情愉悦，备受鼓舞。

会场下，一些人贴着耳朵在嘀语，他们扬起手，指点着主席台上的领导："看呵！看呵！第几个……第几个，就是他！红军独立五团团长罗炳辉！第几个……第几个，就是他！赣西南特委常委曾山！……嗨！一看人家，都是肚子里有墨水的人，平日不认真留意，哪知斗笠底下的都是人物哩！"

太阳斜照着会场,照耀着这个会场里的宾客,照耀着会场里的每一个人。会场虽然不是很大,却已坐了三百多人,把栎社村晒谷场里里外外的空地都挤满了。

曾山一到会场,仍像平日一样面带微笑地与会场上的人群打招呼。走在后面的罗炳辉穿着素净的军装,会场上坐在长条凳上的红军独立五团战士的穿戴则与罗炳辉的没什么分别。

"会议预定的时间到了,是不是可以开始了?"赣西南特委委员胡品向曾山问道。

曾山与中共江西省委委员何肇汤交换了下意见,何肇汤表示同意。

胡品收起笑容,对着喧闹的会场喊道:"静一静!静一静!开会啦!第一项:全体起立,唱《国际歌》!"

大家全部起立,在会场主持人胡品的引领下唱起了《国际歌》。唱完,胡品叫大家坐下,大家才坐下了。

"第二项:请赣西南特委常委曾山同志讲话。"胡品望着大家笑容可掬地说道,会场一阵安静。

曾山挺挺地站了起来,手里拿着几张一早拟好的稿子,昂着头向会场笑了笑。他两眼炯炯有神,看着稿子,说道:

"同志们、农友们、工友们、红军独立五团的全体指战员们:今天,为欢庆'吉安县靖卫队正式宣布起义暨江西红军独立五团正式成立誓师大会',我们举行隆重的授番号、授军旗仪式大会。这是一次鼓舞人心的大会,也是一次彪炳史书的大会,更是一次壮大红军、扬我党威的大会,我很荣幸参加这个大会。"

坐在四下里的人都一齐拍起掌来。曾山停顿了一会,待掌声停下,粗着气儿继续说道:

"自从蒋介石、汪精卫相继叛变革命以来,乌云笼罩着全国,全国一片白色恐怖,反革命势力一时无比猖獗。在这黑暗重重、前途茫茫、我们党接受考验的严峻时刻,吉安县靖卫队在罗炳辉同志的带领下,于1929年11月15日夜八点正式宣布起义,使我们的党、使我们的江西红军又增添了一支威武的有生力量。在不久以前,乐安县靖卫队在队长张英同志的带领下,也毅然起义,投奔了共产党、投奔了红军。在不久的将来,相信还会

第十二章 ★ 授旗

有更多深明大义的靖卫队，会毅然地选择这条光明的道路，这是民族解放之路上值得尊敬、值得纪念、值得表彰的幸事！谨此，我代表中国共产党赣西南特委，也代表我个人，向罗炳辉同志、向江西红军独立五团的全体指战员们致以崇高的敬意和深深的祝福！"

曾山放下手上的文稿，转身向罗炳辉深深地鞠了一躬，罗炳辉忙起身敬礼并与曾山握手。曾山又转身向坐在台下的红军独立五团的全体指战员们深深鞠了一躬，场下全体指战员都报以热烈的掌声。与会代表们也都响起了热烈的掌声。

曾山回到原位拿起桌上的文稿，继续动情地说道：

"所谓崇高的敬意，就是致敬你们在中国革命需要你们的时刻挺身而出，积极主动投靠中国共产党和江西红军！所谓深深的祝福，就是祝福你们以坚强的革命精神和实际行动与国民党军阀部队决裂，成为一支与农友们、工友们站到一起的革命队伍。

"你们虽然摆脱了国民党反动派的重兵追击，但是未来的革命征途上还会遇到地主武装、反动民团及国民党军阀部队的袭击和追踪，要做好各种吃苦耐劳和可能流血牺牲的准备！你们是一支勇敢的部队，你们是一支爱憎分明的部队，我坚信你们十分勇敢地做好了以后种种吃苦耐劳和可能流血牺牲的准备。"

曾山停顿了一会，端起茶碗轻轻喝了几口，继续说道：

"在谁也无法确定局势会怎么发展的情况下，革命的前程究竟如何？武装斗争的道路会遭受怎样的曲折？这些问题必然会摆在每一个起义指战员的面前，严峻的革命之路与斗争现实将无情地、真实地考验着革命的每一个起义指战员。同样，也将无情地、真实地考验着革命的每一个赤卫队队员，也将无情地、真实地考验着革命的我们、大家。我坚信，你们、我们、大家，在今后的艰苦的伟大的革命斗争中，都能像栎社村山上的青松那样挺拔耸立，都能像栎社村富水河里的滔滔河水，接受得住、经受得起各种形势局面发展的考验。历史的事实已经证明，以后还会继续证明：你们的行动，是真正的革命英雄的行动！你们的选择，是真正值得载入史册的选择！真正的革命英雄，必然是你们这支百折不挠、大义凛然的红军独立五团部队！历史会铭记你们，人民会铭记你们，我们大家都会铭记今

天！我的讲话就到这儿，谢谢大家！"

简短有力的讲话引起了会场上热烈的回应。没有一句废话，也没有一句假话，听这样的报告，不用说红军独立五团的战士们感觉到提气，就连赣西南特委机关的代表们也都感觉到了一种干爽。赞赏的掌声一直持续了三四分钟，曾山两次从座位上起来，向会场上的人们抱拳致意。一直到会议主持人胡品扬了扬手示意大家静一静，会场才逐渐安静下来，继续推进未完的议程。

55

轮到罗炳辉讲话了。他站起来，涨红了脸，显示出一股有点踌躇不安的憨劲。他环视了一圈会场，慨然说道：

"同志们、农友们、工友们：今天能够坐到这里，与大家交流，听曾山同志讲话，我感到很高兴。过去当兵吃粮，是为了能够活命；今天当兵吃粮，是为了参加革命。从滇军到靖卫队，从靖卫队到红军，这一种经历无论是什么条件变迁，我这一生都会铭记。共产党一向以老百姓的利益为重，处处与老百姓为善，就是不想进步的人也会受到熏陶感染。溯本追源，平心而论了解到这些后我的心里便萌发了想参加共产党、想参加红军的念头。

"到了江西、到了吉安县，我当了吉安县靖卫队队长，时常面对面地感受到了受苦受难的老百姓的艰辛，也时常回忆起当年揭不开锅的父母亲的艰辛，我因而有个想法：想为老百姓做点事，也想让父母亲能够觉得安慰。共产党是为老百姓做事的，红军是为老百姓打仗的，于是我萌生了参加共产党、参加红军的心思。不久，我从我在滇军当兵时的上司、中国共产党江西省委委员、共产党员赵醒吾同志身上，嗅到了同志们为之奋斗的那种思想、那种气味，于是我申请加入中国共产党，努力地克服困难，寻找机会带着吉安县靖卫队的同志们毅然地举行起义，走到了老百姓这一边，成为江西红军队伍中的一员。也许前路上会遇到很多艰险，但不管前路有多少险阻，我也要带着这支赤诚的队伍不负组织和老百姓的满怀热

第十二章 ★ 授旗

望，合乎时势、顺乎民情地接受改编，在思想上、在灵魂上有所成长，做一番有益于共产党、有益于红军、有益于老百姓的事业。这就是我对共产党、对红军、对老百姓的衷心。谢谢同志们！谢谢大家！"

罗炳辉的话音刚落，会场立即响起了一片喊声："向罗炳辉同志学习！向罗炳辉同志致敬！向红军独立五团学习！向红军独立五团致敬！"

面对满腔热情的同志们，面对会场上与会代表们的欢呼，罗炳辉正直的性情和善良的心胸使他自己按捺不住心底的感动，他不禁自责自己没有早一点起义，可以早日为大家作贡献。

胡品轻轻挥了挥手示意众人安静，然后说道："下面请中国共产党江西省委委员何肇汤同志，代表省委宣读对江西红军独立五团的命令，并为江西红军独立五团授番号、授军旗。请全体起立！"

何肇汤穿着一件暗灰色的外套、暗藕色的长裤，浓密的黑发下一张古铜色的方脸，粗糙的眉峰下戴着一副淡银色的眼镜，显示出这小伙不一样的身份。这就是中国共产党江西省委委员何肇汤同志。

何肇汤抬了一下眼睛，站起身来，他说话有点文绉绉的，与他那古铜色的方脸有点不协调：

"受中国共产党江西省委员会的委托，现在由我宣读省委的命令：

赣西南特委：

编队报告讨论后，省委决定如下：

一、吉安县靖卫队改为江西红军独立五团，限十二月二十日以前迅速由两营扩充成三营。

二、授予原吉安县靖卫队'江西红军独立五团'番号和军旗，派出政治工作人员事项请与曾山商定实施。

三、调原赣西南特委机要科科长匡一心任江西红军独立五团政治委员，原吉安县靖卫队队长罗炳辉任江西红军独立五团团长。"

何肇汤宣读完省委命令，会场上响起了一阵阵窸窸细碎的议论声。原来，在关于红军独立五团政治委员一事上曾经有过一番争论。

在研究确定独立五团政治委员名单的时候，特委书记刘士奇开始并不主张匡一心这个人选。他是这样认为的：首先，匡一心是特委机要科科长，有千头万绪的工作离不开机要科科长处理。其次，匡一心能胜任机要科科长的岗位，但不一定能胜任独立五团政治委员的工作，独立五团和机要科不同，前者是要经常穿插到外线作战的，匡一心从来没有在作战部队待过，如何履职？其三，匡一心是江西本地人，罗炳辉是外地人，如果工作上有争议，容易让人感觉是以本地压外地，组织上应该同样找个外地人担任这个岗位，这样有利于工作的开展。曾山不太支持刘士奇的这个观点，特委其他几个常委则是左右摇摆，犹豫不决。

56

曾山的意见恰好与刘士奇相反，他主张由匡一心出任独立五团的政治委员，理由是：其一，独立五团的任务是穿插赣西南地区，发动群众，团结和领导辖区内赤色区域的农民武装，坚持打击地主豪绅还乡团和反动军阀武装，并非是待在一个地方打仗不去其他地方。其二，作为本地人，匡一心了解本地风土人情、社会关系，容易与赤色区域的农民协会和农民赤卫队打成一片，共同做好党的工农武装发展工作，有利于改善独立五团与赤色区域地方武装的关系，切实落实和加强主力部队与地方武装的协作与团结。其三，赣西南各赤色区域都在不同程度上遭遇过敌人的破坏和洗劫，亟须特委派人下去帮助他们恢复和发展、建立新的组织结构，而只派一个人下去是不够的，派部队下去帮助扫清外敌往往有事半功倍之效，这就离不开熟悉本地风土人情的人参与其中。匡一心是本地人，有自己的社会关系，到独立五团担任政治委员一职有利于促进赤色区域的团结发展和协作沟通。

听了曾山的分析，刘士奇静心仔细一想，觉得也不无道理，觉得曾山考虑问题全面、分析事理得当，于是同意了匡一心出任独立五团政治委员的建议，并立刻上报江西省委。

何肇汤宣读完省委的命令，人们纷纷向主席台的左边望去，那里坐着的正是罗炳辉和匡一心。经过这些天的接触，许多人也许认识了罗炳辉，

第十二章 ★ 授旗

却不一定认识匡一心。在特委机关工作过的人总是容易引起人们的注意，因为他们处于相对神秘的环境之中，能普遍地赢得人们的尊重。

会议的最后一项是何肇汤代表中国共产党江西省委向江西红军独立五团授军旗。

肤色晒得黝黑却反而更显得身体结实的红军独立二团万安连党代表罗明生挺直了身板，已早早站在主席台的右边一角随时听候主席台的召唤。他手握一根粗细匀称的竹竿，上面套着一面红色的军旗。

罗明生带着振奋的思想和热烈的心情，迈着热情有力的步子一步一步走到了省委委员何肇汤的面前，眼睛里闪现着明朗的光辉。

罗明生双手紧握着军旗，身心俱力，他将自己心底里满含的希望和思想里充满的昂扬贯注在自己的每一个动作里。他静静地注视着何肇汤，庄重地把军旗交给了他，随后转身离开了主席台，心里感受到了一种凉爽的惬意。

何肇汤从罗明生手里接过军旗，双目迅速转向罗炳辉，响亮清晰地说道："请江西红军独立五团团长罗炳辉同志接旗，授独立五团军旗。"

只见身躯颀长，有着圆圆的脸庞、厚实的嘴唇、浓黑的头发，戴着一顶大圆帽、腰扎一条充满魅力的武装带的罗炳辉从座位上站了起来，快步来到何肇汤的面前，向他立定、挺胸、敬军礼，然后庄重地从何肇汤手中接过这面满含重任的军旗，接着把它展开在空中左右晃动，用力扬了几扬。军旗上绣着"江西红军独立五团"的字样，在徐徐的凉风中军旗发出了呼啦啦的声音，罗炳辉顿时觉得有一股快意和暖流在胸中流淌。

军旗在阳光下高高飘扬，会场上一下子热闹起来，众人纷纷站起来向军旗鼓掌。独立五团的全体指战员虔诚地向军旗敬礼，一些情绪激动的战士眼里都流出了眼泪，他们怀着一种难以言说的情感，久久地、默默地注视着军旗。军旗在罗炳辉手中不断地晃动、飘扬，鲜艳的颜色沁入会场上每一个人的心里。

授旗仪式结束，罗明生又带着庄重和矜持上台，从罗炳辉手里接过军旗走下了主席台。他来到了独立五团前排位置，把军旗交到了独立五团参谋长的手里。参谋长双手环抱，紧紧地把军旗护在胸前。

57

这时,会场的后面响起了一阵热烈的掌声。梁石文带着黎老伯和几个篾匠师傅用扁担挑着一捆捆包扎整齐的斗笠走进了会场,一直挑到了主席台前,然后轻手轻脚地放在了地上。独立五团的指战员们纷纷起立鼓掌欢迎,梁石文介绍黎老伯和几个篾匠师傅与独立五团的指战员们相见。战士们亲切地拉着梁石文、黎老伯和几个篾匠师傅与他们一起坐了下来,大家互相拉着手,彼此热情地交流和问候着。

曾山看着地上的斗笠,向会议主持人胡品点了点头。胡品心领神会地走下了主席台,来到斗笠前数了数数目。他站在独立五团的指战员们面前,饱含热情地说:"独立五团的指战员们,注意啦,各排各班请派出一名代表,前来把这些专门送给你们的斗笠领走,分发下去,每个战士一顶。"

58

会场一阵小小的骚动,各班各排推荐的代表上来了,根据自己的班排人数把斗笠领走。战士们一拿到斗笠,看到上面画的小红五角星和"红军独立五团"鲜红的字样,脸上忍不住洋溢出丝丝喜悦。有的战士禁不住把脸贴在斗笠上,在斗笠的字上来回轻轻地摩挲着;还有的战士把嘴唇对着小红五角星,轻轻地亲吻着小红五角星。

地上还有两顶斗笠没有被领走。胡品从地上拿起来,放到鼻子前闻了闻用朱砂写的字的味道,然后把这两顶斗笠往空中扬了扬,大声地问道:"同志们,都领到了吗?检查一下看看还有谁没有领,这里有两顶落下的。"

抱红旗的参谋长好像想起了什么,把红旗交给了一个战士,站起来走到胡品面前,对胡品说道:"哦,我知道啦,不用问了,这两顶斗笠是团长和政委的,都一齐交给我吧。"

第十二章 ★ 授旗

　　胡品哑然失笑，把这两顶斗笠交给了参谋长，并与他握了握手，然后回到了主席台上。

　　大家绷紧的心弦松弛了下来，会场的气氛变得活跃起来，不少人与左右的人互相交流起来，对今天的会议表示赞扬和支持。

　　胡品见会议的事项均已进行完毕，侧向一边问曾山还有没有什么事需要在会议上补充。曾山想了想，说没有什么要补充的了。胡品又问了问主席台上的其他人，大家都说没有什么事情需要补充了。于是，胡品宣布散会，让各个单位回到村农民协会安排好的住宿地方自由活动。在一片热热闹闹的气氛中，大家三三两两地离开了会场。主席台上的领导也都站起身，离开了自己的座位。

第十三章

营救

59

真正的共产党人从不畏惧艰难，与困难恰恰相反的是，他们敢于面对艰苦，并能在艰难困苦中变得成熟、获得发展并逐渐壮大。

1928年6月，是东固革命根据地最艰难、最悲怆的一个月。这一个月，反动的吉安县清乡团联防司令罗爵高和他的侄子吉安县清乡团联防侦缉队队长罗廉杨，纠集兴国、崇贤、泰和、富田、新圩、新安、陂头、值夏的地主豪绅清乡团2300多人，不时窜入东固革命根据地腹地骚扰、抢掠，烧毁了东固革命根据地大片民房和中共东龙区委的办公地涧东书院，以及赖经邦、刘经化、高克念、肖虹、肖天石等东固革命根据地领导人的房子。

这一天，罗爵高和罗廉杨打破惯例，突然在早饭时间包围了下塘村。他们一进村便抓住了正在井边挑水的下塘村农民协会秘书长张弘新的老婆张婶。罗廉杨恶狠狠地问张婶："老太婆，赖经邦在哪里？"

张婶假装惊恐地回答："我不认识什么'来经邦、去经邦'的，从没听说过这样一个人。"

一个满脸痘痘的家伙上前，狠狠地捅了张婶一枪托，大骂道："老不死的，你没说实话，他就在这个村子里开会！你还敢胡说从没听说过这样一个人，老子一枪崩了你，你信不信？快说，他在哪？"

张婶冲着这个家伙说道："你知道他在这个村子里开会，你就去捉呀，

第十三章 ★ 营救

还问我干吗！一个大男人拿枪托打我这么个老婆子，算什么本事！"

满脸痘痘的家伙没办法，只好带着吉安县清乡团联防侦缉队直扑张弘新的家。

赖经邦正好去下一个村子检查工作了，敌人扑了个空，便在隔壁屋里捉住了张婶的邻居张江庆和张保英。

敌人问张江庆："你是不是赖经邦？"

张江庆笑嘻嘻地回答："老总，这个玩笑可开不得！你这是在张冠李戴！我姓张叫张江庆，他也姓张叫张保英！你说的赖经邦姓赖，我俩比他大一辈呢。"

敌人见两位老人说话打哈哈，都不说实话，便对他俩下了毒手，用皮鞭狠狠地抽打他俩。两个老人被打得头破血流、鼻青脸肿，却仍是紧咬牙关不肯说出赖经邦的行踪一个字。敌人就在两位老人家里翻箱倒柜、乱捅乱挖，但还是什么也没有发现，最后抓了几只老母鸡、抢了几个瓶瓶罐罐就夹着尾巴走了。

东固革命根据地第七纵队党代表赖经邦接到群众的报信，不及多想，与中共东龙区委书记刘经化一起，迅速集结东固第七纵队和各地赤卫队五百多人，一路循踪紧追，追击罗爵高和罗廉杨追到了枫边，放火烧了罗爵高和他的清乡团的"寝宫"，捣毁了清乡团的老巢。

大家觉得还不解气，继续进行反击。赖经邦率领东固第七纵队和各地赤卫队继续向密石方向追击，一直追到了石子背的圩场拱桥边，不料却被深知兵法的罗爵高及他的清乡团和增援的罗廉杨及他的联防侦缉队打了个埋伏。

赖经邦和东固第七纵队及各地赤卫队在罗爵高和罗廉杨反动清乡团的联合夹击下被打散了，队伍被迫向圩场拱桥左侧的山上撤退。

赖经邦带着撤退的队伍一口气翻过几个山头，跑出了罗爵高和罗廉杨的埋伏圈约八九里地，来到了山坳岗的垄上村。

他和队员们一路问路、一路突围，感到又疲惫又饥饿，决定在垄上村休憩一夜，向村里的老百姓讨点吃的，先对付一晚，准备第二天早上再走。

他们将队伍分开，打算一户一户地去讨要吃的。谁知还没走进农户的家门，忽然从农户家里涌出成百上千个罗爵高清乡团的团丁和罗廉杨联防侦缉队的队员。罗爵高和罗廉杨将他们团团围住，打死打伤第七纵队和赤卫队队员百余人。

赖经邦发现又中了罗爵高、罗廉杨的圈套，赶紧指示刘经代和第七纵队士兵委员会主任肖虹、副主任肖天石、参谋长高克念率领第七纵队和赤卫队主力突围，赖经邦则带领第七纵队警卫队留下来掩护。

在掩护第七纵队和赤卫队主力突围的过程中，东龙区区委书记刘经化不放心赖经邦，带着一个班前来支援，不料和第七纵队警卫队一起全部不幸壮烈牺牲。

第七纵队党代表赖经邦不幸被捕，被罗爵高的清乡团和罗廉杨的联防侦缉队一起押回密石审讯。

60

在密石，清乡团团丁将赖经邦捆绑在罗廉杨联防侦缉队队部门前的旗杆上毒打，用尿勺舀尿泼在他身上，泼完尿又将尿勺盖在他的头上，说这样可以驱散他身上的共产主义神功。但赖经邦一直威武不屈，始终大骂罗爵高和罗廉杨是土匪恶兵。

赖经邦对着罗爵高大声怒斥："你们这帮土匪恶兵记住：今天你们弄死我一个赖经邦，明天会有十个、二十个、一百个赖经邦起来革命！"

罗爵高见清乡团团丁们把赖经邦折腾得差不多了，便传令把赖经邦押到联防侦缉队审讯室审讯，罗爵高和罗廉杨也到了联防侦缉队的审讯室威逼利诱赖经邦投降。

赖经邦始终义正词严地拒绝，罗爵高和罗廉杨恼羞成怒，为防夜长梦多，即夜下令将赖经邦五花大绑押赴吉安城，向上峰请功领赏。

消息很快被中共东固地下党组织截获，东固地下党组织情报员周鉴清将消息报告给了距离最近的第九纵队纵队长郭承禄。

周鉴清，吉安县桐坪乡杨家山村人。1925年加入中国共产党，1926年经党组织批准，经同乡介绍在吉安城大巷口"福慎祥"烟店当学徒，因做事勤勉、业务熟练，被派往密石"福慎祥"分店做掌柜。

郭承禄根据地下党情报员周鉴清转来的情报，当即召开了一个如何营救赖经邦的专门会议。会上决定由郭承禄带领江西工农赤卫军第九纵队，连夜赶往陂埒岭等候和截击押送赖经邦的队伍。

陂埒岭，是罗爵高清乡团和罗廉杨联防侦缉队押送赖经邦从密石往吉安城的必经之路。陂埒岭地处红区与白区边界附近，地势较为平坦，看起来稀疏平常，但其位置却是极为显要。

6月12日、13日两天，江西工农赤卫军第九纵队连续接到情报：

西北方向驻枫边、密石之罗爵高清乡团和罗廉杨联防侦缉队，连日来大肆准备骡马，扬言要把捕获和拘押的"共匪"和百姓全都解往吉安城区请功领赏。

6月14日上午，第九纵队又接到情报：

罗爵高和罗廉杨已纠集1500多人，准备进犯郭承禄领导的江西工农赤卫军第九纵队。

这些情报让第九纵队的指战员们心里很纠结：罗爵高、罗廉杨大肆准备骡马，确系要把捕获、拘押的我党干部和群众全都押解到吉安城区去吗？

应该不大可能。他们纠集1500多人的地主豪绅清乡团队伍，这个数据恐怕是有点掺假。

罗爵高和罗廉杨的人马加起来也只剩下1100多人，哪来的1500人之多？他们纠集1500多人马的数据显然有些夸大其词，只剩1100多人马的事实已经揭破了他们的谎话。

罗爵高和罗廉杨要进犯江西工农赤卫军第九纵队？也不大可能。

江西工农赤卫军第九纵队只有200多人、100多条枪，从没有与罗爵高和罗廉杨面对面交过锋，罗爵高和罗廉杨哪来的兴趣突然要对第九纵队如此兴风作浪？何况打仗也不是请客吃饭，怎么会有先放出风声、打下招呼的道理？那是准备进行新的"清乡"军事行动吗？但似乎也没有这个迹象。

当前，井冈山红四军转战湘赣边界，已使湘赣敌人损兵折将、闻风丧胆。以罗爵高和罗廉杨区区一千多人马，就想对江西工农赤卫军第九纵

队发动"清乡"军事行动,显然有点过高地估计他们清乡团的胆识和力量了。

那么,敌人剩下的唯一诡计,可能就是明犯吉安县、暗中押送赖经邦等一批共产党人和革命群众去吉安城了。

郭承禄想到这里,也就基本掌握了罗爵高和罗廉杨这两只老狐狸的军事智商,尤其是罗爵高这家伙的军事智商。

罗爵高曾参加过北伐战争,他虽是地主乡霸,先前却混进北伐军中代理过连长一职。他回枫边已有一年半,还没有尝过江西工农赤卫军第九纵队的敲打。因此,在国民党谭道源第五十师成光耀第一四八旅官兵中,他被称为"吉安土豹",他也沾沾自喜地以"常胜清乡团联防司令"自居。

这次罗爵高和罗廉杨很可能想乘抓获赖经邦并解往吉安城之机,并乘吉安县工农革命根据地面临粮食困难之隙,偷袭吉安县工农组织的领导机关,以扩大破坏工农组织的领导机关范围的目标。

然而,目前仅有这一点情报,其他方面的情况还不清楚,这个分析是否正确,郭承禄实无把握。

因此,郭承禄一面紧急向赣西特委报告、请求上级指示,一面加强对枫边、密石方面的警戒,派出尖刀排去枫边、密石一带活动,还要求驻陂石的松树炮中队随时待命行动,其他的中队做好战前准备。

黄昏时分,东南方向隐约响起了枪声,紧接着在枫边、密石活动的尖刀排派战士黎小狗回来报告:发现了大批清乡团和联防侦缉队的人,罗爵高的先头部队已到陂石。经尖刀排阻击,清乡团以少数人马与尖刀排周旋,清乡团和联防侦缉队的主力则以密集队形通过陂石,往吉安县向北方向急进。

罗爵高的行动证实了他想借押解赖经邦去吉安城之机顺势偷袭吉安县工农组织领导机关的阴谋,郭承禄疑虑的心为之一震。

同时,江西工农赤卫军第九纵队的兵士们已感到情况有点严重:第九纵队的军事实力其实并不雄厚,全纵队仅有三个中队,总共不过二百多人、一百多条枪,长期以来粮食供应困难,士兵们身体缺少营养,导致原本擅长奔袭战的我工农赤卫军一半的战士体力有所下降。

在这样的情况下,第九纵队想让三个中队在奔袭间吃掉罗爵高和罗廉杨的一千多人马，是极为困难的。

因此，郭承禄决定，尽力阻击、滞缓清乡团和联防侦缉队的前进，为吉安县工农组织的领导机关争取转移的时间，并伺机解救被捕的赖经邦及其他革命群众。

61

反动的清乡团和联防侦缉队通过陂石往吉安县向北急进，必定会经过庐溪沟。郭承禄当即通知黎小狗赶往陂石的田坑，命令驻扎在陂石田坑的松树炮中队迅速赶往庐溪沟，占领庐溪沟制高点，并坚决开炮迎击，阻滞敌人急进。

黎小狗接受任务赶紧通知去了。庐溪沟距离第九纵队指挥部不足二里路，是敌人向北急进进入吉安城的捷径，这里地势显要，易守难攻。

这时，在村外放哨的第九纵队战士气喘吁吁地跑进指挥部，向郭承禄报告：清乡团和联防侦缉队的人马马上就要到了。

刚报告完，便听见从庐溪沟方向传来了一阵阵急促的枪炮声。

郭承禄叫放哨的纵队战士赶紧通知做了半天战前准备的另两个中队到指挥部门口紧急集合。憋了半天劲正没处使的两个中队很快来到了指挥部门口集合。

郭承禄在队伍前作了一个简短的战前讲话，他只说了几句话：

"同志们憋坏了吧！现在罗爵高和罗廉杨气势汹汹地来到了我们的根据地。同志们不要忘记，他们给兄弟部队第七纵队造的孽！赖经邦同志和其他一些革命群众还绑在他们的手里。我们第九纵队一定要显露勇气，坚决把我们的同志营救回来！"

庐溪沟方向的枪炮声越来越密集，可以想象得到一路紧追敌人的尖刀排和抢先占领了庐溪沟制高点的松树炮中队在那里与敌人进行着怎样激烈的战斗。

不久，枪炮声稀疏了下来。

郭承禄正感到奇怪，去陂水田坑给松树炮中队送信的黎小狗回来了。

郭承禄赶紧问黎小狗："前线是怎么回事？"

黎小狗跑得有点疲惫，上气不接下气地报告："抽他姥姥的清乡团和联防侦缉队，遭到松树炮中队和尖刀排的突然攻击，发现第九纵队似有准备，于是只留下少数兵力与松树炮中队及尖刀排纠缠，大队人马已押解着赖经邦同志和革命群众绕道陂下奔正西方向去了。"

正西方向就是吉安县工农组织的领导机关转移的方向，看来罗爵高和罗廉杨这两只老狐狸是不撞南墙不回头了。

敌人撇下陂石，绕道陂下，直奔正西，显然是察觉出从大路奔袭吉安县工农组织的领导机关之企图已被第九纵队识破，因而临时决定改变偷袭路线。

通往陂下的道路有好几条，反动的罗爵高和罗廉杨会走哪一条呢？在哪里阻击敌人对第九纵队才有利呢？

第九纵队所有党团干部都行动起来，共同研究、推断反动的清乡团和联防侦缉队可能会采取的偷袭行动路线。

在第九纵队成立的这一年多时间里，战士们几乎走遍了吉安县一带每一个乡村、每一个山岭沟壑、每一条小河溪流，许多地方第九纵队的战士们闭上眼睛都能描述出来。

然而，为了慎重起见，郭承禄仍然展开地图，把通往陂下的每一条道路都用铅笔清晰地标记出来。

经过第九纵队党支部研究，大家认为经下坑去陂下最近，反动的罗爵高和罗廉杨平素骄奢淫逸、骄傲放纵、急于求成，他们必经下坑！

正在这时，赣西特委秘密交通员曾秀田在尖刀排队员黎小狗的引领下，来到了第九纵队指挥部。曾秀田与黎小狗是同一个小山村的人，从小一起玩到大。那时，赣西南特委还没有成立，赣西地区仍属赣西特委领导。

曾秀田给第九纵队带来了赣西特委的命令：要求第九纵队协同赣西特委直属的万安纵队迅速占领下坑的有利地形，伺机伏击罗爵高和罗廉杨，营救被捕的赖经邦同志及其他革命群众。

第十三章 ★ 营救

62

万安纵队无疑是赣西特委领导下农民武装中的翘楚，但凡听过万安暴动的人都知道，万安苏维埃人民政府的成立标志着农民武装已走向成熟。

万安纵队，是根据中共长江局和中共江西省委的指示成立的，由赣西特委领导，由万安县委管理。

1927年，中共江西省委作出指示和决议：

"凡有匪患及其他有危害农民协会及干部之各地方，除做好隐蔽各自身份的工作外，各级农民协会同时还应采取相应的防范措施。对群众革命基础比较好的万安县、吉安县、永新县、弋阳县、横峰县等赤色区域的农民协会，即应在中国共产党各本地临时县委的管理下，组织和成立各县工农赤卫军，想方设法武装各县工农赤卫纵队，以保护各本地区农民协会及干部，并谋工农革命后方之巩固。"

中国共产党长江局和中国共产党江西省委审时度势，及时派出懂军事的代表余球同志巡视万安工农革命根据地，直接协助和指导中共万安县委组建和成立赣西工农赤卫军万安纵队。

万安纵队下设五个支队、一个军事综合部、一个党代表部和一个政治部。

五个支队中，一支队为快枪队，二支队为大炮队，三支队为鸟枪队，四支队为大刀梭镖队，五支队为爆破队；每个支队下设三个大队，每个大队下设三个区队，每个区队下设三个排，每个排下设三个班。

又每个支队设正、副支队长和政治指导员各一名；每个大队设正、副大队长和政治联络员各一名；每个区队设正、副区队长和政治辅导员各一名；每个排设正、副排长各一名；每个班设正、副班长各一名。

一个军事综合部，下设军医科、军法科、给养交通科、侦查科、卫生科。

一个党代表部，下设若干名政治指导员，并委派到各个支队；政治指导员下设若干名政治联络员，委派到各个大队；政治联络员下设若干名政治辅导员，委派到各个区队。

一个政治部，下设组织科、宣传科和士兵训练委员会。

尤其是纵队长杨德明、副纵队长游必安、纵队政治部主任张松游、纵队军事综合部主任康列，一度成为中国工农赤卫军中少有的懂军事、有文化、具素质的模范赤卫纵队干部。为了加强对万安纵队的思想政治工作，赣西特委派出陈正人担任万安纵队的党代表。

万安纵队一支队（快枪队）支队长肖明凤、副支队长黎启昆、政治指导员胡华，二支队（大炮队）支队长肖敬焕、副支队长肖德材、政治指导员曾宪玉，三支队（鸟枪队）支队长肖义葆、副支队长严先柱、政治指导员刘黎，四支队（大刀梭镖队）支队长张岳、副支队长黄旭可、政治指导员罗明生，五支队（爆破队）支队长许拔芳、副支队长王立山、政治指导员肖文主，这些支队级别的领导无一不是军事俊才，都是上过军事学堂或军事训练班的。

万安纵队成熟的军事经验和理论一直也被其他工农革命根据地的工农武装借鉴。后来，虽然万安纵队被敌人"围剿"，一部分战士上了井冈山参加井冈山斗争，一部分去了兴国参加兴国暴动，但是万安纵队的组织架构和战斗精神还一直被兄弟工农武装借鉴和沿用。

郭承禄根据赣西特委秘密交通员曾秀田传达的赣西特委的指示精神，立即集合第九纵队，向下坑进发。

63

夜已渐渐变深，天上不见星月，道路两旁也不见火光，周遭的大地寂静无声，似乎都沉睡在梦中。

然而，第九纵队的猛虎们却无半点睡意。在这偏僻山村的黑夜里，战斗前工农武装惯有的那种沉寂气氛更使人心神紧张。

夜半时分，第九纵队与万安纵队按照赣西特委的指示，在下坑胜利汇合。

在下坑一座高高的山坡地，在浩大的黑布帘似的夜幕里，万安纵队党代表陈正人带着肖明凤和胡华的一支队（快枪队）、张岳和罗明生的四支队（大刀梭镖队）作为万安纵队的先头部队，首先赶到了下坑。这个四支队的罗明生与红军第二团万安连的党代表罗明生同名同姓，四支队的罗明

第十三章 ★ 营救

生是赣州人,红军第二团万安连的党代表罗明生是万安人。

万安纵队三支队(鸟枪队)作为后续部队,需要迟些时间才能抵达阵地。

万安纵队的同志们与第九纵队的同志们在夜色中互相紧紧地握手,像久别的朋友热情地拥抱着。

陈正人把万安纵队一支队支队长肖明凤、政治指导员胡华和四支队支队长张岳、政治指导员罗明生等逐一介绍给郭承禄认识。

万安纵队有两千多人、一千多条枪、一百多门松树炮,每一个支队大约有四百人、两百多条枪。

郭承禄与万安纵队党代表陈正人原来在赣西特委举办的一月期军事干部学习班上早就熟悉,彼此闻名。

两个纵队的同志们非常自觉地听从调度,各自埋伏在上级指定的下坑高坡和制高点的位置处,静静地等候着。

大家就这样安静地等着,静候反动的罗爵高和罗廉杨的到来。但是,时间一分一秒地过去,却始终没有等到敌人的脚步声。

东方渐渐微明,淡淡的云片在浅蓝明净的天空里弥漫着苍凉的寒气,一滴一滴的露珠卧在潮乎乎的树叶和草芥上。

狡猾的罗爵高和罗廉杨怎么没经过下坑呢?难道敌人临时又改变了行进的路线?

正当万安纵队和第九纵队的同志们感到焦躁的时候,第九纵队尖刀排排长康栈亭眼尖,他突然对伏在自己右旁的郭承禄惊呼道:"郭纵队长,你看,你看,清乡团来啦!联防侦缉队来啦!前面走的是联防侦缉队,后面走的是清乡团!"

康栈亭的话音才落,敌人的队伍里突然响起一声清脆的枪声,子弹似一支支响箭,从埋伏在他左边的黎小狗的头顶上空飞过。

这一枪,在寂静的清晨里显得格外清脆利落,有点像久旱的季节中突然下的一场暴雨里炸出了一声惊雷,让人又骇又惊,一下子全没了睡意。

过了一阵,敌人的阵营那边机枪声又像爆豆似的在第九纵队战士埋伏的周围响个不停。

有几个加入第九纵队时间还不长的战士紧张得不知所措,身体缩成了一团，裤裆也都尿湿了。

埋伏在旁边的老战士像是察觉出了什么，伸出满是老茧的手轻轻压着新战士的手，给他们安抚和鼓励，新战士的神情渐渐地平静了下来。

在第九纵队纵队长郭承禄的旁边埋伏着的，是第九纵队二中队中队长黄小洋。他听着敌人那边突然响起的清脆的机枪声，对伏在身旁的郭承禄轻轻地说："罗爵高、罗廉杨这对狐狸叔侄，又在闹什么名堂？不会是发现了我们藏身的地方吧？"

郭承禄轻轻地回答道："别说话，这是清乡团在搞火力侦察，他们怕有埋伏。"

万安纵队和第九纵队的战士们任凭敌人怎么胡乱扫射，伏在地上就是一动不动。他们严格地服从命令：指挥员开了枪，大家才开枪；指挥员没有开枪，谁也不准开枪。

清乡团和联防侦缉队在山谷里放了这么久的枪，见没有什么反应，有点放下心来，长长的队伍慢慢地进入了万安纵队和第九纵队的伏击圈。

万安纵队党代表陈正人端着驳壳枪，依旧迟迟没有发令。他想等敌人靠得更近一点，再发动攻击。

然而，第九纵队一个老战士不知为何，在等待中不小心碰到了枪的扳机，枪一下子走了火，子弹射向了蒙蒙亮的天空。

敌人一下警觉起来，一面有条不紊地向前猛跑，一面不断地向万安纵队和第九纵队埋伏的山头连续射击。战士们都憋坏了，纷纷主动向敌人还击。

陈正人只好顺势而为，跟着战士们向敌人发出射击。敌人的武器比赤卫纵队的武器好得何止是几倍！汹涌的火力压得战士们抬不起头来，有几个战士负了伤，万安纵队和第九纵队的战士们寻着空隙拼命还击。

激战持续了一上午，反动的清乡团和联防侦缉队几次想玩弄在庐溪沟时那套声东击西的把戏，但都未能得逞。

第十三章 ★ 营救

64

这次罗爵高和罗廉杨深入吉安县工农革命根据地腹地,引起了江西省委书记的高度重视。

他正在新余搞调查研究,在巡视工农革命运动的发展势头,并大胆地作出撤销赣西特委、赣南特委、湘赣边特委,组建赣西南特委替代上述三特委的工作布局。

在新余巡视工农革命运动的工作间隙,省委书记指示赣西南特委要积极组织和集结革命根据地区域内的工农赤卫武装,对嚣张跋扈的敌人尤其是对国民党的清乡团武装要实施坚决的围歼和打击。

省委书记对中共赣西南特委适时地提出了具体要求:

"其他地方的敌人尚无动静,罗爵高的清乡团和罗廉杨的联防侦缉队乃是一支孤军。目前,赣西南特委辖下在遂川活动的万安纵队三支队(鸟枪队)和被打散的东固革命根据地第七纵队已经集结,正在赶往战斗指定地点的路上,以便合围罗爵高和罗廉杨叔侄,彻底收拾这个困扰江西工农革命根据地的'毒瘤'。

"这次敌我交手,农民武装不宜在根据地边界地区搞大动作,应待罗爵高和罗廉杨叔侄深入到赤色区域之腹地,再伺机集结赤卫队合围,对其一举歼灭之。

"现在万安纵队和第九纵队不宜用过强、过猛的动作刺激敌人,以免敌人发现赤卫纵队作战意图而缩了回去,也避免吉安城国民党成光耀的第一四八旅出城增援。

"当前万安纵队和第九纵队的战斗任务,是设法粘住敌人、阻击敌人、骚扰敌人,杀伤罗爵高和罗廉杨,使其队伍疲惫,迟缓其队伍前进的速度。"

中共江西省委书记的指示很快传递到了赣西南特委,赣西南特委书记刘士奇派秘密交通员火速赶往下坑前线,向陈正人、郭承禄等及时作了传达。

陈正人、郭承禄当即向两个纵队的战士们分别作了转达,战士们的心里一下子明晰多了。

陈正人、郭承禄遵照上级的指示,带着两个纵队的战士们牢牢地把清乡团和联防侦缉队粘在了下坑,清乡团和联防侦缉队既西进不了,也缩不回去。

6月16日晚9时左右,罗爵高和罗廉杨突然又以密集队形向西发起猛攻。这位被称为"吉安土豹"、常常以"常胜清乡团联防司令"自居的罗爵高,看来仍未放弃袭击吉安县工农组织领导机关的痴心。

罗爵高的这个军事行动,正中陈正人、郭承禄下怀。

于是,陈正人和郭承禄故意让出一条道路让敌人过去,然后尾追清乡团和联防侦缉队时进时退,迫使敌人时快时慢地前行。

第十四章

歼灭

65

罗爵高和罗廉杨带着凶悍的人马越过下坑,连夜马不停蹄直奔陂下。

6月17日拂晓,罗爵高和罗廉杨的"谋算"仿佛就要实现。但是他们到了陂下,发现迎接自己的却是竹篮打水一场空,在赣西南特委的统一指挥和帮助下,吉安县工农组织的领导机关和农民协会党团干部早已得到消息,从前夜出发转移到了另一个隐蔽的地方。

罗爵高和罗廉杨大概发现形势有点不太对劲,在陂下只逗留了三四个钟头,就匆忙离开,将队伍撤到吉安县东南方的陂水驻扎。

陂下、陂水与陂石,名字只有一字之差,三地成品字形:陂石靠近吉安工农革命根据地腹地,陂下靠近吉安县和泰和县的交界,陂水靠近吉安城,三地彼此相距二三十里。

陂水除了离吉安城更近些外,也是个兵家用兵的必争之地。

就在6月17日下午,被罗爵高和罗廉杨打散的东固革命根据地第七纵队已重新集结赶了回来。

几乎在同一时间,在遂川活动的万安纵队三支队(鸟枪队)的第一、第三大队在支队长肖义葆和副支队长严先柱的带领下,也按时赶来了。

中共赣西南特委书记刘士奇派出通讯员孟小牛给陈正人、郭承禄带来了赣西南特委的指示:"现在,罗爵高的清乡团和罗廉杨的联防侦缉队已深入吉安县赤色区域腹地;我各路纵队也已陆续赶到,外线的赤卫纵队也已牵住其他县的反动靖卫团,我一线赤卫纵队已变被动为主动,全歼罗爵高和罗廉杨的时机渐已经成熟。"

刘士奇还提醒两个纵队的指挥员:"罗爵高和罗廉杨偷袭吉安县工农组织领导机关和农民协会党团干部不成,必定会调头快速投向吉安城,我们一定要在夜战中消灭罗爵高和罗廉杨。打好这一仗,将对巩固赣西南的武装割据局面有积极作用和稳定意义,对赣西南的赤卫纵队下一次攻打吉安城将有'四两拨千斤'的效应。因此,此次参战的各赤卫纵队一定要团结一致,紧密配合,坚决彻底消灭这股敌方力量。"

66

刘士奇,湖南省岳阳县人,与毛委员是老乡,毛委员是湖南省湘潭县人。

1924年7月,刘士奇加入中国共产党,先后担任过湖南岳阳农民自卫军总指挥、安源路矿中共株洲转运局特支书记、中共湘潭工农革命军执行委员会委员;马日事变之后,被中央派到江西,先后担任中共江西省委工委书记、省委特派员、赣西特委秘书长、赣西南特委书记。

1929年4月,他与贺怡结婚,贺怡是毛委员的妻子贺子珍的胞妹。在担任赣西南特委书记期间,他受到过路线错误的批判。为了不影响贺怡,随后他与贺怡离了婚。

刘士奇任特委书记期间,极力主张赣西南各赤色区域内按照没收一切土地的原则彻底分田,扩大和统一工农赤卫军纵队,完善和健全工农革命苏维埃政府组织,积极捍卫和维护党在群众中的影响,赢得了根据地群众的欢迎,受到毛委员的好评和重视。

1927年8月1日,南昌暴动以后,起义武装为了避开国民党军队的锋芒,决定开赴广东潮汕地区。然而部队一到潮汕地区,在三河坝地区就中了国民党军队的埋伏,被国民党军队打散了。

同年9月,中共中央授命毛委员在湘赣边界地区发动数万农民举行了另一场武装暴动,史称"秋收起义"。由于敌强我弱,这一场农民暴动最

第十四章 ★ 歼灭

后也失败了，毛委员带领暴动后剩余的五千多人转移到了江西萍乡、莲花一带，然而还没等到喘一口气，又被国民党追上来的部队围困住了。

在这支武装最艰难险阻的时刻，刚刚接任江西省委书记、熟悉江西地貌的汪泽楷写了一封密信，建议毛委员带领暴动后剩余的部队转移到吉安境内的井冈山上休整，休养生息。

汪泽楷得知刘士奇与毛委员相熟，便任命刘士奇以省委特派员的身份前去莲花送这封密信。

汪泽楷嘱咐刘士奇，如果环境发生变化，就让他以省委特派员的身份留在吉安境内工作，指导本地的农民赤卫武装。刘士奇遵照省委书记汪泽楷的指示，留在了赣西特委工作。

67

这时候，在泰和县老营盘活动的万安纵队三支队（鸟枪队）的二大队，在三支队政治指导员刘黎的带领下也赶到了作战的指定地点。这场战斗结束后不久，在万安县委班子改选中，刘黎曾当选万安县委书记。

三个纵队的近两千人马，聚合在陂水四周，把罗爵高的清乡团和罗廉杨的联防侦缉队团团包围住了。为了全歼这股反动武装，刘士奇紧急委派赣西南特委常委李文林前往陂水，指挥这场战斗。

至此，罗爵高和罗廉杨这两只狐狸终于落入赣西南特委辖下的三支工农赤卫军纵队撒下的天罗地网之中。怎么围歼这股血债累累的反动武装？发起冲锋的主动权，明显已经掌握在工农赤卫军纵队手中。

6月18日，是这三支工农赤卫军纵队和罗爵高、罗廉杨叔侄俩较量的第三天。战士们士气高涨，斗志昂扬，李文林见此情景，决心全歼罗爵高、罗廉杨叔侄这股地主豪绅反动武装。

连绵的山岭在晨曦中渐渐清晰起来，静静的朝霞也给连绵的陂水镀上了黄色。陂水北边的陂肚坝背面，耸立的石峰从顶到脚显示出一片苍劲幽黑，给人一种雄伟的气势和力量。

在陂肚坝山峰下的树林里，蹲了一夜的工农赤卫军纵队战士们渐渐地活跃起来,特别是那几个受了点轻伤的同志,更像小孩子看见小河一般,一心想到小河里戏水。他们忙碌着,或伸展着腰肢,或窃窃私语着,个个都希望着、幻想着瞄准罗爵高和罗廉杨,一枪把他俩击毙。

九点多钟,放哨的战士前来报告:敌人从陂水出发了,他们突然改变了路径,像是要退缩到吉安城去的态势。

听完放哨战士的报告,特委常委李文林心里犯了嘀咕:

"莫非是三个工农赤卫军纵队汇聚在一起,准备围歼罗爵高和罗廉杨的消息泄漏了出去?要不就是老奸巨猾的罗爵高和罗廉杨从纵队的联合行动中嗅出一点什么?但不管是什么原因,绝不能让罗爵高和罗廉杨改变行动路径!更不能让他们退缩到吉安城去!看来,得派出一个得力的大队去'牵'一下罗爵高和罗廉杨的鼻子!要坚决地'粘'住他们,不能让他们退缩到吉安城去!可是,派哪个大队去完成这个任务合适呢?"

李文林正在想着对策,突然,从陂水西南方向传来了枪声。又发生了什么情况?

李文林正在纳闷时,担任侧翼搜索任务的万安纵队三支队(鸟枪队)一大队的一个战士心急火燎地跑来指挥部报告:

"罗爵高和罗廉杨带领清乡团和联防侦缉队行至菩萨岭时,发现了万安纵队三支队的一大队,遂以联防侦缉队一部分兵力从正面佯攻,清乡团主力则绕到北面,从侧翼对一大队发起了进攻。"

罗爵高和罗廉杨这一招非常狡诈,想对万安纵队三支队一大队进行两面夹击,想迫使一大队因顶不住而让出大路,他们就可以大摇大摆地往吉安城撤退。看样子,一大队若不能及时识破罗爵高和罗廉杨的阴谋,他们很可能就要逃掉了。

怎么办?一大队来不及等上级的命令了!

三支队一大队大队长兼政治联络员肖元礼当即命令二区队和三区队迅速插到敌人腰部,抢占菩萨岭东南高地;一区队迂回到菩萨岭西南高地,打敌人的侧后方。这样一来便把罗爵高和罗廉杨两面夹击一大队的阴谋,变成了敌人自己头、尾、腰三面挨打的局面,罗爵高和罗廉杨陷入了新的包围之中。

二区队和三区队的武器都是鸟枪土铳,有的战士有的只是一把大刀,虽然一路奔袭有点辛苦，但攻击敌人时动作却异常敏捷。

二区队和三区队分别在政治辅导员朱煜才和区队长罗会香的带领下，沿着隐蔽的山岭小径迅速翻过两道山梁，猛攻敌人腰部，占据了罗爵高和罗廉杨指挥所后面的一座山峦。

这座山峦比罗爵高和罗廉杨的指挥所地势稍低，两地只隔了一道浅浅的山坳，二区队和三区队恰似一把尖刀悬在了敌人指挥所背后。

罗爵高和罗廉杨一见这阵势，似乎感觉到了什么，慌忙调动兵力掉转头来，集中优势火力向二区队和三区队进行反击。

面对敌人的反击，二区队与三区队各尽职守又密切配合。

二区队政治辅导员朱煜才和三区队区队长罗会香平素没见他们相互间说过一句话，在战斗时却有一种非凡的默契。

趁此机会，一区队的战士们在一大队大队长兼政治联络员肖元礼的带领下，又迅速地抢占了敌人指挥所东面和南面的两个小山坡。于是，攻击敌人的包围圈形成了！

然而，罗爵高的清乡团和罗廉杨的联防侦缉队毕竟有一千多号人；肖元礼的一大队辖下的三个区队也就一百三十多号人，鸟枪、土铳总共也才七十多支；双方队伍装备优劣悬殊，无论是谁都看得明白。

在纵队联合指挥部，李文林、陈正人、郭承禄与高克念、肖虹、肖天石等领导居高临下也看得很清楚：在陂水北边的陂肚坝，一大队的二区队、三区队、一区队与清乡团和联防侦缉队展开了激战，二区队、三区队、一区队的阵地完全被枪炮声震起的厚尘浓烟笼罩着。

清乡团一个团总扬着驳壳枪，叫嚣着指挥团丁们向二区队、三区队阵地发起猛攻，稍有后退者即被这个团总用脚猛踢，再三不听者甚至被团总当场击毙。

一区队的战士在一大队大队长兼政治联络员肖元礼的率领下突破厚尘浓烟，左右拼杀，毫不退缩。

看样子，一大队粘住罗爵高和罗廉杨队伍的战略目的已经达到，但敌人想拔除一大队这把悬在他们指挥所背后的尖刀的决心也显而易见。

现在，陷敌人于包围之中的战略目的已经达到，那么二区队、三区队、一区队对敌人的"粘"字诀，是否需要继续坚持下去？

继续坚持下去，无疑就是与敌人继续肉搏下去。肉搏下去，或许可以给敌人以重大杀伤，但一大队的三个区队也必然要增加许多伤亡。敌人的人数毕竟数倍于一大队的人数，十几个敌人打一个纵队战士，当然是纵队战士吃亏。

然而，纵队三支队的第二、第三大队担任前卫，距离阵地还有些路程，就算听到了枪炮声，他们一时半会也难以穿过来支援。

而纵队的第一支队、第四支队还没有到达战略包围的预定地点，总攻的时间纵队联合指挥部也未确定。

在这种情况下，保存一大队的有生力量、减少战士的盲目伤亡，对于一个战场指导员来讲显得尤其重要。

只要做到保存实力，等到纵队各主力对敌人的包围圈形成进行总攻时，一大队就显得特别有主动权。

应该迅速把一大队的战士都撤下去！

68

就在肖元礼选择撤退路径之时，突然发现二区队、三区队阵地左边的山沟里，约有一百多个联防侦缉队的人躬着身、弯着腰、拖着枪，鬼鬼祟祟地由后山坡向阵地的背后悄悄溜去。

由于战斗激烈，厚尘弥漫，山势掩映，敌人背后的阴暗举动二区队、三区队的人根本没有发现。

这一新的情况表明敌人是决心要攻下一大队的这个阵地，敌人可能已察觉到强攻不成，只好采用偷袭了。

情况危急，肖元礼不顾自己身边的危险，立即命令一区队区队长肖中鼎带领一排、三排秘密迂回，抢占二区队、三区队阵地的后峦，接应二区队、三区队的侧翼，以应对敌人的偷袭，掩护二区队、三区队撤退下来。

同时，肖元礼又命一区队的二排长勒有水派出一名战士摸上二区队、三区队的主阵地，通知二区队、三区队不要恋战，准备撤退。

肖中鼎带领着一排、三排悄然出发了。

第十四章 ★ 歼灭

敌人以为自己的行动神不知、鬼不觉，还在拼命向二区队、三区队主阵地的背后爬去。

眼看敌人快爬到二区队、三区队主阵地的背后了，却仍不见一区队区队长肖中鼎带领的一排、三排出现，肖元礼的心禁不住有些焦急起来。

就在这关键时刻，二区队、三区队主阵地背后的山峦里突然出现了一区队区队长肖中鼎及一排、三排的战士，他们像是从地底下冒出来的、从山峦里钻出来的一样，不等敌人反应，就朝敌人猛烈地发出射击。

敌人反应了过来，下意识地向一排、三排的战士还击。刹那间，二区队、三区队主阵地背后的山峦上枪声像暴雨般响起。顷刻间，试图偷袭二区队、三区队主阵地的敌人被打得屁颠屁颠地，个个像西瓜一样滚下了山。

一排、三排的这一手"以子之矛，攻子之盾"，果然与众不同。纵队联合指挥部里几位领导站在高处，看到这精湛的一幕，禁不住都称赞起来。

就在敌人重整队伍、组织下一波攻击的间隙，一大队的二区队、三区队遵照肖元礼的命令都秘密地撤下了阵地，一区队是最后撤下来的。

肖元礼命一区队区队长肖中鼎清点一下一大队的人数，反复核对数据，伤亡了十多个战士。

听到伤亡这么多，肖元礼悄悄背转过身，显得有点难过。他外表看似平静，其实是强忍着悲痛，眼睛里已情不自禁地润湿了。

当一大队的大部分战士安全撤退到纵队联合指挥部的阵地时，敌人已整好了队伍，在密集枪声炮火的掩护下，又开始对空山峦进行猛烈的攻击。

纵队的战士们躲在纵队联合指挥部的阵地上，望着密密的敌人又发起的进攻，互相打趣着说："罗爵高和罗廉杨这两只'吉安土豹'，军事谋略看来也不过如此，这次可真的是'偷鸡不成蚀把米'。"

夏末的红日慢吞吞地西沉，山野里被日光蒸发的水汽随着软风一阵一阵地吹，渐渐消散。

一天的激战和肉搏下来，人人都有了一身的汗臭味，怪痒痒的，但谁也没办法去洗濯。

敌人伤亡也很惨重。罗爵高和罗廉杨费尽心思想消灭吉安县工农组织的领导机关，不料却让自己陷入了工农赤卫军几个纵队的包围。

罗爵高和罗廉杨想突出重围，结果反被工农赤卫军几个纵队牵着鼻子走。接下来要做的，该是工农赤卫军几个纵军发起总攻了。

周围一片寂静，静得有时蚊子在头顶上嗡嗡作响都听得清清楚楚。

连续的作战使纵队的战士们都感到十分疲乏，除了派出去的岗哨和流动哨，大家都和衣睡着了。然而纵队联合指挥部里的指挥员们却没有一个人睡着。

在这大战在即的前夜，不知纵队指挥员们都有着什么样的心事，一个一个都沉浸在这茫茫大自然的环境里，任忽高忽低的蚊子在一旁嗡嗡起飞。多少年的艰苦革命斗争在他们身上留下了冷静、坚决而不急不躁的良好品格。

在纵队指挥员们的潜意识里，对胜利的企盼，对战斗的思考周密，在每一个领导的嘴角或眉宇间都流露了出来。

纵队指挥员们知道，此时此刻他们重任在肩，更不可有半分松懈。为了预防罗爵高和罗廉杨狗急跳墙，纵队联合指挥部觉得需派一支侦察分队出去摸摸敌情。

纵队指挥部决定，这支侦察分队由万安纵队一大队二区队的政治辅导员朱煜才任队长，第九纵队尖刀排排长康栈亭任副队长，乘着夜色去敌营里打探情况。

朱煜才和康栈亭暂别纵队指挥部的领导们，带着侦察分队下了山。

他们装作漫无方向地走着，悠闲地向四面八方观察着，一路上纵目四望，看见了烧毁的村庄，看见了公路上躲避战乱的人流，他们把看到的情况一一默记在心里。

黄昏时分，康栈亭引着朱煜才及侦察分队走进了一座破旧的村子，他的家就住在村边上。从纵队联合指挥部出来，一路行走的都是丘陵地带，道路多是小径，两旁多是小丘，生满了高低不同的杂树，树下满是野草，野草有的开着黄色和淡红色的小花。侦察分队的战士们坐在路旁休息，康栈亭和朱煜才带着两个战士悄悄摸进了村子。

第十四章 ★ 歼灭

69

　　村子里静寂无声，村路上没见一个人，连孩子的哭闹都没响一声。村里的房屋并没有被清乡团烧毁，但也许是被白天的枪炮声与厮杀声吓着了，走进村里时却给了人一种沉重的压迫感。

　　康栈亭看见自己的老婆走到了屋子的门旁，只见她一手抱着孩子，一手正要轻轻地关闭屋子的大门。康栈亭悄悄地上前，叫了一声："莲子！"

　　听到熟悉的声音，莲子先是一愣，睁大着眼睛在夜色中张看，看清是康栈亭后，脸上露出了悲喜交加的神情。

　　莲子看见康栈亭身后模糊地立着三个黑影，似乎什么都明白了，她一边让道一边说："还站着干什么？你们快点进屋呀！"

　　朱煜才安排了两个战士在外面放哨，自己跟着康栈亭进了屋。

　　莲子在前面带路，康栈亭在中间走着，朱煜才在后面跟着。

　　莲子在屋里摸索着，点上了洋油灯。

　　康栈亭在屋里站着，借着灯光缓步上前，从莲子手上接过孩子，轻轻抱在怀里。孩子还没有睡，正睁着一双机灵的大眼看着这个既熟悉又陌生的男人，既不哭也不闹，只是咧着小嘴一直笑。

　　康栈亭问："爸和妈呢？出去串门啦？"

　　莲子一边招呼朱煜才他们坐下，一边回道："一大早被清乡团拉去岭背村，给他们的什么联防司令煮菜做饭去了。"

　　康栈亭一听，追问道："给联防司令煮菜做饭？不会是罗爵高和罗廉杨叔侄俩吧？"

　　莲子惊异地说道："对！对！就是叫什么罗爵高、罗廉杨的！你……认识他俩？"

　　康栈亭摇了摇头，回道："我倒想认识呢，可惜找不到门路。"他停了停，笑着说："家里有什么吃的没有？我们有点饿了。"

　　莲子看了他们一眼，热情地回应道："有！有！有半窝箕番薯！我去把它们煮熟，给你们拿上来！"

　　朱煜才喊住莲子："嫂子不用急着煮番薯，我想问一下，伯父伯母二老大概什么时间能回来？"

莲子回答道："快啦，快啦！"

话音刚落，大家便听到外面响起了脚步声，随后听到一阵爽朗的说话声："怎么，家里来了客人？是栈亭回家来啦？"紧接着门被推开，人就进屋来了。

康栈亭上前叫了声"爸、妈"，说道："是你们的儿子回来啦。"随后，他向两位老人介绍了一下朱煜才。

莲子走进厨房，从木梁上取下吊篮，拿出里面的番薯，清洗干净后放入锅里，加了几瓢水，开始烧火煮起番薯来。

朱煜才见康老人家进到家门，他和康栈亭一样心里充满期待，盼着康老人家能给他们带来好消息。

康老人家年过七旬，脸上挂着汗珠。他站在屋中间，侧过身子对朱煜才和康栈亭说："你们是想打听罗爵高和罗廉杨叔侄俩的动静吧？你们若要对付罗爵高和罗廉杨，今晚就要动手，不然稍一迟缓，到了凌晨他们就要溜进吉安城了。"

朱煜才望了望康老人家，从桌上托起洋油灯，就着昏暗的灯火给康老人家点上烟管，低声问道："罗爵高和罗廉杨叔侄俩凌晨想溜进吉安城？这消息可靠吗？"

"给这叔侄俩煮了一天的饭，他们的谈话无意中还是听到了几句。要是没猜错，估摸着现在他们应该正在打点行装，准备溜之大吉呢。"康老人家回头望了望朱煜才，说道，"今天白天在战场上，罗爵高和罗廉杨叔侄俩吃了纵队的大亏了吧？他们似乎察觉到，这回他们碰到的对手是些硬茬，商议着既然沾不到啥便宜，今晚干脆来个'三十六计，走为上计'。"

朱煜才没说什么，沉思了一会儿。忽然，好像想起了什么事似的，他忽地站了起来，对康栈亭说道："不好，罗爵高和罗廉杨叔侄俩想溜。康排长，我们得赶紧回纵队联合指挥部向领导们报告。"

康栈亭说："我们不吃点东西再回？"

"不吃啦，来不及了。事不宜迟，兵贵神速！"朱煜才忙向康老人家告辞，"谢谢康老人家，给我们提供了这么重要的情报。我们得走了，须赶紧向纵队指挥部领导报告情况。"

第十四章 ★ 歼灭

康老人家咕哝着:"这么急?……也好,迟了这帮'害人渣'就真走了。"

这时,莲子正好从厨房里走出来,手里端着煮好的番薯,说:"你们就走了?难道不吃东西了,都煮好啦。"

康栈亭看了看朱煜才,说:"那就拿在手上,一边走,一边吃。"

朱煜才点点头。于是,每人在盘里抓了两个番薯便走了。

康栈亭想起门外站岗的战士,转身回来代他们也抓了两个番薯。

康老太太进了屋一直未说话,这时忍不住插了一句:"别急,慢点!还有时间!"

侦察分队回到纵队联合指挥部,向李文林报告罗爵高和罗廉杨想溜进吉安城的消息,李文林极为重视这个情报。

这时,在外围担任警戒任务的第七纵队放哨战士赶来报告:"刚才罗爵高和罗廉杨带着队伍,从第七纵队警戒的一个空当中逃跑了。"

这消息立刻使李文林、陈正人等领导紧张起来,李文林一面令万安纵队第一、第三支队和第九纵队、第七纵队分头追击;一面派熟悉山路的康栈亭和黎小豹赶往万安纵队第四支队,要第四支队全力阻截;一面向赣西特委书记刘士奇报告情况。

"追!一定要追上罗爵高和罗廉杨!"这是全体工农赤卫军纵队官兵一致的决心。

在崎岖不平的山峦中,只见黑暗里一队队人马遍布在大山大岭之中。

那一队队人马跑跑停停,撕裂了这沉甸甸的夜幕,似乎想冲破黑暗的桎梏。

夜有些黑,山有些高,路有些窄,沟有些多,有些时起时落的困难时不时地摆在纵队指挥员们的面前。战士们却十分活跃,人人奋勇当先,疾步追击敌人。

战士们在黑夜中摔倒了又爬起来,爬起来后紧紧追击,追击中又摔倒……战士们都明白,要是追不上罗爵高和罗廉杨,那就前功尽弃了。

多一次坚持就多一份胜利!

于是,习惯在山林上打夜猎的战士拉着不习惯走夜路的战士一路追击,一路相互勉励,没有一个战士叫苦的。

第七纵队有个小战士摔了一跤,他爬了起来揉了揉痛处,一声不吭又追了上去,丝毫没有掉队。

凌晨四点多,第九纵队的战士在寂静的岩石溪边发现了零星的敌人。

敌人一见到第九纵队的战士,立刻"呼呼呼"地放起枪来。第九纵队留下少数战士收拾敌人,主力则一刻也不耽误继续向前追击敌人。

第九纵队的战士们再往前追,又发现了一个排的敌人,之后就再没见到敌人了。

战士们揪出俘虏里一个当官的一问,才知道原来这是罗爵高和罗廉杨的疑兵脱身之计。

万安纵队第一、第三支队在另一条径岭里追着,追着追着,他们竟与第七纵队的战士汇合到了一起。

他们坚信我方的方向是对的,于是坚持继续追赶。黎明时分,终于在前进方向的一个小山谷里发现了敌人的主力。

两个纵队的战士们一看到敌人的主力,劲头就涌上来了。他们不知疲倦似的,赶紧沿着敌人的影子追上去,越追越快,越追越势不可挡。

敌人调转身子向后面的纵队战士们开起了枪,纵队的战士们毫不犹豫地开枪还击。

敌人一看纵队的战士们太过勇猛,开枪也阻止不住,只好又拼命地往吉安城方向跑。天大亮时,敌人的主力已全部进入了纵队战士们追击的视线。

70

最先和清乡团与联防侦缉队拨上火的,是万安纵队三支队(鸟枪队)的第一、第三大队,在支队长肖义葆和副支队长严先柱的带领下,战士们和敌方在板头村交上了火。

板头村距离国民党成光耀第一四八旅驻扎的赣西重城吉安城,不过三十一公里。由于敌我双方队伍彼此距离太近,清乡团与联防侦缉队的重型武器也都没能发挥出它们的威慑力。

第十四章 ★ 歼灭

然而，敌人仗着人多势众，第一个回合轻轻松松地就赢了万安纵队三支队的第一、第三大队。

支队长肖义葆想组织队伍向敌人发起冲锋，不成想敌人迅速反击，给万安纵队三支队来了个反冲锋，把战士们打压了下去。

在敌人组织的反冲锋中，万安纵队三支队第一、第三大队死伤了七八个战士，副支队长严先柱也负了重伤。支队长肖义葆见敌众我寡，又忙于组织战士救助副支队长严先柱，也就没有组织部队对敌人发起新的冲锋。

罗爵高和罗廉杨也不拖泥带水，更不恋战，乘此胜利的空隙领着队伍不顾一切地往吉安城方向继续撤退，而且撤退的速度比之前还要迅猛、还要干脆利落，可谓是拼了命。

罗爵高和罗廉杨这样撤退，假如吉安城里的国民党成光耀第一四八旅听到了动静，出城增援罗爵高和罗廉杨，弱小的三个纵队又该怎么应付？

现在，李文林需要想个什么办法，迫使罗爵高和罗廉杨停下来不再往吉安城里撤。然而，怎样才能让罗爵高和罗廉杨停下来呢？

康栈亭和黎小豹一路狂飙，赶到万安纵队第四支队（大刀梭镖队）驻地时，天已拂晓。

他俩见到了第四支队支队长张岳和政治指导员罗明生，向他们转达了李文林的命令：第四支队须在岩石溪以北五华里的石门村，全力阻截罗爵高和罗廉杨，要迫使罗爵高和罗廉杨难以撤退到吉安城与国民党成光耀第一四八旅会合。

然而，此时万安纵队第四支队除了几个支队领导及大队领导配有几支短枪之外，其他的人都没有枪支。就连下面的这些区队长也没有谁配有枪支，有的装备武器都只是长短不一的大刀和梭镖。这该如何是好呢？

第十五章

谜底

71

在冷兵器时代,似这样大刀梭镖装备下的工农赤卫军,若非有坚定的信仰,若非有坚强的牺牲精神,世上有哪支部队敢向前出击?他们又如何阻截得住罗爵高和罗廉杨这般火器装备武装到牙齿的队伍的进攻?!

在略先进于石器的时代,似这样用大刀梭镖武装的中国共产党人,若非有为中华的崛起而牺牲的革命精神,世间有哪支部队愿意献出自己的一切?他们又如何阻挡得住罗爵高和罗廉杨这般反动的队伍撤进吉安城区?!

根据刘士奇的指示精神发布的这个命令,有点难倒了四支队(大刀梭镖队)的支队长张岳和政治指导员罗明生。

李文林的命令必须无条件去执行,而且还要不折不扣地执行好。但是,上级的命令若要执行得好,就得集思广益动脑筋,得换个有利于四支队(大刀梭镖队)的方式来执行。

这时万安纵队四支队的先头部队二大队,在大队长肖敏、政治联络员郭玉民的带领下,已经追击到了敌人附近,接近敌人的中枢指挥部位置。

突然,一个念头在二大队大队长肖敏的脑中闪过:按照打仗一般的行军序列,一支武装力量的中枢指挥部位,大多数是在这支队伍的中间;如果二大队集中兵力把罗爵高和罗廉杨拦腰切断,把罗爵高和罗廉杨的中枢指挥机关阻截下,敌人也许……可能……肯定会掉转头来护卫的。

第十五章 ★ 谜底

肖敏的这个想法一提出来，立即得到了二大队政治联络员郭玉民的肯定。

肖敏立即命令二区队的区队长肖国清、三区队的区队长浦四东集合队伍，要二区队、三区队向罗爵高和罗廉杨的中枢指挥部位发起猛攻。

一区队则兵分两股，分别在区队长罗良毅、区队政治辅导员曾文慧的带领下，阻击南北两头回援罗爵高和罗廉杨中枢指挥部位的敌人。

肖敏急骤的命令一下，一区队、二区队、三区队立刻行动，按照各自的任务分工，猛虎下山似的冲向敌人。

二大队的这一冲锋果然有效，罗爵高和罗廉杨的队伍像一条被击中腰部的泥鳅，头、尾迅速向中间蜷缩起来，只能等待着前卫、后卫部队的回援。

都是短兵相接，冲锋有点突然，罗爵高和罗廉杨事先没有觉察出来，他们的武器装备虽有优势，却一直没能发挥出来。

正当二大队的猛虎们与罗爵高和罗廉杨的豺狼们打得难解难分时，四支队的一大队和三大队的三区队赶来了。

更可喜的是，第九纵队的一部分人马也赶到了。

第九纵队一面派人和四支队的一大队、三大队的三区队联系，一面协同三区队抢占石门村北面的制高点。

二区队区队长肖国清、三区队区队长浦四东，带领两个区队摆脱了罗爵高和罗廉杨的拼死抵抗，迂回到了石门村东北高地，切断了罗爵高和罗廉杨中枢指挥部位的退路。

同时，三大队的三区队也占领了石门村西面的高地。

罗爵高和罗廉杨的兵力，一时曾优于几个赤卫纵队的兵力，却全被几个赤卫纵队"粘"住，困在了石门村周围。

几个赤卫纵队对罗爵高和罗廉杨形成了包围圈，无形中运动战中驰援的兵力越聚越多，不知不觉中形成了战略优势态势。

下午，石门村上空一片天昏地暗，大地刮起阵阵狂风，刮得什么都模糊不清起来，仿佛就要下暴雨一样，到处都是黑暗。

三点半钟的时候，在纵队的提议下，纵队联合指挥部前移到岩石溪。在岩石溪以北五里，就是石门村战场。

纵队指挥员们在岩石溪召开了一次对罗爵高和罗廉杨发起攻击的会议。会议上,万安纵队党代表陈正人说:"罗爵高和罗廉杨,从偷袭吉安县工农组织领导机关的那一天起,就陷入了赣西南特委数个赤卫纵队联合行动的包围中,就陷入了被动。

"但是,此叔侄俩骄傲放纵、狂妄自大,死猪不怕开水烫。几天来,纵队联合指挥部遵照刘士奇的指示,一直牵着罗爵高和罗廉杨的鼻子走,弄得罗爵高和罗廉杨筋疲力尽。

"虽然罗爵高和罗廉杨耍尽军事阴谋,但仍没有逃出赣西南特委领导的手心。"

这时,赣西南特委通讯员孟小牛又送来了刘士奇同志的指示:"傍晚六点钟发起攻击,晚上十二点前一定要把罗爵高和罗廉杨彻底、全部消灭在石门村,并把东固第七纵队党代表赖经邦同志及其他一些革命群众安全地营救回来。"

六点钟向罗爵高和罗廉杨发起攻击的命令迅速地传达到了各纵队每个战士的耳中,战士们如波浪翻腾,个个摩拳擦掌,等而又等,跃跃欲试。

命令传达到第七纵队,战士们手上的斧头、刺刀、尖刀、大刀、梭镖,早已被打磨得锃光发亮,全都锋利无比。

第七纵队临时营区里通红的营火,在天鹅绒般夜色的汪洋中摇晃着,映照在第一区队区队长梁人杰、指导员朱继武,第二区队区队长肖大鹏、指导员郭梅,第三区队区队长杨金芳、指导员邓知非的脸上,映照在每一个战士的脸上。

第七纵队的整个营区、整个夜晚,都充满了战场拼杀前的喧嚣声。

远远近近的,《我是一名光荣的第七纵队队员》的歌声忽高忽低、忽起忽落,吉安县快板在营房的一头响起,吉安县敲碟曲也在另一个营房响了起来。

虽然第七纵队的战士们一天一夜都没吃一顿饱饭,饥饿、口渴和疲劳侵扰着每一个战士,然而并没有一个战士唉声叹气。营房中,一片准备上战场厮杀的景象,激励着第七纵队的每一个战士。

不知是哪个纵队哪个区队先发起,各纵队营房里掀起了志愿报名参加敢死队的热潮。不过,不论党员、团员还是农民协会会员,是家里的独子的，纵队联合指挥部一个都不予批准。

在岩石溪周围却是一片沉寂，有点神秘莫测。天下起了雨，岩石河两岸，杨柳的秃枝挂满尘灰，在夜雨中摇摇摆摆。斑驳的闪电露出粗糙的光芒，穿透柳荫，沿柳枝洒落下来。

正在这个时候，岩石溪附近村庄的农民协会会员听说各纵队的战士追击罗爵高和罗廉杨一整天，还没好好吃上一顿饭，在农民协会党员、团员的发动下，都把各自家里仅有的一点食物拿了出来，送到各纵队战士们的面前。

这真是比金子还贵啊！各纵队的战士们大都是来自农村，太知道群众的生活艰难和过日子的不易了。

他们心里感动着，都不知道该对群众们说什么才好。他们只能在心里默默地一遍一遍地提醒自己、鼓励自己：待会上了战场，多杀"清乡团"、多杀"联防侦缉队"，彻底消灭罗爵高和罗廉杨，坚决救出第七纵队党代表赖经邦同志及其他革命群众！

攻击时间到了！在李文林的批准下，由各纵队党组织选拔出来的敢死队队员们冒着狂风大雨，沿着飞沙冷风，像千里赣江波光粼粼的激流，从四面八方涌向纵队联合指挥部所在地岩石溪附近，聚歼罗爵高和罗廉杨的战场设在岩石溪以北五里的石门村。

总攻时间开始。

各纵队主力战士都是以一当二，他们发出的枪声、松树炮声、喊杀声，盖过了石门村上空狂风的呼啸，震撼着石门村周边的山野。

罗爵高和罗廉杨自成立反动的清乡团和联防侦缉队以来，对赣西中、赣西南、赣西北赤卫纵队的领导和农民协会的干部，实施了疯狂的骚扰、关押和捕杀。

这次，自他们进入吉安县赤色区域腹地开始，他们便处于各纵队和各农民协会的追击和包围之中，陷入"老鼠过街，人人喊打"的惶恐境地。

一路上罗爵高和罗廉杨吃得并不安生、喝得也不安生、睡得更不安生，又持续地遭到赣西南各纵队联合力量的追击、阻击、包围、追赶、聚歼，弄得清乡团和联防侦缉队上下疲惫不堪，官兵毫无斗志。

72

在各纵队敢死队员们有力的冲击下,石门村战场周围的山峦、田野和制高点很快就被赣西南各纵队占领了。

罗爵高和罗廉杨带着反动的清乡团和联防侦缉队退缩到了石门村里,用枪声和炮声来吓阻各纵队战士们前进的步伐。

在此刻,第七纵队各区队的战士们那憋了太久的气,在第一区队区队长梁人杰、指导员朱继武,第二区队区队长肖大鹏、指导员郭梅,第三区队区队长杨金芳、指导员邓知非的带领下,一股脑儿全发泄出来了。

他们不顾那呼啸着的炮火拖着长长的怪音,跌落在他们的身前身后。

他们只管杀向清乡团和联防侦缉队,他们冒着横飞的子弹,毫无顾忌、紧紧地追击着清乡团和联防侦缉队,冲进了石门村。

各纵队各区队战场分片包干,他们一条村路一条村路地搜索,一间茅草屋一间茅草屋地争夺,一个地方一个地方地战斗。

战斗持续了一两个小时,整个清乡团和联防侦缉队除一部分顽丁乘夜色脱出各赤卫纵队的包围圈,逃进了吉安城外,清乡团和联防侦缉队的主要力量全部被歼。

然而,各纵队的战士们在清理战场时,怎么都找不到反动的罗爵高和罗廉杨的尸体;在被各纵队战士们抓获的俘虏队伍里排查,也看不到罗爵高和罗廉杨的人影。

纵队联合指挥部指示:鉴于万安纵队、第九纵队中,很多区队长和战士都没见过东固第七纵队党代表赖经邦同志及其他一些革命群众,要求第七纵队从辖下的三个区队中迅速抽调一些认识赖经邦的战士,编配到万安纵队和第九纵队中作为向导,以便协助各纵队、各区队的战士在石门村各个作战的角落里,辨认和找寻赖经邦同志。

然而各纵队、各区队的战士寻遍石门村各个作战的角落,也没有找到被罗爵高和罗廉杨抓捕去的赖经邦同志及其他一些革命群众。

战士们的心里都感到一种不祥的压抑,尤其是第七纵队战士们的心里更是感到了一种莫名的伤悲。

第十五章 ★ 谜底

各纵队、各区队迅速地将清理战场和清点俘虏的最终结果上报给了纵队联合指挥部。李文林听到这个上报结果，心情郁闷，着实有点着急坏了。

李文林一面命令各纵队战士在石门村周边继续仔细寻找，看有没有遗漏之处，结果还是一无所获；一面把这个新情况如实上报给了赣西南特委书记刘士奇。

万安纵队三支队一大队三区队区队长罗会香是个脾气火爆的人，也是赣西南所有纵队中唯一的女区队长。

罗会香的父亲小名叫罗芽子，江西万安茅坪区人。罗芽子，保定军校步兵科毕业，是早期中国同盟会会员之一。1924年，孙中山北上就任总统，不幸病逝在北上的列车上，对孙中山深为崇拜和忠诚的罗芽子心情沉重，心灰意冷，退出了中国同盟会，回到江西省万安县乡下，以做木工为业，在家侍奉老母，陪伴妻子儿女。

1925年2月，在共产党员汪群的思想工作和推荐下，罗芽子奔赴吉安，在庐陵师范学校任教员，政治上他慢慢倾向于共产党。同年9月，罗芽子在庐陵师范学校加入了中国共产党，入党介绍人是余球和汪群，入党见证人是曾山。1927年6月中旬，罗芽子接受了叶挺的邀请，辞掉了庐陵师范学校教员一职，赴南昌军政委员会侍从室担任营职。1927年7月底，罗芽子随叶挺在南昌参加暴动，部队转移途中升任副团长。1927年下半年，罗芽子在转移潮汕地区途中，在粤东三河坝一次作战中牺牲。

罗会香从小受父亲的影响，同情革命，热爱学习，上过赣西南苏维埃政府烈士子弟学校。1927年加入中国共产党，性情正直开朗，为人泼辣，处事公道无私，参加万安纵队次年升任三支队一大队三区队区队长，时年刚满19岁。

石门村战斗结束，赣西南特委各参战纵队、各参战支队、大队、区队以及各参战战士，怎么也找不到罗爵高和罗廉杨，也找不到被罗爵高和罗廉杨抓捕去的赖经邦同志及其他一些革命群众，个个气得牙痒痒，都对罗爵高和罗廉杨恨得咬牙切齿。更被气坏了的，一直期待着战况消息的，还有纵队联合指挥部的指挥员们。

罗会香听到找不到罗爵高和罗廉杨这两个坏蛋的消息后，有点不信这个邪,就想弄个水落石出。她带着三个排长跑到俘虏队伍里,东瞧瞧西瞧瞧,然后用手指向中间一个缩头缩脑的家伙,令三个排长走进俘虏队里把这个人给揪出来。

三个排长有点不解,不相信区队长这么一瞧一指,就知道哪个是当官的,哪个是当兵的。三个排长按照区队长的指点,揪出了这个像是当官模样的俘虏出来,带到一边进行审讯。

罗会香要求这个俘虏如实交代罗爵高和罗廉杨的下落,如实交代被抓捕的东固第七纵队党代表赖经邦同志及其他一些革命群众的下落,并向那个俘虏坦言了赤卫纵队的政策。她答应说,如果他讲真话,就会对他从宽处理。

73

这个随意被罗会香扫一眼就拎出来的俘虏,果真不是一个普通的清乡团团丁,而是清乡团里的一个中队长,名叫曾金华,上任时间不到一个月,官瘾还没过足,就在石门村这次战斗中被第九纵队的战士给俘虏了。

据那个叫曾金华的清乡团中队长交代:

——那对双手沾满赣西中、赣西南、赣西北人民的鲜血,在国民党成光耀第一四八旅官兵中自称为"吉安土豹",沾沾自喜以"常胜清乡团联防司令"自居的罗爵高及刽子手罗廉杨,在陂水北边的陂肚坝战斗中负伤,丢下清乡团主力、带着联防侦缉队一个中队偷偷地溜走了,躲进了吉安城。

——代替反动的"常胜清乡团联防司令"罗爵高指挥清乡团和联防侦缉队后续军事行动的,是两个和罗爵高一起残忍无情、为虎作伥的"清乡团联防副司令"兰浣生和副官曾军。

——"清乡团联防副司令"兰浣生和副官曾军,在石门村的数个赤卫纵队联合围歼战斗中,一个被万安纵队的战士击毙,另一个被东固第七纵队的战士砍杀。

——在罗爵高和罗廉杨策划的"偷袭吉安县工农组织的领导机关"的军事行动中,东固第七纵队党代表赖经邦同志及其他一些革命群众,并没有随着罗爵高和罗廉杨的军事行动押解在队伍中，而是被狡猾的罗爵高和罗廉杨另外安排了一个护卫队，由他的亲信带队押送，从另一条捷径走，直接押送去了吉安城区。

听了这个清乡团中队长的交代，罗会香如梦方醒，在心里暗暗骂道："真是只老奸巨猾的反动的'吉安土豹'，比狡猾的狐狸还要狡猾。"

罗会香令三个排长把曾金华押解回俘房队伍中，并交代三个排长转告看押俘房的同志，对待这个俘房可以适当优待。

她匆匆赶到纵队联合指挥部，及时向李文林报告她了解到的情况，李文林对罗会香的表现大加赞赏，称赞她是一位"智勇双全的女区队长"。

然而，东固第七纵队党代表赖经邦及其他革命群众真的是被押送到了吉安城吗？答案是否定的。

赖经邦等人最后并没有被押送到吉安城区。

原来，罗爵高和罗廉杨抓捕东固第七纵队党代表赖经邦及其他革命群众之后，经过多次审讯，赖经邦始终不肯招供，罗爵高和罗廉杨遂决定把他们押送到吉安城，以便向成光耀邀功请赏。

罗爵高和罗廉杨为防止各路赤卫纵队半路营救，故意放出风声：要带主力去偷袭吉安县工农组织的领导机关，并把东固第七纵队党代表赖经邦及其他革命群众也押解上。暗地里却选派亲信程藤田、沙溪清乡团团长王初曦，带着一个中队秘密押送赖经邦同志及其他革命群众去吉安城，以为这样就能掩人耳目，就能神不知鬼不觉。

在押解途中，敌人经过枫边一片松树林时，赖经邦乘着敌人不注意，忍住伤痛使尽气力，挣脱捆绑在自己身上的绳子，翻身跳下担架，拔腿就往不远处山上的松树林跑。

由于绳子捆绑身体过久，赖经邦身上气血阻塞，腿上无力，没能够跑远，就被一个押解的清乡团团丁追上了。

这个凶残的清乡团团丁抡起大刀，不管三七二十一，朝赖经邦头上猛砍几刀。赖经邦躲闪不及，大刀连续砍在他的颈脖上、肩膀上、头顶上，顿时全身鲜血直涌。

赖经邦身子一晃，倒在了松树林里，倒在了血泊中。

凶残的清乡团团丁不死心，抡起大刀又连续砍了赖经邦几刀，最后竟

残忍地剖开赖经邦的胸膛，割下赖经邦的头颅，一路提着进了吉安城，继续好大喜功地去向凶残的上级邀功请赏。

清乡团团丁的凶残上级还不放过赖经邦，竟把赖经邦的头颅装在一个方格木栅里，提回了枫边，悬挂在路边大树上示众。晚上有赤卫队队员偷偷地把赖经邦的头颅取下来，被清乡团团丁发现，当场开枪打死了他们。之后，再没有赤卫队队员敢去取，赖经邦的头颅就这样被装在方格木栅里一直示众着。时年，赖经邦同志29岁。

1929年2月，毛委员率领第四军转战赣南，路过东固，找到了赖经邦的妻子，亲手交给她三十块银圆，嘱咐她多多保重身体，好生抚养革命烈士的骨肉，继承赖经邦烈士的遗志，将赖经邦烈士未竟的伟大革命事业进行到底。

第十六章

炮队

74

这是一段尘封了近一个世纪的历史。

这段历史，党史文字材料里是没有记载的，它比赣西特委成立还早半年，比赣西南特委成立更是早了几年，还是张世熙没有去莫斯科参加共产国际会议，还在担任万安县委书记时候发生的事情。

早晨，远山、树木和河流的轮廓，以及诸多景物在望远镜里一望尽收。这野外大概只有很少几户人家，所谓县城郊的村子，也是零零落落的。

泰和县城的城墙上，国民党泰和县政府县长高本初冒着农民自卫队的枪林弹雨，用望远镜向城墙外四围查看。

一队队国民党泰和县靖卫队士兵和国民党泰和县警察局士兵，一本正经地持着枪伏在城墙上瞄准，居高临下，向城墙外射击。

望远镜的两个黑圈定格在远处一个高土坡上一些持梭镖大刀长矛的泰和县农民自卫队身上，可以看出这些持梭镖大刀长矛的泰和县农民自卫队虽经过伪装，却没有伪装好。

高本初放下望远镜，用眼睛望了望城墙外的原野，又拿起望远镜对准这个高土坡，一动不动地凝望着，最后若有所思，缓缓地放下望远镜，满脸不屑。

高本初拿下望远镜，递给站在左边的国民党泰和县靖卫队队长兰金华，用手指了指远处的高土坡方向。兰金华举起望远镜，循着高本初的手指方向望了望,脸上显露出一股狰狞的表情。

兰金华看完那个高土坡的情况,把望远镜又传给站在高本初右边的国民党泰和县警察局局长曾飞虎。

曾飞虎接过望远镜,举起,也往那个高土坡方向望去,脸上呈现出一股得意之色。

兰金华调侃地说:"这般武器装备的队伍,竟敢攻打县城,这帮被赤化的泥腿子简直是吃了豹子胆。"

高本初轻蔑地冷笑着,说:"都是因为共产党的赤色宣传,他们才跟着起哄,甘愿受了欺骗。"

接着,他对曾飞虎说道:"你们警察局要继续清查隐藏在县城里的共产党地下组织。"

曾飞虎向高本初点了点头:"县城里的共产党地下组织早被我们警察局一网打尽了。"

高本初骄横地提醒着:"我的曾局长,共产党是无孔不入的,她的地下组织形形色色,怎么可能一网打尽?你还是不要过于自满的好,自满是容易翻跟斗的,小心驶得万年船。"

曾飞虎点了点头,说道:"县座提醒得极是!提醒得及时!请县座放心!我马上就去布置警力,按照县座的谕旨去侦缉!"

他侧身向身后喊了一声:"方队长,你过来。"不远处应声跑来一个瘦骨横眉的家伙,他上前向曾飞虎敬了个举手礼:"局座,请吩咐!"

曾飞虎对着这个瘦骨横眉、叫方队长的家伙耳语了几句,他答应了一声"是",就点头哈腰地走了。

城墙外,枪声在响着,子弹在横飞。

1927年4月12日,以蒋介石为首的国民党右派势力在上海发动反革命政变后,一股屠杀共产党人的邪风迅速漫卷全国。1927年8月,中共泰和县委书记刘星洪遭到叛徒出卖,国民党泰和县政府县长高本初指令县政府行政科科长张逢时与县政府警察局局长曾飞虎负责抓捕。在叛徒的带路下,张逢时与曾飞虎带着行动组将刘星洪迅速抓捕。他们对刘星洪突击审讯,刘星洪拒不招供。任由敌方如何软硬兼施,刘星洪就是不开口。

高本初恼羞成怒,又怕夜长梦多,下令张逢时、曾飞虎连夜对泰和县共产党首脑人物刘星洪执行枪绝。临刑前，刘星洪通过监狱里的共产党地下组织向上级组织建议："假若我牺牲，可由康纯同志接任县委书记。如果形势变得严峻，必要的话可以将县委机关迁移乡下，以确保工农革命能够继续进行。"

刘星洪是康纯的入党介绍人和革命引路人，对康纯的为人比较了解。刘星洪牺牲后，上级批准康纯接任县委书记。为躲避国民党右派势力的屠杀，康纯遵从刘星洪的建议，连夜率县委机关离开泰和县城，转移到万安县与泰和县交界地区的三十都山区，继续实施泰和县工农革命武装斗争。万安县与泰和县交界地区的三十都，包括冠朝乡、上模乡的广大山区，山岭连绵，树高林密，是坚持农民革命斗争天然的好舞台。

1927年10月，康纯在共产党员、文塘小学校长、江西省委联络员肖拔群的支持下，在三十都文塘小学召开中共泰和县委各区委特支书记会议，讨论和通过组织泰和县农民自卫队攻打泰和县城的决议。康纯委派共产党员、泰和县委通讯员黄万水和共产党员、泰和县紫瑶山游击队队长肖锋前往万安县，寻求万安县委的军事支持和帮助，欲会同万安纵队一起攻打泰和县城。

75

在泰和县城郊，城墙在沉闷的枪声里哼哼着，无力的弹头打在城砖上，仿佛打在深水里一样什么反应也没有，城砖只是显出了弹丸窝窝。

城墙上，国民党泰和县靖卫队的中队长像过街的老鼠一般，在廊道上蹦来跳去，嘲讽泰和农民自卫队的武器不行："泥腿子自卫队，你们这几条破鸟铳，快点丢进赣江里去，赶紧回家同你们家女人睡觉去吧！不然等到老子们吃饱饭，一会儿出城就收拾你们！"

泰和县自卫队的队员们气得直咬牙，尤其是泰和县紫瑶山游击队的队员们恨不得长出一双翅膀，飞到城墙上，把这些反动的国民党泰和县靖卫队撕成八瓣。可是，可恨归可恨，他们对着泰和县城高高的城墙，没法上去，却也无可奈何，只能干瞪眼。

康纯观察着又高又厚的城墙，皱起了眉头，静静地一直不说话，思考着攻破城墙的对策。

紫瑶山游击队队长肖锋静静地站在旁边看着康纯，半开玩笑半发牢骚地说："连机关枪都没有一挺，大炮都没有一门，还有这么高的城墙，怎么能攻打县城？"

康纯漫不经意地回道："泰和农民自卫队是有点穷，哪里可能有机关枪，有大炮？"

"有一个县的赤卫队倒是很富有，听说有大炮，而且还是一个大炮支队。"肖锋突然想起什么，随口答了一句，"万安纵队有个二支队，这个二支队就是个大炮支队。"

"哦？我也听说过。那就太好了！你怎么不早提醒我？现在你去县城南门，把万安县委书记张世熙同志请来，一起商量商量，看能不能向万安纵队借几门大炮用一用。"康纯高兴劲上来了，对着肖锋说道。

"是！"肖锋高兴起来，仿佛捡到什么宝贝似的，跳跃着转身就走。

说起万安纵队，尤其是这个大炮支队，方圆几百公里可是远近闻名，这其中还有一段不为世人知道的故事。

万安纵队里有个二支队，二支队就是大炮支队，支队长叫肖敬焕，副支队长叫肖德材，政治指导员叫曾宪玉。

万安纵队成立之前，在第二次攻打万安县城时，因为久攻不下，农民赤卫军伤亡惨重。万安纵队临时指挥部总指挥曾天宇只好命令撤兵，撤到茅坪区横路村公所，暂时休整一段时间。

第二天下午，万安纵队临时指挥部在茅坪区横路村公所召开了县委"农民革命赤卫军军事工作总结"讨论会。会上，张世熙对曾天宇说："要攻下万安县城，必须要有炮。如果有炮的话，我们的万安纵队攻下万安县城的把握就能大一些，伤亡就不会那么惨重。"

曾天宇说："必须要有炮这个道理谁不知道，可是家底子就这样，又能去哪里弄炮？"

坐在张世熙对面的，是万安纵队夏茅支队支队长肖敬焕，他说："弄炮？茅坪区下龙乡公所有现成的，在下龙乡富农严显翌家就有两门土炮，只是不知杀伤力怎样？"

第十六章　★　炮队

曾天宇听到这个话，转过身子对肖敬焕说："可以，不管它有没有杀伤力，尽快搞过来，试它两炮看看，不就清楚了！土炮也是炮，火力效果比鸟铳梭镖长矛总要强些，总比没有炮要好吧！"

肖敬焕也不知富农严显翌家的那两门土炮是啥状况，却充满信心地说："好。待会我让副支队长肖德材同志带一个赤卫小队，去下龙乡抬来试试。"

散会后，肖敬焕把会上的情况向副支队长肖德材作了传达，肖德材带着一个赤卫小队飞快地从茅坪区横路乡公所赶往茅坪区下龙乡公所。

在下龙乡公所农民协会秘书长严长兴的引路下，肖德材一行人来到了下龙乡富农严显翌家，果然在富农严显翌家的大院里看见了两门黑不溜秋的土炮。

说起这两门土炮的来历，是有一段故事的。国共合作时期，1926年7月上旬，国民革命军誓师北伐，谭道源率领北伐军第二军第五师一部、钟鼎九率领北伐军第六军第十六师一部，从赣州经兴国均村、万安芦源以及遂川零田分头进入万安和泰和境内，两门土炮就是攻打万安县城和泰和县城时留下的。

1926年7月20—23日，国民革命军北伐军冲锋陷阵，不畏艰险，相继攻下了万安县城、泰和县城，然后又兵分两路，一左一右向吉安县城、吉水县城进发，25日攻下了吉安县城和吉水县城。

大家都沉浸在胜利的喜悦中，但谁也没有想到的是，一年时间还没过，以蒋介石为首的国民党右派势力突然发动反革命政变。1927年4月12日，以蒋介石为首的国民党右派势力在上海突然举起屠刀，大肆屠杀共产党人。各地共产党组织和共产党人一时笼罩在血雨腥风之中。为了不束手就擒，他们纷纷举起刀枪与义旗，加入到武装反抗国民党蒋介石反动集团的斗争行列里来。

万安纵队就是在这样恐慌的环境里，在中共万安县委的领导下成立的。万安纵队成立之初，在茅坪区夏露乡夏露村屋背举行授番号仪式大会，陈毅都从井冈山下来参加了，很是隆重。

肖德材站在下龙乡富农严显翌家的院子里，打量着这两门土炮。它们仅是两个腰身一般粗的长筒，炮车什么的都没有，既没有推炮行走的轮子,也没有支撑炮筒的架子。也不知是什么时间造的,放在富农严显翌家的大院里已有一年时间。

经过雨淋日晒,它们的外边已有点生锈。

肖德材带着赤卫小队,在严显翌家的大院里静静地蹲着、等着,他自己不出面,只让下龙乡公所农民协会秘书长严长兴一个人与严显翌交涉。整整过了两炷香的时间,才交涉下来。

待到严长兴与严显翌交涉完,严长兴从厅堂里脸带微笑地走出来,说:"可以搬啦。"

肖德材起身上前,带着赤卫小队队员把几条绳子往炮筒上一套,将几根竹竿串进绳扣里,起身一抬,一口气就将土炮抬到夏露乡公所农民协会办公场地的门口。

夏露乡公所农民协会秘书长肖仁俊听到动静,带着一些农民协会会员过来帮忙。

肖德材请肖仁俊帮忙借两头牛、两个木板车,想把这两门土炮放在木板车里,让牛拉着赶往横路乡公所。

夏露乡公所辖区里除了地主和几户中农家里有牛,农民协会的会员户户都很穷,哪里来的牛,肖仁俊只好去地主家和中农家借牛。地主和中农早就有点厌恶农民协会分掉了他们的田和山,一听说是借牛去拉炮,死活就是不愿意。肖仁俊怎么担保他们都不同意,最后只能是空跑了一趟。

肖仁俊没借到牛,却是借到了两辆木板车。肖德材就把赤卫小队的队员分成两组,一组负责一辆木板车,用人力代替牛力拉车。两名队员在木板车前面拉着木板车的两个把手,其他队员拥到木板车的侧面和后面推着木板车往前走。中途拉车的两个队员感到累了,后面推车的队员就上来顶上。

他们不断地替换着拉车和推车的位置,在崎岖不平的山路上唱着歌拉着大炮向前走。到达茅坪区横路乡公所时已是晚上点灯时分,肖德材和赤卫小队队员们的衣服都湿透了。

肖德材顾不上吃饭,跑去临时指挥部向曾天宇、张世熙、肖敬焕报告大炮抬回来了。曾天宇、张世熙、肖敬焕一听到大炮到了,兴奋得像孩子似的,一路小跑跟着肖德材来看,后面一大帮赤卫纵队队员和农民协会会员也跟着来凑热闹。

曾天宇用手摸着这两门大炮，深感满意，他对张世熙说："这下攻打万安县城有把握啦。"

张世熙点点头，命令支队长肖敬焕全权负责，主抓这两门大炮的修复工作。

肖敬焕当即指挥肖德材把茅坪区罗木匠师徒和肖木匠师徒四人请来，点上几个松油火把，在横路乡公所门口连夜开工，赶做了两辆炮车。天亮的时候，两个崭新的炮车做好了，赤卫队员们把两尊黑黑的炮筒小心翼翼地抬上炮车，队员们个个都乐呵呵的。

肖敬焕与肖德材用布仔细地擦拭着炮筒，好像呵护着刚出生的婴儿一样。

吃完早餐，他们又碰了个头简单地商量了几句，号召夏茅支队的队员们下到茅坪区各个乡公所去收集秤砣、废铁、火药。

76

太阳快落山的时候，队员们收集了几大布袋的"弹药"，陆陆续续地回来了。肖敬焕跑到万安农民赤卫纵队干部轮训班，把共产党员、军事教员曾宪玉找了过来。曾宪玉是万安县武术乡人，在万安县农民革命赤卫军纵队里面是唯一一个懂炮、参加过北伐军、有着实战经验的炮兵。

在第一次攻打赣西重城吉安城时，曾宪玉腿部负伤，根据党组织的安排，他被调到中共万安纵队，负责纵队干部的轮训工作。

有了曾宪玉的指导，肖敬焕和肖德材来了劲，晚饭也不吃，亲自动手制作"土炮弹"。制作完毕，肖敬焕让曾宪玉、肖德材带着赤卫队队员们推着炮车来到了不远处的瘦狼岭，找了个空旷地方，等待临时指挥部的总指挥来检阅。肖敬焕去到临时指挥部，把总指挥曾天宇和副总指挥张世熙请到瘦狼岭来观看。

曾天宇和张世熙看见这两个大家伙修复好了，情绪像松油火把一样，呼啦啦地一下子被点燃了起来。

张世熙对肖敬焕说："这么快就修复好了这两门大炮，你们夏茅支队表

现不错，待打下了万安县城，县委给你们夏茅支队记头功。"

肖敬焕说："也不要给我记头功，待哪一天万安纵队成立一个大炮支队，让我当这个大炮支队的支队长就可以了。"

张世熙扭头看看曾天宇，曾天宇默笑着点点头，张世熙说："好！我以县委书记和万安纵队副总指挥的名义答应你。"

曾宪玉、肖德材把"炮弹"装进炮筒，瞄准前方的一片小树林。

肖敬焕对曾宪玉喊道："预备——！开炮——！"曾宪玉拿着火绳，人往炮后一移，绳子一拉，只见前方火光一闪，"轰隆"一声，好像地在动山在摇，震得在场的农民赤卫队队员们耳朵都嗡嗡作响，前方这片小树林一下子倒下了一大片，尘土枝叶弥漫整个天空。

看到这个情景，曾天宇、张世熙以及在场的赤卫队员们都惊呆了，过了好一阵才醒悟过来，高兴得拍掌叫好。

经过那次成功的试炮，曾天宇有了一个新的思路，他悄悄地对张世熙说："立即召集万安纵队的主官们开个会，讨论万安纵队组建一个大炮支队的问题。"

张世熙很懂曾天宇的心事，当即举双手赞成，并通知肖敬焕、曾宪玉、肖德材三人列席这个会。会议经过讨论，根据曾天宇的提议，张世熙把共产党员、军事教员曾宪玉从万安纵队干部轮训班调到了大炮支队。

张世熙在会议上宣布："从即日起，夏茅支队改为万安纵队大炮支队，肖敬焕任支队长，曾宪玉任政治指导员，肖德材任副支队长，迟些将形成材料报送特委批准。"

曾天宇作会议总结："既然是个大炮支队，就得有个大炮支队的样子，不能只满足于这两门大炮，会后大炮支队的同志们要广泛发动群众，积极去找炮，想办法寻能工巧匠去造炮。"

曾天宇的讲话像一股化雨春风，鼓舞着肖敬焕、曾宪玉和肖德材，他们的心里感到一种滋润，感受到了一股力量。一散会，他们就召集大炮支队的队员们开会，把指挥部的决定传达给每一个队员，并要求每一个队员要不辞劳苦，对曾总指挥的指示精神加快落实。

从这天开始，大炮支队的队员们四处活动寻找大炮。在嵩阳区农民协会活动时，肖德材听说有几个赤卫队队员把松树里面挖空，造了两尊松树

第十六章 ★ 炮队

大炮，试着打过两炮，效果还不错。

肖德材就去察看，觉得很有创意，便把嵩阳区农民赤卫队和这两尊松树大炮"收编"进了大炮支队。张世熙对大炮支队的工作进展表示肯定，向全县农民赤卫纵队进行了表彰。

大炮支队一天天地壮大，支队拥有的大炮尊数也一天天地多了起来。肖敬焕领导下的大炮支队依靠这几尊土炮起家，在政治指导员曾宪玉的严格培训下，大炮支队队员的整体素质普遍得到了提高，大炮支队队员的信心也普遍获得了提升。

过了不久，大炮支队一大队的大队长沈煜星在武术乡大寮村公所活动，与农民协会会员们拉家常，一位叫曾小泉的会员向沈煜星提供了一条很有意义的大炮线索："小寮村的地主曾厝垵家的后山，好像摆有一尊松树大炮，是清朝光绪皇帝那个年代小寮村的村民为抵抗土匪的骚扰，各家各户出钱出人，花了一个月时间合力筑建打造的。"

沈煜星听了心里兴奋，不愿多等，便立即请这位叫曾小泉的农民协会会员在前面引路，带领一大队十几个队员直奔向小寮村地主曾厝垵家的后山。在一棵大枫树下的岩石旁，果真摆放着一尊松树大炮，那炮筒直比乡下农民家挑水用的大桶还要粗，整尊炮身足有一丈多长，由于有大枫树的遮挡，除被一些干枝树叶覆盖着外，丝毫没有受到雨淋日晒，保存得完好如初。

沈煜星找到小寮村农民协会秘书长林子杰说明了来意，并由林子杰陪同，去到了地主曾厝垵家。一进门便开门见山，对他讲了一通农民协会的政策和农民革命的道理，曾厝垵表示支持。

但是，用什么办法把大炮运回大炮支队呢？沈煜星一时有点犯愁。林子杰给沈煜星出主意，说用几条粗绳把大炮绑牢，再把大炮抛在赣江里，随着水流漂向下乡，队员们坐在机帆船上，拉着绑大炮的绳子，随水流的缓急拉紧放松，不用费太大力气，就可到下乡。沈煜星觉得这主意不错，就采纳了。

然而，去哪里弄机帆船呢？林子杰说，地主曾厝垵家就有一艘，过年过节他们上县城去时，都是开着这艘机帆船去的，大炮支队可以节俭下伙食经费，花钱租他家的机帆船。沈煜星与曾厝垵交涉了一阵，本是一个银洋的租价行情，曾厝埯要了沈煜星两个银洋。

沈煜星想了想，同意了曾厝埯的要求，用两个银洋租了这艘老旧的机帆船，并要曾厝埯提供绑大炮和抬大炮的绳子和扁担。曾厝埯得了两个银洋，心底高兴，同意提供绳子和扁担。

77

曾厝埯家这艘机帆船船甲板的长度摆放不下这尊大炮，沈煜星只好把大炮包裹紧，将它抛在江水中，随船一起前行。沈煜星很感激小寥村农民协会秘书长林子杰出的好主意。

林子杰和几个农民协会会员陪同沈煜星及一大队的队员们坐船一起去下乡，然后由他们带船返程，把船交回给曾厝埯。沈煜星带着大炮，坐在这艘老旧的机帆船上，心情畅快。经过万安县城江面上时，他要求队员们不要走出甲板，不要喧哗，怕引起江岸上县城里敌人的警觉，万一敌人向船上打枪打炮就不好了。

船行到了百嘉区的江面上，还是被江岸上的国民党万安县靖卫团的团丁看到了。他们发现是万安纵队的人坐在船上，就疯狂地往船上开枪。

敌人射出的密集弹雨，打得机帆船上的队员们都抬不起身来。一个农民赤卫队队员受了轻伤。

当船到了窑头区的江面上时，沈煜星及队员们才缓了口气，松弛了神经，因为窑头区已经是赤色区域，被窑头区的农民协会掌控着。

机帆船慢慢地靠岸，沈煜星及队员们先上岸，循着绳子，费了好些时间，牵引着江面上的大炮小心翼翼地靠岸，码头上窑头区的赤卫队队员们上前帮忙，把大炮拉上了岸。林子杰和小寥村的几个农民协会会员也不多耽搁，调转船身，直接返回小寥村。

大炮支队政治指导员兼炮兵训练教官曾宪玉看见这尊一丈多长的大炮，心情大振，双手环抱着炮筒，脸贴着炮身，爱不释手，对沈煜星及队员们取得的"战果"大加赞赏。

曾宪玉当过北伐军的炮兵，曾经攻打过赣南重城赣州城、赣西重城吉

第十六章 ★ 炮队

安城，一路冲锋陷阵，算是广闻博见，但也没有见过这么长、这么粗的松树大炮。沈煜星借此机会向曾宪玉提出，以后多来几趟一大队，多指点指点一大队的队员怎么打炮怎么操作，曾宪玉表示义不容辞。

沈煜星关注大炮支队一大队队员们的成长，白天让一大队的队员们出去找大炮、收集火药，晚上把一大队的队员们集中起来，请政治指导员曾宪玉帮助搞训练，每天请曾宪玉给一大队的队员们上一小时的文化课，讲些军事见闻和军事知识。他还把万安纵队正、副总指挥曾天宇、张世熙请来，给一大队的队员们讲革命道理、讲党的政策，亲自督促一大队的政治工作。短短一个月，一大队的战斗力、凝聚力，比其他大队明显高出许多。

沈煜星的家在茅坪区三家村，由于家里穷，很少接触能识文断字的人。参加万安纵队后，他慢慢地认识了几个字。他的文化程度虽然不高，却挺会做群众工作，也善于重用能工巧匠，尤其擅长从细节方面思考大炮支队的发展问题。他觉得大炮支队的队员不但要懂得深入基层找炮，还要懂得寻觅人才造炮。

窑头区通津村公所、通津村农民协会有个铁匠叫刘文昌，说话有点结巴，修枪造炮却很有名。沈煜星听说了，不管天下着大雨，戴着斗笠就去找他。刘文昌是萍乡安源煤矿的一个铁匠，回窑头区通津村之前在萍乡安源煤矿挖过煤，在安源煤矿上见过毛委员。他上过安源煤矿的矿工夜校，听过李立三作演讲，也听过毛委员作报告，政治上主动要求进步，思想上比较有见地，革命觉悟不是普通的农民协会会员可以比拟的。

刘文昌是个孝子，为了照顾年迈的老娘，只得携妻子儿女从萍乡安源煤矿回来。他在萍乡安源煤矿拜得一个名铁匠师，学得一门打铁的手艺，那个名铁匠师后来成了他的岳父。这个名铁匠师的儿子领着他下矿井教他怎么挖煤，这个领班后来成了他的大舅子。

刘文昌回到老家窑头区通津村，就在村东头开了个铁匠铺，以做人宽容、做事勤俭为宗旨，用这门手艺赚钱，勉勉强强养活全家。他在北伐军攻打萍乡重城时，在安源煤矿学会了造枪修炮，方圆数十公里一提到刘铁匠没有不知道的。

安源煤矿的矿工们说，刘文昌什么样的铁匠技术活都懂得做。攻打萍乡重城的北伐部队里面有个叫雷横的团长，挺喜欢刘文昌，专程跑到安源煤矿要把刘文昌带走，提出让刘文昌做他的副官。刘文昌的岳父和妻子一听说是去当兵，死活不同意，刘文昌也就没走成。

刘文昌的老家在窑头区通津村，通津村的小伙子大都有股子蛮力气，却不知选什么活干好，就都想拜刘文昌为师，学点手艺。刘文昌左挑右挑，沾亲带故地收了三个青年做徒弟。他们有活干时就在铁匠铺干活，没活干时就下农田干活。

沈煜星作为大炮支队一大队的大队长，来自茅坪区三家村的一户农民家庭，从小受尽地主的欺凌，他很是理解这些手艺人的艰辛，为了养家糊口没人闲得住。

在铁匠行当，大家向来是重技惜品的。在安源煤矿一带，对于拜师学打铁都较为认真。拜师之前，一般需订立师约，且师约约定得很清楚，学徒出师之后要帮师五年，方可允其独立门户。否则，就会被同行业的人所唾弃，也不易为社会客户所接受。

刘文昌在三十岁左右当起了正锤男丑，是隶属于师傅门下的掌锤一脉，同炉帮锤的叫正锤小丑。那时的安源煤矿是煤矿主的钱袋子，他们与地方军阀勾结，配备军警黑霸，上面又勾结帝国主义买办，尽干些压榨铁匠铺师傅劳动力的勾当。无论掌锤的男丑、帮锤的小丑怎样起早贪黑、拼命地干，一个月的收入也养不活一家人，只能饱一顿、饥一顿，凑一天、借一天地过日子。

好在刘文昌拜了个名铁匠做师傅，学得了名铁匠的一手打铁绝技，在安源煤矿矿区，走到哪里，哪里的煤矿工友们都很尊重他、维护他，他的日子过得也就不算太拮据。这是刘文昌心里最感宽慰的一件事。

第十七章

高手

78

沈煜星一听到有这么个奇才,便决定去窑头区通津村将他争取过来。沈煜星到了刘文昌的家里,了解到他家日子过得并不好。他的母亲和妻子想在河岸边开垦块荒地种菜,村霸马文贵说那是他家的,不让种。

沈煜星亲自陪同通津村农民协会秘书长刘有田到马文贵家去交涉。马文贵慑于农民赤卫纵队和农民协会的发展势头,在沈煜星和刘有田面前松了口,没有坚持说这块荒地是他家的。

乘此机会,通津村农民协会的会员在秘书长刘有田的带动下,满头大汗地帮助刘文昌家开垦了这块荒地。秘书长刘有田做介绍人,邀请刘文昌加入通津村农民协会,帮助他们家解决了一些生活上的困难,也向他们家讲了大炮支队急需一些铁匠帮助造炮的情况。

有一次刘文昌的母亲病重,刘文昌请了通津村的郎中来看病也没有看好,急得他像灶台上的蚂蚁团团转,不知怎么办才好。刘有田立即把这个事告诉了大炮支队一大队大队长沈煜星。

沈煜星找到窑头区农民协会秘书长程匀财,让程匀财想办法寻个好郎中上刘文昌家给他的母亲看病。程匀财发动农民协会会员出主意,提供哪里有好郎中的线索。最终在十几里外的坑洼背村找到了一个中医世家,把名叫王槿的老郎中连夜接到了刘文昌家。

这位叫王槿的老郎中给刘文昌的母亲搭了脉,开了个中药方子,捡了三副中草药喝，没两天工夫老人家就好了。程匀财和刘有田乘机做刘文昌的思想工作，请他加入万安农民赤卫纵队大炮支队。

刘文昌想留在通津桥头的铁匠铺赚钱，这时他的母亲把他拉到一边，教训他要懂事，不要只记挂着在家里过日子。他的妻子也回心转意，同意刘文昌参加万安农民赤卫纵队大炮支队。

刘文昌见母亲和妻子都同意，便带着三个徒弟，挑着几担打铁的家什，参加了农民赤卫纵队大炮支队，把大队长沈煜星高兴得合不拢嘴。

刘文昌认识一些铁匠，沈煜星便请他出面，把这些铁匠都介绍过来，一个介绍一个，不久一大队就拥有了一个铁匠区队。

沈煜星亲自为他们寻觅住房，开设铁匠工作场所。沈煜星报请大炮支队支队长肖敬焕，肖敬焕任命刘文昌为铸炮修炮区队区队长。这个铸炮修炮区队的成立，引起了万安农民赤卫纵队临时指挥部总指挥曾天宇、副总指挥张世熙的注意。临时指挥部高规格地给铸炮修炮区队配备了一名政治辅导员，叫郭厚淡，泰和县苑前区人，共产党员。

郭厚淡出身农民家庭，在铸炮修炮区队时，技术上处处以刘文昌为核心，与他相处融洽，双方都工作得很开心。刘文昌带领铁匠们不分昼夜开炉铸铁，俨然已是万安纵队的一个铸炮修炮工厂。他们流水作业，不久就造出了一种符合松树大炮特性的炮弹。

这种炮弹的材质容易找，且具有一定的杀伤力。刘文昌试了一炮，把半个篮球场大的地皮炸得尘土飞扬，威力很大，与北伐军攻城时用的炮弹效果差不多。刘文昌还画了张改装炮车的设计图，并交给了沈煜星。沈煜星不敢耽误时间，赶紧把图转给了支队长肖敬焕。

肖敬焕和曾宪玉正在吃饭，肖敬焕接过设计图，饭也不吃，琢磨了半天，似懂非懂，又将图转给了政治指导员曾宪玉。曾宪玉是个行家，他只看了一袋烟工夫，就赞不绝口地说："高手啊！真是个高手！好高明的改装设计图！"

肖敬焕说："比你还高明？"

曾宪玉说："那是当然！好有一比，如果我是小学生的话，他就是大学生。"

曾宪玉把大炮支队的通讯员喊来，让他立刻去茅坪区把罗木匠师徒、

第十七章 ★ 高手

肖木匠师徒四人请来，有重要任务要他们完成。

罗木匠师徒、肖木匠师徒四人来了，曾宪玉把炮车改装图交给他们，请他们连夜开工，按照图纸的设计依样打造出来。四人接过图纸，看了看，信心十足，异口同声地说："保证完成任务。"

曾宪玉又去临时指挥部找副总指挥、县委书记张世熙，要县委出面，帮助大炮支队解决找一些黄牛的问题，张世熙爽快地答应了。

在罗木匠师徒、肖木匠师徒四人的连夜赶工下，新设计的炮车如期打造出来了，炮车的轮子用铁箍箍起来，大炮的炮筒上披盖着一块浅蓝色花罩布。

在万安纵队指挥部决定第四次攻打万安县城的时候，万安县区乡村凡十六岁以上、五十岁以下的农民协会会员，都自带着梭镖、大刀、鸟铳加入了农民赤卫纵队，参加攻打万安县城的战斗。大炮支队整个支队最先出发，十几头黄牛披红挂彩，"一"字顺序列队，走在农民赤卫纵队前面，拉着大炮依次往县城走，这种壮观的场景引来许多老人和孩子争着观看。

他们都惊喜地说："万安纵队了不得，一个月时间不到，连大炮支队都有啦！"全体大炮支队队员个个情绪激昂，在肖敬焕、曾宪玉的带领下，打响了攻打万安县城的第一炮，炮弹的威猛让人胆战，他们接连不断地炸塌了东门、北门和南门。

大炮支队的大炮一停下，爆破支队便迅速跟进作业，抵近县城城墙继续爆破。爆破作业一完成，爆炸声响、惊声尖叫、喊杀声此起彼伏，融在一片片巨大的红焰火光中。为争取这座县城的新生，万安纵队敢死队的队员们都愤怒、勇猛，庄严地赴死，很多不知名字的敢死队队员就这样无怨无悔地在冲锋中牺牲了。沿着炮火炸开的城墙口子，跟随着敢死队队员发起的冲锋，其他支队紧随在敢死队的队伍后面，也持续不断地进行冲锋，他们冲进县城，同国民党驻守万安县城的刘士毅的一个团和王均的一个工兵连及国民党万安县的一个靖卫团展开肉搏。

于是，纵队队员们的梭镖、大刀、镰刀、鸟铳与敌人的枪刺互相斫击起来，梭镖在轧轧响，大刀在唆唆斫着，镰刀在劈着，鸟铳在击个不停，敌人的枪刺也在刺着，纵队队员和敌人似一片片深秋的树叶一般，纷纷被对方斫倒。战斗进行了一个多小时，除坐船逃走的敌人，余下的全部被歼

灭了。

没有被赤卫纵队打死的国民党守敌都如醉汉一般,疯狂地从万安西门码头上船,逃往赣州。万安县城打下来了,宣告中国最早的五大县级苏维埃政权之一、江西省第一个县级苏维埃政权——万安县苏维埃政府成立,县农民协会秘书长刘光万任首任县苏维埃政府主席。农民革命的巨大胜利,极大地鼓舞了农民赤卫纵队的战斗热情。

大炮支队尝到了打仗的甜头,大家纷纷到县苏维埃政府门口表决心,请求开拔到泰和县、吉安城去,配合友邻县的赤卫队攻打县城和市城。刘光万见了郭厚淡、刘文昌等大炮支队的中层干部们,说:"好啊,你们的革命热情感动着我!你们的勇敢顽强激发着我!你们的大炮威力鼓舞着我!你们猛虎般的胃口支持着我!等着吧,不用多长时间,就会有更重的任务迎接你们!"

一天,大炮支队正在百嘉区黄滩村集训,刘光万给肖敬焕来了封急信,要大炮支队一大队连夜开拔,配合张世熙率领的赤卫军主力一部赶去泰和,支援泰和县赤卫队攻打泰和县城。

张世熙带着万安赤卫纵队主力一部在茅坪区夏露村休整,夏露村离泰和县三都区上模乡比较近,随同泰和县委派来的联络人肖锋先行出发。

大炮支队一大队在大队长沈煜星的催促下,随后也悄然整装出发,几头黄牛拉着几尊大炮牛蹄不停,出百嘉乡,走窑头乡,前往泰和县城郊。中途下了场暴雨,道路泥泞,黄牛拉着大炮不好走,一路走得有点慢。

在朦胧的夜色中,泰和县紫瑶山游击队队长肖锋依照泰和县委书记康纯的命令,一路慢跑,来到泰和县城南门,找到了张世熙。

肖锋说,康纯书记请他过去商量军事。

张世熙与支队长和大队长们正在分析泰和县城里敌人的守军和驻守情况以及攻打路线,听了肖锋的传达,二话不问就跟着肖锋过去北门。

来到康纯主攻方向的县城北门,康纯见到了张世熙心情振奋,热情地与张世熙握手。

康纯坦荡地对张世熙说:"泰和县城城门坚固,泰和农民赤卫队没有重武器,如何才能尽快攻破县城城门?"

第十七章 ★ 高手

张世熙对康纯说:"这个问题已不是问题,出发前我就想到了,我通知了刘光万主席联系大炮支队,派一大队带着大炮前来泰和县城郊支援,现正在来的路上。大家不要急着发起攻打,先这样围起来,过一阵子大炮支队一大队的大炮一到,大家才攻打。"

过了半个多钟头,泰和农民赤卫队的观察哨前来报告,万安纵队大炮支队一大队到了。

一听到大炮支队一大队到了,康纯带着翁德阶、肖拔群、胡运椿、肖锋等泰和赤卫队的领导亲自跑上前去迎接,高兴地与沈煜星握手。

泰和农民赤卫队的队员们也主动接过牛绳,引着黄牛往前走,帮着一大队的队员们把大炮带入阵地。

安静的夜幕下,一堵坚固的城墙高耸在空中。一大队的几个炮手放亮眼神,聚起精神,仔细地察看地形。每个炮手的手中都拿着一个三角尖木头,他们把那个三角尖木头放在炮筒上,当瞄准器对着泰和县城高高的城墙瞄准。

三角尖木头不断地变换着位置,炮手也跟着三角尖木头角度的需要挪动着,刘文昌站在大炮的中间左右指导着。这几个炮手都是刘文昌的徒弟,一个叫罗光,一个叫刘吉安,一个叫肖钦山,都是一大队铸炮修炮区队的骨干。张世熙走到刘文昌跟前问道:"在夜色下开炮,有把握吗?"

刘文昌专心一意地指导着炮手们瞄准,没有吱声,也没有回过头来看张世熙一眼。参加万安纵队以来,他还没有见过张世熙,不知道站在跟前的这位正是万安县委书记。

79

银白的月光洒落在荒野上,月色渐渐地变得明朗起来,满荒野里都是重重的树影。不时有一阵风刮过,唿唿地吹着头顶上的树枝,把些许树叶刮落到地上,发出"吱喇吱喇"的音响。经过训练的农民赤卫纵队队员们,谁也没有留意到这些,也没有谁发出一点杂声。

这时,大队长沈煜星来了,发现站在刘文昌跟前的张世熙,立即上前

敬礼,说:"张书记,下命令吧!"

刘文昌这才回过头来,有点不好意思地说:"有……有把握,下……下命令吧!"张世熙转过身子,看了看站在不远处不作声的康纯,用手指指手上的手表,康纯赞同地向张世熙颔颔首。张世熙回转身,对刘文昌点了点头。

炮手罗光、刘吉安、肖钦山回过身去点火,三声沉闷的巨大轰响,震得地动山摇。有一发炮弹从城墙顶上飞过,落在城墙外的一棵大槐树边爆炸开了,像波浪一般的爆炸震撼力,把那棵大槐树也震倒了。

大槐树不远处是万安纵队主力一部选中的准备进攻点,还好,没有打中万安纵队主力一部的人。另一发炮弹落在远处的一口水塘里,"嗡呜"一声,发出闷倒驴般的爆炸响,把水塘里的水和鱼炸得都窜上高空,水和鱼的肚白在月光下显得格外清晰,参差不齐地闪着银白色。

第三发炮弹呼啦啦地从县城里敌人守军的哨楼上擦过,在敌人守军哨楼的侧面"咣"的一声爆炸了,扬起的冲天土尘在敌人守军哨楼上的夜空中弥漫。

泰和县城里的敌人守军在梦中被这三发炮弹的巨大爆炸声炸醒,他们在吵吵闹闹、惶惶不安中上蹿下跳,他们不敢相信,几天工夫,泰和农民赤卫队就有大炮了,而且直接用来攻打泰和县城了。巨大的炮弹爆炸响声,传遍了整个泰和县城,他们才知道是泰和赤卫队在攻打县城。

然而,泰和赤卫队一夜之间从哪里变出大炮来了?!莫非是井冈山赤匪朱毛突然下山来了?!城内的敌人守军个个变得惊慌失措,顾不得打听这些东西,只能带着疑惑,赶紧逃命要紧。

国民党泰和县靖卫队队长兰金华有一种军人的警觉,他从泥腿子赤卫队进攻县城的炮声里判断出这次泰和县城恐怕是保不住了,三十六计走为上计,还是保命要紧。

兰金华屁颠屁颠地跑去泰和县政府,想借机卖个忠心耿耿的人情给高本初,提醒县长大人高本初与他一起逃走。还没有走到县政府的大门,他就碰到警察局局长曾飞虎从大门里出来。兰金华问曾飞虎:"你怎么出来了?县座呢?见到县座了吗?"

曾飞虎表现得倒也坦诚,对兰金华说:"你我还是赶紧出城,各自逃命

第十七章 ★ 高手

去吧，这个时候哪里还找得到我们的县座？"原来，高本初在城墙上用望远镜观察时，就察觉出了泰和赤卫队这次围攻泰和县城与以前不同，看到他们有恃无恐地打枪却不立即向县城发起进攻，已猜测到他们是在等待援军。

高本初老奸巨猾，在国民党官场浸淫多年，阅人事无数，有一套自己的处世经验，通过泰和农民赤卫队这次攻打县城的淡定，他暗地里猜测：

"方圆数百里，突然冒出的赤匪武装好多。然而，最强大的赤匪队伍只有两支，一支是井冈山朱毛领导的赤匪武装，一星期前他们去了湖南，欲攻打长沙，但远水不解近渴，他们要赶回泰和县支援泰和农民赤卫队是不可能的；另一支是万安县曾张领导的赤匪武装，他们不久前攻下了万安县城，成立了万安县苏维埃政府，用兵势头正盛，是农民赤卫队里最有可能增援泰和县的一支赤匪武装。"

80

高本初走下了城墙，一路走一路想，越想越害怕，他回到国民党泰和县政府衙门内，叫行政科科长张逢时备好行装，揣上县政府的大印，准备趁着夜幕降临赤卫队的援军没有到来之际悄悄溜出泰和县城，逃往吉安城。

张逢时恰好收到了一份急电，高本初匆匆瞄了一眼内容，是国民党驻吉安城第一四八旅旅长成光耀发来的，他已代替金汉鼎接防了吉安城，电报上面写道：

"泰和县：

一、红匪独立第五纵队筱日左右经泰和于万安集结。

二、王劲修部官兵代表至红匪第五纵队接头，约有三营武装愿投诚我部，不过大部驻防永丰，愿乘机反水红匪战，已令王劲修部注意配合与接收。

三、万安我部内线报告，红匪曾张农民赤卫军武装一部有援太

（泰）和迹象。

四、太（泰）和为红匪康纯部，万安为红匪曾张部，有联合攻打太（泰）和息，此据万太（泰）内线报告。

五、红匪吉安、万太（泰）独立第七纵队、万安纵队均在干（赣）江沿岸向我部示威，我部拟派出李坤团一部围剿，望泰和予以配合。"

高本初看完急电，更加坚定了自己的分析，他乔张打扮一番，让张逢时拿着简单行装，揣着衙门的大印，紧闭县政府大门，搬了张梯子溜到后院，爬上高墙翻墙而出，经赤卫队防守薄弱的东门，坐上张逢时早已备好的马车，与张逢时直奔吉安城方向而去。

因此，在罗光、刘吉安、肖钦山打偏的三发炮弹发出了巨大的爆炸声，惊吓住了县城里所有的敌人守军之时，高本初和张逢时已出了城，不在泰和县城中了。当兰金华和曾飞虎到县政府衙门找高本初时，自然就找不到他了。

罗光、刘吉安、肖钦山三个炮手在攻打泰和县城的紧要关头，同时把炮弹都打偏了，张世熙和康纯都在一边察看，大炮支队这个面子丢得够大的。

大队长沈煜星有点着急起来，对刘文昌说道："怎么搞的，紧要关头掉链子，这是怎么回事？"

一大队的队员也有不高兴的，都有点责怪三个炮手关键时刻不争气，头一次出县境配合友邻赤卫队攻打县城，怎么就出了纰漏？

刘文昌相信自己的技术，没有责怪自己的徒弟，而是借着月光俯下身子仔细察看，寻找炮弹打偏的原因。刘文昌发现，炮车下的土质松松的，炮手点火，炮弹射出炮筒的瞬间弹力迫使炮架出现跳动，炮架一旦跳动，炮弹出膛的瞬间就会偏离着陆点的轨迹，就打不中原先瞄准的目标地了。

炮弹打偏的原因找到了，刘文昌心中有了底，他不慌不忙地对沈煜星说："大……大队长，不……不能怪我们。"

"不怪你们，那怪谁？怪国民党的县太爷高本初？"沈煜星批评刘文昌。

第十七章 ★ 高手

刘文昌用手指了指炮车下松散的土质，怕沈煜星没有搞懂，又用脚踩了踩地上的空心木头板，进一步解释道："你看……看看这个土质，看看……地上的这个……这个空心木头板，看看这……这个炮车底下，土……土质不实，地形空心，哪有不……不打偏的道理？"

沈煜星想说什么，张世熙上前拍了拍沈煜星的肩膀，制止他继续说下去。沈煜星似是话到了嘴边又咽了回去，闭着嘴什么也不说。

张世熙上前几步，察看了一会儿炮车下的地质，也看出问题来了。原来，三尊松树大炮安放在沟壑壕里，临时铺设的木头板下面都是空心的，土质空虚，没有用土砸实，这样炮身后座在发射时，炮弹出膛的瞬间地质不实炮架就出现了跳动，自然也就影响了目标地的命中。

张世熙叫沈煜星调来十几个队员，立即用带来的工具把这个沟壑壕用土填平并砸扎实，然后把炮车推过来重新安放在上面。

刘文昌上前，双脚用力踩了踩，满意地点了点头，对张世熙笑了笑，说："这……这下好啦，不用担心打……打偏，张书记。"

张世熙严肃地说："区队长同志，这回不能怪土质不实了，你们若是再打偏，可就说不过去了。"

刘文昌用手挠了挠头皮，有点尴尬的样子，对张世熙保证道："书……书记同志，这……这回若打不中，你……你枪毙我。"

队员们有点替刘文昌作的保证担心，不过潜意识里也相信他们一定有这个能力。

刘文昌亲自上阵，从肖钦山、罗光、刘吉安手里拿过三角尖木头，一一在每尊土炮上认真比划了几次，满意地点了点头。他向肖钦山、罗光、刘吉安扬扬手势，三个炮手会意地走了过去，站在自己的大炮后面，等待着刘文昌的号令。

刘文昌看看大队长沈煜星，沈煜星没有回应，他把视线又转向了张世熙。

张世熙用鼓励的眼光看了刘文昌好一会儿，信任地向他点了点头。刘文昌转身对着三位炮手喊道："各就各位，预备，放！"

三位炮手同时间点火，"轰隆！""轰隆！""轰隆！"三发炮弹几乎是同时间出膛，不偏不倚，各自打在了目标地上。只见城墙上的大门被轰然打塌了，城墙上架设的机枪被炸飞了，高楼上二十四小时俯瞰全城的射击手随同高楼一起被震塌在地。

在炮弹巨大的爆炸声中，万安纵队和泰和农民赤卫队的队员们呐喊着，冲锋着，挥舞着梭镖、大刀、长枪、鸟铳，一起冲进了县城。

张世熙脸上带着胜利的微笑，使劲拍了拍刘文昌的肩膀，一一地与肖钦山、罗光、刘吉安握了握手，兴奋地对他们说："区队长同志，三位炮手同志，你们真是好样的，回去了县委好好给你们记一功！"

万安纵队人多，平日训练有素，打起仗来比泰和农民赤卫队更讲究技术、章法和战术，不到两个钟头泰和县城就被高本初最看不起的泥腿子梭镖大刀鸟铳武装给拿下来了。

战斗结束，天才刚刚亮，泰和县城的大街小巷还挂有一种幽丽浮漾的露水，潮乎乎的新鲜。

81

星星和乌云在高空中渐渐地消散，阳光穿过醉酡茫茫的云际，给大地撒上一层斑驳的金色，清冷的微风吹拂在每个农民赤卫纵队队员的脸上，使累极了的队员们从苏醒的县城中获得了一种宽广的活泼和庄严的快乐。

万安纵队主力一部及大炮支队一大队在泰和县城吃完早饭，在张世熙的带领下精神抖擞地返回万安，向万安纵队总指挥曾天宇作了汇报。

第二天上午，康纯委托泰和县紫瑶山游击队队长肖锋用三辆大板车拉着五头大肥猪，来到万安县苏维埃政府门前，向张世熙、刘光万和万安纵队表示感谢。

经张世熙指示，由大炮支队支队长肖敬焕通知，请来一大队大队长沈煜星和一大队三区队（铸炮修炮区队）刘文昌、肖钦山、罗光、刘吉安等五人，接受中共泰和县委的赠礼。

受康纯委托，肖锋代表中共泰和县委给大炮支队一大队沈煜星授予了一面锦旗，锦旗上写着"英雄的大炮支队一大队"；给一大队三区队（铸

第十七章 ★ 高手

炮修炮区队）刘文昌、肖钦山、罗光、刘吉安师徒四人奖励了十二块银圆，每人获得奖金三块银圆，以资助他们的家用开销。

刘文昌、肖钦山、罗光、刘吉安师徒四人都没想到每人能获得三块银圆的奖励，高兴得都合不拢嘴。

特别是刘文昌，一得到这三块银圆，就向大队长沈煜星请假，要求回家一趟。区队长请假，但沈煜星只是个大队长，哪里有权力批准？

刘文昌只好向支队长肖敬焕请假回家，要把这三块银圆孝敬给老娘。他回到了家里，心里高兴，在老婆面前好像路也不会走了，嘴里还不停地对老婆说："我……我们攻打泰和县城，立……立功啦。"

下午，刘文昌赶回了一大队，向支队长肖敬焕销假。刚好二支队（大炮支队）厨房班的人正在杀猪，刘文昌还不知究竟。原来是万安县苏维埃政府主席刘光万鉴于一大队在支援泰和农民赤卫队攻打泰和县城时表现出色，奖励二支队（大炮支队）一头猪。

支队长肖敬焕把这头猪交给了支队厨房班，叫支队厨房班班长把猪杀了，做了一顿白米饭，让全支队的人改善一下伙食。吃饭时，张世熙来到二支队（大炮支队）讲话，鼓励二支队继续努力，总结经验，争取在以后的斗争中继续创造更大的战功。

在此后的历次战斗中，二支队（大炮支队）在中共万安县委的领导下，经常出去支援和配合农民赤卫队友邻部队打仗，取得了很多成绩。

时间一晃，许多个年头过去，熟悉这段历史的老人大多也已经不在世了。现在讲出这段历史，很多人也许只是一笑而过。但想到当年那段艰苦的岁月，有点良知的人心里可能就别有一番感受。为了不忘这段艰辛的历史，今天在这里重新讲一遍这个故事。这也是老一辈革命者受人尊敬、荣获英雄冠冕的基础，愿这段辉煌的历史后人永远不忘。

第十八章

任务

82

1929年9月24日,湘系军阀、新任国民党江西省政府主席鲁涤平突然对吉安驻军实施换防,将原驻防吉安之滇军金汉鼎第十二师调往赣州,将驻防宜春的成光耀第一四八旅调防到吉安。成光耀驻防吉安,负责赣西剿赤,天天叫嚣着要"拿湖南的屠杀经验来肃清江西的共匪",开始对赣西实施高压政策,赣西地区的血腥屠杀更加疯狂了。

成光耀昼夜不间断地在城内进行大搜捕,对形迹可疑的人实施逮捕,任意将其怀疑的人认作共产党,"宁愿错捕错杀一千,也不漏掉放过一个"。他一面对吉安赤色区域的进步人士实施血腥镇压,企图彻底破坏赣西各县乡的地下组织和特委在吉安城区的机构和组织;一面调动优势兵力下乡,支持吉安城周边各县的财主豪绅武装清剿农民协会和农民赤卫队,妄想一举扑灭赣西农村的革命烈火,恢复财主豪绅的反动政权。

吉安城内外一时间都笼罩在一片恐怖血腥的气氛里,许多县区乡镇都有部分党团干部反水,加入到反动派和财主豪绅的阵营里,赣西地区大部分的城镇乡村、赣西特委内外的组织中都漫延着一种悲观失落的情绪。

中共赣西特委鉴于吉安革命形势日益严峻,特委书记刘士奇感到肩上的担子很重,他思前想后,毅然决然地将工作中出现的诸多问题如实地向中共江西省委作了专题汇报。1929年10月22日,中共江西省委派出的由江汉波、蔡升熙两人组成的巡视工作组来到了赣西特委巡视。

第十八章 ★ 任务

这个以江汉波为组长、蔡升熙为副组长的省委巡视组，在时局危难时期赶来吉安巡视，算是来得正当时，给革命处于低潮中的赣西特委适时地送来了斗争的力量和革命的信心。他们给赣西特委带来的中共中央通告第49号文件精神像晨曦、像曙光，照耀着赤色区域农民协会、农民赤卫队的前进方向。

省委巡视组来到吉安的第二天，就组织赣西特委及机关党团班子隆重地召开了一个文件传达工作会议。省委巡视组组长江汉波向赣西特委及与会的党团干部们通报了中央第49号文件通告，传达了中央关于"武装拥护苏联与反对军阀战争"的指示精神和省委的"除完成中共赣西特委领导的江西红军独立第二、第四团的扩兵外，还需完成江西红军独立第三团和赣西游击第一、第二大队等地方武装力量的组建"等政治任务。

省委巡视组副组长蔡升熙根据中央第49号文件的指示精神，结合赣西革命斗争敌我态势实际，提出吉安苏维埃政权须加紧建立并扩大红军队伍，关心农村农业经济和武装农民赤卫队，坚决采取武装进攻粉碎国民党反动武装屠杀我革命工农的策略，以及积极消灭赣西地主豪绅的反动武装，扩大吉安苏维埃赤色区域的方针。

赣西特委及机关党团班子积极组织了中央通告第49号文件传达的讨论会，明确表态支持以"攻取赣西重城吉安"作为赣西特委下一阶段内的"中心斗争口号"，坚定支持落实以"消灭赣西的国民党反动政权，建立工农兵苏维埃政府"为赣西特委下一时期内的"核心工作内容"。

在中共江西省委巡视组的有力帮助下，赣西特委党团内外的思想认识普遍得到了提高，革命热情重新获得了生机。为了实现对赣西、赣西南、湘赣边的统一领导，江西省委巡视组决定成立一个新的行政领导机构。

为了把"攻取赣西重城吉安"的口号变为现实，中共赣西特委被省委巡视组取消，决定成立赣西南特委，刘士奇当选为赣西南特委书记。组建赣西南军事总行动委员会和南路、北路军事行动委员会，组建赣西南赤卫纵队总司令部，并拟定了"各县群众起来暴动，配合赣西南红军和赤卫纵队，肃清吉安外围之敌，联络朱毛红军主力，支援和配合中共赣西南特委攻取吉安城"的军事计划。

1929年11月初，在中共赣西南特委紧锣密鼓的领导下，赣西南各县农民协会和农民赤卫队纷纷行动起来，吉安、吉水、安福、分宜、泰和、万安、永新、兴国等县农民协会和农民赤卫队在"攻取赣西重城吉安"和"消灭赣西南的反动政权，建立赣西南工农兵苏维埃政府"口号的鼓舞下，重新拿起梭镖、柴刀、斧头、镰刀、扁担、鸟铳等原始武器，纷纷起来斗争。

在中共赣西南特委的统一领导下，赣西南各县县委领导分工分片下乡，号召各县农民协会组建农民赤卫纵队武装，各县的农民协会对攻打吉安城策略开始拥护和行动起来。

83

赣西南特委在工作中除了注意发动群众外，也要求各县农民协会及赤卫纵队留意收集成光耀在吉安城及周边县乡镇的布防情况。

赣西南特委注意到，成光耀在吉安城外围增设了电网，赣西南红军和赤卫纵队若想攻取吉安城，必须想办法突破国民党成光耀第一四八旅设在吉安城外的一道道电网。

然而赣西南红军和赤卫纵队若想突破吉安城外的一道道电网，必须设法搞到足够多的黄牛，像《三国演义》中的诸葛亮那样，用一群黄牛去蹚破敌军的电网阵地。赣西南红军和农民赤卫纵队连续开会，讨论怎么样筹款买黄牛的事项。

不久款筹够了，可是赣西南红军和赤卫纵队去哪里买这么多的黄牛呢？

赣西南特委的领导数次开会研究，都谈论到了一个地方——泰和县马家坨的耕牛交易市场。赣西南特委只有尽快派出一支农民赤卫武装，控制住这个耕牛交易市场，赣西南红军和赤卫纵队才有机会买到足够多的黄牛，才有机会蹚破敌人在吉安城外围设置的电网和完成攻取吉安城这一战斗任务。

赣西南特委思虑再三，决定把这个任务交给红军独立第五师来完成，由于时间紧迫，特委连夜给独立第五师下达了这个战斗任务。

独立第五师秘密驻扎在泰和县虎跳涧。师长吴高群一接到赣西南特委的命令，立即和政委李四环、副师长高自力及参谋长陈奇涵研究起来，很

第十八章 ★ 任务

快拿出了一个稳妥可行的方案。

参谋长陈奇涵建议，把这个任务交给泰和县独立营来完成。师长吴高群、政委李四环及副师长高自力勉强同意了参谋长陈奇涵的这个建议。

泰和独立营组建刚满一个月，各种人事尚在磨合当中，营长肖锋、政治教导员田涛能不能完成这个任务，吴高群、李四环和高自力有点吃不准。

然而，肖锋、田涛毕竟是革命队伍里的老同志，尤其是营长肖锋，还是泰和县土生土长的赤卫队干部，对完成这么一项战斗任务应该驾轻就熟，是能够完成这个任务的。

谁知没等独立第五师把任务布置下去，成光耀洞悉战略先机，已抢先了红军独立第五师一步。原来，久经沙场的成光耀意识到了马家坨这个耕牛交易市场是一个充满着某种隐患的地方，立即对这个地方采取了地主豪绅武装进驻的策略。

历史上但凡搞军事的人，大多是视野开阔擅长谋略的。这个马家坨耕牛交易市场战略意义显著，成光耀第一四八旅没进驻吉安城之前就已把它列入了军事管制的范围。一向擅长军事地情观察的成光耀，将马家坨列入了他的战略视线之中，似乎也在常理之中。

84

果然，就在第一四八旅正式进驻吉安城的第二天，成光耀就亲自致电国民党泰和县政府，提出马家坨这个地方须采用军事手段进行管制。

泰和县县长高本初，曾在南昌与成光耀有一面之缘。高本初一接到成光耀的电话，吓得身体有点直冒冷汗，他一放下电话就赶紧调兵遣将。

在电话里成光耀没有多说什么话，仅是毫不避讳地提醒高本初，马家坨耕牛交易市场是个重要军事目标所在，他要求高本初调派一支强有力的武装立即进驻马家坨耕牛交易市场。

高本初接到吉安驻军最高军事长官的致电，自然是没敢怠慢，下令泰和县清乡团辖下的澄江中队立即进驻马家坨耕牛交易市场。

澄江中队原属国民党泰和县靖卫团，在上一任驻防吉安之滇军金汉鼎第十二师的一个团长廖达峰的权力作用下，一个叫谢成墟的当上了靖卫团的一个中队长，还是由这位高本初亲自主持从靖卫团调入泰和县清乡团的，泰和县清乡团一个中队则调到了泰和县靖卫团。按高本初的话说，美其名曰"中队交流，战力提高"。

澄江中队中队长谢成墟当中队长之前是个排长，与县靖卫团团长刘文峰当副中队长的小舅子许家宝为争夺这个中队长位置，曾经大打出手闹了矛盾，引起了刘文峰的不满。为了小舅子许家宝，刘文峰慢慢地对谢成墟有点厌恶。

谢成墟有个表哥叫许成洲，在云南昆明经商多年，做的都是滇军的生意。许成洲做人圆通，货价公道，出手豪爽，因此生意做得较大，从而也就认识了很多滇军里的军官和太太。

在昆明一次金汉鼎的小姨子的生日宴上，许成洲认识了滇军金汉鼎第十二师下面的一个团长，名叫廖达峰，从此与他生意往来密切。廖达峰为了能赚点外快，没少利用滇军的人脉帮助许成洲。

许成洲深谙社会世故，也懂得投桃报李，对廖达峰及他的家人出手阔绰大方，彼此颇为欣赏。

1928年7月，廖达峰的这个团随金汉鼎第十二师调往赣州驻防，对赣南共产党和赣州周边农民赤卫纵队实施清剿。

因赣西共产党活动得厉害，农民协会闹腾得也频繁，激怒了当时的国民党江西省政府主席朱培德。

1928年10月，廖达峰的这个团奉朱培德和金汉鼎的命令，随金汉鼎第十二师驰援赣西，支援国民党吉安驻军对赣西工农武装的围剿，以期彻底清除赣西赤色区域的共产党组织和农民赤卫纵队。然而围剿了几次都没能剿除干净，反而越剿越多，部队也就留在了吉安城驻守。

廖达峰的团司令部设在吉安城西门，距离设在吉安城东门的金汉鼎第十二师师司令部也不远。

在吉安城驻扎了数个月，廖达峰的这个团在金汉鼎的督促下，多次出动到周边的县乡镇清剿共产党组织，一直未见有大的战果。廖达峰感觉赣西的共产党和农民赤卫纵队难以剿完，就逮捕了一些疑似共产党的老百姓作为战果，应付上面的检查了事。

许成洲在昆明得到金汉鼎第十二师驻扎在吉安城这个消息，想到自己的表弟谢成墟在泰和县靖卫团任职，便连忙致信廖达峰推介了一下他这个在县靖卫团当排长的表弟，请廖团长于百忙军务中关照一下他的表弟。

廖达峰对许成洲蛮是赏脸，亲自带着一个机枪连名义上到泰和剿共，实际上是过泰和县境来给谢成墟站台。

国军团长屈尊来到泰和县境，那是泰和县政府的荣幸，高本初为了招待好国军，可谓是下了一番工夫。廖达峰当着高本初的面点名说，要找个叫谢成墟的靖卫团的排长来喝一杯，高本初心领神会，很快就把谢成墟找来了。

85

在饭桌上，廖达峰对谢成墟说，以后有什么事可以向高县长说，也可以直接跟他说。

谢成墟在赴县政府的宴席之前，接到了表哥许成洲的来信，知道吉安驻军里有个叫廖达峰的团长，是表哥的好朋友，在泰和县有什么事或想法可以直接跟廖团长提。

看了表哥许成洲的来信，谢成墟心里很是高兴，仿佛头上有佛光普照，感觉自己是缺什么就来什么，全身的毛孔血管那是没有一处不透着喜悦的。

两个月前，在一次随靖卫团下乡剿共的行动中，泰和县靖卫团澄江中队的中队长被泰和县紫瑶山的游击队打死了，中队长的位置一直空缺着，中队下面的三个排长和副中队长都瞄准了这个空缺，各自在暗中较劲，都想得到这个位置。

尤其是副中队长许家宝，他是靖卫团团长刘文峰的小舅子，又是个副中队长，按理说是接中队长位置的当然人选，这本是没有什么悬念的。殊不知一排排长谢成墟，不知哪里来的"神力"相助，竟与吉安驻军的廖团长有些交情瓜葛，而且廖团长好像还挺看重谢成墟这个人。因此谢成墟争

这个中队长似乎势在必得,表现得仿佛突然有了底气。

这个澄江中队的副中队长许家宝,在几次随靖卫团下乡剿共的战斗中,偏偏在指挥上打着自己的利益小算盘,总是让谢成墟的一排去打前锋,被共产党泰和县的农民赤卫纵队接连打死了排里的好几个士兵,引得谢成墟没过过一天高兴的日子。

谢成墟日渐生愤,对副中队长许家宝产生了不满,明里暗里与许家宝对着干。许家宝知道谢成墟想当中队长,知道他上过军校,是自己的主要竞争对手,因此,在工作中有意无意地假公济私,不差间隙地压制和挤兑谢成墟。

在前几次靖卫团下乡清剿共产党人的行动中,谢成墟和许家宝互相抬杠,互不买账,几次错失了抓捕共产党赤卫纵队队员和农民协会头脑的机会。

谢成墟与许家宝的不和直接影响了吉安驻军清剿周边各县共产党赤卫纵队和农民协会的计划,这时候朱培德已调离南昌,接替朱培德位置的是具有"反共专家"称号的鲁涤平。终于有一天,泰和县靖卫团和清乡团闹不和的消息竟然传到了江西省政府参议员的耳朵里,参议员向鲁涤平做了通报,被鲁涤平训斥了一番。

作为县靖卫团团长的刘文峰,对自己的小舅子许家宝和谢成墟的表现都不满意,但不满意归不满意,小舅子还是小舅子,又碍于谢成墟与县清乡团团长是保定军校学兄学弟的关系,又有高县长从中打圆场,况且剿共还在用人之际,因此刘文峰的脾气一直保持住隐忍不发,对谢成墟没有采取明显的打压措施。

谢成墟的表哥许成洲一直在云南昆明经商,与滇军金汉鼎第十二师下面的廖团长是朋友,许成洲致信廖团长请他关照一下他的表弟,廖达峰对谢成墟显得关注也就在情理之中了。

谢成墟可是上过保定军校的,在泰和县除了清乡团团长和靖卫团团长,他是第三个有着军校行伍资历的。谢成墟带的澄江中队一排在国民党泰和县政府地主豪绅武装序列里,是战斗力最顽强的一股力量。

86

因为谢成墟上过保定军校,其军事素质自然比靖卫团里的其他同僚高。加之他反共经验丰富,清乡手段老到,抓捕共产党干部毫不手软,谢成墟名副其实地成为靖卫团里一个厉害的角色。

在国民党吉安驻军团长廖达峰的支持下,谢成墟向中队长这个位置发起了进攻。经过一番角逐,他如愿以偿当上了澄江中队的中队长。

没过多久,廖达峰也获得了上峰金汉鼎的赏识,从团长被提拔晋升为第十二师参谋长。

谢成墟的腰杆更硬了,加上在靖卫团有吉安驻军廖达峰这个背景,渐渐地对靖卫团团长刘文峰也不放在眼里了。

刘文峰也是军校出来的,谢成墟妄自尊大,不把他这个靖卫团团长放在眼里,他自然是开足火力向谢成墟进行反击。

于是靖卫团中队长与靖卫团团长闹不和成了公开的话题,矛盾愈闹愈大,连高县长和县清乡团团长出来打圆场也不行,最后闹到了吉安驻军剿赤剿匪司令部。

吉安驻军剿赤剿匪司令部,实质上就是金汉鼎第十二师司令部,是一套人马两块招牌而已。

吉安驻军剿赤剿匪司令部参谋长廖达峰委实挺给许成洲面子,他一心向着谢成墟,私下里与高县长沟通,然后形成了一致意见。他出了一个招,把谢成墟的澄江中队与清乡团的一个中队连枪带人互相调换。

靖卫团团长刘文峰的小舅子、澄江中队副中队长许家宝留在靖卫团,担任由清乡团交换过来的这个中队的副中队长。

清乡团交换过来的这个中队的副中队长如许家宝一样不作调换,留在清乡团担任澄江中队的副中队长。

然后廖达峰又以吉安驻军剿赤剿匪司令部的名义,给国民党泰和县政府拨付了四挺歪把子机枪、一万发子弹,作为对泰和县政府反共武装的扶持。

高本初没有私自截留,而是把这四挺歪把子机枪、一万发子弹二一添作五,全部配给了县清乡团和县靖卫团,清乡团和靖卫团各得一半。

泰和县清乡团和县靖卫团经过廖达峰的这一番操作,感情反倒是融洽了起来,两个团长对澄江中队中队长谢成墟都感激涕零。若不是谢成墟的关系起了作用,吉安驻军剿赤剿匪司令部参谋长廖达峰也不可能大方到送四挺歪把子机枪和一万发子弹给泰和县政府的。

1928年9月24日,国民党江西省政府主席易人,国民党江西省政府主席朱培德因剿共剿匪不力,被国民党南京政府蒋介石手谕调任南京,湘系军阀鲁涤平接任国民党江西省政府主席一职。

鲁涤平是个权力欲望较强的军阀,他一到任屁股还没坐热,就对吉安驻军实施换防,把金汉鼎第十二师重新调回赣州,把驻防宜春的成光耀第一四八旅调往吉安。

国民党泰和县政府高县长感激廖达峰以吉安驻军剿赤剿匪司令部的名义,给泰和县政府拨了机枪和子弹,一定要请廖达峰吃个宴席。当他得知廖达峰率第十二师司令部一干人马调防赣州路过泰和县境时,赶紧率县清乡团团长、县靖卫团团长、县警察局局长及清乡团澄江中队中队长等官员出城迎接,将廖达峰热情地接入县城,在泰和县城澄江酒楼包了厢隆重地款待,宴席结束又率队恭送廖达峰出县城。

澄江中队中队长谢成墟有点依依不舍,但也只能接受这个现实。

在成光耀的要求下,这支在国民党吉安驻军里挂了号的清乡团澄江中队,上午一接到县政府高本初的指示,下午全中队就整装开拔,傍晚时就全面接管了马家坨这个赣西境内最大的耕牛交易市场。

澄江中队队部设在交易市场东头一栋深灰色、被法国传教士废弃多年的教堂里。众人想不到的是,谢成墟率澄江中队一进驻,就将可疑人、闲杂人清出了耕牛交易市场,没有澄江中队的许可,谁也别想在马家坨买走一头牛。

驻扎在马家坨耕牛交易市场的这个澄江中队名声在外,一时谢成墟深得成光耀的眷顾,像廖达峰那样竟然获得了成光耀第一四八旅经费和武器的支助,可谓装备精良、兵强马壮。

谢成墟带着澄江中队昼夜把守着马家坨耕牛交易市场南、北两个出入

第十八章 ★ 任务

口,严密监视着进出耕牛交易市场的任何买卖人,稍显可疑就会下令抓捕。

谢成墟颁布严令,对进出耕牛交易市场的买卖人必须严加盘查,凡是不会讲和不会听泰和话的或者是从紫瑶山方向来的买卖人,可以不问来历一律抓起来审问,"宁可错抓一千,也不放掉一个",整个交易市场笼罩在一片白色恐怖之中。

由于澄江中队的严防严守,活跃在泰和县城郊紫瑶山坳岗村、虎跳涧一带的中共泰和县赤卫纵队武装一时也很难潜入与渗透进耕牛交易市场。

国民党澄江中队的官兵,多是生于泰和、长于泰和、了解泰和的本地人,他们凭借着熟悉本地地情人情的优势,竭力与驻守在二十公里之外的泰和县城国民党清乡团、靖卫团保持通讯联络,遥相呼应,互为犄角。

第十九章

诬告

87

赣西永新县的仲夏，一片灿烂的绿茵，一路上都是绿壮的树和各色的花，绚丽的池塘里还有些发黄了的荷叶与菱叶，不时吸引着行人的视线。

永新县的自然美，有时如赣江的支流、春心荡漾的禾水河里的鱼，抚慰着永新人民的心境，唤醒着永新人民欲言又止和凄清委婉的心声。

这一年仲夏的一天，晚上八点，永新县环浒和北乡的国民党靖卫队在国民党永新县政府县长龙镜泉、环浒乡和北乡乡靖卫队队长李乙燃的带动下，纠合上百人的地主豪绅反动武装，趁永新县工农革命军农民赤卫队没有防备之际发动了突袭。

反动的龙镜泉、李乙燃偷袭了永新县城天主教堂，即永新县工农革命军永新赤卫队驻地，缴去永新赤卫队八十多支枪，逮捕了来不及撤离的共产党员贺敏学、胡波、颜勇、贺灿珠、张荣锦、龙忠贵、胡国槐及革命群众等八十多人，释放了被永新县农民协会和永新县赤卫队关押的国民党右倾分子及特务周继颐、柳安、陈子绍等人，一时间永新县工农革命活动陷入了低谷。

关在国民党永新县政府和靖卫队监狱中的八十多名共产党员和革命群众，在贺敏学的秘密联络下，组织成立了监狱秘密党支部，贺敏学任监狱秘密党支部书记，领导着八十多名被捕的共产党员和革命群众进行绝食斗争。

在监狱中，贺敏学把八十多名共产党员和革命群众被捕及监狱秘密党支部请求组织设法营救的信，塞在一把破旧的竹柄油纸扇的扇把里，趁他的舅母来监狱里探望时交给了她，舅母将这把竹柄油纸扇及时转交给了袁文才和王佐。

袁文才和王佐立即派人去寻找宁冈、安福、莲花等县的农民赤卫军总指挥王新亚、杨良善等人，商讨营救永新县八十多名共产党员和革命群众的办法。他们一致决定，联合数县的工农革命军农民赤卫军，准备攻打永新县城。

1927年7月26日，袁文才、王佐联合王新亚、杨良善率领的赤卫军，会同永新县赤卫军地下党组织的力量进攻永新县城，砸烂了国民党永新县政府和靖卫队监狱，救出贺敏学、胡波、颜勇、贺灿珠、张荣锦、龙忠贵、胡国槐及革命群众等八十多人。

1927年7月27日，永新县、宁冈县、安福县、莲花县四个县的赤卫军总指挥在永新举行联席会议，成立了由五千多名队员组成的赣西四县赤卫军总指挥部，推举王新亚为总指挥，贺敏学、袁文才、王佐、杨良善为副总指挥。

1927年8月2日，逃到了湖南湘西境内的永新县地主、豪绅、恶霸头目龙镜泉、李乙燃，串通国民党湖南省境内的湘西靖卫联防团四百多人，偷袭永新县四县赤卫军总指挥部驻地。

四县赤卫军总指挥王新亚、副总指挥贺敏学等共产党员，在永新县城西沙露洲、禾川门一带设下了埋伏。

王新亚、贺敏学等指挥赤卫军，一举击溃了这股以地主、豪绅、恶霸为骨干的反动靖卫联防团的进攻，缴获敌军枪支一百多支、子弹三千多发，扩大了永新赤卫军的力量，鼓舞和稳定了永新县工农组织的领导机构和农民协会机构。

国民党永新县政府县长龙镜泉、靖卫队队长李乙燃偷袭永新县工农革命农民赤卫军、捣毁了永新县工农革命组织的反革命事件，通过地下党的交通站上报给了江西省委书记汪泽楷和中共赣西特委刘士奇。

1927年8月15日，汪泽楷指示赣西特委刘士奇："虽然永新县被捕的八十多名共产党员和革命群众已被四县赤卫军营救出来，但不排除永新县赤卫军内有内奸。"

汪泽楷要求中共赣西特委："必须派人前往永新县环浒乡和北乡乡，迅速查清永新环浒和北乡的工农组织内出卖八十多名共产党员和革命群众的内奸。"

1927年11月，汪泽楷调任中央组织局了，赣西特委刘士奇才收到汪泽楷的批示信，他很赞成汪泽楷的观点，就与曾山进行商量，准备前往永新县彻查此案。

曾山说："我是吉安县人，吉安与永新是邻县，年少时为了谋生我去过永新，对那个县还算熟悉。由我去永新环浒乡和北乡乡走一趟，对了解情况比较有利。"

刘士奇说："我是岳阳人，与毛委员是老乡，贺敏学是永新县赤卫军的重要领导人之一，又是毛委员的小舅子。我有必要亲自去一趟环浒乡和北乡乡，了解反革命事件的真实情况。"

最后，因敌人对根据地进行围剿，这事就耽搁了下来。到了冬天，斗争环境渐渐趋好，他们才又重提这事。刘士奇与曾山再次商量，商量的结果是刘士奇说服了曾山，由曾山留在赣西特委看摊子，刘士奇去永新环浒乡和北乡乡了解永新"六一〇"反革命事件的情况。

88

冬天的永新县有点冷。天空下着雪，刘士奇卷起背包，背在身上，准备出发。

他推窗远眺，只见一枝二三尺来高的梅花纵横生长，小枝分叉，如菁葱密聚之林，在朔风中尤为耀眼，清香沁入心肺。

刘士奇步出房间，还没走几步，曾山便追了出来："刘书记，今天别去吧，你看这天气，一路上可能很难走。"

刘士奇抬头望了望变冷的天，说："今天走与明天走，天气不会有什么差别。工作恐怕耽误不得，还是现在走。"

曾山点着头，说："也好，依你，但必须让通讯员随你一起走。"

刘士奇说："不用吧，我带了一支驳壳枪，一个人下去能行。"

第十九章 ★ 诬告

曾山说:"不行!必须让通讯员跟着你,这样稳妥。"

刘士奇同意了,曾山把通讯员傅黑牛叫了出来,交代了他几句。

只见傅黑牛身上背着与刘士奇一样的行装,一套铺盖和洗漱用品,腰下挎着一支盒子枪。

原来,曾山一早就通知了通讯员,叫他做好出门的准备。

刘士奇点了点头,示意出发了。傅黑牛紧走几步,跑到前头为刘士奇带路。

89

在迷雾似的下雪天出门,在漫天飞舞的雪花地里行走,别是一番心情。

刘士奇背着简单的铺盖和洗漱用品离开了赣西特委,在冷风里不紧不慢地走着,一口气走了十几里路,也没觉着累。

中午,两人找了个避风地方各吃了一个番薯,中午这餐饭就算对付过去了。休息了一阵,两人继续赶路,到了永新县环浉乡时已是傍晚时分。

已是接近黄昏的点,但赣西平原的夜还没有降临。

昨天下午,刘士奇从万安县巡视农民协会工作回来,看到了永新县环浉乡农民协会副秘书长何寿德写给赣西特委的检举信,信中写道:

"永新县委书记王钰山,在永新'六一〇'反革命事件中出卖了贺敏学、胡波、颜勇、贺灿珠、张荣锦、龙忠贵、胡国槐及革命群众等八十多人。"

刘士奇看完这封检举信,联想起不久前省委书记汪泽楷的指示:"……永新县'六一〇'反革命事件,应予彻查,此事件发生得过于突然,不排除永新县赤卫军内有内奸",不由得惊出了一身冷汗。

刘士奇不敢怠慢,决定第二天就去永新环浉乡和北乡乡调查了解这一反革命事件的真相。

刘士奇任省委特派员时到永新县视察过农民赤卫军的武装,印象中觉得永新县委书记王钰山是一个很好的书记。

王钰山出身佃农，阶级立场坚定，工作表现突出，与农民赤卫军关系不错，与农民协会的群众相处得也不错，怎么短短的时间里会变成一个出卖自己同志的人呢？而且检举王钰山的人还是环浒乡农民协会副秘书长何寿德！

而且这个"六一〇"反革命事件的主角，恰好又是国民党永新县政府县长龙镜泉、环浒乡和北乡乡靖卫队队长李乙燃。

刘士奇越想越觉得纳闷，不过他已整整有三四个月没有到永新县视察工作了，他又拿什么保证王钰山在艰险的环境里不会出卖自己的同志呢？

还是不要主观下结论，待去了永新县完全了解情况后再作打算。

他与通讯员傅黑牛一住进环浒乡小学，铺盖都没有打开，就让傅黑牛去把县委书记王钰山找来。

傅黑牛出去了一会，把王钰山带了进来。王钰山听说刘士奇来了，下午已早早来到，在外面等候着。

刘士奇看了看王钰山，用一种平淡的语气问道："王钰山同志，你是哪年加入的中国共产党？"

王钰山说："我是1926年5月9日加入的中国共产党。"

刘士奇沉思一会，说："也是有一年多党龄的老党员了，你要对党说实话：在今年的6月中旬，在国民党永新县政府县长龙镜泉、环浒乡和北乡乡靖卫队队长李乙燃，偷袭永新县赤卫军、捣毁永新县领导机关的事件中，你究竟扮演了什么角色？到底做过什么对不起党、对不起永新县赤卫军的事情？"

王钰山凝望着刘士奇，委屈巴巴地说："共产党员的起码标准是：在不利与艰难的遭遇里，要对党忠诚！我是共产党员，我要是对党不说实话，愿意接受组织的任何严厉的处分！有农民协会会员说我，说国民党永新县政府县长龙镜泉、环浒乡和北乡乡靖卫队队长李乙燃偷袭永新县赤卫军，是我出卖了八十多名共产党员和革命群众，这是从哪里说起？组织上就是要枪毙我，我也不能接受这莫须有的罪名！"

"出没出卖党内同志和革命群众，做没做过对不起党、对不起永新县赤卫军的事情，有待于组织去调查和了解情况，反正这个问题非常重大，相信组织最终一定能搞明白。"刘士奇令王钰山交出配枪，回家好好写份材料交给赣西特委，耐心等待组织上的调查结果。

王钰山有点难过地交出了配枪，放在刘士奇面前的一张条形桌上，接着摇摇晃晃地转身，一言不发地走出了环浒乡小学。

刘士奇看着王钰山伤心的样子，心里暗暗下决心，要尽快调查清楚王钰山这个案子。

90

环浒乡，面积不大，人口也不多，一共只有八百多户人家，除了二十多户地主富农，大部分乡民都是穷苦人家，很多乡民都加入了农民协会。

刘士奇根据永新县农民协会孙秘书长的安排，在环浒乡农民赤卫军总指挥苏杰的家里搭伙食。

刘士奇连夜展开走访调查，他请苏杰领路来到了金汤村，选在农民协会会员刘俊家召开谈话会。通讯员傅黑牛没有跟过来，刘士奇让他在屋里读书学字，嘱咐他累了的话就自个早点上床休息，不用等他。

到了刘俊家，刘士奇请他以特委书记的名义，辛苦跑一下各家，邀请金汤村里的农民协会会员都来他家参加谈话会。

十几个农民协会会员陆陆续续来到了刘俊家，刘士奇数了数人头，与环浒乡农民赤卫军总指挥苏杰耳语了几句，知道金汤村的农民协会会员都到齐了，就向大家宣布座谈会开始。

刘士奇开门见山地说："你们写检举信到赣西特委，检举永新县委书记王钰山出卖了八十多名共产党员和革命群众。这个问题如果是真的，按赣西特委的章程，是够条件枪毙的。你们手里有什么证据没有？摆出来让特委听一听，辨一辨。"

刘士奇逐个地打量了一遍会员们，一副一丝不苟、公事公办的样子，然后面朝着大家坐了下来。

会员们一听说"按赣西特委的章程，是够条件枪毙的"，都低下头来，不敢正眼看刘士奇。

不知道因为什么，有几个农民协会会员心情都有点紧张起来。还有些

会员坐在角落里你看着我,我看着你,明明烟瘾上来了也没人顾得上去抽。

"农民协会的会员们,你们有什么要说的吗?如果有什么心里话,不妨直说出来,大家不用害怕。"刘士奇有意地看了那位秃顶的会员一眼,淡淡地说道。

这时,有一个叫何寿德的站了起来,说:"我先说吧。那晚八点,八十多个共产党员和革命群众被捕,就王钰山一个人不在,没有被捕。"

刘士奇别过身去,问道:"你是怎么清楚的?"

"谁不清楚?我自然清楚,那晚我泻肚子,我蹲在茅坑里亲眼看到的。"何寿德振振有词地说道。

"哦,你亲眼看到的?那晚八点你在抓捕现场?龙镜泉、李乙燃抓捕了八十多人,你都记得?"刘士奇问道。

何寿德犹豫了一下,接着说:"问一下王钰山自己,他也得承认,那晚就他一个人没有被龙镜泉、李乙燃抓捕。"

"那么,那晚即使是王钰山一个人没有被龙镜泉、李乙燃抓捕,那也不能说就是王钰山出卖了八十多名共产党员和革命群众。你这个理由,是不是有点勉强?"刘士奇和和气气地说道。

何寿德涨红了脸,支吾着说:"这个理由还不够吗?那晚就王钰山一个人没被抓捕,其他的八十多人都被抓了,王钰山有再多的理由,也洗不了他的嫌疑。"

坐在何寿德旁边的几个农民协会会员附和着说:"对啊,怎么可能濯洗得了他的嫌疑?"

"就是王钰山出卖了自己的同志,这个是真的。"屋里不少农民协会会员都嘟囔着说,"这样出卖自己同志的人,还能当县委书记?"但也有几个农民协会会员一声不吭。

刘士奇感到有点诧异,那晚就王钰山一个人没被抓捕,究竟是什么原因呢?找王钰山当面质询一下,不就什么都清楚了吗?他斜着眼,皱着眉头想不明白,便睁着眼睛一个一个地打量着大家,最后视线停留在了何寿德的身上。

何寿德说:"他现在做的那些事我真看不惯,不是高高在上就是神圣不可侵犯,全是些在群众面前彰显个人威严的事。"何寿德摆出一种跟王钰

第十九章 ★ 诬告

山没有私怨的表情，但一提起王钰山又是一种激愤的口吻，他当着刘士奇的面赔着笑说："现在的时世讲究的是民主，工作上不能一个人说了算。"他的脸上显示出一种红晕的颜色，继续说道，"为了乡亲们的利益，这次我只好仗义执言一回。"

这时，刘俊在旁忍不住冒出一句："王钰山书记从前做事从早上忙到晚上，为了大伙把身体都累伤了！这些年他年纪还轻，还撑得住，要是年纪大一点他恐怕也支撑不住。"本来刘俊这人也是老老实实的，较少说话，今天竟然也说了几句。

何寿德也不去和刘俊辩驳，提起做起事来比较拼命这种个性，确实是王钰山的一个优点，他不能否认。他说道："刚才刘俊说，王钰山在工作上比较拼命，从早忙到晚，这个情况有时是有的，但也不能掩饰他在政治上犯的严重错误。"

这时，刘家祺放晚学回来了。刘士奇一看见他，便拉着他笑着问："家祺还认识不认识我呢，知道我是谁吗？"又向刘俊笑着说："孩子长得真是像你，转眼就上学啦。"

刘俊有点高兴地说："苏维埃学校的老师好像都这么说呢。"

他口中说到的老师，正是蓄着八字胡须、面容瘦削的黄义。黄义原是苏维埃学校校长，现已调到了县总工会。

刘家祺见到刘士奇，不由得微笑起来，对他很是敬重。

刘俊问孩子："你吃饭了吗？"

刘家祺说："你不用管我，我吃过了，只是回来拿件衣服就走。今晚与妈妈住在外婆家，明天上学也方便。"

刘俊说："好，这样的话我就不管什么了，只是不要在路上累着了。"

刘家祺答道："唔，知道了。爸爸，刚才你是在说王钰山叔叔的事么？他对我们全村的人这么好，我能够上学也是王钰山叔叔在校长面前帮忙说话才能上的。大家这样背后说他，我听到了心里倒挺难受的。"

刘俊连忙说："啊，大人开会，小孩子不要乱插嘴。"

刘家祺深深地皱起了两道眉毛，只好拿起衣裳、背着书包走了。

紧挨着洋油灯一面的墙壁坐着的是刘燕珍，在座谈会上他一句话也没有说，生怕一说话就会得罪什么势力似的。挨着刘燕珍的叫林金槐，是个有点秃顶的农民协会会员，他似乎不喜欢坐着，就在那站着。

刘士奇见每次大家一说话，林金槐总是用手摁摁旱烟嘴里的烟丝，想说话又不敢说似的，一会儿瞅瞅这个农民协会会员，一会儿瞅瞅那个农民协会会员。

刘士奇若有所思，低着头沉默了一会，接着向何寿德问道："何寿德同志，我问下你，既然是王钰山出卖了八十多名共产党员和革命群众，你既知道就应该早早报告给特委，这么重大的事情为什么拖到今天才说出来？"

何寿德心里有点紧张，脸上显得有点不自然，他回答道："早早报告给特委？可王钰山本身就是县委书记，没有想清楚谁敢报告呀？"

"不敢报告给特委？那你为什么今天敢了呢？赣西特委还是这个赣西特委呀。我说你不会是王钰山当了县委书记，你没当到，因而心里有点妒贤嫉能吧？"

"这……这绝对是没有的事，我几时想当这个县委书记呵？"何寿德有点急眼了，"我从来对当官不感兴趣！"

"你没想过当官？我相信你！但王钰山没当这个县委书记之前，既是他出卖了自己的同志，你也早知道了，为什么不报告？你怎么现在才说？"洋油灯下刘士奇的脸色有点黄黄的，可能是长期营养不良造成的。

何寿德看了看大家，低声说："那晚唯有他一个人没有被抓，他就是有嫌疑。"

"是呀，他就是有嫌疑。"有个农民协会会员又附和着。

"既然有嫌疑，你又早知道，为什么不早报告？你回答一下这个问题。"刘士奇又追问了何寿德一句。

"我怎么敢报告？他当了县委书记，赣西特委又很看重他……"何寿德说这句话时显得十分没有底气了。

刘士奇缓了一口气，对大家说："你们还有什么意见？都可以说出来。"

何寿德心里有点活动起来，他又说道："我再报告特委一些事。王钰山担任县委书记之前，当过县农民协会秘书长。当时农民协会里有会员捐给赤卫军一些粮食，王钰山贪污了好几百斤。还有，永新闹农民协会之前，他在县城远房亲戚的介绍下到李乙燃父亲的米店里当过伙计。他家里的老婆孩子饿得想喝点白粥，他在米店里偷过一斤大米回家。"何寿德说完，其他几个农民协会会员又附和着说他说得对。

91

刘士奇一直留意着这些发表意见的会员，他细细地观察着：谁发表意见最少，谁不发表意见，谁附和何寿德的意见，谁不附和何寿德的意见，谁脸上毫无表情，谁脸上神色凝重。

刘士奇一统计，发现说话较多的会员有一半，说过三两句话的会员有五个，始终没说话的只有林金槐、刘燕珍两个会员。

刘士奇最后问了一下大家的意见："王钰山已是这样，你们环浒乡农民协会的会员们想要什么处理意见？"

那些发言比较活跃的会员们异口同声地回答："枪毙！"

刘士奇把眼光投向林金槐和刘燕珍，他的脑子里一直在寻思，什么样的处理方法才算妥当。他已想到了一个办法。

于是，他对大家说："谢谢农民协会会员们的积极讨论，耽误了大家一晚上的时间。今晚就说到这里，天气有些冷，大家都早早回家休息吧。明晚抽个时间，大家再分组讨论一下。"

大家散了会，三三两两地往外走。林金槐和刘燕珍走得慢，落在了后面。

刘士奇看着会员们一个一个出去，便把脚步放慢，在屋里多待了一会儿。在情况没有完全摸清楚前，他不想多说什么。

林金槐故意挨近刘士奇，用手扯了扯他的衣襟，表示自己有话要对他说。刘燕珍却是不吱声，继续往门外走。

第二十章

客人

92

　　虎跳涧，坐落在泰和县紫瑶山坳岗村村东头方向十多公里处，这里翠林茂密、峰峦如聚。涧谷下有一个宽大的坪地，是个住有几十户人家的小山村，中共赣西特委辖下的独立第五师就隐蔽地驻扎在这里。

　　在一个丛林茂密的山峦口，只见茅屋幢幢，黄泥墙密密，村道纵横交错，建筑井然有序。

　　在两棵大樟树下，一所陈旧的院落中家什布置有条有理，虽是简陋，却也有点世外桃源的况味。

　　这所院落宽敞明净，院落的黄泥墙尽头连着一幢用稻秆盖顶的屋子，这是赣西特委红军独立第五师师部的临时办公场所。

　　红军独立第五师师长吴高群和政委李四环正在屋里弯着腰、头挨头看着桌上的地图，似乎在研究着什么。吴高群用一支秃了笔芯的小铅笔指着地图上的一个小标记，在对李四环轻轻地说着什么。

　　吴高群的爱人田馥在厨房里忙着厨艺活。一大早，吴高群就对爱人田馥说："今天下午有几个重要的客人要来师部谈工作，你多做些饭菜，不要怠慢了这几个重要的客人。"

　　田馥问："是什么重要的客人？竟然要师长你亲自安排过问？"吴高群静静地看着桌上的地图，好像没有听到田馥的问话一样。

　　"大概多少客人？"田馥见吴高群没说话，提高了声音又问。

第二十章 ★ 客人

吴高群不动声色，头也不抬，说："五六个吧。"

李四环听到田馥的询问，认为师长无须在爱人面前"打埋伏"，就告诉田馥说："嫂子，今天下午邀请来的客人没有外人，是县委书记康纯同志、县农民协会秘书长吴诚同志、县赤卫纵队纵队长田忠华同志、老虎岭农民协会秘书长曾昭涛同志，都是一些地方上的同志。"

田馥点了点头，"嗯嗯"两声，表示知道了。没有了疑虑，她就走进厨房忙自己的活去了。

近些日子独立第五师琐碎的工作比较繁多，师长吴高群有点忙不过来，赣西特委取消了，赣西南特委成立了。根据赣西南特委总指挥部的紧急指示，辖下一应红军主力部队要积极做好攻打赣西重城吉安城的准备。

总指挥部的通知中要求，辖下的一应工农武装力量即日起要一心一意抓紧军事训练，军事以外的工作要全部移交给地方上去做。

吴高群师长与李四环政委为贯彻好中共赣西南特委的指示精神，连夜找来副师长高自力、参谋长陈奇涵商量，商量出结果后又派出通讯员连夜去给泰和县委、泰和县农民协会、泰和县赤卫纵队、老虎岭农民协会送通知，邀请这些部门的领导次日下午赶来虎跳涧，到独立第五师师部参加"攻取吉安，做好后勤工作"的动员会。

第二天天没亮，吴高群早早起床，洗漱完毕。他似乎突然想起了什么，又急忙把通讯员王小钰喊醒，让他骑上快马去趟紫瑶山坳岗村，通知独立营营长肖锋同志和独立营政委田涛同志即刻前来师部接受一项重要的军事任务。

泰和独立营有五百四十多人、三百多支枪，驻扎在紫瑶山坳岗村。一个月前，赣西南特委还没有成立。根据中共赣西特委的命令，为适应泰和农民革命发展的需要，在中共泰和县委书记康纯同志的见证和主持下，泰和县紫瑶山游击队和紫瑶山周边乡镇的几个农民赤卫队合并，改编成为泰和县独立营。

根据中共泰和县委的提名，经中共赣西特委批准同意，紫瑶山赤卫队队长肖锋担任独立营营长，在赣西特委常委曾山身边任秘书的田涛调往独立营担任政治委员。

由于上次在攻打吉安县城的战斗中，田涛为掩护在前线指挥作战的曾

山,不幸被敌人的炮弹炸伤,被组织安排转移到东固根据地的战地医院治疗,他一直住着院,没有上任,因而独立营的政治委员一职实际上仍由肖锋兼任。

93

虎跳涧与紫瑶山坳岗村相距不远,中间仅隔着一个坳背塘岭和一个坳头塘村。翻过坳背塘岭就是坳头塘村,穿过坳头塘村是一条与坳岗村隔水相望的坳岗小河。坳岗河水不深,只要不涨水,平日蹚水就能过去。

坳岗村的几十户人家都居住在紫瑶山南山脚下。村前长有一排树干挺拔的银杉,扶摇直耸云天,在空中直显它们的俊美身姿,抬头仰望则像一排展开绿脸的秀气女郎,令人神清气爽。

在银杉树前面是一片高低起伏的稻田,稻田里有不少山里农民正在砍着甘蔗。他们把甘蔗捆绑成一束一束的,然后搬到牛车上,用牛车运载着拉回到家里,再小心翼翼地将这些甘蔗堆放在自家制红糖的小作坊门前。

他们在小作坊里劳作,用古老的土方法把这些甘蔗压榨成一瓢瓢甜水汁,再将这些甜水汁放在锅里慢慢地加热,通过几道简易工序的加工,最后熬制、提炼成一方方红糖。

等到个赶墟的日子,这些蔗农相约一起将这些自熬的红糖带到墟镇上出售,然后用得来的钱去买自己需要的粮食、洋火柴、洋煤油、油、盐等生活日用物资。

从紫瑶山坳岗村到虎跳涧弯弯曲曲都是山路,一路坎坎坷坷地行走,最快也要两个钟头。师通讯员王小钰出去送通知已有几个钟头了,按路程计算,通知早该送到,肖锋似乎也该到了。

泰和独立营成立一个月来,在中共赣西特委的支持下,泰和县委经常带领泰和县独立营主动出击,协助冠朝镇农民协会搞农运工作,打土豪分田地,武装保卫冠朝镇工农兵苏维埃政权,勇敢围歼了国民党冠朝镇"白钉子"靖卫连,活捉了"白钉子"靖卫连连长白才渡。

自成立之日起,独立营的战士们革命热情普遍高涨,哪里的农民协会需要他们,他们就去支援哪里,始终表现出一种坚定的斗争决心。在泰和县周边乡镇,独立营营长肖锋渐渐有了很大的名气。

94

冬日的太阳冉冉升起。在黄泥砌成的院落当中,生着几棵枣树,枣树旁的竹篱笆门前不时闪现着独立第五师作战科科长罗龙盛的身影。

罗龙盛穿着粗蓝布军装,在枣树下不时地来回踱步,脸色焦急,面有疑虑。他腰扎皮带,肩上挎着一支驳壳盒子枪,头上戴着一顶军帽,军帽上别着一颗耀眼的红五角星。

"师长,政委,看,独立营肖锋营长来啦。"

吴高群和李四环听见罗龙盛的声音,抬起头来顺着罗龙盛的手向院子外面看。

只见一个中等身材的青年甩着两手,风风火火朝院子方向走来。他身材粗壮浑圆,隐隐透出一种坚强、果敢的性情。

通讯员王小钰牵着马,像猫儿般灵活地紧跟在这个中等身材青年的身后。

吴高群立刻举起粗糙的手,说:"肖锋,独立营营长肖锋。"

"是肖锋,是独立营营长肖锋。"李四环点了点头。

正在说着,肖锋在罗龙盛的引导下已经走进院落,快步来到了吴高群和李四环身前。

吴高群高兴极了,像是有点松了一口气似的,双手按了按肖锋的双肩说:"累了吧,肖锋同志,先坐下,休息一会。"

李四环给肖锋递过来一杯热水,说:"来,肖锋同志,走山路累啦,喝口热水。"

肖锋接过李四环递来的杯子,有点着急地说:"师长,政委,你们急匆匆把我叫来,是有什么重要的任务要交给我吧?就请两位首长直接下命令吧。"

李四环笑了笑,说:"不要着急,你先喘口气再说,是你的任务谁也抢不去。"

肖锋见政委这样说，便缓了缓神，将杯里的水吹了吹，咕噜咕噜全喝光了。然后将空杯递给通讯员王小钰，向吴高群、李四环敬了个礼，说道："不管什么样的任务，独立营营长肖锋保证完成任务。"

吴高群看着肖锋的这个精神劲，满意地点了点头。他拉着肖锋走到桌旁，按着他的双肩让他在一张长条木凳上坐下，慢悠悠地说："不要着急，肖锋同志，任务有得你完成的。在接受任务前，你先看看地图，给我指出吉安城和泰和马家坨的位置。"

肖锋搔了搔头，涨红了脸，不好意思地说："师长，你难倒我了。你知道的，我没有读过书，不太识字，也不懂怎么看地图。"

吴高群看了李四环一眼，说："猛张飞遇到了新问题，一个指挥员会打仗却不识字，这可不行。"

李四环抬起头来对肖锋笑呵呵地说："根据省委的文件指示精神和赣西南特委布置的'攻取吉安'的目标任务，赣西南特委新近成立了军事总行动委员会，在苏维埃军事和群运工作会议上，大家一致同意，攻打吉安城，建立苏维埃政权。因此，各县各作战部队各机关都在积极行动，在做攻打吉安城的战斗准备。"

"政委，泰和独立营的任务是什么？把重要的任务交给我们独立营吧！"肖锋眼睛眨也不眨地直看着李四环。

"现在叫你来，就是有一项重要的任务要你去完成，以你的聪明、机智和对环境的熟悉，在短时间内迅速完成好这个任务对我们'攻取吉安城'是至关重要的。师党委决定，把这个任务交给你去完成，是最适宜不过的。肖锋同志，你能完成好这个任务吗？"李四环双目炯炯有神，语调严肃。

肖锋偷窥了一下政委李四环的脸色，挺着胸脯，声音洪亮地说："嗯，嗯。报告政委，报告师长，不管什么任务，我们都能完成好。请问……是什么任务？"

"哈哈，什么任务？没有任务。你这个独立营营长，竟然还没有学会看地图，怎么放心把任务交给你？不懂看地图你怎么指挥打仗？又怎么完成上级交给你的任务？一旦误了任务，这个损失算谁的？不行，这个任务

第二十章 ★ 客人

不能交给你,还是交给农民协会或别的赤卫队稳当些。"吴高群看了看肖锋,一摊双手,故意说道,"我不想我辖下的地方部队下面的连长营长团长不懂看地图就去接受任务,等以后你学会了看地图,再说其他的吧。这次嘛,先不要接受任务,把它交给其他的部队算了。暂时委屈你一下,你还是先回去吧。"

"师长……你不能这样对我,我来都来啦,你怎么可以不把任务交给我呢?学习看地图的事是很容易的,我回去了就让独立营里的战士去村里走一趟,帮我请个私塾老师,让他来教我。"肖锋一下子急了,他嘟了嘟嘴,看了吴高群一眼,又拉了拉李四环的衣襟,正色地说道:"政委,你是了解我的!学会看地图……我会学的,我肯定会学会的!你是政委,你不能在一旁看热闹,你要帮我说话。"

第二十一章

调查

95

　　刘士奇瞧了瞧农民协会会员林金槐,示意他坐下,林金槐却不敢坐。林金槐朝他使了使眼色,向门外张望了一眼,又回头凑在他耳边,小声地说:"刘书记,他们的话请你千万不要相信。他们都在撒谎,钰山同志是被冤枉的,钰山同志是个好人。你还住在环浒小学吧?这里说话透风露气,明天上午我到你那里与你细说。请你一定要相信我。"这话一说完,他就快走了几步,去追前面的那些农民协会会员了。

　　听了林金槐的这番话,刘士奇的心里似乎有了底。这时,院子外面传来了何寿德吆喝林金槐的声音:"金槐,今天磨磨蹭蹭的怎么走得这么慢?你是不是想撇开我们做老好人?也不看看啥天气,让我们站在外面等了你这么久!"

　　林金槐故意大声回应何寿德:"等等等,走路有前有后,煮饭一灶一火,这么冷的天谁让你们等我?我又有什么值得让你们等的?你们回你们的家,我回我的家,我们是各回各的家。"

　　何寿德似乎有点心神不定,他对林金槐急促地说:"你这是怎么啦?今晚嗓门这么高?又是我们之中哪个得罪你了?还是你看我们之中哪个不顺眼了?"

　　"谁都没有得罪我,谁也不敢得罪你们。金汤村谁会没心没肺得罪得起你们?是我的旱烟抽多啦,呛到了我的心肺,自己给自己找不自在,总可以了吧？"林金槐悻悻地走出院子，正眼也不瞧他们一眼，自顾自一个人走着。在冷风中，他一边走一边没好心气地自我辩解着，压根没去搭理何寿德几个人，似乎根本不领他们站在冷风里等他的情分。

刘俊在座谈会上像林金槐一样一副蔫蔫的样子，什么话也没有说。座谈会一散，他第一个溜出屋子，到院子里取来柴火木炭，弄个了火盘，想给刘士奇暖暖身子。刘士奇走到院子里，轻声细语地问刘俊："刘俊同志，你先不要忙，问你个问题，今晚座谈会上你怎么不说话呢？"

刘俊一听，赶忙把手上的柴火木炭往地上一放，摆摆手说："刘书记，我什么都不知道，我什么也不懂，不知道的事、不懂的事我不敢乱说。"

刘士奇猜测他可能在害怕什么，于是也就不问他了。他和蔼地说："好啦，我不问你了。我们走啦，你也早点回屋上床歇息去吧。"说完，他轻轻拍了拍刘俊的肩膀，就头也不回地走了。苏杰一声不吭，紧紧地跟在刘士奇的后头。一路上刘士奇默默思虑着，都没有与苏杰说话。

在校门口，刘士奇与苏杰分手，嘱咐苏杰早点回去睡觉。他走进学校的院落，推开铁栏大门，走到了房前。傅黑牛没有睡，还在一边学字一边等他。他推门进屋，从屋外吹入一股冷风，呼的一下把蜡烛光吹灭了。傅黑牛摸到桌上的洋火柴，重新把它点上了。

96

在昏暗的烛光下，只见桌上摆着民国时期的初级课本和傅黑牛习字的习字本，还有一支秃了的木制芯笔。习字本是收集了各种香烟纸，用粗糙的针线缝成的。刘士奇看了看桌上，只见傅黑牛习练的字工工整整、端端正正，一笔一画。刘士奇表扬他，说他习练的字有进步。

刘士奇从口袋中抄出怀表，借着烛光看了看，已经深夜十二点多了。他沉思了一阵，自言自语地说："这个时间点他应该还没有睡，有这么档子事未了，估计他也睡不着。"

他对傅黑牛说道："黑牛同志，你去把王钰山同志叫来，我有话要问他。"

傅黑牛收拾好桌面，答应了一声便出去了。约莫有一顿饭的时间，傅黑牛领着王钰山来了。王钰山像白天一样，神情有点沮丧。

"坐吧，王钰山同志！知道你睡不着，所以这么晚也把你叫来，想与你聊聊。"刘士奇满有把握地说，"有个问题需要向你了解：国民党永新县政府县长龙镜泉、靖卫队队长李乙燃偷袭永新县工农革命农民赤卫军、捣毁永新县工农革命组织的那个晚上，你在哪里？与谁在一起？在做什么？希望你如实告诉组织。"

王钰山说道："那晚我到金汤村，找金汤村农民协会会员林金槐同志，请他给我引路，到北乡乡了解一个案件。"

"了解一个什么案件？说具体一点。"刘士奇有点好奇。

"找北乡乡农民协会秘书长、林金槐同志的表哥孙镇同志，了解和调查环浒乡农民协会副秘书长、金汤村农民协会秘书长何寿德与北乡乡地主何季相的小老婆勾搭通奸，犯了'农民协会干部不准有男女作风腐化'这个章程的问题。"王钰山说。

"何寿德？他与北乡乡地主何季相的小老婆勾搭成奸？"刘士奇倾了倾身。

"是何寿德！北乡乡农民协会会员和环浒乡农民协会会员有几次向县委检举告发他。我作为新上任的县委书记，依据农民协会会员的检举线索，理当下北乡乡一趟，实地了解、调查一下情况。"王钰山点了点头说。

"你说的这个地主何季相，是不是那个矮冬瓜——为霸占北乡乡河滩李婶开垦的三亩荒地，逼死李婶一家三口的那个地主何季相？"刘士奇认真地重复了一遍。

"除了是他，北乡乡还能有谁？"王钰山悻悻然地说。

"这个地主迟早是要处理的。那晚，你在北乡乡调查完何寿德的被检举线索之后，你是回环浒乡了？还是去了哪里？"刘士奇眯着眼睛，看了看王钰山问道。

"还能去哪里？在北乡乡，连晚饭都是在林金槐的表哥孙镇同志的家里凑合吃的。那晚走访了好些地方，有些累，我和林金槐同志一个睡在北乡乡农民协会会议室的长条凳上，一个睡在会议室的长条桌上，就这样对

第二十一章 ★ 调查

付了一个晚上。连孙镇同志送被子来,我都不知道。"王钰山满怀感激地说。

"你怎么想起叫林金槐同志陪你去北乡乡？县委的通讯员郭正道同志呢？他怎么没有陪你一起去北乡乡？"刘士奇继续盘问。

"我熟悉林金槐同志,他与孙镇同志是亲表兄弟,由他引路去北乡乡了解和调查案情,或许更能了解到案情的真实情况。县委的通讯员郭正道同志,在我去北乡乡调查案情的那天下午,他向县委请假回了龙源口乡下,他老娘那天过世了。"王钰山说道。

"你是说,那天通讯员郭正道请假回龙源口乡下,是为了处理他老娘的身后事？"刘士奇书记问。

"是的！龙源口乡农民协会的张秘书长来县委汇报工作,顺便给郭正道同志报的信。郭正道同志怕影响工作,没打算请假回家,瞒着我。张秘书长告诉了我,我批评了郭正道同志,特批了他几天假,命令他同张秘书长一道回去,见他老娘最后一面。"王钰山有点自责地说。

"郭正道同志还在县委当通讯员吗？今天怎么没有看到他？"刘士奇问。

"郭正道同志,于1927年7月26日在袁文才同志、王佐同志、王新亚同志、杨良善同志率领数县的工农革命军农民赤卫军攻打永新县城,营救八十多名被捕的共产党员和革命群众的那场斗争中牺牲了。"说到通讯员郭正道,王钰山一阵伤感。

"你去北乡乡调查何寿德犯的男女作风问题,调查的结果怎样？何寿德知道你到北乡乡调查他吗？"刘士奇沉默了一晌,小声地继续问。

"我到北乡乡调查何寿德的问题,何寿德都知道。他与北乡乡地主何季相关系好,消息灵通着呢。调查的结果是事实清楚、罪证确实,何寿德也在我面前承认。我到环浒乡农民协会找过何寿德,当面严肃认真地批判过他。近期县委准备召开一次会议,研究怎么样处理他的意见,没想到会议还没有开,我自己反而被人检举了。"王钰山向刘士奇解释道。

97

刘士奇走到窗台前,打开了半扇窗户,向外看了看天色,又关上了。他若有所思地说:"赣西特委对你是否有过出卖组织的行为,还处于了解和调查阶段,并没有对外停止你永新县委书记的职务。目前你还是永新县委书记的身份,该怎么工作还是怎么工作。你是共产党员,遇到这种委屈你要学会承受,不要对组织有情绪,你要相信组织的辨识能力。"

"我当然相信组织,我没有对组织有不高兴。"王钰山的眼睛有点湿润了。

"王钰山同志,天色不早了,你早点回去休息吧。你还是永新县委书记,县委的工作不能因为个人受点委屈就被耽误了,要经得起现实斗争中的风风雨雨。"刘士奇说完,把王钰山送出小学院子大门,与他握手道别。

王钰山神情平静,情绪比刚进门时好多了。刘士奇回到屋里,也顾不得洗漱就上了床。他扭头让傅黑牛把被盖搬到他床上去,两人合在一起睡比较暖和。傅黑牛把铺好的被盖重新卷起,搬到了刘士奇的床上,与刘士奇挤到了一起。

98

赣西永新县环浉乡,雪天中的村庄一片白茫茫,显得很是渺小。冷风在清晨的原野上时紧时缓地刮着。环浉小学周边的茅草堆披上了一层雪衣,院外的大树像没有了体力,被冰冻治得没了脾气。

刘士奇和傅黑牛偷了下懒,睡到八点钟才起床。他俩洗漱完毕时,苏杰正好过来喊他们吃早餐。

永新县农村的早餐很简单,一般只是几个番薯加上一碗萝卜汤。赣西特委书记来了,永新县苏维埃政府会给招呼用餐的人家一两毛钱的伙食补助,早餐的萝卜汤就可以换成鸡蛋汤,这就显得伙食的营养成分好多了。

刘士奇不愿给苏杰家添麻烦，更不愿摆赣西特委书记的架子，他嘱咐苏杰："早餐就按苏维埃政府的伙食规定，补助标准不变，早餐样式也不要变，还是喝碗萝卜汤好，别换什么鸡蛋汤。"苏杰遵照刘士奇的指示嘱咐家里照旧煮萝卜汤，别煮鸡蛋汤。刘士奇吃得很高兴。

99

吃完早餐，刘士奇问苏杰："农民协会里，哪个会员家里有马？"

苏杰说："没有哪个会员家里有马的。只有环浒乡工农革命军农民赤卫军里有两匹马，是今年7月26日，攻打国民党龙镜泉、李乙燃占领的永新县城、营救八十多名共产党员和革命群众的那次战斗中缴获的。贺敏学副总指挥出面协调，奖励了两匹马、五支枪给环浒乡工农革命军农民赤卫军。"

刘士奇听了非常高兴，他侧着身问苏杰："你会骑马吗？"

苏杰说："当然会，环浒乡工农革命军农民赤卫军里的队员都会骑马。"

刘士奇又问傅黑牛："你会骑马吗？"

傅黑牛说："会骑，我给之前的永新县委书记田道德当通讯员时，有一次陪同田道德书记去万安县参加赣西特委组织的县委书记轮训班，住在赣西特委工农革命军万安纵队指挥部，休息时没有什么事，就借万安纵队指挥部的马来玩，不知不觉就学会啦。"

刘士奇说："很好，现在组织上交给你俩一个政治任务，希望你俩能完成。"

苏杰和傅黑牛一起问道："什么政治任务？"

刘士奇向他俩招了招手，让他俩把身子凑过来一点，对他俩轻轻地吩咐道："你俩代表我，现在骑马出发，去趟龙源口办一件重要的事情。"

刘士奇嘱咐他俩去龙源口农民协会，先找张秘书长，把要他俩办的事细细地交代了一番，他俩点点头表示明白了。

刘士奇起身，随同他俩到环浒乡工农革命军农民赤卫军的队部牵马。他交代了苏杰和傅黑牛几句，目送他俩整好行装骑着马出发了，提着的心才放下了。

苏杰对王钰山是很尊重的,有一次他去医院看医生抓药却没钱,是王钰山得知消息后给他筹到抓药的钱。从医院抓药回去没有几天,他就被地主的家丁逮去,逼他交租,交不起租地主就用铁链把他锁在牛棚里。

苏杰的老婆哭哭啼啼地去找王钰山,王钰山得到消息后愕然,说:"不就是没有交租吗?他有什么罪名?地主看农民协会力量不稳固,竟然还敢这么欺负农民。"接着低声说道:"地主这样做,能不让农民恨他吗?"又说:"是苏维埃政权还没有建立,地主才敢这么蛮横。地主看中了苏杰祖上留下来的那栋祖屋,那房子倒是不错——古典文雅,方方正正的像颗衙门里的方印似的——地主看到穷人家有这么好的祖屋难道不想要?地主听了风水先生一席忽悠话,就开始动起了他的歪心思。"

王钰山呆了半响,方才悄悄地对苏杰的老婆说:"今晚我组织农民协会的人一起行动,到地主家里要人。"

也许是地主和家丁们听到了风声,怕农民协会将来得势时要找他们算账,最终只叫苏杰家人和邻居出来具保就把他给放了。这个内情苏杰老婆是知道的,苏杰对他老婆说:"是王钰山救了我!以后我就跟着王钰山干!"

苏杰见到王钰山,却又半天都说不出话来。王钰山是唯一一个关心他的人,他自然就很相信王钰山是个好人,是个敢于为群众出面做事的人。

听到王钰山被人冤枉,苏杰心底感到很气愤,他相信是有坏人故意这样做,想搅混什么事情。在他看来,王钰山是善良的,善良的人永远是受人欺负的。那些地主和坏人让穷人去承受人生忧苦的重担,这一切似乎是人生而俱来的,因此他常常觉得自己只有忍耐。他又觉得冤有头、债有主,世界上总有人能够来解决王钰山的难题。

有时他心里也有一种黯淡的看法,觉得共产党是好的,农民协会是好的,但是他不敢相信他们能够战胜地主豪绅,因为他们的力量太弱小了。后来农民协会的人团结起来成立了县委、成立了苏维埃政府,地主这才老实多了。

刘士奇来了之后他很高兴,晚上有时坐在床沿发呆。他老婆就会凑上前来,伸手在他额上摸了摸,又在自己额上摸了摸,皱着眉也没说什么,

第二十一章 ★ 调查

又躺下了。老婆宽慰他说:"你是担心王钰山的事洗不清白吧?不要担心,要相信上级,要相信刘书记。"

苏杰应了一声,就躺下睡了。半清半醒中,他就期盼着为了王钰山的事,刘书记能够叫他做点什么。没有想到真的叫他做事啦!

刘士奇想起了林金槐早上要来环浒小学找他谈王钰山的事。昨晚,林金槐说今天上午要来学校找他,他怕林金槐久等,于是走快几步回到了环浒小学。林金槐早来了,正站在他住房的拐角处安静地等着他。

刘士奇远远看见他,便热情地迎了上去,说:"你来啦,林金槐同志,你好准时。"说着,推开房门引他进屋。

林金槐说:"人命关天的事,我不能不准时。"

刘士奇说:"就我们俩在,没有别的人,你有什么情况要反映的,现在可以实事求是地对我说。"

林金槐进了刘士奇的房间,顺便就把房门关了,一副很警惕的样子。没等刘士奇招呼,他便靠在床沿的位置蹲了下来。

刘士奇说:"屋里有凳子不坐,你为什么要蹲着呢?"

林金槐笑了笑:"蹲着好。免得坐得高,别人从窗子上看见了。"

刘士奇说:"好吧,依你喜欢吧。"他学着林金槐的样子也蹲了下来。

林金槐咳嗽了两声,像水壶嘴倒起了开水似的直截了当:"刘书记,王钰山同志是被冤枉的,今天来就是想给你报告真实情况。我是农民协会会员,做人是不能丢掉良心的。"

刘士奇点点头:"对!做人不能丢掉良心!"

"那晚王钰山同志与我在一起,他到金汤村找我,请我陪同他一起到北乡乡了解一个案件。"

"王钰山同志为什么要找你陪同?"

"图个方便呀,北乡乡农民协会秘书长孙镇同志是我老表。王钰山同志刚刚上任县委书记,便接到农民协会会员的检举,说何寿德与北乡乡地主何季相的小老婆有关系,就悄悄地找我引路,说要去北乡乡搞调查。"林金槐说。

"你说的'有关系',是指什么'关系'?"

"什么关系?当然是指男女作风腐化关系。我陪同王钰山同志去了北乡乡,找到我老表孙镇同志,我老表也向王钰山同志检举了这个事。我俩在北乡乡农民协会住了一晚。王钰山同志调查回来找了何寿德,严肃地批评了他,他一点都没有改,反倒向地主何季财诉苦。何季财阴险狡诈,给何寿德出了个鬼点子,让他联络其他农民协会会员向赣西特委检举王钰山同志,说他出卖了八十多名共产党员和革命群众,以便把永新县委这缸清水搅混。"

"你早知道了这个事,为什么不早点向苏维埃政府报告呢?"刘士奇责问道。

"政府没有派干部下来,何寿德盯我又盯得这么紧,怎么报告?向谁报告去?"

"昨晚座谈会,你怎么不当着会员们的面说呢?"刘士奇笑着追问。

"何寿德是环浒乡农民协会副秘书长,与北乡乡地主何季相的小老婆勾搭上啦,何季相与环浒乡地主何季财又是堂兄弟,许多会员都害怕他们哥仨。"林金槐有点左右为难。

"你们环浒乡和北乡乡的农民协会,不是组织起来斗争了他们两次吗?"刘士奇有点不解,"怎么?还有会员怕他们?"

"农民协会斗不过他们的。别说斗一二次,就是斗二十次也斗不倒他们的。"林金槐站了起来,两只脚在地上跺了几下,然后岔开话题说,"真是不凑巧,小学堂里放了寒假,孙校长回家了。没有木炭,想帮你烧个炭火盘取个暖都不行。"

"不要紧,天气还不算太冷,我俩接着聊吧。"刘士奇说,"继续聊聊何寿德、何季财、何季相这仨人。"

"你是外乡人不知道环浒乡的事,不知道那个何季财多坏呀!前些年,我们这里地主豪绅还乡团很厉害,他和还乡团是穿一条裤子的。有一年环浒乡发大水,穷乡亲们的庄稼都淹没了。何季财与还乡团勾结在一起,对穷乡亲们是又抢东西、又绑票的,还吞占穷乡亲们祖上留下来的山呀、地呀,穷乡亲们全家老小就依靠这点薄财活命,岂有甘心被何季财吞占的?他就让县上的人把人家抓起来,让人家吃官司,穷乡亲们为了出牢笼,只好含着泪让他吞占了去。穷乡亲们惹不起他们呀,可是,不甘心又能怎么样呢？"

　　林金槐停了一会，抽了一袋旱丝烟，把烟铁嘴在鞋底上叩了叩收好，又继续聊："何季财看人的眼光挺毒。何寿德本来也是何季财家的长工，自从他当上环浒乡农民协会副秘书长、金汤村农民协会秘书长，何季财看他的神情都不一样了，张嘴就是'我们何家的大秘书长来啦''看茶，请上座'，整个地就是一个酸样。"

　　"他们后来怎么样了呢？"刘士奇问。

　　"当场就勾搭上啦，还用得着等后来？那次，何寿德准备拉何季财出去批斗，带着我们上到他家，一看到何季相的小老婆他的脚都迈不动啦。"林金槐有点气愤起来，"何季相和何季财看出了这一出，就使眼色让何季相的小老婆勾引他。何寿德让我们出去门口等，等了大半个上午，他才满面通红地从何季财家出来，对我们说，今天农民协会的批斗会不开啦，凭何寿德一句话就取消啦！"

　　刘士奇似是自言自语："这么说，这事跟王钰山的事关联还是有点紧密的。"

　　"他们的事关联大着呢！他们就等着把王钰山整倒，然后由何寿德接替县委书记这个位置，特委千万不能上这个当！"

　　"你说的这些事，都是真实的？没有掺和个人的情绪？"刘士奇笑了笑问道。

　　"这些事有半点假，你枪毙了我。你说个人情绪，要不是与何寿德从小玩到大，凭他这种昧良心的德行，我早就与他吵翻脸啦。"林金槐有点生气。

100

　　刘士奇站了起来，表示感谢地说："谢谢你，林金槐同志！谢谢你能够向组织提供这些真实情况，我们共产党的处事原则就是实事求是！你要相信苏维埃政府，要相信赣西特委组织！今天晚上分组讨论会上，希望你不要有顾虑，我比较相信你！"

刘士奇说着把林金槐送出了小学堂院子大门，然后回身把院子大门关上了。忽然，虚掩的大门被推开了，只见王钰山探进半个头来，说："刘书记，检查材料写好了。"

刘士奇说："进来说吧，王钰山同志，把你写好的材料给我。"

王钰山进来了，把自己熬通宵写好的材料双手捧着递给了刘士奇。

刘士奇接过材料，一边进屋一边看。王钰山没有跟进屋，似乎想起一件什么事，转身便出去了。

刘士奇进到屋里，没听到王钰山的声音，往院子里一瞧也看不见他，有点诧异，心里暗语着："这个王钰山，对我还生分起来。"

也不知过了多久，小学堂院子的大门被人从外面慢慢推开，只见王钰山端着个炭火盘脚步利落地走了进来，火盘里燃起的烧木炭在冷风中"噼啪"作响。

刘士奇专心地看着材料，读到有推敲的段落细节他便啜嚅着嘴发着声。

王钰山轻手轻脚地把炭火盘放在了刘士奇脚旁，又轻手轻脚地出去了。

刘士奇搓了搓冻得有点麻木的手，一抬脚碰到了旁边的火盘，他心里一喜，一抬头看见王钰山要出去，便叫住了他："王钰山同志，你怎么又走了？你先别忙，坐下来与我聊聊天吧。"王钰山只好答应了一声，伸手拿了个凳子，转身坐下了。

"王钰山同志，你这个材料写得不错，有理有据让人信服。我想问你，假如没发生何寿德检举县委书记的事，县委打算怎么处理这件事？"

王钰山想了想，说："倒是没认真思想过，打算开个县委常委会，讨论之后再决定。"

"我让你这个县委书记现在想一下，对何寿德这样的农民协会干部，犯了这样章程严禁的错误，你这个县委书记是什么看法？"刘士奇看着王钰山说。

"有农民协会会员说，何寿德对人比较直接，许多会员也愿意接近他。1927年12月初，我在环浒乡农民协会和何寿德谈过一次，有农民协会会员打圆场说，何寿德是个穷苦人出身，是何季财的一个长工，犯了什么

第二十一章 ★ 调查

错误都可以谅解。前段时间又找他详谈，感觉他的心态已偏向何季相、何季财这些地主阶级的立场，为人盛气凌人些，不容易谈到一块。"王钰山对两手哈哈热气，放在火盘上暖了暖。

"我在写给赣西特委的报告材料里直率地说：'共产党员要讲阶级立场，要重视农民协会运动，要警惕何季财、何季相的阴谋诡计。何季财、何季相这种地主是容易对付的，他们想用什么"糖醋排骨"，恐怕在农村协会会员眼里都是掩饰不住的，无非是想保全他们剥削长工和在社会上高高在上的特权。较难转变的，是何寿德这种忘了穷苦人的本的农民协会干部。这种干部，往往能瓦解我们的农民协会运动。'我每次一想到这层，禁不住就会心里打愣。"王钰山两手掌放在两膝间用力互相摩擦着，嘴里叹了一口气。

"地主阶级从农民协会内部来瓦解农民协会干部，这个问题看来不是个别问题。个别农民协会干部甘愿被地主阶级瓦解，也都是为了自己的私利私欲得到满足。"刘士奇赞成王钰山的担忧。

"对何寿德这种忘了穷苦人的本的农民协会干部，从县委书记的角度来看，应该开除何寿德这种人的党籍，解除何寿德这种人的农民协会副秘书长职务，拿到农民协会会员们面前进行彻底的批判和挽救，以便对其他的农民协会干部有所警示、有所告诫。"王钰山的牛劲头开始上来了。

刘士奇对王钰山的观点表示认同。时间在聊天中不知不觉过得飞快，刘士奇对王钰山的了解更深了。

院子外面响起了马蹄的声音，刘士奇知道是傅黑牛和苏杰回来了，这才发现天已是傍黑了。

王钰山知道刘士奇还有事要谈，便起身告辞，走出了小学堂的大院。

苏杰、傅黑牛从马背上下来，把马绳拴好，用手掸了掸衣服，一前一后走进了屋里。刘士奇让他们喘口气，休息一下，烤烤火、暖暖身子再说。

原来，刘士奇让苏杰和傅黑牛骑马到龙源口乡，去找龙源口乡农民协会张秘书长和何季相的小老婆，当面向他们核实王钰山、郭正道、何寿德的情况和有关细节。

然后苏杰和傅黑牛遵照刘士奇的嘱托，又到通讯员郭正道家里向郭正道的父亲了解和核实情况及有关细节。

临走,他俩又把刘士奇临行前委托带着的两元银圆转给了郭正道的父亲,以示对革命烈士郭正道家属的慰问和对革命烈士郭正道的尊重。

至此,王钰山被何寿德检举一案基本弄明白了脉络,刘士奇心中有了点数。对苏杰和傅黑牛的办事效率刘士奇很是满意,毫不吝啬地表扬了他们的热忱用心和吃苦耐劳的精神。

101

晚饭时,苏杰变戏法似的从怀里拿出一小瓶酒,说是龙源口乡农民协会张秘书长托他专门捎给特委刘书记的。张秘书长要他把酒带给特委刘书记,说如果苏杰不带,他抓住马缰绳的手就不放,苏杰只好带了来。刚才在小学堂院子里汇报工作时忘了这事,现在吃饭才想起了张秘书长送给刘书记的这瓶酒。

刘士奇想了想,没有批评苏杰,他知道张秘书长执意送这瓶酒给他的深意:一是感激赣西特委刘书记派傅黑牛和苏杰来探望郭正道烈士的家人,作为龙源口乡农民协会的秘书长,他觉得倍有面子;二是感激刘书记派傅黑牛和苏杰来龙源口乡公正地调查和核实王钰山、何寿德俩人各自被检举的情况和有关细节,坚决使坏人不逃脱、让好人不蒙尘。

刘士奇笑着坐了下来,对苏杰说:"张秘书长送的这瓶酒收下吧,不要辜负了他的一番好意。"顿了顿,又说:"不过,今晚不喝它,暂时留着,明天中午再喝。"苏杰和傅黑牛心感惊喜,原是做好了挨批评的准备,因为刘士奇在工作中从来是不收别人的礼物的。今天不知怎么,张秘书长送的这瓶酒刘士奇二话不说就收下了。他俩怎么也想不出,张秘书长送这瓶酒隐含的深意。

吃完晚饭,刘士奇嘱咐苏杰和傅黑牛带着枪与他一起下到金汤村,参加农民协会会员的分组讨论会。

刘士奇先听了何寿德、林金槐、刘俊这个小组的讨论会,他们东南西北讨论了一个多小时,也没讨论出一个什么意见。他又到另外一小组听了

第二十一章 ★ 调查

听讨论会,也没感觉他们讨论出了个什么名堂。

刘士奇知道,他们都不想触碰何寿德的霉头,都是东拉西扯、避重就轻,他理解他们的心事,也不去点破。两个小组的讨论会选择在林金槐家的东房和西房分别进行,讨论了一个晚上,没有一个农民协会会员有胆量正面触碰一下何寿德,再讨论下去也没有意义。虽然夜色还早,但刘士奇宣布散会,大家也就散了。

刘士奇准备回环浒乡小学住地,忽然听见几个会员在西房吵闹起来,开始是嘀嘀咕咕,后面完全是在吵架了。他便转身悄然无声地回到林金槐家的西房,伏在院子角落的柴火堆旁认真地听着西房的吵闹。

第二十二章

黄牛

102

李四环看着肖锋尴尬的样子解围道:"今天就不勉强你了,以后要赶紧补上这一课。一个指挥员,只有学会识字、学会看地图,才不会耽误任务,才能多打胜仗。"他看了看吴高群,对吴高群说道:"要不,还是请我们的作战科科长罗龙盛同志先给他介绍下情况?"

吴高群笑了笑,表示同意:"也好,就让罗龙盛同志与我们的独立营营长先谈谈,这次就不为难我们的独立营营长了。"

罗龙盛是个粗粗壮壮的黑脸汉子,性情冷冷静静。他听到政委叫唤,便从屋里走出院子来。

李四环对罗龙盛说:"罗龙盛同志,还是由你来先给肖锋同志介绍下情况吧。"

"好的。"罗龙盛上前,热情地拉着肖锋的双手,满心欢喜地看着肖锋,说,"来来,肖锋同志,我俩到那边说去。"

他挽着肖锋的胳膊,与肖锋一起走到了院落的一边,开门见山地说:"自从我工农红军第四军下了井冈山,游击到赣南,又转战闽西,时间已有两个多月了。我朱毛红军主力到了闽西,连战连捷,形势开始向有利于我工农红军的方向发展。藉此大好时机,中共赣西、赣南、湘赣边特委在省委的指导下已然撤销,成立了一个新的统一的赣西南特委。赣西南特委向省委报告,提出了'攻打吉安城'的军事目标,省委也同意了。现

第二十二章 ★ 黄牛

在赣西南特委领导下的地方红军、农民协会、农民赤卫队、少年队、革命群众也都行动了起来，广泛地开展游击活动，实施土地分配，巩固赤色区域革命成果，扩大赤色区域面积，取得了令人惊喜的成绩。

"今年秋，红二、四团在赣江以东地区开展农民运动、发展农民武装也有很大突破。陂头村、渼陂村一带的广大农村在当地党组织的领导下发动了农民暴动，推翻了当地的财主豪绅反动政府，组织起了农民协会、妇女协会、农民赤卫纵队、少年先锋队、儿童团等群众组织，为下次攻取吉安城作准备。

"半个月前，赣西南特委开了一个多星期的秘密军事会议，重点讨论和总结前几次我们攻打吉安城失败的原因和教训，决定联合朱毛红军主力攻取吉安城。毛委员接到赣西南特委的请求信，亲自回信赣西南特委，完全赞成赣西南特委的这个决议，坚定支持赣西南特委的这个军事行动，朱毛红军主力现正在回返赣西的路上。"

肖锋满心欢喜，他握着罗龙盛的两只手暖得沁出了汗，不住地点着头："看把我高兴的！我要做些什么？我们泰和县独立营要做些什么？这么好的机会，我不能躲在大山里当愚公。"

罗龙盛瞪着两只大眼，同样兴奋地望着肖锋："前不久赣西南特委将这个军事计划向中共江西省委作了汇报，请求省委批准这个报告，省委明确表示坚定支持。昨日，赣西南特委向赤色区域各县正式下达文件，命令赤色区域各县共产党员、共青团员、机关干部，要带头深入乡村搞好农民协会建设，搞好农民赤卫队、少年队建设，搞好农民分田工作，全力做好攻取吉安城的各项政治准备工作。

"赣西南特委这次下了大决心，目标只有一个，就是集中赣西南所有的武装力量，攻取吉安城，解决好老百姓和红军队伍日常生活用品严重短缺的问题。"

肖锋一边听着罗龙盛介绍情况，一边像小鸡啄米似的不断点头，当他听到成光耀旅调离吉安了，换来一个叫邓英的新编师来驻防吉安，还在城区外不断加固铁丝网，深挖壕沟，防备共产党的队伍进攻吉安城时，他感觉自己心腔里的血已变得沸腾起来，像要喷出来似的。

听完罗龙盛对当前形势的介绍，肖锋心里已明白了个大概。他转头望

向吴高群和李四环那边，只见他俩伏在地图上面，在研究和讨论着什么。

罗龙盛介绍完情况，向肖锋点了点头，示意他可以上前去大胆接受任务。

肖锋对吴高盛和李四环说道："吴师长，李政委，大概的情况罗科长刚才都介绍了，我都知道了。需要独立营做什么，请两位首长别兜圈子，只管赶紧下命令吧。"

吴高群向肖锋招了招手，让肖锋靠近桌前。虽然知道肖锋不懂看地图，还是指着地图微笑着向肖锋说道："这次的任务说简单也简单，说好理解也好理解，就是三个字：'搞黄牛'。"

肖锋疑惑地看了看师长，又看了看政委，嘴里重复了一句："搞黄牛？"

吴高群说："对，搞黄牛，越多越好！记住，不是去抢黄牛，不是去强买强卖黄牛，不能伤害老百姓的利益。"

肖锋还是有点不解："我知道不能强买强卖，但不知要黄牛做什么用？要搞多少？"

吴高群叫肖锋附耳过去，嘀嘀咕咕地向肖锋耳语了一阵，肖锋点着头，好像明白了似的满脸笑容。

吴高群向肖锋交代完任务，转头看了看李四环："政委，你看看，还有什么遗漏的、需要补充的，你给肖锋同志补充补充。"

"也没什么遗漏的啦。"李四环向吴高群颔颔首，他知道该提示肖锋的事项吴高群都提示过了。他转头看着肖锋，说："肖锋同志，任务你已经知道啦，什么要求吴师长也已经明确。你再好好想一想，看看有什么困难或者有什么要求需要师部帮你解决的？现在可以向师部提出来，师部想办法帮你解决。"

"没什么需要，没什么困难，李政委……要不……还是容我想一想。"肖锋犹豫着，看了看李四环，用手挠了挠头，一副欲言又止的模样。他沉寂了好一阵，像下了决心似的，支支吾吾地道："报告李政委，关于需要嘛……关于困难嘛……好像……确实……也没什么需要……没什么困难……噢，不，不，困难还是有点……有点……李政委，就是……就是……"

李四环知道肖锋心里在想什么，语气温和地开导他："肖锋同志，干革

第二十二章 ★ 黄牛

命工作要时刻多考虑细节，接受任务要时刻保持一种干净利落。你是独立营的营长，想到什么就要向上级说什么，别养成吞吞吐吐的磨叽性格。"

"是，李政委批评的是。报告李政委，困难就是……缺少买黄牛的钱。"肖锋脸上透出一点尴尬。

李四环说："这个问题师党委早就考虑到啦。买黄牛的钱嘛，好说，高自力副师长已为你准备了。稍后你就去找下高自力副师长，办一个领取买黄牛款子的手续。目前马家坨耕牛交易市场黄牛、水牛，每头要三十五吊钱。按赣西南特委的文件指示精神，大概要买四十头黄牛。这么大的一笔买牛款子，你准备怎么用？马家坨的耕牛交易市场戒备森严，你打算用什么办法进入？"

肖锋不加思索地说："我办完手续领了款子就回去，立刻和二连曾放过牛的几个战士，还有十多个来自赣江东岸赤色区域的赤卫队员、少年队员，组成一个买牛组，先上群众的家门去，精心挑选一些眼似铜铃、脾气暴躁、身体壮实的黄牛、水牛、大公牛。买不够的黄牛、水牛、大公牛的缺口数，我再设法到马家坨耕牛交易市场去买。我这边姑且先不去管'赣西南攻取吉安城总行动委员会'什么时间攻打吉安，我只管'总行动委员会'什么时间要牛，我什么时候就得有牛。只要买黄牛的钱有了，我就有底气买到牛。待会一回到独立营，我就调派一些懂牛的赤卫队员、少年队员，随我上群众的家里买牛去，我有信心完成这个任务。"

李四环说："肖锋同志，师党委需要的不是你有信心完成任务，而是你要按时间要求坚决完成任务。"

肖锋回道："是！报告李政委，我坚决完成任务。"

对于肖锋来说，这个买牛的任务来得比较突然，市场价钱自己还不甚清楚。不过，有几点肖锋可以肯定：买牛这个任务自己一定会完成好。资金不够可以想办法，必要时可以打打反动派和地主豪绅的主意。最使肖锋担心的，是买牛的时间有点紧。

不过，肖锋毕竟是泰和独立营营长，从他对泰和县情况的了解来看，他对完成这个任务是有信心的。

103

肖锋回到了部队营房，营房里肃静无声，除了几个哨兵不见一个战士，他有点生气地问哨兵："部队的人呢？都哪去啦？"

哨兵回答："这不是按照你早上的命令都出去办事了么？赣西南特委要攻打吉安城，请求红军主力支援，泰和县委和独立第五师要求届时泰和独立营及泰西七千多赤卫队、少年队赶赴吉安城，配合红军主力行动。独立营一早就派出许多战士去帮助农民协会向老乡征集粮食，同时侦察敌情，顺便捕捉赣江顺水北流的竹、木筏子，夺取和积蓄敌人的水上'枪弹粮'了。"

肖峰拍了拍额头，回过了神："哎哟，这事我竟然忘了。"他转身往自己的房屋走去，又突然回过头来，对哨兵说道："等下士兵委员会主任曼玉同志和刘铭方、李勉鸿、张开贵几个人回来，叫他们直接到营部会议室找我，我有急事找他们。"说完，就进营房去了。

傍晚，战士们陆陆续续从外面回营房来了。曼玉、刘铭方、李勉鸿和张开贵一进营门，哨兵就对他们说："你们回来啦？肖营长正找你们有事呢，赶紧去营部会议室找他吧。"

曼玉、刘铭方、李勉鸿和张开贵不知营长找他们什么事，水也没有顾得上喝一口，赶紧就往会议室跑。几个人还在门口就大声嚷嚷着："肖营长，我们回来啦，你找我们？"

在营部会议室，肖锋坐在桌旁，在一张纸上写着什么。曼玉、刘铭方、李勉鸿和张开贵近前一看，原来是一张战士的名单，有十几个人之多，要么是独立营的，要么是赤卫队的，要么是少年队的。曼玉就问："什么事，肖营长？急急忙忙地要找我们，来了吧，又不说话。又要搞什么新花样？"

肖锋说："你们参加革命之前，在家里都是放过牛的？对牛的脾气、秉性应该都了解吧？"

刘铭方说："那当然，我从小就与牛一起长大的，怎么可能不了解牛呢？"

第二十二章 ★ 黄牛

肖锋说:"好!这是一份从小在家放过牛、自小也懂点牛经的战士名单。你们现在分头出去把他们找来,在营部会议室开个要紧的会,半个钟后准时开会。你们拿着名单赶紧去把他们找来吧。"

于是,曼玉、刘铭方、李勉鸿和张开贵每人人手一份名单去各个连队找人了。

半个钟后,名单上的人都到齐了。肖锋坐在营部小凳子上,用针线缝着几个布袋子,生怕哪里缝得不结实。他还用手伸进袋子,这里捅捅,那里撸撸,满意了才放下手里的针线。肖锋缝好袋子,又把身后一个大布袋子拿过来,从里面倒出一千多吊钱来,平均分成了四份,分别放入他刚才缝好的袋子里,接着把袋口一扎,然后说道:"静一静,现在开会啦!"

会议室里十几个来开会的战士谁都没有出声。

肖锋在曼玉、刘铭方、李勉鸿和张开贵四人面前各放了一袋子钱,对他们说:"收好你们的钱,谁弄丢了你们都要负责。"

曼玉、刘铭方、李勉鸿、张开贵和十几个来开会的战士,你看看我我看看你,大家都没有说话,只是一直看肖锋折腾着。

曼玉说:"肖营长,有什么事就说,有什么任务就布置,你不要净打哑谜。"

肖锋说:"今天我到了第五师师部,吴师长、李政委交给我们独立营和赤卫队、少年队一个任务:去买牛,买得越多越好,准备攻打吉安城时使用。这些牛必须是壮实有力的,黄牛、水牛、大公牛都可以。我们这些骨干分成四个小组,曼玉主任、刘铭方、李勉鸿、张开贵当小组长,你们各带一小组战士下乡去老乡家买牛,我跟张开贵一个小组。大家买回来的牛统一交到营部黄牛组管理。我们这四个买牛小组也属于黄牛组,曼玉主任当黄牛组组长。大家每天买完牛,晚上回到营部在会议室统一将情况汇总,以便我们对行动及时作出调整。今天叫大家来开会,会议内容基本就是这样,大家有什么不明白的或者有什么话要说的,现在可以问我。"

战士们面面相觑,谁也没有说什么话。肖锋说:"要是大家没什么话说,各位小组长就各自带着你们小组的钱和人行动去吧。"肖锋向曼玉、刘铭方、李勉鸿、张开贵四人指了指桌上的钱袋子,说:"你们都各自拿好你们小组的买牛钱!张开贵,我跟你一个小组。"

曼玉转头对刘铭方、李勉鸿、张开贵他们说："各位小组长，把买牛的钱都拿上，赶紧各自下乡找乡亲们买牛去吧。"

李勉鸿从桌子上拿起钱袋子，递给了他们小组的詹四宝："拿着，第三小组的都跟我走。"

104

南门村。王翔在牛棚里拿着斩碎的番薯藤，专心致志地喂着黄牛。他的妈妈桂芬婶蹲在地上，用菜刀斩着番薯藤。他的老婆素妍用背带背着孩子，在厨房里收拾碗筷。

王翔把桂芬婶刚刚斩碎的一盆番薯藤和了些水倒进了牛栏里，轻声地央求他的妈妈："妈，这两天许多人报名当红军，我也想报，可是素妍不同意。你能不能跟她说说，让她同意。你看，村子里的青壮男人差不多都去当红军了，就剩下我一个在村子里了。"

桂芬婶轻声地说："你不是参加赤卫队了吗？赤卫队出去打仗，不是跟红军差不多？"

王翔说："那怎么能比？赤卫队打仗都是在村子周边打转转，红军打仗可是都在县外省外，这怎么能比呢？"

正说着，王翔的老婆素妍在厨房里喊了一声："王翔，喂完牛没有？带下孩子！"

王翔放下手里的番薯藤，拍了拍手上的灰尘，刚要进厨房去，桂芬婶站起来用手拦住了他，示意他继续喂牛，让她进厨房带孩子。王翔只好停下脚步，由他妈进厨房去……

桂芬婶帮助儿媳妇素妍从背上解下孩子，抱着他进了厅堂，给孩子喝了点水。素妍整好了背带，拿进了厅堂放在靠墙的一张凳子上。她看了看桂芬婶，说："妈，晚上不要给孩子喝太多水，免得晚上孩子睡觉尿床。"

说完，素妍拿起凳子上王翔的衣服，给他缝补起衣袖上的破洞来。

孩子在桂芬婶手上总是乱抓乱动，把桂芬婶的头发抓了个杂乱无章。王翔喂完牛料，走进了厅堂，从妈妈手中接过孩子，孩子却不愿，在他手

第二十二章 ★ 黄牛

上又哭又闹。

桂芬婶一看，笑话他说："你看你连带个孩子都不会，孩子每次一到你手上就被你折腾的……"说着又把孩子抱了过去。

这时，门外响起了一阵不紧不慢的敲门声。王翔自言自语地说道："谁呢？黑灯瞎火的都接近上床睡觉的时间了，这么晚了还有人来敲门。"

桂芬婶说："王翔，你快去开门吧，这个时间点还来上家门的，准是公家的人有公事。你别怠慢了公家的人。"

王翔答应了一声，便出去开门了。

桂芬婶借王翔出去的空隙，对素妍说道："素妍啊，王翔想报名参加红军，每天给我说，还要我跟你说说，我一直没顾得上这茬。你看村里的青壮男人大都当红军去啦，就剩他一个人在村里。你是怎么打算的？我看这几天他都快憋疯了。要不，你就答应他去吧，以后在家里孩子由我来带。你看行不行？"

素妍听了桂芬婶的话停下了手里的针线活，想了一阵，却一直没有出声。

敲门的正是肖锋和张开贵这个买牛小组。肖锋一走进来，并没有直接进屋，而是拉着王翔先去了牛棚看看。他们走进牛棚，借着月光看到一头这么壮实的黄牛，心里开心极了。

肖锋对王翔说："王翔哥，你真能干，竟然把牛喂得这么壮实。我们就要攻打吉安城了，邓英代替成光耀驻防吉安城之后，又在城外加强了电丝网和壕沟的阵势，要攻取吉安城就先要破解邓英在城外布下的电网阵，需要买下你家这头牛。你看看愿意多少钱卖给我们，你开个价吧。"

王翔说："肖营长，你们晚上来就为着这个事呀？这事我作不了主，你们还是到厅堂跟我妈和素妍她俩说，要她俩同意了才行。"

肖锋带着小组的人跟着王翔走进了厅堂，远远地对着厅堂上王翔的妈妈和老婆喊道："桂芬婶、素妍嫂，这么晚上门来打搅你们的休息，真是对不住你们啦！"

桂芬婶换了只手，抱着孩子，对肖锋的到来甚感疑惑，她直截了当地说："是肖营长来啦！这么晚来家里，是有什么要紧公事吗？"

肖锋说："是啊！没有要紧公事，就不敢这么晚来打搅你们了！赣西南特委和赣西南赤色区域的地方红军要攻打吉安城,以前我们的部队攻打了八次都打不进去,还牺牲了好多赤卫队队员红军战士。政府想帮群众解决食盐、布匹、洋油的问题,一直解决不了,原因就是一直打不进吉安城。这不,这次赣西南特委写信给毛委员、朱老总,请他们派红一军团的兵来帮助我们攻打吉安城。毛委员、朱老总看了信,二话不说很爽快地答应啦,说到时会把红一军团所有的部队都派过来,帮助我们攻打吉安城。"

桂芬婶说:"这不是好事吗?那你们这次这么晚来家里,是要我们做什么呢?"

肖锋说:"想要桂芬婶、素妍嫂答应,把你家牛棚里的黄牛卖给我们,组成一个黄牛阵。等到我们攻打吉安城时,好让这个黄牛阵破解掉邓英布置在吉安城墙外的电网阵。只要敌人的电网阵破解掉了,我们的部队攻进吉安城就没有问题。"

"你们想买我们的黄牛?你们买走了我们的黄牛,我们以后耕田又靠什么来犁地呢?"桂芬婶心里有点不愿意。

肖锋解释说:"我们买你们的牛,会付钱给你们的。等打下吉安城,你们再去其他地方重新买一头牛回来。再说,到时你们犁地若是缺牛,可以跟农民协会和苏维埃政府说说,他们会派劳力上门帮你们解决困难的。这个你们一点都不要担心。"

桂芬婶听到这里不说话了,其实她的心里已经同意了,她也支持红军早日打下吉安城。但她为了使婆媳俩不闹矛盾,卖不卖黄牛还是得让素妍做最后的决定。

素妍却一直没有出声,可能正在做着激烈的思想斗争。

105

张开贵从进门到现在一直没有开口说话,他见营长苦口婆心地讲了半天道理,对王翔的家里人也是"桂芬婶、素妍嫂"地喊了半天,却没有一个人表态,也没有谁说声给口水喝,也没有谁开口让他们坐下,心里有点激气。他转身看着王翔,对他毫不客气地说道:"王翔哥,你在村子里也是

第二十二章 ★ 黄牛

个赤卫队队员,你怎么不说话呢?你是个男人,是卖还是不卖,你给句痛快话。不卖的话我们走人,趁着天色不晚还要去其他人家看看。做男人不要这样磨叽。"

王翔不敢做主,他老老实实地看了看素妍,对张开贵说:"家里的事我一般都不管,都是由我妈和素妍说了算。"

张开贵说:"家里的事你说一般不管,那你当红军的事是外面的事,你也说一般不管,你一般管什么?全村的人就剩你一个壮劳力不报名当红军,好像赣西南特委攻打吉安城,这样的大事都跟你没有关联一样。"

肖锋听了张开宝的话感到一阵解气,但他是营长,不能任由张开贵这样由着性子说话。他喝住了张开贵:"张开贵你太不像话了,你怎么能这样说王翔哥?各人家庭有各人家庭的难处,由不得你在这里对王翔哥说三道四的,等下回去了看我怎么罚你。"说着装出了一副生气的样子。

张开宝横竖准备回去挨个批,嘴巴里嘟嘟囔囔地继续说了一句:"他若不是我哥,我还懒得说他哩。"

肖锋瞧了瞧情形,决定还是先去另外一家看看。于是就对王翔家里的人说:"王翔哥,我们不打搅你们休息了,张开宝不会讲话,对不住你啦。桂芬婶、素妍嫂,你们有难处就算了,我们这就走啦,乘着天色还早,还要到另外一家去看看。"一边说着一边向小组的人招了招手,转身向门外走去。

这时,一直没有开口的素妍说话了:"肖营长,你们先别走,你们把黄牛牵走吧。只要对攻打吉安城有帮助,我们都愿意尽力做。我们买回这头牛时用了三十五吊钱,养了它两年,你现在还是三十五吊钱把它牵走吧,我不赚你们的钱。这头牛是我们一家的命根子,犁田、吃饭、穿衣、养家全指着它。现在我们把这头牛卖给你们,我们也没有不愿意。只是我有一个条件,你们也要答应我,不知可不可以?"素妍语气平和,不温不火,却显得不容置疑。

肖锋说:"素妍嫂,你有什么条件?你说说看,只要我能做到都好商量。"

"我家王翔为人老实厚道,不懂得耍奸使诈。我不让他报名当红军,是怕他不懂得圆滑在外面容易吃亏。现在我想好了,我帮他报名,让他当

红军去。你认识上面的师长、军长,我托付你帮忙,把王翔送到主力红军里,最好是能送到毛委员、朱老总的第四军里,你能做到吗?能做得到的话,你现在就可以把牛牵走。"素妍说完便闭上了口,拿起针线活继续缝补王翔的那件衣服。

肖锋犹豫了一阵,想了想,最后下了决心说道:"素妍嫂,你的条件我答应你。第四军正在招人,我明天就跟我的一个远房亲戚说去,他正好在第四军政治部当科长,后天就给你一个准信。"

素妍说:"行!我信你!你去牛棚把我家的黄牛牵走吧!"她说话的声音始终是不紧不慢、不愠不火的。

肖锋对素妍出人意料的表现深感震惊,对她油然生起一种敬意:"谢谢素妍嫂成全!那么,这个买牛的钱——三十五吊——放哪里呢?"

素妍说:"你们就把牛钱搁在饭桌上吧。孩子困了,我就不陪你们说话了,我先带孩子睡觉去。牵牛就让王翔陪你们去吧。"说完,她放下针线活,从她婆婆桂芬婶手里抱过孩子直接往里屋走去了。

当她转身关门的一瞬间,张开宝隐约看见素妍眼里闪着泪花。这个时候,他很为自己刚才的乱讲话而后悔,心中内疚不已,恨不得此刻地上有条缝可以让自己一头钻进去。

曼玉、刘铭方、李勉鸿、肖锋、张开贵四个买牛小组,到处找黄牛和水牛买,花费了两三天时间,走遍了好几个乡,才买到了十几头牛,想组成黄牛阵还远远不够。

肖锋召集黄牛组的战士开会,让大家发表意见。大家想到了一个相同的主意——到马家坨耕牛交易市场买牛。可是这个市场有个澄江中队驻守,他们昼夜把守着市场的南、北两个出入口,严密监视着进出市场的任何买卖人,稍显可疑就会实施抓捕。这可怎么办呢?

想来通过正常买卖人的途径进交易市场去买牛是很难达成目的的,需要用非正常的办法才行。

于是,肖锋想出了一个大胆的做法,为了完成买牛任务,他决定去冒险一试。

第二十三章

证人

106

苏杰和傅黑牛跟着刘士奇蹑手蹑脚地进了院子,也偷偷地听着西屋的争吵。

西屋里的是何寿德、林金槐、刘俊这个讨论小组。何寿德说:"有人看见你今天上午去了环浒小学找特委书记谈话。"

林金槐坐在角落里,抽着旱烟,低着头说:"我不可以去看看特委书记?不可以与特委书记说说话?"

何寿德质问:"你倒说说,你去找特委书记干什么?你向特委书记说了什么?"

林金槐倔脾气上来了,说:"有什么好说的,我什么也没说。"

何寿德不相信:"你什么也没说?那么今天上午你去环浒小学,去他的住地,是什么用意?"

林金槐没好气地说:"什么用意?我想巴结特委书记,也想当农民协会秘书长,不可以吗?"

"就你这块废柴,也想当农民协会秘书长?你晚上做梦吧?"何寿德圆睁着一双牛眼,"你不要扯开话题,你找特委书记说了什么?快点交代。"

"怎么?我不说出个子丑寅卯,难道你还想批斗我?"林金槐对何寿德开始有点不满了。

这时,一个农民协会会员插话了,威胁着说:"不跟你啰嗦,你不向我们交代,我们就不是要批斗你了,而是要把你捆起来,吊在雪地里。"

另一个农民协会会员也跳了起来,说:"别说这么多,还不交代你向特委书记说了什么,现在就把你捆起来。"

林金槐不慌不忙地说:"我又没犯王法,你们依仗什么权力捆我?"

何寿德说:"我们想捆谁就捆谁,你犯了我们,就是犯了王法。"

刘俊在一旁胆怯地说:"都是……都是一家人,不要……不要伤了和气。"

何寿德瞪了刘俊一眼:"你打什么喷嚏?你跟谁是一家人?是跟这个姓林的,还是跟我们?"

"我……我……我跟你们是一家人。"刘俊不敢吭声了。

黑夜里,林金槐家的西屋里吵吵闹闹,院子里却安安静静的。

天下的人际关系常常是叫人意想不到的,林金槐以前那样热心地为何寿德鞍前马后,何寿德却说翻脸就翻脸。林金槐又有点小孩脾气,何寿德做事又爱多心,虽然他们是从小一起玩到大的伙伴,但也许正因为交往太过亲近了,反而容易发生摩擦。林金槐觉得何寿德这次私心太重,俗语说"新箍马桶三日香",新上任的农民协会主席自然得宠些,但何寿德觉得下面的农民协会会员在他面前不能表现心太盛。林金槐知道这些纠纷虽然与自己并不相干,但王钰山做官做人不错,不能对着他的上级乱说要人家性命的坏话。

林金槐与何寿德之间的间隙渐渐地加深了。刘俊对一个农民协会会员说:"都是一起玩到大的伙伴,不能自己人与自己人过不去,以后低头不见抬头见,他俩不必要太认死理。王钰山有没有出卖贺敏学、胡波、颜勇、贺灿珠、张荣锦、龙忠贵、胡国槐和革命群众,这事吵吵嚷嚷了一段时间了。如今上级来了个刘领导调查这个事,迟早会有个水落石出的。现在把林金槐也针对了,方向就搞得有点糊涂了。"

但何寿德却借着上级来了领导,撮合一些附和的农民协会会员向上级数落王钰山,何寿德想把他整倒,林金槐、刘燕珍、刘俊从心底里不是十分情愿。他们相信,刘士奇书记是来自上面的人,政治水平高,他不可能看不出这件事情的是非曲直、有理没理,毕竟出卖自己的同志这个罪名太大了。再说,刘士奇书记在这里待的时间一长,事情再怎么隐瞒,渐渐地也会看出一点疑团的。

何寿德总嫌林金槐、刘燕珍、刘俊与他不够齐心,甚至觉得林金槐处

第二十三章 ★ 证人

处在背叛他，又恨林金槐太了解他。何寿德有时候忍不住插身在刘燕珍、刘俊和林金槐之间，和林金槐怄气，打压着他。

林金槐这样老实巴交的人，却还是像一般农民协会的会员一样，动不动就会赌气，不与何寿德搅在一起，路上碰了面与何寿德打招呼也是不情不愿的。何寿德不给他一个人接触刘士奇的机会，又不能逼他太紧，怕他与王钰山站成同一条线。即便他想要"修理"林金槐，也得等到刘士奇回特委之后再动手。

历史上那些使坏的人总是觉得自己的主意天衣无缝，反倒总是在事情起变化的关键时刻自己的阵营出了一两个明白人，不顾一切地转过身来帮助正义的一方，林金槐便是这样的人。他前思后想了好多个晚上，觉得王钰山这样的好县委书记不应该被何寿德这样的人整倒。这样正直的领导一倒，何寿德这样的人就会无法无天，群众以后的困难艰苦就没有人帮忙作主了。

刘士奇是个做事处理问题讲究章法的人，林金槐看出了上级的做派和意志，他下了决心要讲出案情的真相。

"他要是不讲出真相，王钰山这辈子就没有前途了。"刘士奇相信林金槐会找他讲出真相，他坚信林金槐会懂得这个案子的轻重，坚信林金槐在一度沉默之后迟早会来找他开口说清楚的。因此，刘士奇对王钰山这个案子的调查有板有眼，心里并不着急。

107

一个模糊的黑影轻轻缩紧腰身，从外边悄悄地溜了进来，走到了西屋窗口，但这个黑影没有进屋，而是一动不动地站在窗口默默地听着。刘士奇见到这个鬼鬼祟祟的黑影，一下子惊得屏住了呼吸。

苏杰伸出半个头，仔细地观察着。苏杰是本地人，从模糊黑影的模样一下子判断出这就是环浒乡的地主何季财。他凑到了刘士奇的耳旁，对他轻声说："躲在窗边的这个黑影不是别人，正是与何寿德穿一条裤子的地主何季财。"

傅黑牛耳尖,一听说是何季财,马上将手移向手枪,想抄枪出来。刘士奇不想打草惊蛇,伸手按住了傅黑牛的手,轻轻制止了他。他们仨静静地伏在院子角落的柴火堆旁,三双眼睛一眨不眨地盯着这个黑影。

西屋里,何寿德继续对林金槐教训道:"凭你一个佃户长工,一大早跑到特委书记那里胡乱地嘀嘀咕咕,能起什么作用?他一回去特委,这里还是我说了算!你敢针对我,待特委书记走了,看我怎么收拾你这个吃里扒外的东西!"

"快点交代!你向特委书记到底乱嘀嘀咕咕了些什么?"一个农民协会会员附和着何寿德,恨不得把林金槐撕成两半。

林金槐有点忍无可忍,他站了起来嚷嚷道:"好,你们想狗急跳墙,我也就豁出去不顾了!明天我就去找特委书记,给县委书记王钰山做证人!"

"你敢!真是反了你啦!拿绳子来!把这个吃里扒外的王八爪鱼捆啦!"何寿德的一个同伙叫嚣着。

林金槐脾气上来了,他伸出双手做出让他们捆的样子,说:"来呀!你们有权有势,合起伙来赖我家里吓唬我!你们赶紧动手,把我捆了吧!"何寿德和几个农民协会会员在旁边拿了条绳子,真的就把他捆了。他也不反抗,脸上仍是一副倔强不低头的模样。

这时,何季财在窗外出声了:"大半夜的,你们在吵闹什么?金槐做了什么不能让你们原谅的事情?"何季财一边说一边走到门前,推门进屋。

林金槐一听到这声音,知道是何季财来了,真是黄鼠狼养的,这个假仁假义的笑面狼也来了,他心里有点发急发慌。

这时,其他的农民协会会员看见何季财来了,似乎想做出什么表现似的,更有劲地对林金槐胡乱叫骂着。

108

何季财身穿一件毛皮大衣,摇晃着八字步,挺着一颗发型油腻腻的南瓜脑袋,摆着一幅皮笑肉不笑的表情走进了西屋。西屋屋顶上的稻谷杆有两处露出了饭碗大的洞口,像是通向天空的一双眼睛。透过这两个洞口,

第二十三章 ★ 证人

可以看到屋外天空中的夜光。

何季财假惺惺地生气地说道："怎么还把人捆上了呢？快解开。整个金汤村都静静的，就你们这里吵闹个不停，都成什么样子了。你们说的话，我老远都听见了。你们对待金槐的态度不对，怎么可以用这绳子对付从小一同长大的兄弟。金槐，别跟他们一般见识。"

林金槐心里有气，没有说话。

何季财劝解着："金槐，寿德，咱们都是自己人，吵过就完，睡一觉都忘掉，不要搁在心里。"

林金槐还是不作声。

何季财又说："金槐，你只告诉我，今天上午在环浒小学你对那个外地人说了些什么？"

"什么外地人？是特委书记！"林金槐没好气地说。

"对对，是特委书记，你对特委书记说了些什么？你告诉我。"何季财诱惑着林金槐。

林金槐沉默了好一阵，才理直气壮地说："一块废柴，能说什么？我什么都说了。"

"什么都说啦？你说的可是真的？"

"真的！什么都说了！"林金槐咬了咬嘴唇。

"怎么？我们一个村子，穷富天天见面。对一个外地人，你这样做，以后在村里还怎么做人？你穷，哪天需要什么，谁还会帮你？"何季财心里的怒火开始压不住了。

109

何寿德是个精明人，他一看何季财对待林金槐的样子，自己的态度也跟着转变了，便帮林金槐解开了绳子。其他的农民协会会员跟何寿德一条心，态度也纷纷软了下来。

何寿德顺着何季财的意思，对林金槐说："这话是实在话。要不是你跟那个外地人乱说，谁愿意捆你，跟你争吵呢。"

林金槐赌着气说:"告诉你们吧,我什么都对特委书记说了!你们想对我怎么样随你们便。"

何季财不觉头皮发热,失声地"咳"了一声。但他很快便冷静了下来,他说:"金槐,你一时赌气,告诉了外地人就告诉了吧。你以后要跟村里一个心思!填补这个漏洞的事,让我来想办法吧。"

"想什么办法?凭你一张嘴,黑的就能变成白的啦?特委书记就会信你啦?"林金槐冷笑着说。

"你听我的安排,明天我让寿德送你到北乡乡去躲几天,你不能留在家里了。等那个外地人走了,再让寿德去接你回来。"何季财用狡猾的目光看着林金槐。

"这里是我的家,我哪里也不去。我也没做错什么事,凭什么要我去北乡乡躲起来?"林金槐摇了摇脑袋。

何季财瞪着两只识透了一切似的大眼睛说:"你必须要去!你不答应,今晚就让你知道嘎嘎响的燃着的木炭的利害,让你从此变成了灰,吃不了饭!"

林金槐不吱声,他偷偷地看着屋里的人,额头上那深深的皱纹显示出他心底的坚定不移:"你们想怎么样?现在到处都有共产党、有苏维埃政府,看你们能把我怎么样?"

何季财向何寿德努了努嘴,何寿德心领神会,和几个与他同心的农民协会会员一起上前把林金槐按倒在地,然后用刚解下的绳子又把林金槐重新绑上了。

林金槐力不从心地挣扎着,想喊几声,却被何季财用抹桌子的布塞住了嘴巴。刘俊趁大家不注意悄悄地往门外移,一手拉开西屋的门,身子一甩,蹿到了院子里。

刘士奇从柴火堆旁一耸,跳了出来。他伸手抓住了刘俊的胳膊,安慰地说:"刘俊同志,不要害怕,是我。"

刘俊一看是刘士奇,心里渐渐安定下来,顿时把刘士奇当成了天兵天将,心情激动地说:"你们……快救救林金槐吧!"

刘士奇点点头,对刘俊悄悄地说:"你马上到县委跑一趟,把这里的情况告诉县委书记王钰山同志,让他赶紧赶过来。你们环浒乡农民协会干部的问题，今晚就有结论了。"

刘俊死命地点头："我就去。"说完，他飞也似的跑出了院子。

110

这时，何季财从西屋走了出来，何寿德几个人押着林金槐跟在后面。刘士奇提着驳壳枪站在院子大门，堵住了他们的出口，傅黑牛和苏杰端着枪在后面包抄何季财、何寿德。

何季财、何寿德一见到刘士奇震惊不已，一下子精神不振，连话都说不完整了。

林金槐见刘士奇突然出现，真是有如喜从天降，他挣脱了何季财、何寿德一左一右的胁迫，跑到了刘士奇的一旁，他知道这下有好戏看了。刘燕珍顺势也跑到了刘士奇的一旁，冷眼看着何季财、何寿德他们几个。

刘士奇上前两步把何季财、何寿德喝住："站住！何秘书长，你们把林金槐同志绑了，准备要把他押去哪里？"

"没……没有，他做事鲁莽，犯了大错，正准备押去你那里，接受你的批评和教育。"何寿德有点手足无措。

"林金槐同志即便犯了错误，你们也不应该捆绑他，你这样胡乱绑人，还像农民协会的干部吗？"刘士奇语气严肃，"你这样做，究竟是为了谁？还有把林金槐当成自己的同志吗？还不把他身上的绳子解开！"

旁边的几位农民协会会员见风使舵比谁都快，不等刘士奇把话说完，他们已经争先恐后地跑上前，把林金槐身上的绳子解开了。

林金槐身上的绳子一解开，便扯下了自己嘴里塞着的抹桌布，"呸""呸"几声，接连往地上吐了两口口水。

他突然上前几步用脚踹了何寿德一脚，又转到何季财背后也用脚踢了何季财一脚，出了心中一口恶气，嘴里激动地骂道："真是做了几十年的'睁眼瞎'，竟然没有早看出你们是一帮狼心狗肺。"

刘士奇制止了林金槐用脚踢人："林金槐同志，不准用脚踢人，你也像他们一样想犯错误吗？"他把林金槐喊了过来，认真地批评了他两句，让

他站到了自己的旁边。

何季财一双贼眼东瞧西望，观察着周边的形势。趁着刘士奇批评林金槐的空隙，他把手伸向怀中抄出了一支手枪，对准了刘士奇开枪。

林金槐看何季财神色不对，还在疑惑间见何季财拿着手枪正对着刘士奇。他顾不上想其他，赶紧上前推了刘士奇一把，喊着："刘书记，闪开！"刘士奇被推倒在地，林金槐躲闪不及，一颗子弹打在了他的胳膊上。

站在何季财身侧的苏杰见何季财手里有枪，而且还敢向刘士奇开枪，惊得他来不及多想，下意识地抬起手中的枪就向何季财射击，射中了何季财的背部。

111

在夜色下，何季财垂死挣扎，调转枪口欲向苏杰还击，苏杰没有多想又向何季财连开了两枪，何季财一下子倒在地上一动也不动了。

傅黑牛知道何寿德也有枪，他怕何寿德铤而走险，随即快速地冲上前把何寿德腰上的枪下了下来。

这时，县委书记王钰山带着几个农民赤卫队队员也赶来了。

"刘书记，你没伤着吧？"王钰山老远便叫了起来，他听到枪声急坏了，一路狂奔赶到了林金槐家的院子里。在夜色中，见刘士奇坐在地上，他赶紧上前，从地上扶起了刘士奇。

"我没伤，幸好林金槐同志眼明手疾推了我一把，让我躲过了地主的攻击。"他站了起来，从口袋里掏出王钰山那支被收缴的配枪，递给了王钰山，说，"王钰山同志，一切真相大白，你是清白的。现在配枪归还给你，以后你要好好用这支配枪保卫我们的农民协会，保卫我们的苏维埃政府，保卫我们的县委。"

王钰山双手接过配枪，眼里含满了眼泪，心里激动得说不出话来。林金槐捂着受伤的胳膊，问刘士奇："刘书记，他们怎么处置？"

刘士奇幽默地说："这事要问你们县委王书记，由县委王书记处理，不关赣西特委刘书记的事。"

"好！我来处理！"王钰山转过身来，对这些农民赤卫军说，"你们把这几个昧了良心的家伙带到环浒乡农民赤卫军驻地，好好看管起来，明天再作打算。"

林金槐靠近王钰山，指了指地上何季财的尸体，问道："王书记，这个死黄鼠狼养的，怎么处理？"

王钰山说："由苏杰同志和你们农民协会处理。明天组织环浒乡农民协会会员们到现场开个批判斗争大会，接受农民阶级不要相信地主阶级的教育。"

刘士奇对着王钰山插话说道："这一次农民协会应该好好让群众受点革命教育！对何寿德这样的堕落农民协会干部，要认真总结一下经验教训！还应该好好让农民协会会员们批一批他！批得不到位，斗得不彻底，县委书记就要动脑筋，让他们批得到位一点、斗得彻底一点。"

王钰山点了点头，表示完全赞成刘书记的意见。

刘士奇看到刘俊走进了林金槐家的院子，便对他说："刘俊同志，你来得正好，林金槐同志负伤了，你和刘燕珍同志一起扶林金槐同志去医疗诊所包扎一下。"

刘俊、刘燕珍响亮地答应了一声，走过去一左一右搀扶着林金槐离开了。林金槐在刘俊、刘燕珍的搀扶下，缓缓地往外走，还不忘扭头对着何寿德狠狠地吐了口口水，显出一脸的不屑，模糊的夜色下不屑的表情显得是那样清晰。

何寿德面对突如其来发生的一切，一个人呆在了那里一动也不动，农民赤卫队队员押着他催他快走的时候，他好像什么也没有听到，头脑里胀嗡嗡的，不知道怎么是好。

刘士奇像是想到了什么，把何寿德叫住了，向他走近几步，问道："你是一个长工，是一个共产党员，是环浒乡农民协会副秘书长兼金汤村农民协会秘书长，为什么突然与何季财这样的地主走得那么近？"

何寿德有点害怕地回答说："我……我一直是何季财的长工，过去给他干活，总是养不活自己，甚至干了一年的活下来年关了还倒欠他的钱。我还是个单身，没有钱娶老婆。那天，看到他兄弟何季相的小老婆，我控制

不住，不顾一切就看上她了。从此，我的短处……就被拿在何季财、何季相兄弟俩手上，他们叫我做什么，我就只好做什么……"

"你捏造事实和理由，诬陷、检举县委书记王钰山同志，究竟是因为什么？王钰山同志与你没有任何过节，你干嘛要这样做呢？从中你又能获得什么好处？"刘士奇盯着他问。

何寿德尴尬地说："这都是何季财的主意，是他要我这么做的。他还要求我多拉拢一些农民协会会员，一起举报，把王钰山整下台，把县委搞垮，这样，永新县就是我的天下，做这个事，说是要人多力量才大。"

"谁给你出的点子，要你直接写材料向赣西特委书记检举？"刘士奇接着问。

"还能有谁？都是何季财、何季相兄弟俩。"何寿德回答。

"假如你检举成功了，王钰山同志被迫接受审查，你真的想当这个县委书记吗？"刘士奇不紧不慢地问。

"没有……我哪是这块料……倒是何季财这样要求过。"何寿德垂头丧气地说。

"你能这样回答组织的问话，说明你还没有变坏到家。你帮助何季财做过多少坏事，何季财对你说过多少坏话，你要好好地回顾和反省。到了乡上，你要老老实实，向农民协会会员们坦白，向县委交代，准备接受组织上的处理。"刘士奇说完，朝农民赤卫队队员们挥了挥手，让他们把何寿德等几个人押走。

112

夜越来越深，冷风越来越大。在飘飘雪花中，王钰山走上前去，伸出双手紧紧握住刘士奇没有握枪的那只手，感激涕零地说："感激特委！感谢组织！感恩刘书记！辛苦您啦！要不是您细致入微的工作，我的事一时恐怕也很难说明白。"

刘士奇安慰着王钰山，语重心长地说："应该感谢林金槐这样的农民协会会员。在调整农民协会干部的时候，我们要重用林金槐这样的农民协会会员。何寿德、何季财这样的典型事件，给我们以后的农民革命工作作了一个强烈的警醒。这个事件对我们的教育太深刻了。"

王钰山藉此机会问刘士奇："县委对怎么处理何寿德还没有完全想好。既然特委书记在这儿，还是想听一下特委的处理意见。"

"何寿德完全站在地主阶级的阵营，背离了组织、背离了农民协会、背离了群众，根据他过去的所作所为，县委枪毙他也不为过。"刘士奇严肃地思考了一番，认真地表达特委的意见，"念在他是长工出身，也是个穷苦人，就开除他的共产党党籍，免掉他环浒乡农民协会副秘书长、金汤村农民协会秘书长的职务，发动农民协会会员们严厉地对他进行一番批斗和教育，以观后效，也就可以了。"

王钰山说："好！就以特委的意见指示精神来作参照，对他好好教育一番！"

113

天亮了。在苏杰家里吃早餐的时候，刘士奇向王钰山、苏杰表示感谢，说这个案子给了他提高认识的机会。随后他和傅黑牛向大家提出辞行，准备要回赣西特委去。

临行前，刘士奇让苏杰拿出龙源口乡农民协会张秘书长送给他的酒，给大家都斟满了。他还没来得及说什么，王钰山先站了起来，说："刘书记、刘书记，为了我的清白，您成天找我谈话，找农民协会会员们了解情况。这一次我真的成熟了。我会永远记住您！记住您一丝不苟所做的一切！我会好好地工作，这一辈子坚决跟着共产党搞农民革命！"

苏杰也端着酒杯，对刘士奇说："这个案子把我的眼睛擦亮啦！"

听了王钰山、苏杰这番话，刘士奇高兴极了，他喜笑颜开，端起桌上的酒杯一饮而尽。

第二十四章

虎穴

114

澄江中队队部设在马家坨耕牛交易市场东头一栋深灰色、被法国传教士废弃多年的教堂里。肖锋打扮成一个阔商的模样，讲着一口纯正的泰和话，带着几个五大三粗的随从来到了交易市场。他们背着两布袋子的钱，故意露出一个布袋子的钱给牛贩子们看，大家都以为今天交了好运，遇到个有钱人了。

肖锋带着跟班战士到交易市场转了一圈，挑中了二十多头黄牛、水牛，谈好了价钱，告诉牛贩子们一会把牛牵到澄江酒店门口，他们在楼上吃饭，牛牵来了就给他们钱，牛贩子们当然应诺。

肖锋他们几个上酒楼时，随即引起了谢成墟的注意，不知这几个财大气粗的人是什么来路。他暗暗地想："他们若是赤匪的人，赤匪那边没有这么有钱的人；他们若是生意场上的人，生意场上也没有这么有霸气的人呀！"

在酒楼的包间里，肖锋看到跟在后面的谢成墟，故意春风得意地说："我早就说马家坨耕牛交易市场太小了，不要浪费我的时间，干嘛要专门来跑一趟？你看转了一大圈，也才二十几头牛还看得上眼。带这么多的现钱却花不完，还要辛辛苦苦背回去，还累不累呀？"

"不累又怎的？总不能把这么多的买牛钱拿去赌场，又像上次一样赌了个精光，老太爷知道还不活活揍扁我们了？"说话的随从像是个管账房的，"先不管什么，把肚子填饱了先！"说着，他转头喊道："店家！来！

点菜！"

一个酒店管事的上来了，他其实是谢成墟的亲戚，专门在这儿开酒楼帮谢成墟赚钱的。曾经也有人想来这个地方开店，一听说谢成墟的亲戚在这里，就谁也不来了。

肖锋说："店家，你这里有什么好吃的东西，你尽管上来，一会儿不差你的饭菜钱。"肖锋手下有个管事的故意把钱袋子放在桌子上，布袋子口露了出来，隐隐露出许多现钱，把酒楼老板惊得一愣一愣的。

酒楼老板出去了，与躲在外面的谢成墟一五一十说了一遍，谢成墟亲自出场了。

酒楼老板把谢成墟介绍给肖锋，恭敬地说："这是澄江中队的中队长许家宝，也是这里马家坨耕牛交易市场的大当家。先生你要想来这里赚钱，与许大当家的搞好关系至关紧要。"

肖锋说："什么许大当家的，这个交易市场我早就听说过，只有靖卫团团长刘文峰说了算。可惜他是吉安驻军剿赤剿匪司令部参谋长廖达峰的敌人，我们不能跟他合作。"

谢成墟说："你们认识廖达峰参谋长？"

肖锋手下那个管事模样的人对谢成墟说："我们薛老板是廖达峰参谋长生意场上十多年的合作伙伴，两个人一起合作赚过好多钱。"

谢成墟一听，故意问道："既然有这么好的交情，那么你们怎么不去吉安城找他？"

"许大当家的可能有所不知吧，廖参谋长早就调到赣州啦，早不在吉安城了。我们这次从赣州过来，廖参谋长叫我们到这个马家坨耕牛交易市场来看看，说有什么需要找谢成墟中队长。'许家宝中队长'廖参谋长廖长官没有提过，我们怎么会随便相信你呢？"肖锋说道。

谢成墟赶紧说："敝人就是谢成墟。既然廖参谋长提到敝人，薛老板有什么需要尽管吩咐，我当尽犬马之劳。"

"你不是许家宝吗？怎么一下变成谢成墟了呢？"肖锋假装一惊，"你到底哪句话是真的？"

115

"刚才是故意试探阁下的来路,现在相信你啦!"谢成墟自嘲道。

"我怎么相信你就是真的谢成墟?假如你是许家宝,我岂不是栽了个大跟头?"肖锋故意说道。

"如假包换!如假包换!"谢成墟讪讪地说。

"你老是说你是谢成墟,不是许家宝。那我问你,我们廖参谋长廖长官在生意场上有两个最好的朋友,一个就是薛某敝人,一个在云南,是谢成墟中队长的表哥,你知道他叫什么名字吗?"肖锋说。

谢成墟眨了眨眼睛,说:"知道!叫许成堆!一直在云南昆明经商。"

"你这个冒牌谢中队长,早就看出你是许家宝不是谢成墟!谢成墟表哥叫许成洲,不是叫许成堆。还想骗我?"肖锋故意瞪眼看着他。

谢成墟彻底地相信肖锋了:"对不起,薛老板。我刚才一时口快,我表哥就是许成洲。"

肖锋说:"许成洲对我说过,他表弟上过保定军校。他说的表弟真的是你?"

谢成墟说:"就是敝人!看来你真的是表哥和廖参谋长廖长官的故交,一般的人是不知道我上过保定军校的。薛老板,从现在开始,你就是自己人,你需要我做什么可以尽管吩咐。"

"好!谢中队长,请你派几个弟兄帮我押送这批黄牛、水牛到澄江渡口,我要把这批牛贩运到赣州去卖个好价钱。"肖锋斜着眼看着他。

"这——"谢成墟停顿下来,犹豫着什么。

"怎么?谢中队长,你不是说是自己人吗?这么件小事……也办不到吗?"肖锋的脸拉了下来,"难道怕我是赤匪探子不成?"

"哦!当然不是!当然不是!"谢成墟赔着笑说。

"那你还犹豫什么?"肖锋故意一脸不满地说,"看来你对廖参谋长廖长官的忠心也是假的!"

"薛老板!误会啦!我现在就照你的意思办!"谢成墟说着向守候在外的随从吩咐道:"何班长,你带一个班,押送薛老板看中的这批牛到澄江

第二十四章 ★ 虎穴

渡口去,不得有误。"一个班长从门外进来,答应了一声。

肖锋说:"张管家,你跟何班长下楼吧,把这批黄牛、水牛押到澄江渡口去,顺便把买牛的钱发给那些牛老板。买卖嘛,明码标价、童叟无欺,这样生意才做得大。"

手下那个管事的答应了一声,向其他几个随从使了个眼色,拉起一个钱袋子便匆匆下楼去了。桌上还留了另一个钱袋子。

谢成墟起身想到窗口看看,肖锋一把拉住了他:"谢中队长,不要管下面的人做的小事,我们这里吃饭喝酒,我做东!来!来!中队长不要管其他!"这时,菜开始上桌了,谢成墟只好坐了下来。

张开贵下了楼,二十多个牛贩子牵着牛已在酒楼门口等候。他对何班长说了几句什么话,何班长便转身对牛贩子们说道:"你们牵着你们的牛,随着我和张管家到澄江渡口,张管家一会儿再把牛钱给你们。现在你们牵好牛排好队,出发。"

何班长的话没有谁敢不听,大家乖乖地牵着牛跟在后面出发了。

张开贵说:"诸位老板放心,你们的牛到了渡口,牛钱即刻算给你们,决不拖欠。"他故意拍了拍钱袋子,牛贩子们这才放下了一颗焦虑不安的心来。

渡口上,李勉鸿带了两个排的人化着不同的装,带着枪,等候着张开贵的到来。他们三三两两地散开在渡口的四周,警惕着来往的行人。

何班长押着二十多头牛来到了澄江渡口。

张开贵把买牛的钱,按事先谈好的价钱,一分不少地一一算给了牛贩子。拿到了钱,牛贩子们高高兴兴地离开了渡口。

张开贵又给何班长打了赏,让他回去帮忙转告薛老板,说吃完饭便赶紧过来,不然上赣江的船就要开了。何班长满口应承。

李勉鸿带着两个排的人看到敌人都走远了,便纷纷现身。

张开贵说:"你们赶紧赶着牛离开,后面跟几个人拿扫把扫掉这些牛的脚印,我带几个人去半道上接应肖营长。"

116

酒楼里,酒过三巡,谢成墟和肖锋的心里都是火辣辣的,已有点酒醉的样子,纷纷打着饱嗝。大家都没有言语,可又都好像彼此心照不宣。

何班长揣着几吊赏钱春风得意地回到了酒楼,向谢成墟报告说任务已经完成。

肖锋指着桌上的钱袋子,对谢成墟说:"谢中队长,这袋子给你的,不成敬意。你先送我下楼,兄弟还有几句话要说,等下回来你再收拾好袋子。"

肖锋挎着谢成墟的胳膊下了楼,刘铭方带着几个随从紧紧跟在后面。

他们一直走到了市场门口,肖锋才与谢成墟告辞。谢成墟说:"到了赣州,薛老板见到了廖参谋长廖长官,还请多多美言几句。"

肖锋说:"一定,一定!留步,留步!"

这时,酒楼老板拿着肖锋的钱袋子追了上来,却不敢靠得太近。看见肖锋他们走了,才匆匆上前,对谢成墟说道:"谢中队长,这个钱袋子里的……都是碎砖头,不是钱!那个有钱的袋子他们拿走了,钱都付给那些牛贩子了!"

谢成墟一惊,扬手刮了酒楼老板一巴掌,说:"混蛋!你不是说亲眼见到钱袋子里都是钱?怎么变成碎砖头了?!"他好像也瞬间醒悟了过来,"莫非他们是赤匪,专门来买牛的?"他赶紧叫何班长带人去码头追赶。

到了码头,已经什么人也不见了,连地上的牛蹄子印也不见一个,真是活见了鬼。

谢成墟不敢声张,只能默默吃了这个哑巴亏。

肖锋带着刘铭方他们回到了驻地,屋里立刻沸腾了起来,都说这一仗打得漂亮。

肖锋将从市场和从群众家里几次买来的三十头壮实的黄牛、水牛分配给了二连、四连和十三个赤卫队队员、少年队队员以及营部的文书饲养,由独立营士兵委员会曼玉主任负责管理。一直养了半个月,攻打吉安城时终于派上了用场。

第二十五章

巡查

117

赣江的水浪弯弯曲曲、此起彼伏,在赣西南地区的丛山峻岭之间奔驰。

1930年1月1日,赣西南特委向各县区赤色区域发出了《紧急通令》,要求各县区赤色区域的各机关负责同志根据分工抓紧布置和落实地方武装集结工作和群众武器的装备,准备配合朱毛红军主力夺取吉安城。各地域各机关的负责同志接到特委通令后不敢懈怠,都紧张地忙碌了起来。

攻取吉安城的时间愈来愈近,赣西南特委几位常委的睡眠也明显日渐减少。为了了解各县区赤色区域对攻取吉安城前的各项任务的完成情况,几位常委各自划片包干,下到了各个县区巡查了一遍。

湘系军阀自从占据南昌取代了滇系军阀对江西的统治后,对赣西南赤色区域采取的军事行动与之前滇军的大有不同,湘系军阀对江西的工农革命运动全部进行了凶猛的进攻和凶残的剿杀。

曾道懿叛变了革命,除了供出吉安城区的整个地下组织,使吉安城区的整个地下组织都遭受破坏外,还供出了中共赣西南特委已联系朱毛红军主力从闽西回师,准备一鼓作气攻取吉安城的军事行动计划。

成光耀听到这个消息大惊失色,急电国民党江西省政府主席鲁涤平,请求他派兵支援。鲁涤平不敢怠慢,急令刘峙赶紧派遣部队驰援赣西重城吉安城。

刘峙自恃有蒋介石撑腰,却不服从鲁涤平的调令,打出了"赣地应由赣人治，救治江西豪绅地主需赣人"的口号，并向鲁涤平提出：若要他的部队驰援吉安城，成光耀第一四八旅须撤出吉安城、撤出整个赣西，把吉安城及赣西的整个军事防务全部移交给他的部队。

鲁涤平权衡了一下利弊轻重，为了防止江西革命势力向不可收拾的地步发展，只好同意了刘峙的无理要求。刘峙便委任独立第十六旅旅长邓英出任新编第十三师师长，迅速开拔到吉安城接管赣西的军事防务。成光耀率第一四八旅退出了吉安城、退出了赣西地区，奔走赣中。自此，不可一世的成光耀，失去了赣西这块肥沃地盘。

邓英新编第十三师接防赣西，司令部驻扎在吉安城景福桥，他对赣西采取了积极进攻的态势：第一步，全面整合吉安城区的警察局、侦缉队、还乡团，深挖共产党的地下组织线索，全力消灭这些不稳定的组织；第二步，派出李坤团全面镇压以延福为中心的赤色区域武装；第三步，派出王锦文团全面围剿东固革命根据地。一时间风雨雷电肆虐，赣西的革命力量受到了极大的打击。

赣西南特委书记刘士奇致函红四军前委朱毛两位首长，请求红四军回军支援打击一下邓英的新编第十三师，不然攻打吉安城的战前准备工作没法推进。

朱毛两位首长看到密函，连夜组织前委的同志们召开了一次军事会议，讨论应对邓英的残酷进攻的措施，最后决定派出几个纵队回赣西南支援。

前委指示第六军第一纵队纵队长柯武东、纵队政治委员李涛，第三纵队纵队长徐彦刚、纵队政治委员刘作述，分别率第一纵队、第三纵队回军延福，反击邓英的李坤团。

前委指示第四军第二纵队纵队长曾士峨、纵队政治委员罗瑞卿，第三纵队纵队长萧克、纵队政治委员谭震林，分别率第二纵队、第三纵队回军东固，反击邓英的李锦文团。

前委同时指示赣西南特委，让特委迅速调集赣西南红军学校、赤卫军干部学校、农民协会青年军事干部学校、万安赤卫队、泰和赤卫队、永新赤卫队、永丰赤卫队、吉安赤卫队等地方武装力量，趁着夜色到吉安城南门"骚扰"邓英新编第十三师司令部，做出要攻取吉安城的架势，配合第四军和第六军的支援行动。万安赤卫队不辞辛苦，扛着一门松树炮放在吉安城外，发起进攻的时候对着吉安城南门放了两炮，吓得邓英一晚没睡。

第四军第二纵队、第三纵队在曾士峨、萧克的带领下，利用熟悉路径情况的优势来了个迂回穿插战术，把邓英的李锦文团打了个措手不及，打死了五六个士兵，吓得李锦文团丢下了二十几支枪，灰头土脸地溜回到了驻防地新淦县城。

第六军第一纵队、第三纵队在柯武东、徐彦刚的指挥下，利用地形选择了一个山坳处，在敌人必经的路上埋伏，把邓英的李坤团打了个鬼哭狼嚎，李坤团丢下了三十多支枪和十几具士兵尸体，狼狈不堪地逃回到了驻防地峡江县城。

李坤向邓英报告说："共产党的农民赤卫队很具有正规军的架势，深通兵法韬略，有点不好惹。我们刚刚接防赣西，不太熟悉赣西赤匪情况，暂时还是不要去招惹他们的好。"

邓英把李坤骂了个狗血淋头，但心里还是接受了李坤的报告。他决定先让部队消停一阵，等以后熟悉了赣西赤匪的情况再说。

118

不久前，为了尽快恢复赣西南各地农民协会、农民赤卫队、妇救会的活动，赣西南特委决定成立赣西南苏维埃政府，以便进一步领导赣西南赤色区域工农的农业生产和拥红支红工作。

结束了赣南宁都县的巡视回到陂头的省委巡视员江汉波得到了这一消息，极力表示反对。省委特派员蔡升熙传达完《中央通告第四十九号》文件后不久，依据省委的指示径直先返回省委了，江汉波则继续留在赣西南开展巡视工作。

江汉波说："赣西南已经有一个特委了，各县区也有各自的党组织机构，还要成立一个苏维埃政府做什么？特委领导赣西南的一切！"

刘士奇找到了江汉波，若有所思地说："赣西南特委长期什么工作都管，常常农业生产、工农武装斗争、支红扩军什么任务都抓，缺乏必要的军事、农业、政治分工合作，影响我们的工作效率。我们可以借鉴国民党

的机构设置,省里有省党部和省党部书记,有省政府和省政府主席;县里有县党部和县党部书记,有县政府和县政府县长。我们也可以设置类似的组织机构,提高赣西南赤色区域组织的工作效率。"

江汉波说:"在这样一个远离中央和省委的山沟沟里,时时刻刻面对着几股强大的反动派武装的压制,把组织机构放置在反动派武装的四面围剿之中,这是多么危险!我们必须精简机关人员、减少组织结构、提高效率,集中党的统一领导,这样在对敌人的武装斗争中才不容易出现相互掣肘的现象。"

刘士奇不赞成江汉波的这个观点,他注视着江汉波,轻轻叹了一口气,脸色焦虑地说:"在这四处布满反动派军队的环境下,我们要想搞好工农革命武装,就必须团结工农,给他们分田分山,把他们吸收到工农的权力组织机构里。赣西南特委是党的组织机构,应该全力以赴做好管党务、管党员的工作,管好干部的培养和发展,管好工农武装。剩下的事务,譬如拥红支红、农业生产、工农生活、群众教育、识字班等工作,可以交给苏维埃政府去管,这样才能团结更多的工农阶级,与我们一道革命。"

一边是江汉波不赞成刘士奇的观点,一边是刘士奇不认同江汉波的看法,两个人谈了半天谁也说服不了谁,反而争吵了起来。刘士奇生气地对江汉波说:"你的这种不同意见只能代表你个人,不能代表组织。你的行为是在阻碍赣西南工农革命的发展,是在阻碍赣西南特委攻取吉安城的步伐。"

江汉波双眉聚拢了起来,他提高了嗓门说:"我是省委巡视员,我的意见就是省委的意见。你不能撇开赣西南特委,另成立一个赣西南苏维埃政府。你们也不可以有攻取吉安城的行动,必须按照《中央通告第四十九号》文件指示精神,去攻取长沙、武汉、南昌这样的大城市,不能只有攻取吉安城这种小城的计划。这个问题我必须提醒你,我还要在特委会上说明:凡赣西南一应组织和武装的行动,均须照《中央通告第四十九号》文件指示精神执行。"

曾山知道刘士奇与江汉波谈崩了,便去找江汉波调解分歧。江汉波态度冷淡地对他说没有什么好谈的。曾山又找江汉波谈了两次,江汉波才勉强同意成立赣西南苏维埃政府。

曾山第一次与江汉波谈话的时候,江汉波还生着气,曾山只好打住不再开口谈了。那一天傍晚时分，赣西南特委让妇救会找些人表演了几个节目，以庆祝红一军团帮助震慑住了邓英的反动派军队，其次祝贺省委巡视员江汉波同志巡视赣南凯旋。

江汉波本来不想来看妇救会的节目，但曾山带着妇救会的冯兴华亲自去邀请，他才勉勉强强出席了这次表演晚会。节目表演会上，刘士奇没有与江汉波说话，江汉波也不与刘士奇搭腔，两个人心里各自都憋着一股气。

这场晚会由冯兴华主持，晚会上表演了庐陵话剧《我们的巡视员》《刘小小赣江打鱼》《萧区长识字》、万安采茶剧《勇敢的母亲》、井冈山山歌《我是山里人》以及杂耍、唱《国际歌》等八九个节目，这些节目都与斗争现实紧密相连，赢得了观众的一片喝彩和掌声。

在表演这些节目时，冯兴华和大家事先并没有彩排，也没有多加研究，而是随着故事的发展现演现唱，临场发挥。后来，冯兴华的创作才能与表演天赋得到了特委领导的重视。

看完了表演，江汉波心情愉悦，对自己过去对冯兴华的看法有所改变，对她编的《我们的巡视员》这一节目赞赏不已。他对赣西南特委计划成立赣西南苏维埃政府一事的态度也有了转变，他主动找到了曾山，说："同意。"

119

赣西南苏维埃政府，是在赣西南党代表大会上宣布成立的。由于赣西南特委书记刘士奇与省委巡视员江汉波起初意见不统一，彼此内心不畅快，因而仪式搞得比较简单。在省委巡视员江汉波的提议下，大会选举曾山任赣西南苏维埃政府委员长，刘士奇却落选了，会场上的气氛显得有些压抑。

在大会上，曾山发表了重要讲话，他提出：

"苏维埃政府成立之后的首要任务，就是保障红军家属的田地得到及时、完善的耕种。凡属解放劳动力或劳动力不足的红军家属，苏维埃政府须组织广大群众义务劳动去帮助他们耕种。义务劳动最好的组织方式，是组织起优待红军家属的耕田队，每个耕田队负责帮助一定数量的红军家属的任务，农忙时或其他必要耕种时，以乡、区为单位实行临时的耕田队调动。对各地苏维埃政府已经组织起来的耕田队，必须迅速地整理并扩大之，每个未脱离生产而具有劳动力的共产党员或团员或苏维埃政府工作人员，都应该积极主动加入耕田队。赣西南特委内务人民委员会，须于1930年2月中旬前制订耕田队的具体条例并及时颁布之。

"苏维埃政府成立之后的其次任务，就是严格、普遍地实行优待红军家属的礼拜六帮扶制度。赣西南特委和苏维埃政府以及后方赤卫队机关、青年团以及其他农民协会群众组织等，各级机关的工作人员，从特委和苏维埃政府到苏维埃乡政府和特别乡支部，必须全体参加。每个机关所在地的红军家属的优待，必须由该机关工作人员负担，并且作出优待红军家属的模范。实行优待红军家属礼拜六帮扶制度，还要给予红军家属优待证，凡属苏维埃政府商店及合作的商业等，卖给红军家属的货物一律要打九五折。当粮食油盐等日常必需品遇到货物紧张缺乏时，须首先供给红军家属。除此，赣西南苏维埃政府还应宣传鼓动群众集股成立优待红军家属的合作社，以便实行更大程度的货物优惠。

"其三，赣西南赤色区域的各级党组织和苏维埃政府，必须经常注意红军家属的日常需要，帮助解决困难，如疾病、缺乏日需用品等，或协助处理政治荣誉事宜。苏维埃政府各级领导干部、苏维埃的各级妇女部干部以及工会女工部干部等，必须时刻把红军家属的精神思想、学习生产、孩子上学等工作做好，以此作为苏维埃干部晋升评职的标准。"

赣西南苏维埃政府内设人民委员会和执行委员会，人民委员会下设东路办事处、西路办事处、北路办事处、赣南东河办事处、赣南西河办事处五个办事处；执行委员会下设常务委员会、妇女工作委员会、青年工作委员会，常务委员会下设秘书处、经济部、保障部、军事部、裁判部、交通部。

经得江汉波同意，曾山发表完讲话，与刘士奇商量了各机构的干部人选，提名黄鉴任东路办事处主任、刘天干任西路办事处主任、周鉴清任北路办事处主任、肖大鹏任赣南东河办事处主任、丘达三任赣南西河办事处主任。

特委妇救会的冯兴华因表演《我们的巡视员》表现突出，由江汉波提名，调任赣西南苏维埃政府妇女工作委员会副主任。

第二十五章 ★ 巡查

会议上，有位永新县的党代表当着全体与会代表的面询问江汉波："请问江巡视员，赣西南苏维埃政府委员长为什么不是特委书记刘士奇同志？你是不是不信任刘士奇同志？你能当着全体党代表的面做个说明吗？"

江汉波猛地从位置上站起来，冲动地叫嚷着："我不是不信任刘士奇同志。当前我们面临的现实情况，以及本着对党和对人民应该负有的责任感，我都不能不做出这种组织考虑。今后我的工作重点，就是巡视和督促赣西南赤色区域一应的武装和工农力量，继续向长沙、武汉、南昌这样的大城市发起进攻，我们不应在山沟里一直兜兜转转，一再消耗我们工农赤卫军的革命激情。"

江汉波敛起笑容，对与会代表们批评道："现在，我们党内有一些同志不读马列、不懂马列，用全部的军事力量去经营农村，这样的思想是要不得的，这样的行动是有悖于《中央通告第四十九号》文件指示精神的，这样的方式是打不来长沙、武汉、南昌这样的大城市的。我以省委巡视员的名义郑重宣布，赣西南特委以及一应工农赤卫武装即日起停止执行攻取吉安城的计划，全部力量转向执行攻取长沙、武汉、南昌的计划。"

江汉波的话音一落，全场的空气顿时凝固起来，刚才活跃的气氛一下子变得压抑无比，会场静悄悄的，无人开口。

这时，刘士奇有点气愤地站了起来，理直气壮地质问江汉波："江巡视员，你这样随意改变战略方向似乎有点欠考虑。攻取吉安城的计划不但关系赣西南工作的前途，而且有关全国乃至整个革命的命运。你不能以个人的名义，轻易转变省委批准的政治主张和特委的决策。现在特委所有的工作都在围绕着攻取吉安城作准备，我认为你现在不应轻易改变这一目标，而且有更加支持和帮助特委积极进行攻城准备的必要。"

江汉波毫不客气地反驳道："刘士奇同志，军事斗争不是小孩子玩家家，也不是在农村里打几个土豪、分几亩地就行了。中国革命的重心是在城市——在长沙、武汉、南昌这样的大城市里，不是在赣西、赣南这些农村里，成天在小山沟里打转转，做山大王，是没有什么前途的！"

曾山的感情有些起伏，凭借对当前形势的分析，他的心里对江汉波的讲话有些抵触。但江汉波是省委巡视员，他不能直接与省委巡视员起争论。他站了起来，宣布说："今天的会议暂时开到这里，江巡视员的讲话对我们启发很大，我们必须执行。但是攻打长沙、武汉、南昌这样的大城市毕竟是军事行动上的大事情，的确有一些复杂的社会历史因素，我们也要耐心些，听一听红四军前委朱老总、毛委员这些带兵的人的意见。我提议等到他们回来，我们再一起进行讨论。现在暂且搁置不讨论，散会。"江汉波一见会议不开了，脸上明显不悦，对刘士奇、曾山不高兴的神情完全显现在了脸上。

刘士奇和曾山相顾一眼，都默默地走出了会场。他们都在默默地深思着，怎么样才能说服江汉波改变他这个一意孤行的决定。然而，一时间谁也没有想到好办法。

120

闽西上杭县古田镇。

1929年12月29日，寒冷的空气现出萧肃之气，扫去了积雪的操场上里三层外三层地挤满了参加第四军第九次党员代表大会的红军战士代表。

操场上的树枝以及房屋的窗台和屋顶上还留着些许积雪。夹带着雪花的冷风一阵阵地吹来，开会的红军战士们却丝毫没有觉得冷。

在人群前边的低矮桌子边，穿着打着补丁的红军服装的毛委员和朱老总正高举右手向与会战士们挥手致意。脸色微微蜡黄但眼睛炯炯有神的毛委员与面善心悦的朱老总一起，在一张长条凳上坐下了。毛委员从桌上端起一杯热茶，用嘴吹了吹，轻轻呷了一口试了试水温，然后大大地喝了几口，舒畅的眉峰间显得是那么有精神。

"同志们！"朱老总抬头望着战士们，声音洪亮地说道：

"今天我们在这里隆重地举行第四军第九次党代表大会。我想就革命高潮过去后之形势，做一点自己的说明。现时的形势，概括来说是没有广泛的群众基础的革命高潮。中国革命运动发展的速度是不平衡的，这就是现时形势的特征。农民的游击战争此起彼落地向前发展，并且还只是处在散漫不集中的状态中，而军阀军队崩溃的形势已经开始显露。与此同时，城市的工人运动却有受到重大挫折的迹象，工人阶级的战斗力被削弱——

因为他们相比其他革命势力所受到的地主豪绅资产阶级的打击最重。"

朱老总诚挚的声音里蕴藏着无尽的深思：

"同志们，你们知道吗？过去许多苏维埃区域中存在着忽视发展、扩大革命赤色区域的错误，并有以党代表苏维埃的错误倾向。我们今后的任务应该是：一，发展苏维埃的根据地，夺取和巩固新的革命区域，这种区域要建设成为更大的苏维埃根据地的发展基础。二，要最大限度地发展正式的工农革命军——红军。三，要彻底地实施土地纲领，建立苏维埃的政权机关，吸引广大群众参加政事管理。……中国革命中的军事动力有非一般的重要意义，武装起义中军事技术之准备又非常必要，新的革命高潮就要到来，这些都促使共产党要特别注意军事问题和开展兵士运动。"

桌子前方，红军战士们坐在凳子上，本子放在膝头上，他们用笔飞快地记录着，认真地听着朱老总理性、清晰的讲话。

风吹拂着朱老总略显散乱的头发，吹拂着他身上的旧军装，他的身上散发出一种卓雅不凡的风范，使人普遍感到心情振奋。

轮到毛委员作报告了。毛委员主要做了《关于纠正党内的错误思想的报告》和《赣西南土地分配中的问题》的讲话。他说道：

"前期中央的扩大会议提出要继续布尔塞维克化的事业，要更加详细深切地确定土地问题的策略，发动群众准备好、联络好的武装起义，这是非常对的。但是，有些同志在对中国革命的估量上不正确地采用了'不断革命'的名词，于是解释成了'革命是不断高涨着'的，由此就得到了不正确的策略。他们不承认中国革命的特殊性，不顾大革命失败后新军阀反动统治的新情况、新变化，同时继续坚持'城市中心论'，坚持城市是统治阶级的头脑与心腹的理论，强调'中心城市的武装暴动'的决定意义。他们对于布尔塞维克武装起义策略的观念，很久以来一直都是模糊的。于是就有了些不正确的估量和策略，以至于忽视了敌人的力量——这些都可能成为盲动倾向的导火索。"

毛委员站了起来，满怀热情地看着全场的战士们。他两个手掌合在一起，做了一个画圆圈的手势，继续说道：

"现在我们党内有些同志忘乎所以，命令各地立即暴动和攻打中心城市。一味觉得准备武装起义的任务,就是执行这些攻占大城市的策略,想一口吃成一个大胖子,把夺取长沙、攻占武汉、占领南昌当成了新的革命高潮之必要前提,亦把'武装起义'的宣传口号变成了直接和实际的'攻占大城市',这种倾向是会使共产党和革命事业受到很大损失的。在领导群众武装日常进行的斗争之中,他们也没有向群众解释:'如果不推翻国民党军阀的政权,那就绝无法改良群众的生活状况。'我们的第四军及其他的红军部队力量既弱、装备又不好,坚持来往于赣闽粤等边界进行活动是正确的。不久前,前委坚持接受赣西南特委的请求和邀约,准备率辖制内的所有部队回赣西去,与赣西南工农武装一道实施'攻取吉安城,经营好江西'的计划。这个契合第四军前委锣鼓节拍的战略方针,前委当然是非常赞成的,也是不会轻易改变的。"毛委员的报告掷地有声,战士们都听得聚精会神。

毛委员在冷风中俯身点燃了一根纸烟,抽了一口,接着娓娓而谈,指出党内存在的盲动思想和悲观情绪已经扩散到了红军队伍里来,他批判这两个极端都是要不得的。他指出,在当前赤色区域发展的初期阶段,第四军前委坚持"攻取吉安城,一年争取江西"的战略是符合第四军发展规律和目前红军队伍的条件的。他说,他打算在出发返回江西之前写一篇文章,来驳斥红军队伍里的这种盲动思想和悲观情绪。

最后,毛委员话锋一转,又讲到了赤色区域的土地分配政策问题:

"在赣西南,仅仅做到了没收大劣绅地主之土地而未能进行分配,这种做法是万万不妥的。譬如万安县苏维埃政府,虽然拿到了三个多月的政权,亦未能实施土地革命,此是万安县委过去工作中之严重错误。现在赣西南特委已通告各赤色区域县,即使一乡一村亦实施分配土地。不过,这问题不是容易解决的。过去的做法因为与上述方针脱离,导致实在不知土地该怎么个分配法。譬如说耕者有其田,假如大土地主已逃跑或被杀死,那么其土地自然为耕者所有,原来就由地主分配给农民耕种的就不必再经过没收而又分配之了。各种现实中的困惑影响着农村土地政策的推行。赣西南特委据此曾报告中央,请中央详细指示。"

会场上,与会战士们谁也没有发出声,连一声咳嗽都没有,大家都静静地听着毛委员的讲话。他们觉得毛委员的讲话,能够深入到他们的内心。

第二十五章 ★ 巡查

闽西上杭县古田镇，绵密的雪花静静地飘撒在天空，降落大地……

1930年1月5日，第四军宣传队不顾天气寒冷，在古田镇的大道上、街上坚持向群众开展宣传革命思想的活动。

在学校，在田野，战士们与群众打成一片，与他们一起学习、劳动，不放弃任何一次宣传革命理想的机会。

在战士们火热的宣传浪潮中，毛委员坐在房间里一边抽烟，一边奋笔疾书，他正在撰写《星星之火，可以燎原》这篇光辉著作。

文章中，毛委员科学地分析道：在多股帝国主义力量互相争夺的半殖民地中国，巩固并扩大工农武装割据、促进全国革命高潮是极有可能的；在此基础上，强调"攻取吉安城，一年争取江西"的战略目标是可能的也是可以实现的，它似冬天里的火盘，是能够把冰冷的屋子烧得暖烘烘的。

毛委员在文章中指出，革命的高潮非"可望而不可即的一种空的东西"，相信"它是站在海岸遥望海中已经看得见桅杆尖头了的一只航船，它是立于高山之巅远看东方已见光芒四射、喷薄欲出的一轮朝日，它是躁动于母腹中的快要成熟了的一个婴儿"。

1930年1月9日，应赣西南特委的战略邀请，毛委员、朱老总率领第四军及前委离开福建闽西上杭县古田镇，往江西吉安回援，到达了赣南广昌县。

在积雪的原野上，极目眺望，山川、树木、岭峰、河流、房屋、村庄到处笼罩着一层白茫茫的雪卉。风飘雪，大地清寒，廓清了远远近近枝干上的败叶；雪舞风，山间凛冽，拭洁了明亮的淡云和严肃的远空。

田野上出现了排列成行的第四军队伍，冷风中仅仅穿戴着单薄衣裳的红军战士们扛着长枪、梭镖、长矛、大刀，举着工农第四军的旗帜，哈着热气，往赣西境内的方向挺进。他们的精神是乐观的，他们的心态是积极的，他们的脚步是有力的，他们的面容透着红晕……

长长的行军队伍中，毛委员、朱老总与战士们同样穿着单薄的衣裳，带着火热的理想向往精神饱满地前进，向着赣西赤色区域迈进。

一路上，朱老总、毛委员一边行军，一边神清气定地在谈论着。

"吉安城，尽管高墙耸立，电网、壕沟乃至明碉暗堡密布，但朱老

总,我心中的底气还是挺足的,我们还是有坚定的信心能把它打下来。"毛委员说。

"你有信心,我也有信心!我们有这么优秀的红军战士,有饱含热情的赣西南赤卫队、少年队和革命群众的紧密帮助,打下吉安城指日可待!"朱老总说。

"难得今天遇到这满天飞雪,你我兴致正盛,朱老总,来一首诗助助兴吧!"毛委员诗兴勃发,忍不住说道。

"好!我就来一首!"朱老总点头,沉吟了一阵,吟道:

"行军武夷侧,元月雪飞白。
战士仍衣薄,赣西击邓贼。"

"嗯!好诗!简洁欢快明朗,有气势!要是在吉安城的邓英听到了朱老总这首诗,他一定会成为热锅上的蚂蚁,开始夜不能寐!"毛委员笑着对朱老总说道。

"我这样的诗在你这样的大家面前就不能叫诗啰!"朱老总爽朗一笑,说道,"你也来一首,让我也好好学习学习!"

"恭敬不如从命!我就来一首《减字木兰花》,请朱老总指点指点!"毛委员笑了笑,沉吟片刻,吟道:

"漫天皆白,雪里行军情更迫。头上高山,风卷红旗过大关。
此行何去?赣江风雪迷漫处。命令昨颁,十万工农下吉安!"

"'此行何去?赣江风雪迷漫处。命令昨颁,十万工农下吉安'……"朱老总细细地品味着,不禁拍手叫道,"好词!真的是好词!听似平常,实则奇崛,令我立刻联想到红军在那青峰叠叠、苍冥倒插的敌军的重重包围之中,做出了这样英明果断的命令。风扬军威,红旗猎猎,十万工农红军以不可阻遏之气势攻取赣西首府吉安城,显示了我伟大的工农武装对即将投入、攻取吉安城的战斗具有一往无前的气势和信心!果真是作诗词的大家,佩服!佩服!"朱老总由衷地赞叹道。

毛委员笑了笑，对朱老总说："应景之作，聊以自慰！寻常几句，不足以登大雅之堂！"

"谦虚啦！谦虚啦！"朱老总稍作沉思，问道，"这首词的名字叫什么好呢？"

毛委员已若胸有成竹："这里已是赣南的广昌县，再往前就是宁都县的地界了，词名就叫《广昌路上》，如何？"

朱老总意气风发地说："好！好词名！就叫《广昌路上》！"

第二十六章

汇报

121

1930年1月12日，毛委员、朱老总率领第四军及前委经过于都县、兴国县，到达赣西万安县，驻扎在茅坪区横路乡、夏露乡和火炉坑村一带。他们一边休整，一边准备行动方案，配合赣西南工农武装和革命群众准备攻取吉安城，实现"争取江西"的计划，扩大赣西南地区的赤色区域。

刘士奇和曾山商议："江汉波同志明确反对我们攻取吉安城的计划，我们该怎么办？"

曾山说："毛委员、朱老总过几天就从福建回来了，还是把这个难题交给毛委员吧。他是中央委员，又是红四军前委书记，掌管着江西境内一应红色武装，比我们说话分量重，他会有办法解决这个难题的。"他深情地注视着刘士奇许久，一副胸有成竹的样子。

刘士奇同意曾山的意见，说道："那我们下发到各县区委的文件不用收回来，'做好攻取吉安城的准备'继续施行，该下去检查工作的还继续去。"

"对！就这么干！只是要瞒着江巡视员不要让他知道，我们的工作计划不变。"曾山感情充沛地对刘士奇说道。

各个县区委的领导接到通知，各自做着等候领导下来视察的准备。特委领导藉此也好与县区里负责各项具体工作的同志一道一项工作一项工作地去检视一轮，一件事一件事地去过问一遍。各县区赤色区域的赤卫队和农民协会、妇救会、少年队成员相继被发动了起来，个个都摩拳擦掌，在做着攻城前的准备。

曾山按照特委常委会的分工去了永新县，检查担架队和伤兵站及向导队的战前准备工作。永新县的县委书记是个名叫朱昌偕的同志。在陂头召开的《中央通告第四十九号》文件传达会议上，曾山与他打过几次交道，对他的成长经历记得很深。

朱昌偕是永新县石桥乡人，幼年丧父，家境艰难，靠母亲给爆竹厂做爆竹和织布赚点零碎钱养家糊口，一个弟弟因家境贫寒无力抚养，被迫送养给了别人。朱昌偕少年时得到了一个家境稍好的舅舅的资助上过三年私塾，然后在舅舅的介绍下又学了三年裁缝，之后就在永新县城专门上门给人家缝衣。

1926年，永新籍共产党员欧阳洛、刘真等受上级党组织的委派秘密回到了永新县，隐蔽地进行一些革命活动。他们在永新县城秀水小学创办平民识字班，招收生活艰苦、思想进步的工人和农民做学员，向他们传播革命道理。朱昌偕接受刘真的邀请报了名，成为平民识字班里的第一批学员，在识字班学习过程中开始接受革命思想的教育。

1927年春，朱昌偕加入中国共产党。同年5月中共永新县委成立时，他受到县委书记刘真的提拔，被推选为县委委员，主要负责工会工作。

1928年10月，中共湘赣边特委成立，朱昌偕在刘真的推荐下当选为湘赣边特委委员。同年11月，湘赣边特委遭叛徒出卖，许多特委的同志被反动派抓捕杀害，永新县委书记刘真也被捕牺牲了。

朱昌偕在湘赣边特委同志的帮助下，只身逃到永新、宁冈边境的九陇山、小西江一带躲避，才幸免于难。

1928年12月，湘赣边特委进行改组，特委书记杨克敏在大会上提出："朱昌偕同志是工人阶级出身，工作积极肯干，解决问题主动。读过几年私塾，上过几年平民识字班，有相当的社会活动能力，组织上要重点培养。"在杨克敏的推荐下，朱昌偕成为特委常委。

1929年9月，中共江西省委巡视员江汉波、特派员蔡升熙来赣西南视察工作，传达《中央通告第四十九号》文件指示精神。在吉安陂头召开的赣西、赣南、湘赣边三特委工作会议上，湘赣边特委书记杨克敏和特委常委朱昌偕参加了会议,曾山就是在这次会议上注意到了朱昌偕。在这次赣西南军政工作会议上,杨克敏当选为中共赣西南特委委员,朱昌偕则任中共永新县委书记。

122

曾山和警卫员陶吉清进入了永新县地界,一路观察,一路用一个小笔记本记着什么。到了晚上也不去惊动别人,只随便找了个老乡家借宿。第二天,他俩来到了永新县委机关所在地,永新县城城西左家祠的祠堂里。

中共永新县委机关被永新县地主豪绅还乡团破坏过两次。到了第三次成立时,为着安全起见,在杨克敏的建议下把它设置在县城城西左家祠。永新县农民协会、永新县总工会、永新县妇救会及永新县农民赤卫队成立后办公场所则设在永新大地主刘滘的宅院里,距离左家祠五十米远。

这个刘滘大宅院修建在永新县城郊一处安静的风景之中,淡雅冷清,巍然屹立,宛如一座岗楼。

朱昌偕和农民协会秘书长罗怡丰、总工会负责人贺石南、妇救会主席贺德萍、赤卫队队长尹照在刘滘大宅院等候着曾山和陶吉清的到来。他们心里忖度着,不知道曾山到了哪里、是走哪条线路来,不知应到哪里去迎接,只好被动地在办公地等候着。

朱昌偕有一个好习惯,就是不管工作有多繁忙,有约后自己都是早早到达既定的地点等候约见的一方。昨天上午接到赣西南特委的通知,他已猜测到曾山来永新县视察的目的是检查县委建立伤兵站、担架队、向导队的工作情况,他也想在见到曾山之后向他汇报县委近期来完成的工作的情况。

昨天下午他亲自骑着快马到伤兵站、向导队、担架队转了一圈,今天一早才赶回了永新县委,然后又来到了刘滘大宅院。他骑的这匹快马是赣西南特委委员杨克敏送给他的,杨克敏已经接棒罗芳初担任吉安城区区委书记去到了新的部门工作,无须再骑马了。

吉安城区区委代理书记罗芳初接任红军独立二团万安连连长,而红军

第二十六章 ★ 汇报

独立二团万安连党代表罗明生不久前则调到赣西南特委机要科任科长了。

朱昌偕在刘滘大宅院里来来去去地踱着步,罗怡丰、贺石南、贺德萍、尹照在旁边一边讨论工作中的问题,一边等候着曾山和陶吉清的到来。

朱昌偕一见曾山和陶吉清走进院子,赶紧迎上前去与他俩握手。罗怡丰、贺石南、贺德萍、尹照忙站了起来,也与他俩握手。

"哦,你们来得好快呀,一路走来辛苦了!走,先吃点早餐去。"朱昌偕说道。

"好,先填下肚子再说。"曾山笑着同意了。

吃完早餐,一行人一起回到刘滘大宅院碰了个头,听取了罗怡丰、贺石南、贺德萍、尹照的工作汇报,然后又听取了朱昌偕的工作汇报。

大家汇报完了工作,曾山没有发表什么意见,在朱昌偕的陪同下直接下乡去检查工作了。

到了晚上,他们回到了左家祠县委机关,朱昌偕就在县委机关统计担架队、伤兵站、向导队的数据。县委其他的同志见没有其他的事情,在曾山的催促下都早早地各自回家休息了。曾山估摸着朱昌偕统计数据用不着花费很长的时间,便带着警卫员陶吉清也去休息了。朱昌偕做事心细,早已叫县委工作人员提前把床铺好了。陶吉清向来熬不了夜,曾山进屋睡了,他跟着在他对门的屋里也睡了。

只要是一个人安静的时候,曾山总会思考些问题,把白天一天里干的事情在脑海里放电影似的放上一遍,这样也能帮助自己很快地入睡。房间里静悄悄的,只听见厅外打土豪时分配来的战利品钟摆的滴嗒声,机械而有规律地响着。

县委办公室就剩下朱昌偕一个人,曾山临休息前交代他太晚了不妨先休息,不要把身体累趴了。朱昌偕专心致志地审核着各个区乡镇报告上来的数据,为县委半年间拥有的这些成绩感到很骄傲。

春节还没过完,桌上摆着一盆水仙花,照例盆底和盆四周都裹着红纸。这是他第一次学会把一张红纸剪成一个"囍"字,亲自提刀剪裁而成的。红"囍"字匝在水仙花花盆四周,用一点自制的浆糊粘上。怎么制作浆糊,是以前刚入识字班参加革命那会儿,在外面贴宣传单时他从妈妈那里偷偷学会的。

房间里的洋油灯光线很暗,透着一种昏昏的暗黄色。永新县城里的洋油一直都是紧俏货。在成光耀第一四八旅驻防吉安城之后,赣西南赤色区域的生活日用品遭到反动派封锁,老百姓的生活苦不堪言,在永新县城连洋油也不是随便就可以买到的。到邓英新编第十三师换防之后,连盐都封锁起来了。

窗外的冷风呜呜地刮着,把县委办公室的窗扇吹得咯咯地响。朱昌偕放下手里的活,走到窗口看了看夜色,轻轻地把窗扇关上,又返回了桌旁继续核对担架队、伤兵站、向导队的组织数据。

123

按赣西南特委领导的指导意见,组织担架队是攻取吉安城最迫切的工作,必须要有县委统一的组织。每个担架队须设队长和政治委员各一名,设随队卫生员两名,每三人为一副,每副为一组,五组为一班,五班为一排,五排为一队,每队要指定负责人切实负责。

如果是上前线的担架队,在人员配置和干部配置上较普通担架队又稍有加强。特委根据各县组织的发展情况分别布置任务,分给永新县委的担架队任务是组织一千八百名,即完成三个担架队的组织工作,每队六百人,全部配置给各攻城部队,随攻城部队在前线履行救护工作。其中,西路、北路、中路各配置一个担架队,直接接受各部队副官指挥。

根据红一军团总前委传达的意见,赣西南特委要求永新县委要在后方设立伤兵站,每个站要设置伤兵登记科、伤兵疗治科、伤兵稀饭及开水给养科、伤兵大米输送科等四个科,每站要配设站长和政治委员各一名。红一军团是根据中央的指示,为了统一指挥于前不久刚成立的,并且随即还设立了总前委。

按照赣西南特委会议的决议,永新县委最迟须在赣西南特委军事总行动委员会发起"攻取吉安城"总攻前的一个小时,在以下几个地方建立伤兵站:在北路的桐树坪和固江各建立一个伤兵站,在北路的塘东建立一个伤兵总站；在西路的庙前和高塘圩各建立一个伤兵站，在西路的永阳建立一个伤兵总站。

根据攻城战斗的激烈程度以及可能出现的伤兵人数，同时考虑到赤色区域的条件限制，赣西南特委要求永新县委在每个伤兵站内要配置担架一百副，每三人为一副，每副担架用两根竹竿和几条粗麻绳穿成长网形，以替代用布料制作的担架，减少县委制作担架的成本。设在伤兵站内的担架队直接接受伤兵站大米输送科的指挥。

考虑到在吉安城区生活过的永新县籍人士较多，赣西南特委要求永新县委在发起总攻的前一天，完成好组织四个向导队的任务。每支向导队五十人至一百人不等，队员必须是思想端正、对党拥护、对赤色区域拥护的工人或农民。每个向导须对吉安城区附近的地形，尤其是对五十里内的大小路径和田野河滩的环境非常熟悉。

124

曾山起床了。他本来躺下了，可是到了一个新环境不知是出于警惕还是出于习惯，愣是没睡着。他只好又起来，走出了屋子想看看朱昌偕的数据校对完了没有。

朱昌偕刚把数据校对完，正好走出屋子与曾山相碰。一看曾山还没有睡，他知道首长还在挂念工作，便说道："要不我俩出去走走？"

此话正合曾山心意，两人很快来到附近一个与朱昌偕相熟的名叫赵有活的工人家里坐坐。赵有活是永新县总工会的骨干分子，也是担架四队四排的排长，他不知为何曾山会和朱昌偕一起来他家，把他激动得不得了。

赵有活的老婆起身给曾山和朱昌偕斟了两碗茶，他俩起身接过喝了两口。朱昌偕稍稍停顿了一会儿，问赵有活："有活同志，你的病好些了没有？"

"他呀，只是精神紧张，身体疲劳一些。县城东门私人医疗诊所的萧济世郎中已经来家里看过了，说没啥大要紧。赊了三帖中药，今晚喝完最后一帖了，刚发了一下汗。"赵有活的老婆回答道。

"这几天气温有些反常，工作又忙了一点，是不是因此感冒了？有活同志要注意休息，你们在生活上也不要吃一顿省一顿，要多注意营养搭配，以利于身体的全面恢复。"朱昌偕谆谆叮嘱。

"会的，会的。"赵有活连声答应。

"你们的担架队打算什么时候出发？"朱昌偕向赵有活问道。

"按照赣西南特委的指示精神，我们担架队准备后天下午在城隍庙前集结，晚上举行出征动员誓师大会，大后天一早就走。"赵有活回答。

朱昌偕点点头，对赵有活夫妇介绍道："忘了向你俩介绍，这位是赣西南特委常委、赣西南苏维埃政府委员长曾山同志，专程来永新县视察我们县担架队的组织工作。听说你病了，顺便也来探探你。"他望着赵有活沉思了一阵。

"曾委员长辛苦啦，我们的担架队已经组建完毕，就等着出发的命令，等着首长发出'攻取吉安城'的指令！任务结构简单，但可能有点辛苦，不过我们有信心完成好这个作战任务。"赵有活握着曾山的手，满怀信心地说。

"有活同志，要多注意自己的身体。如果有需要，出征期间多和我们联系，有什么需要解决的困难要及时告诉我们，特委和苏维埃政府一定及时帮助解决。"曾山对赵有活充满挚诚地说道。

"已遇到的困难县委已经都出面协调解决啦。"赵有活说。

"是的。县委能够做的都会尽力去做，只要能够成功攻取吉安城，县委做什么都高兴。"朱昌偕站起来踱了几步，停下来看着曾山和赵有活颇有感触地说。

曾山接过朱昌偕的话匣子说道："目前我们赣西南各县区乡镇的各级党组织大半都已发动起来了，不消说敌人对我们是又恐惧又害怕。而我们对这段时期赤色区域的工作发展是又高兴又欣慰，我对这次我们的红军和赤卫队攻取吉安城是充满信心的。"

赵有活开始以为曾山和朱昌偕晚上突然造访，一定是有工作上的事要了解，结果整个晚上一聊发现首长只是想亲自体察一下民情，了解一下工人的生活状况和孩子的上学等情况，并没有其他工作上的什么要事要询问。

坐了两个多小时，几个人之间互相交流得十分融洽，看看夜色已深，曾山和朱昌偕起身告辞，赵有活夫妇把他俩送到了门口。曾山回到了住的屋里，朱昌偕住的房间在他的隔壁。

他俩走进屋子，见走廊上亮着一盏洋油灯，一看却是警卫员陶吉清。原来，陶吉清起来小便，听不到曾山房间有一点动静，觉得奇怪，便进房去看看，一看却是空无一人。他吓了一大跳，赶紧撑着洋油灯出来寻找。

125

在走廊上，陶吉清碰到了从屋外刚回来的曾山和朱昌偕，一直悬着的心这才放下了。

曾山的作息习惯是向来睡得不早，看到已经惊动了陶吉清的休息，有一点不好意思。见陶吉清手上端着洋油灯，灯光映在他房里的窗纸上，透出一股油黄的颜色，曾山便踱了过去，对他说："把这盏灯给我用一用。"他转身对朱昌偕说："朱书记，我突然来了精神，一下子睡不着，把你晚上校对过的数据资料拿来给我看一看。"

朱昌偕吃了一惊，压低了声音说："这么晚了，曾委员长还要看？……我现在就去办公室拿。"他有点担心会影响曾山的休息。

曾山道："与县总工会老赵同志聊得很好，他的一些对工作的看法提醒了我。趁着这股热乎劲，我想看看你们县担架队、伤兵站、向导队的真实情况，放到明天再看又怕这股热乎劲跑得没有影子了！"

朱昌偕道："我到办公室拿资料去，顺便叫醒通讯员，看看帮曾委员长弄点什么吃的东西。"

曾山皱了皱眉道："不用啦！大晚上去哪里弄吃的？我一点都不饿，这屋里这样冷，还是不要叫醒通讯员，让他好好地休息！"

朱昌偕答应了一声，摸着黑熟门熟路地往办公室取数据资料去了。

曾山从陶吉清手里接过洋油灯。为了让那洋油灯燃得旺些，又用手拨拉了一下油灯芯，戳了戳那个黑点。

他低着头专心拨着油灯芯，他那留得有点散乱的头发和着嘴唇下冒出的胡须，有点让人不相信他本是这么年轻。陶吉清向他看了一眼，不觉心中一动，曾委员长真是太瘦了，他为革命操碎了心。

曾山在永新县检查完工作回到了赣西南特委，还没有来得及喝口水，机要科科长罗明生送来了一份机要件，要他立即签署。

曾山看了看机要件，久久地皱着眉头，犹豫着，没有马上签署。

机要件是红一军团总前委送来的，需要赣西南苏维埃政府出面协调，选调三百名在区县赤色区域的政府部门有过负责人经历、能识写文字、对革命忠实、出身贫苦的活动分子到红一军团去工作。

作为赣西南特委常委、赣西南苏维埃政府委员长的曾山，深知人才的重要性："一个赣西南地区，一次性就被抽走三百名干部的话，以后的革命工作还怎么干？"

"曾委员长，这个机要件，你看……"罗明生不知曾山在想什么，提醒道，"红一军团对这事催得很急，好像挺重视的。"

天气有点冷，警卫员陶吉清在屋子里生起了一个炭火盆。

曾山在炭火盆旁边前前后后踱了几步，在椅子上坐下了。他往炭火盆里加了一块木炭，对罗明生说了声："把机要件给我。"

他接过机要件，低着头努着嘴，仔细地看着。罗明生一双眼睛，却只管盯着认真看机要件的曾山。

罗明生觉得，曾山看机要件的神态有些许扭捏。慢慢地，他好似一个机灵明白了曾山为何沉默不语，心里不由得突突地跳了起来，为红一军团提出的要求感到忧虑。

或许红一军团总前委在提出要求前，会觉得赣西南特委的这种模糊的忧虑是过虑了。他们也许还没有想到，一旦这三百名担任过县区赤色区域政府部门的负责人都被抽调走了，以后曾山常委和赣西南苏维埃政府委员长的工作还怎么开展呢？

"红一军团总前委向赣西南苏维埃政府抽调工作人员也是为了革命工作，我只顾自己的工作未来好不好开展，没有考虑过红一军团总前委的困难，似乎也不符合一个共产党员的工作作风。近一两年来，红一军团、红三军团一直在外打仗，指挥员、战斗员牺牲的也不少。而且红一军团总前委一直对苏维埃政府是很支持的，今天下午还给苏维埃政府送来了一批枪支子弹，让县区赤色区域的农民协会和农民赤卫队可以更好地开展工作。"想到这里,曾山的心情也就活泛多了。

126

曾山坐在炭火盆旁,抬起胳膊来半伸了个懒腰,接着用笔在机要件上沙沙沙地写下一段话:"应红一军团总前委要求,兹将各地担任过县区政府以下负责人的活动分子,应调红一军团和红三军团工作的人数分配如下:泰和十二名;万安二十名;兴国十名;总工会五名;赤卫队干部学校三十五名;红军学校四十五名;西路六十名;北路三十五名;南路三十五名;东路十五名;水南五名;水东五名;纯化八名。须于四天内将人员送来特委,以便送交前线红一军团和红三军团分配工作。红一军团和红三军团在9月30日可抵万安茅坪区横路乡、夏露乡休整两天,10月2日可抵桐树坪。攻取吉安城的时间就要到来,以上各项关于攻取吉安城的筹备万分迫切。各地政府接此通令后望迅速讨论执行,充分准备,切勿延误,是为至要。赣西南苏维埃政府委员长曾山。"

他写完这些还不放心,又核阅了一遍内容,然后递给罗明生,道:"转刘士奇同志审阅后,立即发到各县区赤色区域苏维埃政府,要求他们迅速照此意见办理。"

在万安茅坪区夏露乡、横路乡,县委区委领导是比较忙的,因为红一军团由闽入赣,在这两个小山村休整,多多少少需要地方政府领导协调准备一些门板稻草之类的事务。好在红一军团出外打仗习惯了,凡事都是自己寻求解决方案,都是自己克服的,没有太多需要惊动地方政府的事务。

不久前,红一军团总前委仍属红四军前委的编制时,应江西省委巡视员江汉波、江西省特派员蔡升熙传达的《中央通告第四十九号》文件指示精神,暂缓攻打吉安城,改攻长沙城。军队开到了长沙城,猛打了它一天一夜,却没能攻下,还牺牲了许多优秀的指战员。毛委员于是命令部队撤退下来,暂不作攻打长沙城的计划。

127

夜里，阵阵冷空气来袭。茅坪区农民协会主席萧祖耀抽着水烟，只见屋子里寒暑测温计的水银柱显示已下降到5℃了。这个测温计是一年多前，原中共万安县委书记张世熙去苏联莫斯科参加共产国际会议前夕，恰逢春节来给他拜年，顺便到夏露乡视察工作时送给他的。

萧祖耀对测温计这个东西本身不怎么觉得稀奇，但对测温计里的水银柱很感兴趣。没有见谁人为地去操作它，它竟然能够自动感觉到天气的寒热冷暖并发生变化，这实在是太神奇了。记得当时，张世熙指着这个水银柱告诉他：这个东西叫水银，能自动感应天气的温度变化。萧祖耀这才开始注意这个水银，平日里不管有事没事都会凑上前去瞧上它一瞧。尽管他瞧不出里面的名堂，但因为这个东西是原县委书记张世熙同志送的，他也更加百般爱惜。

刘士奇在万安县委书记刘黎的陪同下，来到了茅坪区夏露乡萧祖耀家里，他想检查万安县委、万安苏维埃政府对赣西南特委指派的粮食、交通、冲锋任务的完成情况。

按照特委下发的任务指标，万安须筹备米柴油盐菜，并在北路桐树坪附近设粮食处一所，在西路石坪附近设粮食处一所，每个粮食处内设委员会管理一切后勤事务。这两个粮食处委员会的总负责人，就是茅坪区农民协会主席萧祖耀。

根据赣西南特委分配的任务指标，万安须负担组织三个冲锋队的责任。一个冲锋队就是一个团，每团约六百人。一个团下辖三个营，一个营下辖三个连，一个连下辖三个排，一个排下辖三个班。攻取吉安城时，冲锋一队放在西路，冲锋二队放在北路，冲锋三队放在中路。冲锋队不是打仗冲锋，不是攻城敢死队，它的主要任务是帮助红军和赤卫队挖战壕、填壕沟、破坏铁丝网。

冲锋队的每个队员都带着长柄柴刀、马刀、锄头、铁锹，在红军和赤卫队发起总攻时，用柴刀、马刀斫掉吉安城外的铁丝网和木杆子，用锄头、铁锹帮助红军和赤卫队掘战壕，并把吉安城外敌人的深壕填平以便战

第二十六章 ★ 汇报

士们冲锋。

冲锋一队队长康敷伦、副队长李五立，冲锋二队队长刘太祥、副队长许衍初，冲锋三队队长匡人镜、副队长萧延功，三个冲锋队的总负责是万安县委组织部部长张伟。

赣西南特委根据各县赤色区域的家底子并综合各县的具体情况，给万安县委布置了相应任务，其中之一就是攻取吉安城时由万安县全权负责交通问题。即通知各地各路来前线参加攻取吉安城战斗的群众，每人带一根长一丈五尺的竹竿，到时用作电杆；并派人到各处采买铁丝以作电线，将指示路杆竖在通往吉安城的大道旁边，告知参加攻城战斗的工农群众不要毁坏我们自己的电杆，并提示各处伤兵站及粮食处等部门所在的位置。

128

赣西南特委、赣西南苏维埃政府向各县区委、苏维埃政府下达任务后，各级机关都在进行紧张的动员和部署，刘士奇便在这个行动的间隙里与常委们抓紧时间下到各县区委检查一遍工作。在这种时候，假如发现行动中还有什么问题和漏洞，也好及时补救和解决。

萧祖耀从红一军团总前委回来，心情似乎很愉快，他哼着革命小曲，忤在屋子里看测温计上的水银柱。

刘士奇在刘黎的引路下，直接往萧祖耀家走。没想他个子高大，没提防萧祖耀家的门框对他来说有点矮，额头被"咚"地撞了一下，被撞的部位一下子红肿起来。刘士奇今年28岁，个头比萧祖耀和刘黎都要高半个多头。

萧祖耀听到响声，扭头一看，赶紧迎上来和刘黎打招呼。

刘黎说："你这个区农民协会主席好自在，忤在家里当寓公，我这个县委书记望尘莫及啊。……给你介绍一下，这位是赣西南特委书记刘士奇同志，来县里视察工作。正好红一军团路过万安，在这里休整一两天，刘书记便来找毛委员汇报工作。现在毛委员在你的地盘上，劳驾你这个区农民协会主席带个路吧。"

萧祖耀心情舒畅，爽朗一笑说："我刚刚从红一军团总前委回来。毛委员住在夏露乡屋背萧家大院，我这就领你们去。"

最近，萧祖耀的工作十分忙碌。茅坪区委书记黄旭可去了省委，在军事干部学校的县委区委书记班学习，还没有回来万安。茅坪区苏维埃政府委员长刘良任，他的岳父彭炳寒前几天被万安县靖卫团团长郭明达以"赤匪家属就是赤匪"的名义杀害，他和妻子去往娘家处理丧事，临回茅坪区时突然得了一场大病，便留在了妻子娘家养病，还没有回来工作。茅坪区赤卫队党代表罗芳初调到了吉安城区区委，不久又调到红军第二团万安连任连长。接替罗芳初赤卫队党代表位置的人是个新手，是个刚入党、初出茅庐、还什么都不懂的毛头小伙，目前暂时还帮萧祖耀分担不了什么公务。因此，茅坪区的大小公事、繁杂事务都落在了萧祖耀一个人头上。

萧祖耀从椅子上一把扯下一件旧的灰蓝粗布外套，一边套在自己的身上，一边在前头领路。只听见萧祖耀的老婆在侧后的一个门里问道："家里来领导了吗？不让领导喝碗茶就又出去啊？"

萧祖耀只应了一声。他来不及把衣裳上黑豆大的扣子扣好，便利利索索地领着刘黎和刘士奇从厅屋里走出来，往夏露乡屋背萧家大院去了。

129

夏露乡屋背，萧家大院。

刘士奇来到了毛委员面前。毛委员站直了身子，与他们一一握手，向他们表示欢迎。

"今晚刮啥子北风，竟来了两位稀客呀！"说着，毛委员转头对着里屋喊道："子珍啊子珍，士奇同志来啦，万安县父母官也来啦。屋里的凳子不够坐啊，劳烦你去隔壁朱老总那里，借两张凳子来坐坐哇。"

屋里一个声音回道："好哩，我就去。"

刘黎和萧祖耀知道特委书记刘士奇很忙，大老远来找毛委员肯定是有很重要的工作要谈。有些可能还是军务机要，自己也不宜知道，若是留下，恐会影响两位大首长的谈话。

第二十六章 ★ 汇报

于是，刘黎赶紧起身告辞，他恳切地望着毛委员说："不用啦，不坐啦，毛委员！我们就不打搅两位首长谈工作了！我们先回去，待两位首长谈完了工作，随时唤我们过来就是！"

刘黎边说边拉着萧祖耀的衣袖向房门口走去。萧祖耀明白了刘黎的意思，边往外走边扭着头向毛委员和刘士奇两人笑了笑，还热情、细心地说道："刘书记，您与毛委员谈完了工作，就到区农民协会休息，刘黎同志也到区农民协会休息。我们走啦。"

"你这个区农民协会主席工作做得不错嘛。不过，晚上不用等你们的刘书记啦，士奇同志如果谈累了，今晚就留在我这里将就一夜，反正萧家大院有这么多间房子空着。"毛委员一边笑着对萧祖耀说，一边走到墙角的桌前，从桌上拿起一只洋瓷碗给刘士奇倒了一碗热茶，放到了刘士奇面前的桌上。

刘士奇伸出双手从桌上端起了茶碗，在手心里捂了捂，没有喝，又放在了桌上，说道："毛委员，打搅你休息了。我今天来万安检查任务，顺便向你汇报特委这段时期的工作！"说完若有所思，似乎在一种不安和慌乱的情绪之中努力地保持着一种静定。

"不用着急，士奇同志。近期特委发生的这些争论，我都听说了，今晚我们有的是时间聊！你先喝口热水，喘口气再说。"毛委员对刘士奇的到来感到很高兴，安慰着他说，"没有什么大不了的事，天塌不下来。即使天塌下来，还有我这个中央委员给你接着。"

刘士奇听到毛委员这番话，心情顿时舒朗了许多。他重新端起桌上的碗，用嘴对着碗里的热水吹了吹，喝了几口，又把碗放在桌上。

"毛委员，我对省委江巡视员突然更改特委的工作方向和更改攻取吉安城的军事部署有些看法。他极力主张，我们特委的一应赤色武装和群众力量都要围绕着攻打长沙、武汉、南昌等大城市的一应需要作准备。他说，我们只知道在山沟里打转转、在山沟里当山大王，如此革命是没有什么政治前途的，是与《中央通告第四十九号》文件指示精神相背离的。他要求我们，立即停止所做的攻取吉安城的一切准备工作，立即转移工作方向，启动攻打长沙、武汉、南昌这样的大城市的准备工作。"刘士奇急切地向毛委员报告着。

"在过去相当一段日子，特委的一切工作都是着力于攻取吉安城的动员和准备之上的，完全没有想过江巡视员对军事上赤色区域的发展方向会临时改弦更张。过去赣西南赤色区域的群众因土地没有分配，没有得到实际利益，不肯参加革命。现在我们把这些政策路线修正过来了，广大赤色区域都实施分配土地政策，群众的革命热情都被激发起来了，他们都把一双双眼睛盯着吉安城，都渴望特委带领他们早点打下吉安城，把全身心的勇敢和无产阶级感情都调动起来。像南路、北路和万安、永丰、永新、东固、泰和、安福、陂头这些赤色区域，在'攻取吉安城'口号的带动之下，都完全地解决了土地分配问题，大部分没收的地主豪绅的浮财家产都分给了农民。像吉安、永丰、安福，也仅是县城及个别县郊还在敌人的手里，其他广大农村地域都是赤色区域，都建立了我们自己的苏维埃政权。我们各级的苏维埃政权和群众武装都建立起来了，特委顺势而为，决定攻取吉安城和扩大巩固赤色区域政权。这么宏盛的发展态势，难道都违背了《中央通告第四十九号》文件指示精神？我不知是否是自己的政治水平不够，很是不能理解江巡视员的某些做法和观点。"刘士奇像是受了很多的委屈，毫不掩饰他对江汉波的意见和主张的不理解，毫不掩饰地在毛委员面前大倒苦水。

130

毛委员静静地看着刘士奇，不断地向他点头，从容地听着他的倾诉，不插话、不反驳也不评价，还时不时伏在桌上迅速地把他讲的内容记在一个本子上。

"打到吉安城去，消灭一切反动势力，原本也是江巡视员同意的军事部署和任务方向，这次竟然莫名其妙地被他否定了，我感到有点不理解。赣西苏维埃政府成立时，吉安、吉水、峡江、安福、分宜、万安、泰和、永新、莲花、宁冈等县利用手中掌握的工农武装，都在自己占据的农村赤色区域建立了各级苏维埃政府。赣西南苏维埃政府替代赣西苏维埃政府之后，赣西南原来分割的赤色区域很多小块都连成了一片，赤色区域面积也扩大了许多,现在赣西南赤色区域各处遍布苏维埃政府的政纲布告、宣言、传单和标语。特委根据《中央通告第四十九号》文件指示精神,提出了'攻取吉安城,武装拥护苏联'的口号,现在已成了一切军事斗争的前进方向。在特委的领导之下,各级苏维埃政府的初步建设已然成形。许多地方都已出现各种生产消费和信用合作社,比如东固苏维埃政府管辖的东固银行、万安苏维埃政府建立的东固银行万安支行、永新苏维埃政府管理的东固银行永新支行,它们所发行的流通券和金元本票,票面额一致、票款式一致,通行各县赤色区域,信用极好,一直到吉安城外半里远的水东也都通用。群众们都一致希望苏维埃政府早点攻取吉安城,让苏维埃政府发行的流通券、金元本票可以在吉安城区流通,以便能在吉安城区购买他们急需的生活日用品。这是多么好的一个时机!"

昏黄的洋油灯光中,毛委员和刘士奇的身影映照在屋子东边粉灰剥落的墙壁上。秋夜的冷风穿过松松垮垮的窗户,吹动着摆在小圆桌上的纸张和书页。洋油灯的旁边,几本书相叠着挡住了外面吹进来的冷风。冷风吹皱灯光,灯光一闪一闪的。

131

到了将近午夜的时候,外面的冷风小了,洋油灯光似乎比先前亮堂了一些,房间里被照得更明亮了,但却安安静静的,只有毛委员抽烟的烟味散布全屋。

在里屋休息的贺子珍,发现外屋没有了说话声,便推开房门向外屋张望了一下。只见毛委员在本子上写着什么,刘士奇端着碗在喝水,两人都在沉思着什么问题。她起身出来,轻手轻脚地拿起茶壶,给毛委员和刘士奇的碗里都斟了些热水,然后轻轻地退回到里屋,又轻轻地掩上了房门。

过了一会儿,突然有两个挺拔的人影立在了门口,其中一个人轻轻敲了敲门。刘士奇赶忙起身出去一看,却是县委书记刘黎和区农民协会主席萧祖耀。只见他俩手里都端着东西:刘黎手里端着一碟水煮花生;萧祖耀两只手都拿满了,一只手拿着一碟红薯干,一只手拿着两个鸡蛋。

萧祖耀笑着对毛委员和刘士奇说:"怕两位首长聊工作太晚,肚子饿了,我们搞了点夜宵送来。"

毛委员听到动静抬起头来,一看是刘黎和萧祖耀送夜宵来了,十分感激地对他们说:"两个好父母官呀,知道夜深了我和士奇同志有点饿,给我俩补充'弹药'来啦!还真有点饿了,谢谢两位父母官送来的'弹药'呵。"

刘黎激动地对毛委员说:"毛委员,我们万安是个穷乡僻壤的县,拿不出什么像样的夜宵。等打下吉安城,农民老表的积极性更高啦、条件更好了一些时,我们请毛委员和特委刘书记的夜宵就可不是这些啦!"

刘黎和萧祖耀放下手中的夜宵,生怕分散毛委员和刘士奇谈工作的注意力,也不敢多说其他的,匆匆地退出了房间。他俩转眼便走到了门外,背影消失在冷冷的夜色中。

毛委员从桌上拿起一个鸡蛋,在桌上敲了敲,剥开了个蛋壳口,然后递给刘士奇,说道:"士奇同志,肚子空货了吧?来,不要辜负了你的两位部下的美意,一起动手把这两个鸡蛋给解决了。我俩一边说一边吃。"说着拿起了另一个鸡蛋,在桌上敲了敲,剥掉蛋壳后慢慢地往嘴里送。他轻轻地咬了一口,细细地品味着,好像是在品味珍馐美肴。

接着,他好像想起了什么,吟道:

"家里逢重九,新篘熟浊醪。弟兄乘兴共登高。右手菜杯,左手笑持螯。　官里逢重九,归心切大刀。美人痛饮读离骚。因感秋英,饷我菊花糕。"

刘士奇接过鸡蛋,望着毛委员问:"毛委员刚才吟的,是南宋诗人王实之的《谢送菊花糕》?"

毛委员笑了笑说:"'忧国怀家睫不交',士奇同志也读过王实之?他传世的《朧轩集》是部好书,你读过它的几卷?"

刘士奇诚恳地说道:"王实之的《朧轩集》一共十六卷,其中十二卷至十六卷是诗,我只读过这几卷诗。"

毛委员欣赏地对刘士奇说道:"这就已经不简单啦,读过了他的十二至

第二十六章 ★ 汇报

十六卷，你可以称得上是教授啦。王实之的《朧轩集》，你都是在什么时候读的？"

"都是在湖南省商业学校读书时读的。"刘士奇摇了摇头，"比起毛委员的博览群书来，士奇何敢枉称教授？在校时读它，只是一时的兴趣而已。"

"兴趣是最好的老师，信仰是最好的向导。这就好比你昔日提议罗炳辉同志入党，你使得他对党充满了向往、充满了信仰，最后引得他带着吉安县靖卫队近两百号人枪投奔到我们的队伍中来，这是你对党的一个大贡献。"

刘士奇精神振奋地看着毛委员，说："这还得归功于赵醒吾同志，没有他的辛勤付出，罗炳辉同志会不会这么快投奔我们的队伍，还得另说。同时，因为罗炳辉同志是个苦出身，在滇军里耳濡目染，见多了世态炎凉，逼得他渐渐也厌倦了这种世态炎凉，这是他的阶级感情使然，从而也注定了他会向往共产党。"

毛委员挺起胸膛，点了点头朗声说道："随着革命形势的发展，蓬勃以后还会有更多像罗炳辉这样的同志加入革命的行列的。现在，我们的部队一天天在壮大，各县区赤色区域的赤卫队和游击队都形成了很大的规模。我们准备出台一个政治决议，对赣西南赤色区域的大小工农武装进行大幅度的重组整训，把他们并入到主力部队中来，使他们在不久的将来都成为能够独当一面的正规军。你是个懂军事、有文化的人，也要考虑调到部队里来担任个军长或军政治委员啥的，部队里需要大批像你这样有文化的人。"

"只要组织需要，我可以考虑。"刘士奇沉思了一下，缓缓地说道，"只是目前赣西南特委的工作重点有点叫人忧心，万一江巡视员还坚持要攻打长沙、武汉、南昌，那攻取吉安城的计划就要落空了。"

"不要这么悲观嘛，一回去陂头我会去找这位省委钦差大人谈一谈。前一次我们已然按照省委的意图把部队开到了长沙，打了它一天一夜，结果怎么样？都没有打下长沙，反而部队减员惨重。他还要我们怎么着？前一阵子我们把队伍开到闽西，养伤休整了一个星期，部队才醒过神来。对了，士奇同志，昨天红一军团总前委发函赣西南苏维埃政府，要求选调三百名有能力的活动分子到红一军团和红三军团来工作，文件想必已经到

了苏维埃政府,你看到了吗?"毛委员瞅了瞅刘士奇,流露出了对攻取吉安城拥有决战决胜的坚强信念。

"看到了,已转发各县区苏维埃政府,并要求各县区苏维埃政府迅速执行。"刘士奇笑了笑,接着说,"我认为,在敌情方面,还是湘省敌人较为强悍,基础厚、装备硬,不似赣敌易攻。赣敌数次偷袭赣西南赤色区域,均被我英勇红军和工农赤卫军武装击溃,其胆已裂,其心已怯,加上受我方对待俘虏政策的影响,他们军心大摇。预计邓英新编第十三师尚能作战者,仅王劲修一个团,但他龟缩在吉安城内,料其难于抽调出来进攻我赤色区域腹地。现在赣西南赤色区域群众生产生活日用品紧缺,我们必须背赣江一战,坚持之前的军事部署,坚定攻取吉安城,才能打出一条活路来!"

"吉安城是坚决要攻的,也是迟早攻得下来的,活路是迟早打得出来的!"毛委员信心十足,"不管是金汉鼎之马昆旅、张兴仁旅,谭道源之成光耀旅,张辉瓒之朱耀华旅,还是刘峙之邓英新编第十三师,想封锁住我们红一军团和红三军团,想把我们赣西南赤色区域置于死地,那都是一厢情愿、痴心妄想!回头我跟朱老总商量一下,择个黄道吉日,召集红一军团和红三军团、赣西南特委、赣西南苏维埃政府的头头脑脑们,在吉安陂头开个联席会议,把中央的统一思想、统一武装、统一领导、统一行动的指示传达下去,明确以江西为中心的闽、粤、浙、赣、湘五省的武装斗争,要相互联动、相互支援、相互信任,全赤色区域上下团结一心,继续坚持攻取吉安城的方针,继续坚定经营好江西全省的政治任务。唯有这样,我们的红色苏维埃事业才会有光明的前景!"

刘士奇与毛委员谈了一个通宵,心里觉得堂亮堂亮的,仿佛天广地宽,前程渐现一片光明,连天已亮了都没有觉察到。

132

萧祖耀的老婆罗大嫂从一清早起就忙个不停,她把夜里洗干净的红薯切成一片一片,弄得薄薄细细、匀匀称称的,接着把它们放进面疙瘩里面

第二十六章 ★ 汇报

一起煮,差不多熟了的时候再放些切碎的菜叶子和香料进去,这样制作的疙瘩红薯粥吃起来才香。

萧祖耀一早从鸡窝里搜出来几个鸡蛋,又从曾三狗的小货铺里买了点生姜、花椒、大葱一类的调料,煮了一盆鸡蛋汤,还搞了几碟芋头油炸米果,齐齐整整地摆在小饭桌上。

今天是个千载难逢的好日子,他们要请毛委员一家、朱老总一家以及特委书记刘士奇、县委书记刘黎一行人一起到家里来吃早餐。

萧祖耀深深地懂得,只有毛委员、朱老总、刘士奇、刘黎他们吃好了,他们才有精神去考虑打仗的大事,才有可能带着红军和赤色武装、农民协会、农民赤卫队去攻取吉安城,大家的日子才能过得越来越好。萧祖耀对他们的心情,不仅仅是下级对上级的尊重,不仅仅是底层党员对上层党员的爱戴,更是把个人的身家命运与他们的理想信念紧密地结合在了一起。

为了这顿早餐,萧祖耀昨晚想了一晚,思量着怎么样把他们请到家里来。萧祖耀先与刘黎说了这事,刘黎又唤刘士奇出来商量。

刘士奇与毛委员谈了一整个晚上,两人谈得尤为尽兴,最后他向毛委员说了区农民协会主席想请大家吃早餐的意思。刘士奇又跑到了朱老总那里报告,朱老总想了想,高兴地说:"群众请我们,我们不能去;但万安茅坪区农民协会萧主席请我们,我们得去。这里是万安,是克清的家乡,我们得支持她家乡领导的工作。"

几时收

下部

第二十七章

质询

133

萧祖耀请吃早餐的邀请，毛委员和贺子珍以及朱老总和康克清他们都爽快地答应了。刘士奇赶紧把这个消息告诉了刘黎，刘黎马上把这好消息告诉了萧祖耀和罗大嫂，萧祖耀和罗大嫂满心欢喜。罗大嫂一大早张罗好了早餐，一会儿到门口张望，一会儿又到厨房看看还要做些什么，不一会儿又再走到门口看看大家来了没有。

等了半个多小时，罗大嫂远远地看到了毛委员、朱老总他们的身影，只见毛委员、贺子珍、朱老总、康克清、刘士奇、刘黎在萧祖耀的引路下，一起结伴来了。

罗大嫂迎上前去，喜上眉梢地说道："哎呀，你们几位活菩萨总算是来了，早餐都快凉啦。我还担心你们会不会因为谈工作，就把来我们家吃早餐的事给忘了呢。"

朱老总认认真真地回答道："罗大嫂子，今天最想做的事，就是到你们家来尝尝克清家乡万安的早餐。很早前就听克清说起过'万安疙瘩红薯粥'，一直就是没有吃过，今天可是要好好尝尝啦。"朱老总有意地强调了"家乡万安"四个字的语气，康克清脸上也满是笑容。

"今天天一大亮，我看区农民协会萧主席就有点火急火躁的了，东跑西跑不知道在忙什么。"毛委员逗趣地说道，"我以为是地主恶霸郭明达带着万安县靖卫团打过来了呢。然后士奇同志就跑过来告诉我，说是萧主席

第二十七章 ★ 质询

和罗大嫂子要请我和朱老总两家过来吃早餐。又担心我们当场回绝，生怕弄得农民协会主席没有了面子。你想哪能呢？区农民协会萧主席家有好吃的，我会不来吗？刚才洗脸时，我心里还在盘算着'万安疙瘩红薯粥'是很有名气的，要早点过来尝尝，就拉着朱老总赶紧过来啦。"

众人一面说笑着，一面走进屋里。刘黎等着毛委员、朱老总他们坐好，看着刘士奇也坐下了，他才在靠近门口的一个位置上探身坐下。

刘士奇瞅着桌上那一脸盆模样均匀、热气腾腾的疙瘩红薯粥，还有几碟香喷喷的芋头油炸米果，有些惊异地说道："哎呀，弄了这么一脸盆的'疙瘩红薯粥'呀！罗大嫂子、萧主席，早上你们没少花时间搞吧？今天我和刘黎同志可是沾了毛委员和贺大姐、朱老总和康大姐几位首长的光了，辛苦你们啦。"

罗大嫂回答道："今天来的都是活菩萨，是我和老萧上辈子修来的福分。我们农村的'疙瘩红薯粥'，看模样不怎么好看，吃起来却是特别香，只怕是委屈了几位大首长。几位大首长来到我们夏露乡这个小山村，这是我们夏露乡的乡亲们前辈子修来的善缘，何况大首长里面还有我们万安的克清乡亲。昨天我就一直想着，一定要请几位大首长来家里坐坐，以后我在茅坪区妇救会的姐妹们面前做起工作来也好有个嚷嚷的资本，这是件多么让人妒忌、让人眼热的好事哇！今天几位大首长总算来我们家啦，真是给我们脸上贴足金啦。"话一说完，大家都开怀笑了起来。大家你一言我一句兴奋地聊得起劲，看起来真似温馨的一家人。

毛委员看着桌上的美食快要凉了，就说："大家还等什么，趁着这个热乎劲，赶紧拿起筷子，一起动手吧。"

罗大嫂说道："是哩，是哩，不要光顾着说话忘了动筷子，凉了就不好吃啦。"

朱老总拿起盆里的勺子，先舀了一勺放入康克清的碗里，又给贺子珍的碗里舀了一勺，然后才给自己的碗里舀了一勺，然后说道："来，大家不用等，开始行动，各取所需。"

"克清今天要多吃一点，这可是你家乡的美食。"说着毛委员用筷子在摆在他面前的芋头油炸米果碟里夹了一个放在贺子珍的碗里，然后夹了一个放在康克清的碗里。像是发现少了什么似的，他扭头对罗大嫂问道：

"罗大嫂子,家里有辣椒酱没有?或者辣椒也行,不知有没有?"

罗大嫂答道:"有,有辣椒酱。还是今年我亲自制作的,我这就拿去。"说着她转身跑进厨房,利索地拿了一瓶辣椒酱出来,拧开了瓶盖子放在毛委员面前。

毛委员拿起辣椒酱瓶子闻了闻,陶醉地说道:"是这个味,好香啊!好久没有吃过这道佳肴啦。这可是个好东西,你们有谁想要?"

朱老总说:"我也尝一尝,给我来一点。"朱老总把碗伸到了毛委员跟前,毛委员给朱老总夹了几筷子辣椒酱,然后给自己的碗里也夹了几筷子。

134

一个穿着长不长、短不短,棉絮篓儿似的暗色皮袄的中年男人,与一个穿着由两半截连成的破棉袄的年轻矮黑汉子一边争论着什么,一边往萧祖耀家里走来。他俩走到萧祖耀家门口,看到满屋子的客人在吃早餐,怔住了,不吵了,站在门口没有进屋。

萧祖耀说:"是你俩呀?来得早不如来得巧,愣在门口干什么,还不赶紧进屋来一起吃早餐呀。"

中年男人说:"不进屋来了,我们吃过早餐啦。找你是有要紧的工作要谈呢。"

萧祖耀看了看一桌子的客人,犹豫着不知是出去还是不出去,便向门口的两个人使了使眼色。门口的这两个人背着光,看不到萧祖耀使的眼色,仍老实巴交地站在外面,只管等着他出来谈工作。

刘黎站起来解围道:"萧主席,你有工作要谈就赶紧出去谈吧。这里有我招呼,你安心地出去及时处理好工作上的事情要紧。"

萧祖耀走到了门口,一手一个就拉住他俩的手使着劲地往外面扯,一面扯一面轻轻地说道:"瞧你俩干的好事,两只牛眼都长在后脑勺啦,没有看见我在招呼重要的客人吗?好好的一顿早餐,差点就被你们这俩没头没脑的浑小子给搅乱啦。走吧,两位祖宗,有什么大不了的事到农民协会办公室里谈去，不要在路上谈，瞧瞧你俩丢人现眼的模样，你俩还像是农民协会和农民赤卫队的干部吗？"

罗大嫂伸头看着他们仨渐渐远去的背影，有点尴尬地对毛委员、朱老总解释说："那位中年男人叫萧仁俊，是茅坪区夏露乡农民协会主席；那位年轻汉子叫严家滕，是茅坪区下龙乡农民赤卫队队长。他俩平日为着工作上的事，经常会来家里找老萧谈。"

毛委员笑了笑说："原来都是萧主席的爱将呀。在工作中眼见得石卵子拌豆腐——软硬不调和，也就只能来找萧主席摆摆龙门阵啰。"

135

茅坪区农民协会办公室。

萧仁俊、严家滕跟着萧祖耀走进了屋子，先后在凳子上坐下，两人你看看我、我看看你，谁也不说话。

萧祖耀一下子急了，说："怎么都不说话啦？一大早把我拉出来，是有话说还是没话说？究竟想说什么？"

萧仁俊这才开口说道："萧主席，我们夏露乡的干部实在太不够用了，你们做区领导的，不但不给我们派一个两个来支援，反倒要把我们乡农民赤卫队队长牛黄顺抽调走，以后的工作我还怎么做？你作为上级，要给我们说说话，想想办法留下来才是。"

严家滕也说道："说得是哩。萧主席，你看看，我们下龙乡的干部也真是紧张得很。这里粮食队要干部，那里冲锋队要干部，这边交通队要干部，那边还要把我们乡农民协会主席严玉成抽调走，工作全压在我一个人身上，我怎么应付得过来？你要给我做做主，调剂调剂才行。"

萧祖耀大跌眼镜地说："你俩一大早来找我，不让我吃早餐，原来就是为这么件小事呀？"

"这……这……这还是件小事？"萧仁俊说，"工作任务完不成你能饶了我们？到时你又要来数落我们，说我们工作不积极，没有体现出我们的党性。"

"就是。到时在区农民协会工作会议上给我们来个不点名批评,搞得我们在大伙面前是多没面子哇。"严家滕补充道。

萧祖耀看看萧仁俊,又看看严家滕,说道:"需要抽调走什么样的干部,是赣西南特委和赣西南苏维埃政府的文件指示精神要求的,我一个区农民协会主席有什么办法?我只能无条件地执行。你们要想不执行,可以呀,县委书记刘黎同志、赣西南特委书记刘士奇同志刚好下来我们茅坪区检查工作,正在我们家吃早餐。我现在就领你俩去我家,你俩直接给县委和特委的领导说去。"他话还没说完就准备起身,一副想领他俩去说理的样子。

萧仁俊、严家滕没有起身,赶紧拉着萧祖耀让他不要太冲动,有话好好说。他俩这才知道,刚才在萧祖耀家看到的客人原来是县委书记和特委书记呀!想想刚才他们吵吵嚷嚷的,竟让领导看到了,真是有点莽撞,两个人禁不住脸都红了。

"现在才知道脸红啦,打搅了领导吃早餐,有点不好意思起来了?"萧祖耀嗔怪道。他沉默了一阵,接着说道:"算了算了,不知者不怪,你俩也不要脸红了。你俩谁先说,还是接着谈工作吧。"

正在这时,一个长着撩眼的黑发、后脑袋上扎了个蓬松的马尾巴辫、瓜子脸庞、两颊颧骨高高凸出的姑娘,肩上扛着一把锄头走了进来。她一看屋里坐着萧祖耀等三个人,便朗声对大家说:"呵,你们都在呀,正要找你们理论理论。既然你们都在,就省去一个一个地找了,我们正好一起来说说这事!"

"哟,是秀兰呀,来,快坐下吧。"萧祖耀、严家滕、萧仁俊看到了她,都同时站了起来。来者正是茅坪区下龙乡妇救会主任施秀兰,在万安暴动那段时间她是万安县有名的支前模范。

"你们倒是说说,除了交通队以外,为什么冲锋队、粮食队里都没有安排我们妇救会的人?"施秀兰抬头看着萧祖耀,说,"你们不是说,到处缺人手吗?我们下龙乡妇救会里有的是人手,你们怎么不去用?这是什么道理?"

严家滕对施秀兰解释说:"冲锋队、粮食队干的都是体力活,只有男人才吃得消,不方便让妇救会的女同志参加。"

第二十七章 ★ 质询

136

萧祖耀从桌下拉出了一条长凳,用手掸了掸凳面上的灰尘,让施秀兰坐下,然后漫不经心地说:"刚才是谁说,'我们下龙乡的干部也真是紧张得很,这里粮食队要干部,那里冲锋队要干部,这边交通队要干部,到处是缺人手,这边妇救会的人手却闲着不愿用,大概是轻视人家妇救会的人都是女同志吧。这是哪门子的领导定的规矩呀?"严家滕不好意思地吱吱了两声,被萧祖耀直截了当的几句话呛得一个字也答不上来。

严家滕沉默了一阵,说:"秀兰,我从没有轻视你们妇救会的女同志的意思,因为粮食队、冲锋队的活都是些体力活,我怕你们女同志吃不消,因此没有让妇救会的人报名参加。"

施秀兰不买他的账,说:"说得好听,你是怕你家里的那个张玉英吃不消,故意不让妇救会的人报名参加吧?攻取吉安城是革命的大事,是赣西南赤色区域所有部门、所有武装、所有干部群众一起行动的大事,不是某一个人、某一个乡、某一个村、某一个部门的私事。下龙乡农民协会主席严玉成要抽调到红一军团第四军去工作,你作为下龙乡农民赤卫队队长,暂时代理一下下龙乡农民协会主席,怎么就可以以你个人的想法来阻挠整个下龙乡妇救会的人参加战斗呢……"

严家滕被施秀兰的话问住了,他看了看萧祖耀,看了看萧仁俊,又看了看施秀兰,想了想,小声地说:"秀兰有什么话,等会回下龙乡去说,一切想法都好商量。我可以按你说的去做,回去就发通知,不管是妇救会的谁,只要想参加粮食队、冲锋队的,都可以来我这里预报名,我这里不会有性别限制的。"

萧祖耀笑着问萧仁俊:"下龙乡妇救会的人手,下龙乡农民赤卫队严队长同意用了,这是认识实质问题的一个进步,可喜可贺。不知夏露乡妇救会的人手,夏露乡农民协会萧主席同不同意用?要不,我这就叫人去把夏露乡妇救会主任魏淑兰同志请来,一起商量商量,你看怎么样?"

萧仁俊连忙摇摇手,说:"不用,不用!今天我们就发通知下去,让妇救会的女同志先预报名,我们再确定谁分到哪个队。"

萧祖耀笑了起来,说:"你们看,人手的事你们不就竹筒子倒豆——爽快地都自己解决啦,根本不需要我出面嘛。真是的,好好的一支妇救会生力军,非要人家摆到桌面上才去用。"

137

在一个天色阴暗的早上,万安县妇救会主任张红怡跟茅坪区妇救会主任罗大嫂一同来到了下龙乡妇救会主任施秀兰的家里。施秀兰的妈妈和罗大嫂、张红怡在厅堂里坐着,谈着话。

施秀兰的妈妈有点不安地说:"咳,听说那天早上,区农民协会萧主席好好地把严家滕给批评了一顿。昨天下龙乡苏维埃政府会议上,萧主席把下龙乡苏维埃政府主席的位置给了秀兰坐,把秀兰下龙乡妇救会主任的位置给了严家滕的老婆张玉英坐。但是严家滕对秀兰、对玉英的工作不是很支持,对萧主席这两个职位的安排也很不满意。"

她动了动身子,又说:"这不,县妇救会、区妇救会对她俩这么支持,可下龙乡里就是有些'老皇历'还是对她俩不满意,说她俩鼓动妇救会的人报名,什么任务都参加,是有点出风头。咳,乡亲们呀,就是这样。听说萧中鼎他娘也有点不高兴秀兰,萧中鼎这孩子不知为什么还有点远离秀兰了。对秀兰的事,我能怎么办呢?"她说完了心中想说的,不禁长长地出了一口气,心情看起来轻松了许多。

张红怡说:"秀兰同志是个坚强且有点能力的好姑娘。"停了一下她又说,"我们应当想办法支持秀兰的工作,要让中鼎与秀兰也和好才好。你说,是这个理吧,阿姨。"

施秀兰的妈妈说:"那当然好呀。"

张红怡起身走到了门口,看了看天色,估摸着已是上午十点了。她伸了伸腰,说:"阿姨,我们和你说了两个钟头,耽误你干农活啦,我俩该去下龙乡妇救会看看啦。"罗大嫂跟着张红怡也站起了身。

施秀兰的妈妈说:"看你说的什么话,我一个乡下妇女不会讲话,也不懂上级章程的指示精神。你们再找严家滕谈谈吧,他是下龙乡农民赤卫队

第二十七章 ★ 质询

队长，又是下龙乡农民协会代理主席。"

张红怡点了点头，突然问道："阿姨，你看萧中鼎他娘这会儿回家了吗？"

施秀兰的妈妈答道："这会儿她应该还在田地里干农活，她是个闲不住的女人。即使是萧中鼎这孩子，也是闲不住的，何况又接任了区委书记的工作，此时说不定也还在哪里开会哩。"

一直不大说话的罗大嫂思索了一会儿说："毛委员和朱老总带着队伍走啦，老萧的工作又开始忙了起来。他今天去了县委向刘黎书记汇报区委工作，茅坪区委今天没有会。"

张红怡说："那我们去萧中鼎书记家看看。"说着一边往外走。

施秀兰的妈妈说："张主任，你转一下就回来，可要算好时间回来吃饭呀。"张红怡摇了摇头，停了一下，说道："还早，中午还是到区里吃饭吧！"

张红怡和罗大嫂穿着粗布底鞋，冒着阵阵冷风，沿着下龙乡的山沟和洼地，涉过下龙乡的谷坑河，直接往下龙乡原支部书记、现茅坪区委书记萧中鼎的家走去。

138

萧中鼎的爸爸萧忠义满腹心事地走进家来，萧中鼎的妈妈刘大婶在厅堂里做着针线活，看见他进来也没理他。萧忠义慢慢地走进了卧房，从一个陈旧的抽屉里取出了一把大刀，拿着它走出厅堂，对着门外的光线上下认真地打量着。他用衣袖在大刀背面上反复地擦拭着，一副爱不释手的样子。

刘大婶看了他一眼，嘴里"嗯"了一声。她放下手里的针线活，走到萧忠义面前，有点生闷气地说："你怎么又拿出这个破大刀片来晃荡？现在不是北伐军的那个年代了，蒋介石早已叛变革命好几年了，你待过的那个北伐军也早已不复存在了。即使存在你又能怎样，也容不下你这个耍大刀片的泥腿子老兵了。"

萧忠义本来不想搭理刘大婶，听了这话，说："中鼎和秀兰都要被你拆散了，儿媳妇都要被你赶跑了，你还要在我面前蹦跳什么？"

刘大婶说:"这么不安分、爱出风头的姑娘,不能做我的儿媳妇。"

萧忠义说:"你算了吧,你就想找一个安静在家、给你做饭做农活、陪你聊天的儿媳妇。国民党反动派、万安县靖卫团郭明达没打倒,吉安城没攻取,全江西没有都成立苏维埃政府,你有什么想法都是不现实的,敌人不会让你享有这种闲福的。只有像孩子那样、像秀兰那样,积极组织大家参加攻取吉安城的工作,把吉安城打下来了,我们老百姓的小日子才可能逐渐好过起来。"

刘大婶生气地把萧忠义手中的大刀一把抢了过来,往桌子上一扔,说:"不要拿这些大道理教训我。"说着拍拍打打身上的灰尘,走回刚才坐的位置,继续做起她的针线活来。

这时院墙外面传来了敲门声,她没好声气地说:"什么人不懂事,一大早的又来烦人。"

萧忠义想了想,从桌子上拿起了大刀,一面往卧房走去,一面问刘大婶:"我去开会时,有没有两个女干部来找过你?"

刘大婶摇摇头:"谁也没有来找过我,我谁也不想见。"

萧忠义说:"外面是区妇救会的罗大嫂带着县妇救会的领导来找你了,你去开门吧。人家想与你谈谈,我就不掺和啦……"说着他就往卧房里走去。

刘大婶一把拉住了他:"她俩找我谈什么?我没有做过什么呀!"

萧忠义噘着嘴说道:"听家滕说是县妇救会的主任,要和你谈谈中鼎和秀兰的事。人家说你儿子做了茅坪区委书记啦,而且正在与下龙乡苏维埃政府主席秀兰谈着感情,秀兰支持乡妇救会的女同志积极报名上前线,支持攻取吉安城的工作受到了县委的赞赏。人家要同你这个当妈妈的谈谈,想问你是怎么支持你儿子的工作的。你去开门吧。"

又是两声敲门声。刘大婶说:"还是你去开门,你跟她俩说吧。"她也想往卧房里走。

萧忠义说:"人家都是妇救会的,一个代表区妇救会,一个代表县妇救会,指名道姓来找你的。"

"你不会说我不在家?"刘大婶说,"她俩与我有什么好谈的?你去与她俩谈吧。"

萧忠义摇着头说:"我怎么谈?你都把中鼎和秀兰拆散啦,该怎么向人家说,你去说吧。"说完,他自顾自进了卧房,还把门关上了。

刘大婶只好转身去开门。她走到外门,又折了回来向卧房走了两步,卧房的门已被关了。她只好又走向外门,踌躇了一下,最后还是向院子门走去,心里像十五个吊桶打水一样七上八下。

这时,敲门声又响了起来,传来了罗大嫂的声音:"中鼎妈妈,在家吗?我们来你家里坐坐。"

139

下龙乡农民协会主席严玉成家门口,萧中鼎正在敲着门。

严玉成开门出来,见是萧中鼎,满心欢喜地招呼他:"你来啦?怎么现在才来?以为你不来了呢!"

萧中鼎随着严玉成走进了房间,只见桌子上放着一个打好了的背包,背包的表层绑着一双布鞋。严玉成把背包背在背上,对萧中鼎说:"我要赶时间,上面规定了报到的时间。要不你送我一段路吧,我俩在路上边走边谈。"

两人在坎坎坷坷的田间路上静静地走着,走了一段路之后,萧中鼎才开口说:"你不是明天才报到吗?怎么提早了一天走?"

严玉成说:"明天是到特委报到。今天下午我们必须到达县委集中,然后晚上出发去特委。"

萧中鼎说:"玉成,你就好啦,一下子被上级看上了抽调去红一军团第四军工作,我却还得留在这里,心里有时有点闷得发慌呀!"

"怎么闷得发慌?你都当上茅坪区委书记啦,还有什么不满意的?多少乡亲都羡慕着你,你就踏实地好好干吧。"严玉成说道。

又走了几步,萧中鼎又说:"听说县妇救会主任张红怡来到下龙乡?说要找秀兰,是因为什么事?"

严玉成点点头:"谈工作上的事,也顺便了解一下你俩的事。"

萧中鼎不解地问:"了解我俩什么事?了解了又能怎么样呢?我妈这个人你又不是不知道。"

他俩走到了谷坑口上坡的地方,萧中鼎坐在路旁的一块石头上,然后又说:"玉成,你看我跟秀兰之间有戏吗?我妈那里会转变对秀兰的看法吗?这两天我有点烦死我妈啦。"

顿了顿,他接着说道:"我就不明白我妈究竟是怎么想的,秀兰样样优秀,工作事事积极,我都是在她的影响下才有今天的这点进步。可我妈呢,对我与她之间的事就是不同意,对她横竖看不惯,不接受她。你说……"他咳了一声,又叹了一口气。

严玉成思索了一下,说道:"你也不要唉声叹气的了。这会儿县妇救会张红怡主任和区妇救会罗大嫂可能就在你家里,正在与你妈谈着你和秀兰的事呢。你妈也没有大的毛病,就是不满意秀兰鼓励妇救会的人报名参加攻取吉安城的冲锋队、粮食队的工作,觉得这个上前线的任务太危险,不是一个姑娘家要做的事。这也没有什么大不了的,她们与你妈谈一谈、做做思想工作就会通的了,你放心吧。"

萧中鼎眼睛瞪得大大的,说:"哦……不知她们能做通我妈的思想工作不?我妈在家里可是说一不二的,我爸有时都拿她没办法。"

严玉成抬头望着天空,好一阵都没说话。

萧中鼎又说:"你说,她们能说服我妈吗?"

严玉成说道:"太关心,心反而会乱,你已经是区委书记啦,不要多想。像恋情这样的小事,你该学会自己做主,不应被父母长辈左右。你要相信县妇救会、区妇救会有这个能力做好沟通工作的。"

萧中鼎说:"但愿吧,我当然也相信的。"

严玉成说:"中鼎,你不要小瞧了你妈的觉悟,她也是下龙乡妇救会的骨干。现在施秀兰当了下龙乡苏维埃政府主席,张玉英接了下龙乡妇救会主任这个位置,你妈一直比较认可张玉英,还认她做干女儿,干女儿的话你妈还是会听的。我昨天向张玉英也交代了,让她做好你妈的思想工作。现在县妇救会和区妇救会都出面来说服你妈,这不是老鼠跳进米缸里眉开眼笑——明摆着的事么?"

第二十七章 ★ 质询

140

夏露乡，路旁的一个凉亭里。

夏露乡赤卫队队长牛黄顺背着一个与严玉成一样的背包，在凉亭里心不在焉地坐着。他一会儿走出来往下龙乡方向的山路上看看，一会儿又回到凉亭里坐下。起起坐坐、出出进进了几次，终于看见从远方的山路上走来了一个人。这个人越走越近，原来是严玉成。

牛黄顺见到严玉成，有点不高兴地指了指天空说："你看看都几个时辰啦？我的乡农民协会严主席！我在凉亭里等你都等了快一个钟头啦。今天赶到县委只怕要过了规定的集中时间啦，可不要第一天就换来县委的一顿批评。"

牛黄顺站了起来，抓着严玉成的手就想快点走，想把耽误了的时间补回来。

严玉成反而拉住了牛黄顺，不慌不忙地对他说："黄顺，你不要着急，我知道一个地方有条小路，以前去县农民协会开会时走过，是条捷径，可以省十几里地，我带你走那里吧。"

牛黄顺说："你早说嘛。那你在前面带路，赶紧走吧。"他停了停，又说："你一向做事很遵守时间，今天却耽搁了有二十几分钟，怎么弄的？"

严玉成说："临行前我与我们下龙乡的支部书记萧中鼎聊了一下。快要离开这里啦，总要与自己的多年搭档交代几句吧。"

牛黄顺一怔，看着严玉成说："萧中鼎不是调到区委，任茅坪区委书记了吗？"

严玉成笑道："是啊。咦，黄顺，你都是调走了的人，怎么消息得到的还是这么快？"

牛黄顺也笑着说道："他不是和我的表妹施秀兰正谈着感情吗，我时常听家里人说起他。"

严玉成"哦"了一声："原来施秀兰是你表妹呀？你早说嘛！你觉得中鼎与你表妹的感情能成吗？该不会因为其他的因素闹掰了吧？"

牛黄顺笑了笑，说："你说的其他因素是指什么因素？若是指我表妹她

妈的因素,她妈是不会横加阻拦的;若是指中鼎他妈刘大婶的因素,刘大婶也只是一时挑三拣四而已,最终是不会阻拦他俩谈感情的。在乡下,要找我表妹这样的姑娘可得排队,找着的是不会舍得放手的。"

严玉成背着背包领着牛黄顺在小道上走着,听了这话很是高兴,为自己对这事分析判断正确而开心。

牛黄顺紧紧跟着严玉成在山路上跳跃着。他走在背后,见严玉成不吭声,便用手戳了戳他的背包,问道:"怎么不说话啦,是我哪里说错了吗?"

严玉成摇摇头,没有说话,顺手从路边的树上摘了一片树叶,放在嘴里吹起了《国际歌》。悠扬清脆的歌声在山谷中回应,牛黄顺被糊弄得一怔一怔的,不知严玉成心里想表达的是什么意思。

牛黄顺也不去问他,下意识地从严玉成经过的树上也摘下了一片树叶,轻轻地放在嘴里,跟着严玉成的节奏也吹起了《国际歌》。两个人吹奏的声音洪亮清脆,在山谷里久久地回荡。

141

天气已经阴冷了好些日子,太阳光若隐若现地藏掖着。刘大婶扭扭捏捏地走了出去,打开了院墙门,把张红怡和罗大嫂迎进屋里。

这是一间稍显宽敞且收拾得十分干净的房子。厅堂上一张方桌干干净净,几张凳子井井有条,门框虽有点陈旧却也抹得十分洁净。

刘大婶请张红怡和罗大嫂在靠方桌的地方坐下,接着走到靠大门的三角柜边拿了两只木器碗,斟了两碗热水递给了她俩,嘴里似笑非笑地说道:"没想到县里的领导还会到乡下来看望我们。"顿了一下,又快口地说道:"大老远地来,想必有什么工作需要我们配合。你俩只管吩咐,我也是下龙乡妇救会的人,不会落后别人的。"

罗大嫂想了一下,微笑着对她说道:"都是左乡右村的,低头不见抬头见。就像三月里的芥菜,早有心来坐坐的,一直没逮着机会,今天终于来啦。"

第二十七章 ★ 质询

张红怡站起来看了看厨房和院落，四下环顾了一下，赞许地点了点头，然后问道："萧忠义萧队长呢？"

刘大婶有点口是心非地说："不久前还看到他，这会……这会不知去冲锋队了没有。他呀，天天拿着个大马刀舞来舞去的，不管他啦。"

张红怡一眼看见了凳子上的针线活，惊讶地说："刘大婶，你的针线活做得挺美观啊。"随即又自贬道，"可惜我还没学会针线活，什么都是我妈代劳，不用我动手。时间长了，我什么也没学会。"说着抬起头来，对刘大婶半开玩笑半认真地说："等打下了吉安城，工作不用那么忙的时候，大婶教我针线活吧。"

刘大婶一副欣欣然的样子："可以啊。"她看着张红怡被磨得略显粗糙的手指，怜惜地拉过来放在自己手心里抚摸着，说："可就是你们整天工作，只关注打仗。"说着她情绪有点激动了，"中鼎他爸爸……忠义他也是……"

张红怡微笑着说："不关注打仗不行，只有打下了吉安城，我们才能买到盐、买到布、买到生活日用品，忠义叔与我们的心情是一样的，他毕竟是参加过北伐的老兵。"

刘大婶轻轻抚摸了一下自己的鬓发，无限感慨地望着张红怡，望着罗大嫂，认认真真地说："咳，光阴似箭，鬓发催人，二十几年前嫁给他，一晃眼就老态龙钟了，连中鼎都二十多岁啦。"

罗大嫂向刘大婶点了点头，深情地说："真是岁月不饶人呵！不过，你刘大婶是值得欢喜和骄傲的，中鼎都已经是茅坪区委书记啦！都长大成一方领导啦！这是件值得让人笑逐颜开的大事。也不知哪家姑娘有福分嫁到你家，成为你的儿媳妇。"

张红怡望着刘大婶，暗示地说："虎父无犬子，慈母多慈儿，以忠义叔的虎气、霸气、男子汉气，想来中鼎会是一个'青出于蓝胜于蓝'，能独挑重担的区委书记！"

第二十八章

对象

142

"忠义呀……当年若不是牵挂我和中鼎母子俩,"刘大婶望了望张红怡,摆了摆手,说,"借着脚负伤的理由回来,他现在也是带兵的领导了。张主任呀……"刘大婶说着欲言又止。

"怎么呢,你说,不需要吞吞吐吐的。"张红怡爽快地说道。

"也不知道当说不?听说中鼎跟秀兰这俩孩子整天粘在一起,中鼎性格内向、做事低调,秀兰性格爱出风头,做事老像男孩子一样。"刘大婶倒是先提起了茶壶盖子,直接明了地说道起了萧中鼎和施秀兰的事情。

"各人的看法、感觉不同。难道一个党员干部该要做的工作不去做,只退缩在群众的后头?那么群众又会怎么看她呢?"罗大嫂插话道。

张红怡一副羡慕的样子说道:"像秀兰这样的姑娘多少人抢着追呢!听说调到红一军团第四军工作的几个小伙都在向秀兰发起'进攻',其中一个曾经就是茅坪区政府的人。他说他若追到秀兰,就把她调到第四军去,这样两人就可以天天在一起了。"

"那可不行,她是有对象有婆家的人,怎么可以接受别人的追求呢?"刘大婶一听惊得跳了起来,紧张地抓住了张红怡的手。

"没有婆家呀。听说她与她对象分了手,就是被她对象的妈妈拆散的。几个小伙听说她没有对象了,那可是高兴坏啦,正想方设法追求她。别说呢,看情形茅坪区政府的那位小伙最有希望。"张红怡摇了摇头,故

第二十八章 ★ 对象

意慢悠悠地说道,"中鼎这孩子呀,现在是茅坪区委书记了,他爸爸忠义同志是参加过北伐的老兵,你又是下龙乡妇救会的骨干,遇到这么好的姑娘怎么不去追,反被外面的小伙追走了呢?可惜肥水流了外人田!以后在茅坪区再要找这么让人嫉妒的姑娘,可就找不到啦。谁家这么有福气能娶到她呢?"

刘大婶激动地松开了张红怡的手,急急地说:"张主任,你可能不清楚,秀兰这孩子还在和中鼎谈着对象呢,我也是很赞成的,怎么可能让别的小伙抢走她呢?这个是不可以的,做什么事都有个先来后到。"

"是吗?"张红怡装出一副吃惊的样子,"哎呀,你同意啦?幸好今天听到你这么说,第四军那个小伙的妈妈认识我家里的那位,还托他请我出面说一说,做个媒,说她看中了秀兰这姑娘呢。我还答应了人家,准备去秀兰家问问呢。"

"你不能这样做。秀兰这孩子有婆家的了,不会接受别的人家了。你是县妇救会主任,做好事要先了解情况。秀兰是有婆家了的,你就不能拆散人家。这些日子,我们正在考虑着他俩结婚的事呢。"刘大婶情绪激动地说。

"呵,还有这样的事,我怎么一点都没有听说?"张红怡故意装作惊讶的样子看着刘大婶,"看来,我一回去就要推了这单人情。"

刘大婶斩钉截铁地说:"这个事罗大嫂也是知道的,罗大嫂可以作证的。"

张红怡扭头看着罗大嫂,问:"是真的?秀兰也都答应啦?"

罗大嫂站起来说:"秀兰这孩子是真的不错,萧队长和萧嫂一直挺喜欢这孩子的,秀兰和中鼎一直在谈着,双方家长一直也挺赞成。近些日子家长们正张罗着等打下吉安城,在吉安城扯块花布,准备结婚时用呢。"

刘大婶应声说:"对!对!对!确实是这样的,张主任,你千万别好心干了件不好的事。"

张红怡舒了口气说:"啊,那这事我得赶紧回复我家里的那位,让他明确告诉那个小伙的妈妈,说人家秀兰有对象有婆家啦,别惦记这有主的姑娘啦。"张红怡心情愉悦,眼里闪射出一种胜利和希望的光芒。

143

这天,萧中鼎在茅坪区蓝田乡检查完工作回到了茅坪区委,感觉有点累,便躺在床上睡一觉。睡到中途,朦朦胧胧中听到房外喧喧闹闹的。他起身打开窗户一看,远远的有一群男男女女一路唱着山歌,推着独轮车或大板车在拉粮食,也有的在挑粮食。

原来,这些粮食是根据赣西南特委的通知储备的,准备统一拉到区苏维埃政府的仓库里集中,然而由各区苏维埃政府组织的粮食队一起运到前线去,供攻取吉安城的部队的战士们吃。

萧中鼎拿起椅子上的衣服穿上,匆匆地洗了把脸,拉开门便往外走,他想看看这些粮食队是哪个乡的。

只见茅坪区苏维埃政府的门口,下龙乡苏维埃政府主席施秀兰带着一帮男女老少,正在一麻袋一麻袋地搬着粮食,往苏维埃政府的仓库和办公室里堆放。

他们嬉笑着从独轮车或板车上搬下粮包,扛在背上,搬进了苏维埃政府的仓库和办公室里。只听进进出出背粮包的人群中不断地发出笑声,显得是那样的爽朗乐观。

一个妇女同志说道:"这些粮食,够攻打吉安城的部队吃吧?"

另一个妇女同志回答道:"怎么不够吃?还有其他苏维埃政府也在往'攻打吉安城'粮食处送粮食,可不止我们一个乡,你瞎操心什么?"

只见茅坪区苏维埃政府房子四周的墙上,到处张贴着"打进吉安城,消灭一切反动势力""打进吉安城,扩大工农赤卫军武装""夺取吉安城,彻底分配土地""夺取吉安城,建立强大的赣西南苏维埃政府""夺取吉安城,拥护男女结婚离婚绝对自由"等标语。

在搬运粮食的人流中,下龙乡妇救会主任张玉英和下龙乡苏维埃政府主席施秀兰正兴高采烈地指挥着大家搬运粮包。

张玉英一抬头,看到萧中鼎在向她们这边招手。她赶紧用手肘碰了碰施秀兰,说:"施主席,你的那位出现啦,在向你招手呢。"

第二十八章 ★ 对象

144

中午，暖洋洋的太阳出来了，阳光把早上的阴霾一扫而尽。张红怡、罗大嫂笑容可掬地从刘大婶家的院墙里走出来。

刘大婶在后面相送，一直送到了院墙门口，还在不停地笑哈哈地说："两位姐妹慢走啊，下次有空欢迎再来呀。"张红怡、罗大嫂向刘大婶扬扬手，在乡村小路的拐角处不见啦。

全场的人都注意到了萧中鼎在招手。张玉英看了看四周，对施秀兰说："施主席，你还是赶紧过去吧，这里的任务有我在呢。你再不去，大家都要注意到你啦。萧书记是个很好的人，他对你也是真心的，你别碍着这面子啦，过去与他好好地谈谈吧。"

施秀兰低低地喘着气，或许是被张玉英说动了心，她便将手里背粮食的坎巾塞给了张玉英，转身向萧中鼎跑去。

萧中鼎用手擦着眼睛，红着脸轻轻地对施秀兰说："我向你挥了好一会儿的手了，你怎么这么久才看见？"

施秀兰汗流满面地回道："我干嘛要看见？都忙着呢，谁还顾得上看大书记挥手呀？"

两人没有再说话，都低着头往前走，萧中鼎在前，施秀兰在后，不知不觉走回到了萧中鼎的房间。他打开了门，走进屋，像是想起了什么，随即问施秀兰："你吃过中午餐了么？"

"没有，天还没有亮就领着大伙搬运粮食过来了。一路上紧赶慢赶，连水都没顾得上喝一口，还中午餐，三餐并一餐吃都已经习惯啦！谁能像你一样这么悠闲，还顾得上吃中午餐？"施秀兰故意冷淡地说。

"我也是刚从蓝天乡检查完工作回来。正好，我也没有吃中午餐，我俩一起吃吧。"说着萧中鼎倒了杯热水递给了她。

"不用啦！我们每个人都带了中午餐，萧大书记的中午餐留着自己吃吧。"施秀兰接过萧中鼎递来的热水，没有喝，直接放在了桌上，接着转身便要走。

萧中鼎赶紧拉住了她，说："你知道吗？秀兰，县妇救会主任张红怡和区妇救会主任罗大嫂找我妈谈过了，我妈同意了我俩的事。我妈说，当初是她耳根子软，做了件错事，现在她认识到了自己的错误，不再反对我俩的事啦。"萧中鼎激动地说。

"同意了我俩什么事呀？我不知道。"施秀兰听了心中一喜，但脸上却依然装出一副莫名其妙的样子。

萧中鼎一听急了，忙道："我俩的婚事呀！你怎么忘啦？当初在干部学校，你是怎么答应我的？"

"忘了……我答应你什么了？我想不起来了，也不想去想。"施秀兰脸上还在冒汗，几个汗滴莹莹地从她的脸颊上淌了下来。

萧中鼎拿出手巾帮她拭去了脸上的汗滴，紧张地说："你千万别想不起来，不然我怎么办！你知道的，我一直……一直是……一直是很喜欢你的。"说着他突然抓住她的双手，急迫地说："秀兰，你不可以想不起来……我……我这辈子可是离不开你的！"

145

萧中鼎紧紧地抓着施秀兰的手，身体中一颗躁动的心跳个不停。他的眼前又浮现出几年前自己和施秀兰在赣西农民协会干部学校学习时的情景。

那时赣西特委还没有解散，赣西南特委也还没有成立，赣西特委书记还是冯任。萧中鼎和施秀兰得到了万安县委书记张世熙的赏识，推荐他俩去了赣西农民协会干部学校学习，学习时间三个月。

在赣西农民协会干部学校学习班中，有一个来自吉水县的学员，名叫蒋荣安，是个地主家庭出身的纨绔子弟。在干部学校里，蒋荣安很喜欢施秀兰，下课之后或是休息时间里总喜欢往施秀兰身上凑，有事没事在她面前献殷勤。施秀兰出于礼貌，起初还搭理他，后来看他做人做事好有心计，对他有些厌恶，逐渐地就不再搭理他。

从她与蒋荣安一认识起，她就知道他想追求她，但她不喜欢他，在干部学校里她与他之间的关系是比较恶劣的。他每次向她献殷勤时，她都明

第二十八章 ★ 对象

确地拒绝了。

干部班三个月的学习很快就要过完了，施秀兰被分配到吉水县妇救会工作。萧中鼎本来也是分配到吉水县工作的，但万安县委要求赣西农民协会干部学校好歹要还给县里一个干部指标，于是萧中鼎才临时被分配回了万安，在万安县农民协会工作。

施秀兰被分配到吉水县妇救会后，做着与发展党员有关的组织工作。然而她的心情却时常有点郁闷，有时莫名地有点忧郁。

追求她的蒋荣安从干部学校毕业后，本来被分配到峡江总工会工作，但是他不愿意，向组织上要求要调回吉水县。上级领导看他工作时情绪也不甚稳定，只好同意了他的要求，把他调回到了吉水县。于是，蒋荣安重新回到了吉水县农民协会工作。

调回来吉水县工作的第一天，他就去了吉水县妇救会找施秀兰。一见面，他便对她说出很多难听的话来，甚至还对她动手动脚。施秀兰很是生气，严厉地斥责了他。

蒋荣安有点气急，他不管施秀兰下到哪个区、哪个乡的妇救会去检查工作，他都有办法从组织上打听到，且一路寻迹到那里纠缠她。

即使施秀兰在田野里与妇救会的人开着会，他也能找到她。他常常以她的对象自居，不准任何男同志与她接近或在工作中与她来往。发现了谁与她来往，他转身就动手打人家。有一次事情还闹得挺大，闹到了吉水县农民协会去。

施秀兰驳斥蒋荣安野蛮不讲理，质问他有什么资格这样做。蒋荣安恼羞成怒，抬手便打施秀兰，还撕烂了她的衣服，抱着她想亲吻她。

若在田野里，她与区里和乡里妇救会的人谈着工作不理睬他，他还会撕烂她的工作记录本。她反抗他，他则毫不留情地用暴力对付她，并要她跪下向他求饶，要她答应与他的婚事。区里和乡里妇救会的人上前劝解，结果他把劝解的人也打了一顿。

施秀兰对蒋荣安的态度从来就是不肯低头，也从来不肯说求饶的话，甚至有点蔑视他。她对这个追求自己的纨绔子弟始终予以坚决的回击，但她一个弱女子怎么打得过这种混进了农民协会队伍里的纨绔子弟呢？在家里她是独生女，自小像公主一般被父亲母亲宠爱着，父亲又懂点中医不时给人家看看病，家庭经济有点收入，她几时见过这样野蛮的农民协会干部？但是她孤身在吉水县妇救会工作，举目无亲，面对这个自私自利且暴力的蒋荣安，她也不知找谁求助。

她两次被蒋荣安打得在医疗诊所里住了院。有一次吉水县妇救会主任罗岚闻讯到诊所里来看她，她躺在病床上正向罗岚主任报告，突然外面又传来了地主豪绅还乡团来偷袭的消息。罗岚只好带着人抬着施秀兰转移，结果地主豪绅还乡团把在街上晃荡的蒋荣安给抓住了。

146

不知为什么，过了两天蒋荣安又被放回来了。中共吉水县委指示县委敌工科科长陶析木到医院去看望施秀兰，了解她被县农民协会蒋荣安打伤的事。陶析木又找到蒋荣安，当面了解他被地主豪绅还乡团抓走两天又被放回来是怎么回事，蒋荣安说自己是逃回来的。

这时赣西赤色区域四处在打仗，敌人到处围剿赣西农民协会和农民赤卫队，陶析木询问完蒋荣安就回县委报告了。由于战争环境的原因，吉水县委也没有从根本上解决问题，只是把施秀兰转到特委的秘密医院继续治疗。

这个蒋荣安就更加得意起来了，他有个舅舅叫罗小龙，是吉水县总工会委员长。传闻这个罗小龙参加革命工作比较早，对工作上作出的决定一向也是我行我素，甚至也不把吉水县委书记的指示放在眼里。

萧中鼎随万安县苏维埃政府主席刘光万到赣西特委汇报工作，听到施秀兰被蒋荣安打伤了，正在特委的秘密医院治疗，他就去医院看望她。施秀兰以前对萧中鼎的态度一直很好，在农民协会干部学校毕业前夕还送过一支钢笔给他。他在工作中写东西，用的一直是她送的钢笔。从农民协会干部学校毕业后，两人各奔东西，艰苦环境下他虽与她没有来往，但一直默默地关注着她。

那次萧中鼎来到医院看望施秀兰，听了她的哭泣叙述，他气愤不已，就坚持着跑了一趟特委，向特委书记冯任告了蒋荣安一状。时任赣西特委

第二十八章 ★ 对象

书记冯任接到了他的告状，同时命令赣西特委敌工科科长萧文昌汇合吉水县委敌工科科长陶析木对吉水县农民协会蒋荣安的问题进行彻查。

吉水县妇救会罗岚主任担心事情闹大，便找到吉水县总工会委员长罗小龙，向他讲了他外甥暴力倾向的问题，转告了他外甥对施秀兰的种种狭隘和自私自利的行为，希望做舅舅的罗小龙能管管他外甥。

罗岚从革命同志的角度，虔诚地希望罗小龙能管管他的外甥。然而这个县总工会委员长罗小龙却嫌罗岚管得有点宽，他心里有一种拥有县总工会委员长权力的高高在上的优越感，同时流露出一种县妇救会并不能把他和他的外甥怎么样的思想。

施秀兰从特委的秘密医院出了院，见萧中鼎还在特委，便约他来特委妇救会办公室见个面。萧中鼎便找了两个特委警卫排的朋友与他一起过来，介绍他们与施秀兰认识，大家一起在妇救会谈着工作。

不料这时蒋荣安又找来了，他见施秀兰与三个男的有说有笑，便找了个由头与她吵了起来。施秀兰根本不理他，拿起工作笔记本便走开了，与他保持着相当的距离。

蒋荣安一下子便发怒了，他感觉施秀兰轻视自己。他当着萧中鼎的面又无所顾忌地动手打施秀兰，揪她的头发。施秀兰拼命反抗，丢掉笔记本用双手去抓他的脸。

萧中鼎面对如此放肆的蒋荣安忍无可忍，与赣西特委警卫排的两个同志上前对他毫不留情地拳打脚踢。

蒋荣安自恃自己是县农民协会的干部，舅舅是吉水县总工会委员长罗小龙，也不管三七二十一地对萧中鼎三人进行还击。他打不赢他们仨，就从腰上抽出盒子枪向两个警卫排的同志开枪，萧中鼎忙冲上去缴了他的枪。

147

子弹打偏了，两位警卫排的同志受了轻伤。蒋荣安的枪被萧中鼎给缴了，他解下了蒋荣安的腰带把他绑了起来。

施秀兰上前扶起地上两位受了伤的警卫排同志。这时，枪声惊动了特委书记冯任,他带着警卫排赶到了妇救会办公室。了解了情况之后,他让警卫排把蒋荣安先关押起来,把两个受伤的同志送去特委的秘密医院包扎。

正好赣西特委敌工科科长萧文昌和陶析木在吉水县调查完了蒋荣安的情况,正带着证据材料、押着他的舅舅罗小龙回到了赣西特委。两人向冯任报告说,蒋荣安以前被捕过,出卖了吉水县苏维埃政府主席和吉水县在吉安城区的地下组织,还计划在下周端午节的晚上带吉水县赤卫队的三个中队反水。

证据材料和证人证物件件俱在,而且幕后的指使人还是他的舅舅罗小龙。他与蒋荣安早就是同伙,一开始就是地主豪绅还乡团安插在中共吉水县委的卧底。

冯任看了这些材料,惊得头发根根竖起,命令立即提审蒋荣安。

蒋荣安看到萧文昌、陶析木和他的舅舅,一下子什么都明白了,嚣张的气焰全无,在冯任面前他什么都交代了。罗小龙气急败坏地大骂蒋荣安:"蠢猪!你这回可是坏了我的大事!"

这个时候有哨兵来报告,说敌人正分两路向特委杀过来了。

冯任拿着笔,在材料上作了批示。他对萧文昌和陶析木说:"情况紧急,时间也不允许开群众公审大会,你俩带着警卫排充当一回特委的行刑执法队,押着这两个人民的败类,立即执行枪毙,然后随特委一起掩护群众转移。"

萧文昌和陶析木把蒋荣安和罗小龙押到了后山,把他俩分别绑定在两棵树上。因为蒋荣安和罗小龙是吉水县委的人,萧文昌把执行枪毙的任务交给了陶析木。

陶析木沉思了一阵,坚决地向蒋荣安和罗小龙宣布:"经赣西特委书记批准,我代表赣西特委、赣西赤色区域人民和吉水县委及吉水赤色区域人民,对你们两个假意革命,混入我中共吉水县委多年的败类执行枪毙,立即执行。"随后举枪对他俩执行了枪决。

萧文昌带着陶析木和警卫排回特委向冯任复命,冯任正指挥特委机关工作人员撤退。

冯任难过地低头走着,突然站住了,倚靠在路边的一棵树上对萧文昌说：" 都是我的错，只顾得发展工农武装，忽视了一些地主豪绅的利益代理人。他们借革命的名义混进了我们的革命队伍，差点给我们的革命队伍造成了很大损失，我要作自我检讨。"

148

鉴于这次事故的教训，冯任准备在赣西特委机关稳定下来后，腾出手来在赣西赤色区域搞一次干部成分和成色的全面清理和审查工作。但工作还没来得及进行，冯任就接到了中共江西省委的指示，被紧急调去了省委工作。

惊喜的是，在冯任调任省委工作之前，在冯任的指示下施秀兰重新调回到了万安工作，并由来赣西特委汇报工作的万安县苏维埃政府主席刘光万一路顺便护送回来。

施秀兰回到了万安，刘光万把她分配在万安县妇救会工作。让人不解的是，萧中鼎回到万安后却没有留在万安农民协会继续工作，第二天便被组织抽调到茅坪区农民协会去了。

茅坪区的干部满编，但下龙乡缺个支部书记，而萧中鼎上过赣西农民协会干部学校，于是就由茅坪区农民协会主席萧祖耀提名，把他下派到下龙乡担任支部书记。

这边厢施秀兰也不想在县妇救会工作，她找到了县苏维埃政府主席刘光万，申请把自己下放到茅坪区妇救会工作，刘光万同意了。就这样，施秀兰也来到了茅坪区妇救会。正巧下龙乡缺个妇救会主任，工作一直开展不起来，萧祖耀就做了回好人，把施秀兰派到了下龙乡妇救会当主任。

149

在施秀兰的积极带动下，下龙乡的各项工作都有了起色，萧中鼎和施秀兰都成了万安县委的先进模范。两人在工作中互相接触互相支持，自然地谈起了感情，就等着定个日子吃喜糖了。

人人都以为，这两人的事是顺理成章的。不料萧中鼎的妈妈刘大婶知道之后坚决不答应，说施秀兰太好强。刘大婶这样一闹，把施秀兰从惘惘然的境界中惊醒过来。她立刻主动不与萧中鼎来往了。刘大婶的举止立场引得萧忠义心里也有不满，但他说服不了刘大婶。刘大婶这样阻止萧中鼎与施秀兰的来往，自然也就影响了他们两人的工作。

这事发酵了几天，不等施秀兰反映什么，县妇救会主任张红怡便先安排了下来茅坪区检查工作。

萧中鼎的爸爸萧忠义听到这个事，觉得让组织上去管一管可能效果会更好。于是就暗中使劲，请张红怡和罗大嫂出面来找刘大婶谈一谈，张红怡和罗大嫂满口答应。

张红怡和罗大嫂果真上了门与刘大婶谈话。在她俩的一唱一和之下，刘大婶思想有了转变。刘大婶表示，这个事过去她是一时思想认识糊涂，这是她的错误，表示从即日起不会再反对萧中鼎与施秀兰的婚事。

施秀兰用力甩开萧中鼎的双手，拿开他的手巾，没好声气地说："你这辈子都离不开我？你别说得这么好听，你妈随便一句话，就会让你乖乖地调头，我还不知道你。咱俩早就不可能啦。"

一句话把萧中鼎从沉思中惊醒过来，他赶紧说："秀兰，我向你发誓，从今以后如果我骗了你，欺骗了你的感情，我就是一只穿棉袄的小狗。"萧中鼎举起手来向她发誓道。

"谁信你的发誓，如果你发誓有用，吉安城早就攻下来啦，国民党反动派早就打跑啦，还要你我干什么革命？"施秀兰娇嗔了萧中鼎一句，心里的体己话又不知该怎么表达出来，只能极力镇定自己。她轻轻地摇了摇头说："你只会联合你妈来欺负我，以后若还是这样，我再也不理你了。"

萧中鼎认真地说："不会了，以后我一定听你的，你怎么说我怎么做，你要相信我才好。"

施秀兰数落了萧中鼎几句，又不想惹得他不高兴，于是按捺下了心里的一口气，似信非信地轻轻说道："那么，你以后打算怎么做呢？"

"与你结婚！与你一起生一大堆胖小子，让他们快快长大，也好参加革命。这样，一旦哪天我们为党光荣了，他们也好继承我们的事业，继续完成我们未做完的工作……"萧中鼎一番话脱口而出，他的话还没有说完，施秀兰忙伸出手用力捂住了他的嘴，阻止他口无遮拦地说话。

"一张乌鸦嘴，讲话都不会讲。"施秀兰平常做事并不迷信，对他说的话虽不避忌，但听了心中却是又好笑又好气。她只好来个老鼠偷浆糊——赶紧用手糊住他的嘴，后面的话不让他再说下去了。

萧中鼎看到施秀兰这个动作，知道她已经原谅自己了。他高兴得有点无法克制自己，心情禁不住明亮起来。

施秀兰自己因为与萧中鼎和好如初，心情也振奋起来，她高兴地把自己的身体略微地挨近了他。

150

只见施秀兰用那双因干活而粗糙的手，时而摸摸自己脑后那扎得蓬松的马尾巴辫，时而又把马尾巴辫拉扯到自己的额前，用手把玩着，让毛发在额前打圈圈。她那透着红晕的瓜子脸，在一双水灵且有神的眼睛的点缀下，显得甚是好看，委实美丽动人。

萧中鼎充满爱意地看着她，心理像吃了蜜糖一样甜。

这时，有人来到门口，用力在门上敲了几下。萧中鼎回过神站了起来，很快走到门口，把门打开了一点。他一手扶门一手扶墙，把头探出去张望。

"萧书记，粮食搬完啦，手续也办完啦，张玉英主任让我来问问施主席……"门外是一个年轻的姑娘，见到了萧中鼎，不知是因激动还是紧张，说话竟有点结巴起来。

施秀兰一听是找自己的，忙起身走到门旁，轻轻地对萧中鼎说："她们都在等我，我该走啦，有什么话以后再说吧。"她轻轻拿开萧中鼎的手，把门打开，带着意味深长的神情扭头看了他一眼，然后对那个姑娘说道："我们走吧！"说着两人快步地离去了。

萧中鼎默默地站在门口，一动不动地看着施秀兰，看着她走进运粮队伍里，带着运粮队拉着空独轮车和大板车渐渐远去，心中不禁涌出了一种似有千言万语仍未诉尽的惆怅。

萧中鼎在这工作事务日渐繁杂、攻打吉安城日渐临近的空隙，更加地思念施秀兰，期盼着能与她天天相见待在一起。但他与她只能彼此远远地相互牵挂，这种牵挂转换成了一种动力，推动他更加勤奋地进行工作，同时让他从心底里产生了一种祝福：祝福赣西南赤色区域的所有部队，赶紧行动起来，早日顺利把吉安城打下来，这样他就有时间与她天天在一起，这样他就可以减少自己对她的相思之苦了。

正是攻打吉安城前最忙碌的阶段，各区各乡的干部都充满了热情和干劲。这天，县委通讯员王以群通知萧中鼎到县委开会。他悄悄地准备好了替换的衣服，打好包袱，随着王以群赶往县委。一个多钟头以后，到了会议地点，有工作人员从隐蔽处走出来，领他进了一个秘密屋子。待到会议开始，萧中鼎才知道原赣西特委代理书记王百元失联了，刘士奇在新成立的赣西南特委领导班子选举大会上，当选为赣西南特委书记。然而，这个事是较早以前发生的事，为什么隔了这么久才向下面传达？萧中鼎有点想不明白。县委会议上，刘黎向全县干部传达了准备攻打吉安城的军事部署和经济、医疗、后勤保障工作要求，提醒各区区委书记要抓紧工作。

第二十九章

通知

151

一栋墙体坚固厚实的大楼，用当地盛产的石块和石岩砌成的楼门两侧竖立着两块烫银色的牌匾，大门左侧的牌匾上写着"国民革命军吉安卫戍司令部"，大门右侧的牌匾上写着"中华民国国民政府赣西南剿赤司令部"。牌匾前面是荷枪实弹、头戴青天白日徽章帽子的士兵，他们一动不动地站立两侧，在建筑雄浑的大楼的衬托下，他们身上笔挺的国民党军常服显得有点阴阳噬天。

这是赣西重城吉安城区国民党驻防吉安司令官邓英的司令部。

大楼里，穿着戎装的军官和持着枪支的士兵们不时地来往走动，厅堂里光线明亮，人声吵闹，无数人头在窗棂上移动。

赣西南剿赤总司令兼新编第十三师师长邓英穿着一身中将军官服，戴着军帽，威风八面地坐在宴席的主桌上。他因为端掉了反水的峡江县靖卫团、永新县靖卫团及破获共产党在吉安城区的地下组织有功，国民党江西省政府主席鲁涤平经报请南京，赏了他中将军衔，这个"功劳"本来应归属于成光耀，但被手眼通南京的邓英捡了个便宜。现在邓英坐在庆贺晋衔的酒宴上，满脸通红，满心欢喜。

他端起王劲修团长敬给他的一杯红酒，一副居高临下的派头。他向在座的众军官扫了一眼，说道："都是自己的同仁幕僚，我接受兄弟们的祝贺，大家同喜同贺，与我共饮此杯！"他一仰脖子把杯里的红酒灌下了肚。

坐在邓英对面的李坤团长站了起来，给自己的杯子里满满地斟上了红酒，恭谨慎微地端起来，对邓英说："师座这次荣获南京国防部和省政府鲁主席的嘉奖，也是我们做部下的光荣。这次端掉反水的峡江县靖卫团、永新县靖卫团，破获共匪在吉安城区的整个地下组织，足使这些赤匪丧心怯胆，同时也为我们新编第十三师大大地长了脸。我们能有这样的师座，清剿赣西南赤匪老巢、活捉刘士奇和曾山将为期不远矣，这真是我们新编第十三师之幸啊！来，师座，我敬你一杯，祝你旗开得胜，前途远大，一马平川！"

李坤话音刚落，身穿笔挺军官服的王锦文团长赶忙接下了李坤的话："这次端掉了反水的峡江县靖卫团、永新县靖卫团，师座真是决胜于千里之外，算无遗策，属下实在佩服得五体投地……我也敬师座一杯，祝贺师座荣升！"

一片嘈杂的阿谀奉承声在厅堂的每张桌上传递了起来。

邓英毫无顾忌地把酒接了过去，一仰脸把杯里的酒灌进了喉咙。南京国防部和江西省政府主席的隆重嘉奖，已然使这位手上沾满了共产党人和革命群众的鲜血的师座兴奋得分不出东南西北了。加上酒精和不绝的马屁话的共同作用，他的头脑更加发热忘乎所以起来。他似乎真切地认为，现在他已经是运筹帷幄、用兵如神的将军，以至于以前在革命群众和英勇红军面前的损兵折将好像都与他无关了。不久的将来，那直捣陂头赣西南特委、活捉刘士奇和曾山的盖世之功，不属于他邓英，还能属于谁呢？

"诸位同仁幕僚过誉啦！"他按着军界的习惯谦虚了几句，但也丝毫不掩饰他的趾高气扬，"兄弟早就对诸君说过，赤匪都不过是泥腿子出身，有几个会懂得打仗？过去他们之所以能闹腾得厉害，不过是那些地方党部和领兵的主官太慈悯啦，把他们放纵啦！现在，我这里不是夸夸其谈：三个月之后，我定当请诸君在南昌滕王阁酒楼痛饮一顿！"

厅堂里起了一阵叫好和窃窃私语相杂的声音，显然有些下级军官觉得邓英的这个话说得有点大了。可是邓英却一点都没有觉察出来，他继续口若悬河："就拿峡江县靖卫队、永新县靖卫队之反水来说，若非我向朱耀华第五十四旅递送情报，帮他出谋划策，他先下手为强突然缴了两个靖卫队上千人的械，否则他能获得上峰的嘉奖？哈哈……"邓英洋洋得意。

第二十九章 ★ 通知

一个副官模样的军官情不自禁地插话，纠正邓英的说法："啊，师座，峡江县靖卫队、永新县靖卫队总共才四百多人……"

"柳副官，你知道多少？"邓英知道自己说漏了嘴，脸一板，拍了一下桌子，"足有一千人！"

柳副官猛然醒悟，用手一拍脑袋说："哦，哦，对，对！师座好记性。真该死，我这记忆让老妈给抽走啦。一千人，真是一千人。诸位，这两个靖卫队要投靠赤匪的情报，是师座让我递送的，朱耀华旅长起初还不相信呢。"

"对的！朱耀华最后还是采信了我的情报。"邓英春风得意地点了点头，"峡江县靖卫队、永新县靖卫队拥有的一千人马全部被缴械，只走脱了吉安县靖卫队，让罗炳辉抢先投了赤匪。"

"师座真是神机妙算，神鬼莫测。"

"我们新编第十三师有师座这样的长官，何愁赣西南赤匪们不灭？这真是我们新编第十三师之福，江西省政府之福啊。哈哈……"

李坤团长摸了摸后脑勺，半开玩笑半认真地说："师座现在成了省政府鲁主席的红人，可千万不要忘了提携一把部下们呀。哈哈……"

"那是当然，你们都是我的兄弟。"邓英把一块红烧排骨塞进了嘴里，"你们都是我的兄弟，战场上一起出生入死，怎么能忘记呢。哈哈哈……"

"哈哈哈……"厅堂里的军官们跟着大笑起来，他们拿起筷子往菜盘里夹菜，一时间笑声、语声、碰杯声此起彼伏。

一个值勤军官从厅堂外快步走进来，对邓英低声说道："报告师座，吉安城区靖卫团侦缉队队长向廷灏有紧急军务求见。"

"什么事？一个小小的城区靖卫团侦缉队队长，就敢往卫戍司令部里闯，有什么情况让他明天再来报告吧。"邓英不耐烦地向值勤军官摆了摆手，端起了酒杯。

"属下已经告诉了他，说师座正在宴客，可是那个侦缉队队长硬说军情很急，耽误不得。"值勤军官把嘴凑近邓英的耳朵，放低了声音，"似乎是陂头附近发现了朱毛红一军团主力。"

"啊？不是在闽西吗？"邓英被惊得一怔，连忙把已经递到嘴边的红

酒杯放回到桌子上,"放他进来,带他到书房等我,我马上过去。"

邓英向宴席上的军官们一拱手,说:"你们慢慢用,兄弟处理一点军务,失陪一会。"

"师座请便。"王劲修团长说道。

"师座先去忙。"王坤团长附和。

邓英匆匆地穿过厅堂,向厅堂侧面的房间走去。国民党的军官们都从自己的座位上站了起来,恭敬地屈身相送,直到邓英进了侧房,他们才重新坐下来继续喝酒碰杯夹菜。

152

邓英的书房。

吉安城区靖卫团侦缉队队长向廷灏正点头哈腰地向邓英报告:"……刚刚接到货郎探子苏坯垛的报告:在共匪赣西南特委的后院富田村附近,发现了朱毛红一军团的主力,好像从闽西回到了富田,还发现投了共匪的罗炳辉的吉安县靖卫队,他在共匪那边的部队番号是'江西红军独立五团'……"

"有多少人?"邓英紧张地问。

"大约有两三千人的样子。"向廷灏回答道。

"两……三千人?"邓英的神情顿时紧张起来,有点颤抖地说,"有这么多?真的是从闽西回来的朱毛红一军团主力,他们才攻打过长沙城不久,聚集在富田村又想干什么?"

"据货郎探子苏坯垛报告,说有要攻打我们吉安城的架势。"向廷灏不敢隐瞒。

"什么?两三千人也想攻打我们吉安城?"邓英哈哈大笑起来,"我这里除了靖卫团、警察局、还乡团,还有一个新编第十三师,装备精良,他们不会是飞蛾赴火自己活腻歪了吧?我以为有什么吓唬人的军务呢,原来就凭他们这两三千人马,都是持梭镖、长矛、大刀,两个人共不到一支枪,就想进攻我的吉安城。向队长,你也未免太高看这帮赤匪的胆量了吧？"

向廷灏脸一红，喃喃地说："他们发起横狠来力量大得很，邓长官千万不可小瞧了这帮赤匪。听说这次赣西南特委刘士奇、曾山俩匪首，除了纠集了朱毛红一军团主力、罗炳辉独立五团之外，还引来了彭德怀、滕代远的红三军团，说不定这帮赤匪就是要攻打吉安城，以满足他们生活日用品的需要。"

向廷灏这句话倒是点醒了邓英，使他从半醉中稍微清醒了过来："既然这样，好吧，明天起你多派些侦缉队员出去，在富田村四处打探情况。一旦有什么动静，立即回来向我报告。"停顿了一下，他接着又补充了几句："如果发现确实是赤匪的部队要攻打吉安城，探明一下主要有哪些赤匪部队，及时直接报告给我。要是能抓住一两个赤匪头目，那就再好不过了，我们就能洞悉赤匪部队的真正战略意图。送到南昌城省政府主席鲁长官那里，就又能加官晋爵封赏我们呢。"

"是，邓长官。"向廷灏打躬作揖，哈巴狗似的向邓英说道，"我这就回去，布置下去。"

153

红一军团在毛委员和朱老总的率领下在万安县茅坪区夏露乡休整了两天，第三天天还没放亮，他们没有惊动任何老乡和当地组织，悄无声息地就离开了那里。他们走泰和县上模乡、冠朝乡，然后绕道沙村乡，来了一个长途奔袭，竟突然攻占了永丰县城。这个消息迅速传到了吉安城，一时间吓坏了邓英。邓英忙让部队加强戒备，并向南昌城鲁涤平告急。

红一军团在永丰县城待了两天，帮助中共永丰县委成立了县苏维埃政府，然后拔锚起航突然又到了吉安、永丰、兴国三县交界的富田村，偃旗息鼓休养起来。富田村是吉安县辖下的一个自然村，这里地势险要，赤色区域政权建立较早，群众革命基础较牢靠。

在富田村，毛委员听说江西省委巡视员江汉波也来到了这里，立刻叫作战科去后勤处申请了一瓶攻打永丰县城时缴获的酒，拿着它主动上门去拜访江汉波，与他沟通中央文件的指示精神，分析攻取吉安城和长沙城的利弊。

毛委员对江汉波说："长沙城城墙坚固，而且守军云集，红一军团和红三军团的几千人根本不足以攻取长沙城。我们按照中央文件的指示精神，还是积极地去攻打了长沙城，却是怎么也打不下来，可见长沙城里敌人部署的兵力雄厚。就算组织力量再去攻打长沙城，付出惨重代价攻下了，以我们的武器装备也难以坚守长沙城，反倒会陷入被围困的绝境。"

江汉波听了，一时也找不出理由反驳，心里虽不以为然，却也说不出驳斥的话来。

毛委员提高了声音，涨红了脸继续说："红一军团、红三军团的装备一向薄弱，应以机动灵活歼敌为宗旨，不应以攻占大城市长沙城为要旨，保存红军的军事实力是实现红军战略目标的基础。"

正是有这样鲜明的观点作指导，毛委员作为红一军团总前委总政治委员，当部队攻打长沙城受挫时，他立刻要求部队撤退下来，往闽西山区一带转移，伺机建立闽西赤色区域政权，发展壮大工农苏维埃力量，以图谋长远。

然而，江汉波一直也没有理解毛委员的做法，谈话起初甚至激烈反对，执意要再次攻打长沙城。毛委员在与江汉波的谈话中，又再一次分析了当下紧张的危机局势："我们红一军团、红三军团一共不过六千多人，装备就以以前缴获敌人的十几挺机枪为主，敌人的机枪数量是我们的五倍，还有飞机、大炮，我们怎么打得下长沙城？"

在毛委员苦口婆心的劝说下，江汉波最后终于同意了赣西南特委"先攻取吉安城，暂缓攻打长沙城，好好经营江西省"的战略调整。

154

毛委员又与朱老总商量，派了个叫陈启富的参谋赶到吉安陂头，联系了特委书记刘士奇、特委常委曾山，决定由赣西南特委出面向赣西南各赤色区域苏维埃政府、各地方红军部队、各赤色区域工农武装发出召开一次联席会议的通知。

赣西南特委随后发出通知,要求半个月后在赣西南特委所在地吉安县陂头村,召开一个由红一军团总前委总政治委员毛委员主持的联席会议。

会议主要议题是:一,研究赣西南赤色区域的党团政治任务和红军赤卫队行动方向;二,决定赣西南赤色区域工农武装的重组和整合。

赣西南特委下发的会议通知后面还附有赣西南特委和红一军团总前委联合签名的一个《通令》,内容如下:

中共赣西南特委和中国工农红军第一军团总前委
关于成立攻取吉安城总前委的通令
一九三〇年二月

中共江西省委为便于集中统一指挥赣西南赤色区域武装攻取吉安城起见,特决定将中国工农红军下之第四军总前委取消,改设红一军团总前委,以朱德为红一军团总前委总指挥、毛泽东为红一军团总前委总政治委员,所有第三、四、十二、二十、二十二等军及地方赤色武装,概归红一军团总前委总指挥朱德、总政治委员毛泽东指挥,除分令各军外,特此通令所属一体知照。

红一军团总前委总指挥 朱 德
总政治委员 毛泽东
赣西南特委书记 刘士奇

这个通令的及时出台,为规范红军党部和地方党部的关系,规范统一指导工农红军、领导赣西南赤色区域赤卫军武装攻取吉安城,以及工农红军以后的壮大发展奠定了政治基础。

这个通令在某种程度上明确了红一军团总前委与地方特委开联席会议的方式,为如何快速地解决工作中的疑难问题提出了新思路。总前委对特委以下级别可以直接地指导工作;特委对于纵队委以下级别也可以直接指导工作，但对超地方性的红军各纵队，特委不能完全束缚纵队委的行动。总前委若是以军为单位，派出去的巡视组与特委可以通过开联席会议的形式，解决地方党的行动与红军的行动不一致的问题，巡视组对特委以下级别可以行使指导的职责，以最大程度上实现党的目标利益。

这个通令，是被一串串让毛委员心头滴血的伤亡数字唤醒的：

由于江西省委巡视员江汉波之前要求攻打长沙城，不同意攻取吉安城，红一军团与红三军团按照江汉波传达的中央文件指示精神直接进攻了大城市长沙城。但敌人在长沙城早有防备，红一军团和红三军团虽然拥有一定实力，但是缺乏基本的攻坚武器，只能靠着战士们的勇武冲锋，以血肉之躯和高大的城墙碉堡硬拼。朱老总和毛委员每天得到的不是战事顺风顺水的进展，而是遭遇了攻打长沙城的挫败，损失惨重，最后只得带着伤痕累累的部队转移到了闽西休整。

155

自赣西特委书记刘士奇找到毛委员报告工作的那一夜起，毛委员心里就有了一个军改思路：一，决定成立红一军团总前委，取代红四军前委，统一领导江西红军和赣西南赤色区域工农武装，结束以前那种领导分散、各自为政的被动局面；二，将江西工农红军独立第二、三、四、五团，赣西游击第二大队和永新、莲花、宁冈等县赤卫队，合编组建为中国工农红军第六军；三，调第五军副军长黄公略任第六军军长，调赣西南特委书记刘士奇任第六军政治委员、陈毅任军委书记、毛泽覃任政治部主任、曾昭汉任参谋长；四，把赣西南特委和赣西南苏维埃政府及赣西南军事委员会总指挥部统一交给曾山打理，以便剔除不必要的人浮于事的情况。

为了届时能取得大多数干部代表的支持，毛委员预先打好了腹稿，并字斟句酌地与江西省委巡视员江汉波沟通："江巡视员一直是比较支持红四军前委的工作的，现在正式成立红一军团总前委，取代红四军前委的职责，也是一直得到你的关心的，我们也一直是在按《中央通告第四十九号》文件指示的方向行动的。不是我一看见你就要表扬你，我觉得你这次代表江西省委到赣西南赤色区域巡视,为各县赤色区域工农武装的快速发展提出了许多宝贵中肯的意见,我是看得出来的。"

江汉波说:"我仅是做了我自己该做的,谁让我是江西省委的巡视员呢!"

毛委员接着叹道:"说你你不要不高兴,你也要注意自己的身体,千万要注意休息。省委巡视员,你能力再怎么大,许多县乡苏维埃政府的群众工作你也不可能面面俱到的啊!只要大致方向把握住了,其他的具体工作措施的落实,你就大方地交给下面的同志去做,这样自己也可以不用这么累,可以变得清闲一些、轻松一点。"毛委员以一两句关心的话赢得了江汉波的好感,顿时提前获得了江汉波的支持。

156

安福县彭坊乡黄茶村景色宜人,随地可以见到柳树和松树杂生的丛林,这里距安福县城有六十公里。村口是一块平坦的草地,草地中间和四周间或卧着几块巨石,在附近繁茂的松树的映衬下显得格外幽清。

黄茶村地处山岭的怀抱,冬暖夏凉。它位于安福县西南方向,东接金田乡、洋门乡,南连永新县芦溪乡、象形乡,西接莲花县县境入口,北通洋溪乡、严田乡。

黄茶村西边有座山叫石门山,海拔有一千三百多米,处于安福县、永新县、莲花县三县交界的地方,素有"一山踏三县"之说。

山脚下有一条小溪,水流清澈。小溪北边有一座有三间房间的茅草屋,屋檐低矮,随便一个中等个子踮个脚尖就能触到。这座茅草屋就是中国工农红军第十二军军长伍中豪住的地方。

前段时间,伍中豪的第十二军游击在吉水县埠田乡,遭遇了江西保安第三团第二、第三中队,毫无征兆地与他们打了一仗,把敌人打溃散了,缴枪一百五十多支。然而,在这次战斗中军长伍中豪却负了伤,只好回到彭坊乡黄茶村住地养伤。

毛委员听到伍中豪在埠田乡与敌遭遇战中受了伤,在率领红一军团出发去攻打长沙城之前,专门跑到赣西南特委医院找到一位名叫傅连璋的医生，不管路远，也不顾小路崎岖，背着些补品和药品来到黄茶村给伍中豪诊断伤势。

傅连璋从药箱里掏出几样工具，对这些工具消了毒，把伍中豪伤口中的子弹取了出来，给他的伤口敷上了草药，并告诉毛委员，伍军长的伤势不碍事，毛委员这才松了一口气。

157

房东来看望伍中豪，与傅连璋交流起中草药的用法，傅连璋才知房东也是个懂医的行家。傅连璋就对毛委员说："毛委员，这家的房东可是个草药世家，有他帮忙专门看护伍军长，你大可以放心。"

傅连璋问房东："你懂这么多的中草药药方，愿不愿意到赣西南特委医院来工作？赣西南特委医院很需要你这样的中草药医生。"

房东是个孝子，他说："我走不开啊，家里有个九十岁的老娘，还有个六岁的孩子，都要我照顾，我哪里也去不成，只能安分地待在家。"

傅连璋听了房东的话很是理解他的心态，也就只好作罢，不再勉强他。

朱老总得知了伍中豪受伤的消息，托人搞到一条哈德门香烟，交给了毛委员，请他顺便捎给伍中豪，同时转达一下对他的关切之情。原来，伍中豪也是抽烟的，只不过烟瘾没有毛委员那么大。

伍中豪是湖南省耒阳县郊区伍家村人。自清朝康熙年间开始，伍姓在耒阳县城就是个望族，出过很多名人。朱老总的妻子伍若兰、杨至成的妻子伍道清，家也都在伍家村。

伍若兰和伍道清住九眼塘，伍中豪住晒背塘，仅隔一条伍家溪，都是同一个家族出身的。伍家溪上有一座可以两人并行的石拱桥，伍家溪南叫九眼塘，伍家溪北叫晒背塘，溪南和溪北合起来就叫伍家村。

小时候，伍中豪、伍若兰、伍道清经常在石拱桥上、在村外的原野里一起捉迷藏，还一起放牛，彼此的感情从小就很深。

1929年2月中旬，当伍若兰牺牲的消息传到伍中豪的耳朵里时，他难过得吃不下东西，还怕朱老总挺不住，于是带着难受的心情又去看望朱老总，给他安慰。

伍中豪生于1903年2月23日，上过私塾，也放过牛，从小喜欢学习。1922年秋天，他考入北京大学国文学院，认识了革命理论的先驱李大钊，从他那里接触到了马克思主义思想，从此决定投笔从戎，后来报考了黄埔军校。

1925年伍中豪考入黄埔军校第四期，湖北人林彪恰好也考到这一期。伍中豪分在步兵科第一团八连，林彪分在步兵科第二团三连。黄埔军校自第四期起规定学员按成绩编队，伍中豪编在第一团属于军官团，林彪编在第二团属于预备军官团。

从黄埔军校毕业后，伍中豪在广州农民运动讲习所任军事教官。在许多个睡不着的夜晚，他与同样在广州农民运动讲习所的毛委员同床倾谈，两人都有说不完的憧憬，惺惺相惜，相互投缘。

1926年伍中豪去了武汉，在国民政府警卫团三营当连长。这一年爆发了北伐战争，他随即积极报名，申请加入到北伐的部队中，分在第十一军二十四师新编独立营任连长，时任二十四师师长是叶挺。

同年7月，他的黄埔军校同学林彪到了第四军二一五师七十三团，先后当了排长、连长，七十三团前身是叶挺独立团。

1927年，林彪参加了以周恩来、贺龙为首的前敌委员会领导的南昌起义，伍中豪参加了以毛委员为前委书记领导的湘赣边秋收起义。后来这两个起义都失败了，他们不约而同都上了井冈山。南昌起义的这部分部队被编为红四军二十八团，林彪任二十八团一营营长；秋收起义的这部分部队被编为三十一团，伍中豪任三十一团三营营长。

不久，林彪任二十八团团长，伍中豪任三十一团团长。后来两人又一同升为纵队司令，林彪为第一纵队司令，伍中豪为第三纵队司令。

1929年11月28日，在红四军第九次士兵代表大会上，伍中豪与林彪一起当选为红四军前委委员。同年，红军部队扩编，两人一同升为军长，伍中豪任红十二军军长，林彪任红四军军长。伍中豪很喜欢与林彪聊战争时局发展方面的事，因为通过聊天他可以从中受到一些启发。加上他与林彪又是同学，又同在井冈山毛委员的领导下，沟通起来比较容易。

伍中豪自投笔从戎那天起到担任红十二军军长,其间经历过诸多场恶仗和大仗,但都是有惊无险,没有负过伤。没有想到前不久在吉水县埠田乡与江西保安第三团第二、第三中队相遇,打了一场遭遇仗,弄得自己还挂了彩。好在没伤到要害,休息半个月或者二十来天就会恢复的,他也就只好停下来养伤了。

158

幸好房东是个中草药世家,在房东的精心护理下,过了半个月伍中豪的伤口渐渐地愈合了,于是他时常起床走动,有时还去帮助黄茶村农民协会丈量土地,一天丈量了几十亩。

那是很辛苦的工作,但他只要能够干活便心情舒畅,干得也很用心。等到房东对他说该换药了时,他总是有点不太愿意停下手中的活来换药,他认为自己的伤好得差不多了,但最终还是积极地配合房东换药。

伍中豪觉得自己的伤真的好了,没有必要再留在黄茶村,于是决定第二天回第十二军去。

特委交通员石世道恰好这时候来了黄茶村,以前他是一个星期来一趟,主要是来给伍中豪送文件的。这次耽搁了好几天才来,却不是来送机要文件,而是来送开会通知的。

通知中要求伍中豪在本周内赶到吉安陂头,参加由毛委员主持的赣西南各赤色区域苏维埃政府、地方红军部队、农民协会、农民赤卫队联席会议。

伍中豪看了看开会通知中的时间要求觉得不太对劲,还有两天就要开会了,现在才收到通知,已经耽误好几天时间了。

石世道解释说,之所以延迟了好几天,是因为他还到了其他县送通知,是最后转道来黄茶村的。

伍中豪与石世道经过一番交谈,得知毛委员和朱老总带着部队回来了,他心里感到很高兴,恨不得马上就见到毛委员。

关于怎样去吉安陂头,他已经有了自己的路线规划,并且也得到了交通员的认可，觉得这样安排线路既经济又节省时间。

伍中豪本来预备晚上就出发，尽早赶到吉安县陂头。不料傍晚时分下起了雨，那雨似乎没有停歇的意思。没有雨具，没办法出发，只好等到明天再动身。

159

正在焦虑不安之时，警卫班班长沈石溪却弄来了几个斗笠，拿到他面前说："估计明天也是下雨，通过黄茶村农民协会向群众买了几顶斗笠，以备不时之需。每个警卫战士都有一顶，交通员石世道同志也有一顶。"

伍中豪走到门口看了看天色，对石世道说："既然每个人都有了斗笠，那我们今晚就出发，早点赶到陂头吧，也好早点见到毛委员和朱老总。今晚就出发，也就不用忧虑在路上耽误了会期。"他沉默了一会，对沈石溪说："你通知下去，让警卫班准备一下，十五分钟后一起出发。"

沈石溪答应了一声，把斗笠戴在头上，冲进了雨雾里，去通知住在不远屋子里的警卫班。

160

乌云虽没有遮满天空，但安福县平都乡浮山村附近的良家山上已经是一片黑乎乎了。山上到处布满了松树和竹子，在滂沱大雨的世界里，山间小径变得有些漆黑阴沉。持续的骤雨中有时刺出一丝亮光，短短地闪照着黑沉沉的天空，从四面八方恐吓着山岭。

在交通员石世道的带路下，伍中豪领着一个警卫班冒着像黑幕一样浓密的雨雾出发了。在黑阴的小径上，在摔了无数次跟头以后，大家终于爬到了良家山山顶。没有谁会想到路这么黑这么难走，队伍里没有手电筒也没有火把。为了避免掉队或掉进崖沟坑里，伍中豪指挥大家手牵着手，静静地跟着交通员往前走。

伍中豪有点后悔，不应该为了赶时间不顾暴雨黑夜赶着去陂头，但是队伍出都出来了，也走了这么远，两头山路都是没有丁点光亮的，于是只能跟着交通员硬着头皮往前走。

"伍军长，干嘛一定要这么急着赶路，等雨停了明天天亮了再走，多好啊。现在到处是伸手不见五指，我们每往前迈一步都要凭感觉。这么瞎灯黑路的，万一碰到魑魅魍魉的国民党靖卫团，我们岂不是只有挨打的份？"警卫班班长沈石溪嘟嘟囔囔地一边走一边说。

交通员石世道在雨夜中回过身来，紧紧抓住沈石溪的左手，抚慰他说："沈班长，请你放心吧！只要有我老石在，一路上就不会有事的。来，把我的手抓紧一些，别松了手，以免掉队。"

听见警卫班班长沈石溪的嘟囔，伍中豪心中感到一阵愧疚，觉得都是自己为了赶时间，没顾上天气变化，没体谅战士们的心情感受，就独断专行提议出发。伍中豪闷着声慢慢地对沈石溪说道："这是我的错，这么急着赶路，害得同志们在泥泞的路中摔跤，在瓢泼的雨中淋湿了衣服。反正大家已经出来了，也走了这么远的山路，想折转回去也不可能啦，大家只有将错就错，跟着我坚持走完这趟路了！"

沈石溪听了伍中豪的这番话，也不好意思再说什么了。

片刻的沉默后，交通员石世道无可奈何地叹了口气，说道："都怪我，没有第一时间将会议通知送给伍军长，害得伍军长急着赶路。等以后我找了老婆，我要好好地请大家喝一杯，弥补一下我的过失，对不住大家了！"

沈石溪和警卫班的同志们都失声笑了，伍中豪也笑了起来。

第三十章

折翼

161

"我不是发牢骚,我是担心我们伍军长的安全,他的伤刚刚好利索,遇到这样的天气,碰到这般伸手不见五指的路况,路上若是发生点什么,我这个警卫班班长可就责任重大啦。"沈石溪有点不放心地解释道。

"沈班长,我向你们检讨,这次这样匆忙出门,确实是我考虑欠周到。不过你们不用担心我,我会照顾好自己的,你们也要看好自己脚下的路!现在你们不要与石世道同志说话,以免他分心分神,让他全心一意地给我们带路。"伍中豪含着笑宽慰着沈石溪。

"伍军长,这里的这条山路我都不知走过百十遍了,闭着眼走也不会迷路的,大家放心地跟着我走吧。"石世道自负地扭过头,在黑夜的雨雾里不时提醒同志们,"大家小心注意啦,这里有条较深的沟槽,脚下留点神,不要踏空了。"

沈石溪紧紧拉着石世道的手,深一脚浅一脚地跟着他的步伐。走着走着,他突然来了一句:"哎呀,大家停一下,我的鞋带子松啦。"

后面的人只好停下脚步,一个一个地传下去:"停一下,沈班长的鞋带子松啦。"

在黑暗中,沈石溪蹲下身子摸索着系好鞋带,然后重新抓住前面石世道和后面伍中豪的手,说了句:"可以走啦。"于是大家互相抓紧前后战友的手,又开始摸黑向前走。

"大家跟上！互相抓住手！不要掉队了！"伍中豪提醒大家道，声音一个连一个地传下去，过了沟槽的战士一个紧跟一个地继续往前走。

伍中豪戴着斗笠，摸着黑、冒着雨慢慢前行，有时前面的人的斗笠与后面的人的斗笠相互之间还会碰撞到。当他们走到一棵大枫树旁时，雨雾突然变小了，天色似乎不那么黑了。天空像决了天河堤一样，突然显现出了几道亮光。

他突然又想起了伍若兰和伍道清，小时候和她们在山上追野兔子，有时也是在暴雨后。伍若兰、伍道清和伍家村里的小伙伴们常常跟在他后面鼓噪着，要他抓住一只从草丛里突然窜出来的饥肠辘辘的兔子。

他虽然没有抓到过兔子，不曾满足他们的要求，也不好意思表露出抓不到兔子的颓态，脸上总是带着一丝欢喜。他现在想起来觉得自己小时候真是太笨了，连一只兔子也抓不住。尤其是后来伍若兰嫁给了朱老总，伍道清嫁给了杨至成，及至后来听到伍若兰突然牺牲的消息之后，他对小时候这段无忧无虑的光阴更是想念，每逢忆起，犹如发生在昨天。

162

一道闪电从乌云的深处射出，向大地发出翻腾的亮光。在亮光下，只见一片片苍翠的松林和竹林环绕着良家山山腰，黑压压的丛林黑影向远处延伸。在这瞬间亮光的照射下，被雨水打湿的松枝上的银针闪着晶莹的光，似乎是苍穹的一种沉吟。借着闪电的亮光，他们加快了前行的脚步。

良家山下，几家星星点点的农舍散落着，在多年来来去去燃烧的战火中，有些已倾斜倒塌，显得飘荡冷凄……大家好不容易走到山坡的一处洼地，朦胧间可见一座破败的有两间房的茅草房，里面透出一股千缕燃烧的光亮，传出一阵掷骰作乐的声音。

伍中豪带领着警卫班跟着交通员几乎是用跌跌撞撞的步子，凭借一种无比的毅力和耐性，从这幢孤寂房屋后的山坡上冲了下来。

殊不料，这房屋里面挤满了数十个东摆西歪、穿着雨具的国民党安福县靖卫团团丁。

第三十章 ★ 折翼

他们有的哈着两口热气,朝碗里掷着骰子,不断地吆喝着场中的人下注;有的手拿枪支,不时地透过门窗向着山道上观察,仿佛不想放过任何从山道上经过的人。

呼幺喝六的喧嚣中,一个抽着雪茄烟、戴着粗硕的大戒指、约么四十五岁年纪的胖矮子,不时地也凑到窗口上往外瞧一眼,似乎窥探到外面有了什么动静。他生着一个圆滚滚的头,长着一张秳辘似的脸,配着一双狡猾滴溜的眼睛,一副贼眉鼠眼的样子,他就是国民党安福县靖卫团团长罗汉苟。

外面杂乱的脚步声还惊动了茅草房里另一个胳膊短小、鼻子扁平、嘴唇窄窄的人,这个人就是罗汉苟的"军师"苏沾鹙,他好像随时随地都在捕杀着窗外的什么猎物似的。他推开窗子,借着乌云中偶尔闪射出来的亮光,打量着这支匆匆走过的疲惫不堪的人马,不禁惊慌失措地喊道:"赤匪……赤匪!团座,快来看,是伍中豪……是赤匪第十二军军长伍中豪!"

罗汉苟从腰间拔出一支短枪,忙跑近窗口,眺望着在墨黑树林里走过山坡去的人马,他举起短枪,向着一个穿着军装、戴着军帽、身上背着一支盒子炮、形态像个大官一样的人开枪。

罗汉苟看罢走过山坡的这支队伍,发现人数根本不多,就一个班的规模,便知道这是一个千载难逢的机会。他扭头朝人群中喊道:"弟兄们,赶紧操家伙,冲出去拦截住他们,是赤匪,是赤匪中的大官伍中豪,千万不要让他跑啦!"

苏沾鹙见罗汉苟二话不说就朝窗外的人群开枪,也就不敢怠慢,跟着举枪也朝窗外的人群射击。他的枪法似乎比罗汉苟的枪法还要厉害,一枪击中了一个黑影,只听这个黑影"哎哟"一声,一瘸一拐踉跄地挪动起来。

这边厢,艰难前行的队伍里有人松开了手,想拔枪向敌人还击。伍中豪赶紧制止了,他低声说:"敌人在屋子里情况不明,又是黑不隆咚的谁也看不清谁。大家不要还击,我们加快脚步,先走出良家山再说。"于是战士们手拉着手,两腿在泥泞中继续摸索着向前行进。

163

咋咋呼呼的靖卫团团丁们在靖卫团团长罗汉苟和"军师"苏沾鹜的催促下,争先恐后地从屋子里冲出来,一面向快捷前行的人影汹涌地开枪,一面紧赶慢赶地向前行的人影方向不停地追。靖卫团团丁们提着玻璃罩洋油灯,追赶的速度远比警卫班摸黑前行的速度快多了。不到十几分钟,伍中豪的队伍就被穷凶极恶的靖卫团追上了。

伍中豪命令警卫班的战士们松开手,一边撤退一边掏枪还击,想尽快利用地形甩开靖卫团。他一边反击一边对着沈石溪说:"良家山一带一直是安福县赤色区域的范围,为什么突然冒出了国民党靖卫团的人?难道是我们的行踪在哪个环节走漏了风声?"

沈石溪说:"伍军长,现在我不想与你讨论哪里走漏了风声,我的任务就是怎样保护你安全撤离这处险境。"他扭头催着石世道:"石交通员,你熟悉路程,你带老豹、花猫、雪鹰三个警卫战士保护伍军长快速撤离,我带着其他的警卫战士留下来阻击敌人。"在雨雾里,只见阵地后坡的路面上几十盏玻璃罩洋油灯正朝着他们的方向尾随追击。

石世道说:"好!沈班长,两个半时辰后,我们在平都乡五里岗土地庙里汇合。老豹、花猫、雪鹰,你们三个架着伍军长跟着我撤离!快!"只听三个警卫战士答应了一声,不由分说架着伍中豪的胳膊便快速地往平都乡五里岗方向撤离,石世道在前面开路。

这时天上的乌云散开了一点点,露出了一丝丝亮光,稀稀疏疏地照着这黑沉沉的山坡。

伍中豪挣扎着想留下来与沈石溪一起阻击敌人,无奈老豹、花猫一人抓住他一条胳膊,雪鹰在后面推着,他只得顺从地踟蹰往前走。他不放心沈石溪他们,对他喊着:"沈班长,你们也要注意安全,千万不要恋战,阻击得差不多时就赶紧过来汇合。"

沈石溪朝一个提洋油灯的靖卫团团丁开了一枪,对伍中豪回道:"知道了,伍军长,你们快点走,不要考虑我们,我们有办法的。"

罗汉苟不想到嘴的共产党大鱼溜掉,他挥动着短枪嚷嚷着:"弟兄们,快点追上他们，给我狠狠地打！这是赤匪第十二军的军长伍中豪，无论打死了还是捉活的，都重重地有赏！"

敌人在树杈上架起了机枪，密集的子弹擦着树梢飞到了警卫班战士们的身上，一下子多名战士倒下了。靖卫团又对打阻击的警卫班战士发起了冲锋，路的两翼下面都被靖卫团密集的子弹压制住了。沈石溪趴在泥地上不能动弹，敌人的子弹击中了他的左臂。借着夜幕下模糊的光亮，隐约可以看到鲜红的血把泥地上的雨水和泥巴都染红了。

一个警卫战士在微弱的光线下看到沈石溪的手负伤了，赶紧从怀里掏出一个急救包，想给他的胳膊包扎。沈石溪推开了这个警卫战士，对他说："不要管我的伤，看看伍军长他们走远了没有？"

这个警卫战士朝后面看了看，说："什么也看不见，应该早就走远了。"

沈石溪爬了起来，对战士们说："那好，我们往五里岗方向撤，去追赶伍军长他们。"

164

话音刚落，靖卫团在苏沾骜的指点下突然改变了打法，团丁们一起向沈石溪他们投出了一排手榴弹。在一片连续的爆炸声中，沈石溪和警卫班的战士们全部倒下了，没有了声音，斗笠都被撕裂成碎片，飞到空中，四散一地。

敌人扔出的是国民政府南京兵工厂生产的手榴弹，比赣西南赤色区域万安兵工厂生产的手榴弹威力何止是强大五倍十倍，警卫班的战士们顷刻间被团团爆炸的火光包裹住了。

苏沾骜提着玻璃罩洋油灯，带着靖卫团冲上来，靠近警卫班检查了一遍，没有发现一个还能喘气的。他向罗汉苟报告："团座，南京兵工厂生产的手榴弹威力太大啦，竟然一个活口也没有留下，都死啦。"

罗汉苟说："看看匪首军长伍中豪的尸首在不在，拉回去向邓长官领赏去。"在强烈的玻璃罩洋油灯火光的照射下，可见山坡周边深浅不一的

烂泥里,躺满了衣衫褴褛、沾满血迹的红军战士。泥地上布满了众多凌乱的鞋印和炸碎的斗笠片。有些树枝上、草丛中,还悬挂着沾满泥水的碎布片……

"团座,没有发现匪首军长伍中豪的尸首,被他跑啦。"苏沾鹜在泥水地里挨个地检查了一遍尸首,走到罗汉苟面前报告。

"不能让这条大鱼回归海里,弟兄们循着足迹,打着洋油灯快点往前追。他们没有灯照路,在黑灯瞎火的野地里他们跑不远,一定要抓获赤匪的这条大鱼!"罗汉苟推开了苏沾鹜,往前走了几步,他吐掉了嘴里的雪茄烟,两眼紧盯着满山坡的尸首,面目狰狞。

165

伍中豪他们紧跟在石世道的背后,跑上了平都乡五里岗土地庙。这个所谓的土地庙,已是断壁残垣,都没有了屋顶,倒在颓垣中的土地爷平躺在雨水中。

伍中豪走进了废墟中的土地庙,还没来得及喘一口气,便隐约看到远处成群的靖卫团团丁提着玻璃罩洋油灯,穿着雨具、荷着枪、弯着腰,吆吆喝喝地往五里岗上爬。

天空渐渐地透出了光亮,淅淅沥沥的雨继续下着。山岭绵亘,树木苍郁,人像是陷进了悬浮的洞龛里一样。

伍中豪和战士们手握着短枪,圆睁着愤怒的双目,监视着渐渐靠近土地庙的敌人,枪口随着敌人爬行的方向瞄准着,只要他一声令下,战士们就会狠狠地射出枪膛里的子弹。

趴在伍中豪身侧的石世道,探出脑袋往山冈下望了望,显得又紧张又忧虑,他指着土地庙山坡上这些愈来愈清晰的靖卫团团丁的身影,低声说道:"伍军长,我们的子弹不多了,怎么办?"

一只手重重地扯了扯石世道的衣襟,石世道侧身看了看,却是雪鹰,便赶紧把身子缩了回来。此时,苏沾鹜已带着靖卫团团丁打着吆喝,一窝蜂似的冲上了土地庙的山坡。

第三十章 ★ 折翼

伍中豪沉着地看着靖卫团团丁一步一步地接近土地庙，手指全神贯注地扣在扳机上，向苏沾鹜瞄准着。敌人也看到了卧伏在土地庙里的人，"乒乒乓乓"地率先向他们开起了枪，警卫战士老豹、花猫首先中了靖卫团团丁的枪，倾身倒在了断壁残垣上。

"呼"地一声，伍中豪也扣动了扳机，子弹愤怒地冲出了枪膛，狠狠地击在苏沾鹜花岗岩般的脑袋上，苏沾鹜应声倒在坡地上。

"冲上去，捉活的，赤匪枪里的子弹不多啦！"罗汉苟看着苏沾鹜没了气息，便起身亲自向靖卫团团丁们督战，团丁们仗着人多，闪过一丝犹疑后向土地庙里的人迅猛地开枪，强悍的火力压制住了伍中豪三人。

子弹带着"嗖嗖"的尖啸声，打得伍中豪他们抬不起头来。敌人却也忌惮伍中豪枪里的子弹，不敢再往前冲了。

警卫战士雪鹰弓起身，想换个姿势向罗汉苟举枪射击。没想到靖卫团团丁先行一步把机枪口对准了他，机枪发出了疯狂的叫嚣声，雪鹰一瞬间被打成了筛子。

石世道本想拉着雪鹰趴下，却没有拉住，眼睁睁地看着他倒在了自己的身旁。他望着这些疯狂的敌人，愤怒地想左右横竖是个死，于是他猛然跃出土地庙的断壁残垣，在山坡上打滚，欲靠近罗汉苟抱住他一起往山崖下跳，想与他来个同归于尽。

然而，还没靠近敌人，石世道的腹部就中枪了，他趴在了山坡上。当他跃出土地庙时，伍中豪猜到了他的用意，把脸绷得紧紧的，大声对他喊道："石世道，快趴下！"伍中豪伸手想把他拉回来，一串机枪子弹击在了伍中豪的胸口……

166

枪声没有了，阵地恢复了平静。罗汉苟看见伍中豪被打死了，情绪高涨，他让靖卫团团丁上前去把伍中豪的头割了下来，以便拿到邓英那里领赏。

两个靖卫团团丁犹豫着上前，一个打着玻璃罩洋油灯，一个从枪上卸

下刺刀,准备把伍中豪的头割下来。

一道闪电、一声炸雷突然从天空中落下,砸在了两个靖卫团团丁身上,直接把他们劈倒在地。提玻璃罩洋油灯的团丁摔在了山坡上,七孔流出了血;手上抓着刺刀的团丁仰面倒在山坡上,面部血迹斑斑,脸色狰狞。

啪啪啪的大雨点紧跟着落了下来,极硬极硬地砸在土地庙的山坡上,溅起了许多尘土,尘土里带着丝丝血腥味。山坡上原有的一股光亮,一会儿又消失了,黑幕严严实实地重新把天空遮住了,好似世界末日就要来临。

罗汉苟心底莫名地生出了恐惧,他站在暴雨中对靖卫团团丁们说:"暴雨又要来了……今天就折腾到这儿。弟兄们,赤匪的头不割啦,我们现在回去先避避暴雨,一切战果清点待明天天晴了再说。"说完,他将手放在胸前比划了几下,好似做了一下祷告,原来罗汉苟是信奉洋教的。

靖卫团团丁们听到这句话一阵欢喜,于是纷纷收起枪,打着玻璃罩洋油灯,簇拥着罗汉苟往五里岗下疾走。大雨噼啪开始下起来了!

罗汉苟走了两步,似乎想到了什么,不顾下着大雨,对身边的一个歪嘴团丁喊道:"赵队长,叫你的人把苏沾鹜苏参谋长的遗体抬上,回去找个好地方把他好好地厚葬。"一个队长模样的人答应了一声,马上扭头吩咐几个团丁照罗团座的命令去执行。

167

无边无际的天空被巨大的黑暗吞没了,罗汉苟带着团丁抬着苏沾鹜的尸体下山了。

四周除了暴雨声,没有了其他的声音。

不知过了多久,天空露出了许多光亮,在一片亮光中,五里岗的山岭、树林、横石显得清晰幽静。

雨水和冰冷打醒了石世道,他感觉到腹部剧烈疼痛,他的腹部受了两枪,鲜血直直往外渗,他意识到原来自己没有被敌人打死。

石世道从自己的衣服上撕下一根布条,给自己草草包扎了一下,踉跄

第三十章 ★ 折翼

地勉强走到了伍中豪面前,"伍军长,伍军长",他嘶声喊叫着,却怎么也叫不醒他。伍军长永远地离他而去了,他感到难受,心中郁积着一股闷气,想咆哮却发不出声来。

他又走到老豹、花猫、雪鹰躺着的地方,摸了摸三个人的身子,他们的身体已经冰凉,早已没有了生命的气息。

一个信念支撑着他,要赶紧回赣西南特委,向上级报告这个可怕的情况。他慢慢地往山冈下走,前进了一里地不到,发现雨骤然停了。

石世道艰难地往前走着,终于来到了一个村子的路口,一群拿着枪支、梭镖、大刀的农民协会会员和赤卫队队员听到了激烈的枪声,远远近近地点着火把正往他这个方向赶。石世道见到了他们,心头绷紧的劲立刻松了下来。来的这群人是平都乡农民协会会员和赤卫队队员,他们听到动静循着声音赶来支援他们。

石世道对着一个脸上连一丝笑意都没有,长着粗黑的长眉毛、眼睛闪烁着威凛光芒的人说了句:"我是赣西南特委交通员石世道!红军第十二军伍军长牺牲了!是被安福县靖卫团罗汉苟杀害的!快!送我去吉安县纯化乡陂头村,赶紧向红一军团总前委毛委员和朱老总报告!"坚持说完了这段话,他便晕倒在地,什么知觉也没有了。在夜色中,在火把的亮光中,谁也没有注意到鲜血流了一地。

这个长着粗黑长眉毛的人一边紧紧抓住他的手,把他背在身上往村子里跑,一边对一个年轻小伙喊道:"周建和,赶紧派人去富王村,把周郎中请来农民协会给这个交通员包扎。"他又扭头看了看旁边,对一个年纪稍大的人说:"梁凡勇,你也别闲着,带几个人赶紧做一副担架,一会儿要用。"

周建和、梁凡勇答应一声,按着吩咐各自带着几个人忙各自的任务去了。

168

天亮了,平都乡农民赤卫队的队员们一夜没睡,用担架抬着石世道往吉安陂头赶路。石世道躺在担架上,由几个年轻力壮的小伙轮流抬着,走到半路他被颠醒了,说的第一句话就是:"快!送我到陂头去,找毛委员!"然后,他又昏死了过去。

好不容易来到了吉安县纯化乡陂头村,在赣西南特委门口,两个红军战士持着枪在站岗。

粗黑长眉毛的人望了望门口的长条木牌,正了正腰胯上的盒子枪,扯了扯衣裳,走到一个红军战士面前,客气地对他说:"请问,红一军团总前委毛委员或朱老总在这儿吗?我是安福县平都乡苏维埃政府主席梁建富,有重要的情况要找红一军团总前委毛委员或朱老总报告。"

"同志,对不起,毛委员和朱老总不在这儿,这里是赣西南特委。不过好巧,昨天他俩来陂头了,正开着会呢。"高个子红军战士指了指木牌,看了看担架上的伤员,说,"你们先把伤员送去医院吧。等毛委员和朱老总散了会,我就向毛委员的警卫排排长萧俊遂同志转告,让他向毛委员报告。"

"情况紧急,不能耽搁!……赣西南特委刘士奇同志或者苏维埃政府曾山同志在吧?我找他俩报告也行!"梁建富想了想,急促地问道。

"他俩也不在,一起开着会呢!会场就在大水塘旁边的祠堂,沿着这条路笔直往东走,大约五百米就能见到一个大水塘。大水塘旁边有个祠堂,会场就在那里。刚好医院也在祠堂的旁边。"红军战士接着说,"今天是赣西南赤色区域各县苏维埃政府、地方红军部队、工农赤卫队举行联席会议的日子。"

第三十章 ★ 折翼

169

大水塘旁边的祠堂。

围绕着一条长条桌，上下左右坐满了男男女女，地方武装、红军部队、苏维埃政府的代表整整齐齐地坐着。长条桌上空悬挂着"赣西南赤色区域有关方面联席会议"的横额。

毛委员站在长条桌上方讲着话。朱老总、江汉波、刘士奇、曾山、彭德怀、滕代远、林彪、黄公略、陈毅、曾炳春等人，坐在长条桌的左面，朱老总坐在靠近毛委员的位置。

一阵热烈的掌声响起。

曾山说："各位代表、同志们，先前朱老总的报告作得很精彩，我们听了都很受启发，我们要认真地消化。下面请毛委员讲话，大家鼓掌欢迎。"又一阵热烈的掌声响起。

梁建富走在前面，周建和、梁凡勇抬着担架跟在后面，左右拥着七八个农民赤卫队队员，他们一起汗流浃背地来到了大水塘旁边的祠堂。只见祠堂外面三步一岗、五步一哨，站岗的红军战士林立，给人一种庄严肃穆的感觉。

一个负责会场周边安全模样的红军干部突然走了过来，阻止他们靠近会场，慈善地说："你们是哪里的农民协会干部？诸般人员若是没有会议入场证，一律不准靠近，我想还是要请你们体谅。如果你们是要找医院，那栋门上标有'十'字的房子就是。你们赶紧把伤员往右面那栋房子抬去。"那位红军干部扬起手，向右边一栋很大的房子指了指。

梁建富沉思了一阵，看了担架上的石世道一眼，向周建和、梁凡勇做了个手势，说："还是先把石世道同志送医院吧。迟一些我们再找毛委员去。走，掉头，去医院！"说着就往赣西南特委医院方向走去。

170

会场上,毛委员兴致勃勃地讲着话:

"前一段时间,在国民党江西省政府鲁涤平的调度下,吉安、吉水、永丰、新淦、峡江一带先后有成光耀一个旅、朱耀华一个旅、邓英一个新编独立师及唐云山残部一个半团围剿,蒋系因对阎冯作战虽不能分兵到江西,但即此二旅、一师、一个半团以上的兵力,已使得装备贫乏的红军众多部队当时皆不能走北进的路。

"在当时上述环境之下,红军第四军和第五军一度分路出去游击。红军第四军之游击区域,前期时间内曾经是:赣南之赣县、于都、瑞金、会昌、南康、信丰、安远、寻乌各地域,东江之五华、兴宁、丰顺、梅县、平远、蕉岭、大埔、连平各地域,闽西之上杭、武平、长汀、宁化、连城各地域。红军第五军之游击区域,前期时间内曾经是:万安、赣县、东乡、于都、北乡、兴国、宁都、南乡、广昌、石城各地域,吉安、安福、分宜、宜春、新余、峡江、吉水、永丰、乐安、新淦各地域,泰和、西乡、遂川、万安、兴国、上犹各地域。前期两军分兵游击的意义,是为了更能传播红色火种,更能争取更多群众革命,更能分配土地和建设更多赤色政权,更能扩大红军和地方工农武装。"他的话音未落,会场上响起了一阵热烈的掌声。

"在现时有点变化的环境之中,我们的军事行动方略须有所调整,若仍采取分兵游击各自行动的策略,显然是单纯游击路线,违反了争取群众信心、解决群众购买日用生活品困难、扩大苏维埃区域政权的伟大任务。分兵游击一段时间之后,因为另一种环境的需要和'夺取吉安城,经营好全江西'的目标,以及为了夺取闽南区域、发展好赣东北等地,我们便应该集中兵力统一行动。

"为了'攻取吉安城,经营好全江西',增强红军正规军的力量,我们决定将江西工农红军独立第二、三、四、五团,赣西游击第二大队和永新、莲花、宁冈等县赤卫队,合编组建为中国工农红军第六军。经红军第一军团总前委讨论,并获得赣西南特委、赣西南苏维埃政府的支持,也获得江西省委巡视员江汉波同志、红军第三军团军团长彭德怀同志、政治委员滕代远同志的支持，报请江西省委和中央批准，调第五军副军长黄公略同志任第六军军长，调赣西南特委书记刘士奇同志任第六军政治委员，调第四军政治部主任陈毅同志任第六军军委书记，调赣西南特委委员毛泽覃同志任第六军政治部主任，命赣西游击第二大队原大队长曾昭汉同志任第六军参谋长，以上同志的职位任命，前不久已报呈中央。

"昨天上午，赣西南特委常委、赣西南苏维埃政府委员长、赣西南军事委员会总指挥部总指挥曾山同志、第六军军委书记陈毅同志、第六军政治部主任毛泽覃同志、第六军参谋长曾昭汉同志，在万安县茅坪区夏露乡屋背大操场举行了隆重的第六军成立庆典仪式。曾山同志代表中共赣西南特委、赣西南苏维埃政府、赣西南军事委员会总指挥部，发表了《关于赣西南赤色区域情况的报告》和宣读了他对红军第六军成立的祝贺词。陈毅同志代表红军第六军，作了《红军第六军成立初期的工作任务和行动方向》的讲话。"

会场上顿时又"哗啦、哗啦"地响起了热烈的掌声。

"在第六军举行成立庆典仪式之前，万安县发生了一个故事。罗塘区有个民主人士叫袁呈生的，找到了罗塘区苏维埃政府的秘书肖文泉同志，想把家里的一头年猪送给红军第六军，表达他对红军第六军成立的祝贺。肖文泉同志不能做主，把这个事向罗塘区苏维埃政府主席刘生照同志做了汇报。刘生照同志和罗塘区委书记黎清华同志商量后，还是不能做主，又向万安县苏维埃政府秘书陈亮生同志做了汇报。最后是陈亮生同志拍板，用了灵活的办法，同意以万安县苏维埃政府的名义接受袁呈生先生捐送的这头年猪，然后他又以万安县苏维埃政府的名义把这头年猪赠送给了第六军。这个陈亮生同志是个很有思想头脑的人，他严格地遵守了红军的《三大纪律、六项注意》政策，又没有打击地方民主人士热爱红军的积极性，他对这个事情灵活处理的方式，是值得每个苏维埃政府的工作人员学习的。在此藉赣西南联席会议之机，我代表红军第一军团总前委，顺便也以我个人的名义，向红军第六军的成立表示诚挚的祝贺。"

会场上又响起一阵热烈的掌声。

171

  浓霜厚云的天气,把天空冻得凝重一片。一处屋顶上空飘荡这半旧半新的红军军旗,浸在四周霜枝寒叶间的凛冽里。屋内进行的就是对国民党吉安城驻军发起进攻的一次战前政治统一会议。会场上,毛委员在做着简洁有力的报告,与会代表们听得聚精会神。

  正在这时,毛委员的警卫排排长肖俊遂紧张地跑进了会议室,仿佛是犹豫了一下,又好不容易下了决心似的走到了毛委员的身边。肖俊遂的突然出现打断了毛委员的讲话,他看了看会场里的代表们,然后把嘴对着毛委员的耳朵说了几句什么话。刹那间毛委员整个脸色突然变了,好像猛地挨了什么人一记闷棍似的,半晌说不出话来。

  大家都看着毛委员,有的人低下头窃窃私语,互相询问着发生了什么大事,却是谁也不知道。很多人在心里暗想:一向"泰山崩于前而脸不变色"的毛委员竟半晌说不出话,肖俊遂向他报告的一定是大事!

  会场上,人们都屏住了呼吸看着会场前方。看着毛委员神色凄然,朱老总犹疑的眼神落在了肖俊遂的身上。肖俊遂看出了朱老总的疑惑,就走近两步在朱老总耳边也说了几句话,朱老总的脸色瞬间也变得凝重起来。

  彭德怀紧张地看着毛委员,也紧张地看了看朱老总,猜到是有什么大事发生了,却不知究竟发生了什么大事,又不好直接发问。

  朱老总在与毛委员共事的日子里,早已与他心神合一,他很是理解毛委员此刻的心情。他看了看会场,用一种沉重的语气向大会宣布:"现在,我宣布,会议暂时停止。散会!"朱老总说完立即沉重地起身,与毛委员的警卫排排长肖俊遂一左一右扶着毛委员一起蹒跚地走出了会场,留下了近百名又惊愕又担忧的与会代表。

  在毛委员离开会场的那一刻,许多与会代表和红军指挥员都看见了,毛委员的眼里噙满了眼泪。在迈出会场门槛的时候,他整个人都有点站不稳了,被会场的门槛绊了一下,差点跌倒。还是肖俊遂手上使劲,紧紧地将毛委员搀扶住了。

| 第三十一章 |

复仇

172

毛委员来到了赣西南特委医院,梁建富几个人看见毛委员来了,纷纷起身给他让出一条道来。毛委员神色黯然,径直走到病床前,一把抓住了石世道的手,急迫地说道:"我就是毛泽东!伍中豪军长怎么啦?你快告诉我!伍中豪军长的消息,究竟是真的还是假的?!"

石世道看到毛委员来了,眼角流出了几滴泪珠。他无限感伤地望着毛委员,几次张了张嘴却说不出话来。他拼尽了最后一口气,说道:"毛委员,终于……见到……你来了!伍军……长……他……牺……牲……了!被……罗汉苟……杀……"话还没说完,他头一歪就没有了声音。石世道永远地离开了大家,病房里一片悲恸!

毛委员一下子失去了理智,他大声地吼道:"傅连璋,干什么去啦?!还不赶紧过来把他救活!"他的心情是那么糟糕,他的哀恸似决堤大江,病房里谁也不敢发出一点声音。

傅连璋静静地进来了,他走到毛委员跟前,低声地说:"毛委员,他不只是腹部中了枪,他的腿部也中了枪,虽然来之前医护人员对他进行过包扎,但有一处伤口感染了,流血又太多,加上一路颠簸……能够坚持到见你,与你说上一句话,全是凭着他的一口真气和一股意志力在,这已经是奇迹了……"

红军第一军团总前委总指挥朱老总、红军第三军团军团长彭德怀、新任红军第六军政治委员刘士奇、红军第十二军政治委员谭震林、赣西南苏维埃政府委员长曾山，也悄无声息地来到了病房里。他们离开了会场，跟着毛委员来到医院，看到病房里的一切，瞬间什么都明白了，大家心里的悲恸渐渐浓烈起来。

毛委员低着头，手抚着床栏，心情沉重不已。他摇着头，痛惜地喃喃自语："我的伍军长！我的中豪啊！我的中豪啊！我的伍军长！……"他的一只手始终紧紧地握成一个拳头。

彭德怀与朱老总对看了一眼，又与谭震林对看了一眼，然后走到了梁建富面前，问道："罗汉苟……是哪个角落里冒出来的贱货色？"这也难怪，若说是国民党部队里的大官，但凡驻防在吉安境内的只要是团长以上的，彭军长都是了如指掌的。偏偏近年来他时常率军在外游击，安福县地主豪绅武装中新冒出来个靖卫团团长，他还真的是不知道。

梁建富咬牙切齿地说："他是国民党安福县新上任的靖卫团团长，心狠手辣，杀害过安福县许多农民协会干部和农民赤卫队骨干。"

毛委员内心痛苦，他情绪低落，脸色难看到了极点。肖俊遂过去扶着他，小声地说："毛委员，我扶你先回住处休息。报仇的事，留着以后再说。"

毛委员站起身来，痛苦地诘问道："为什么要留着以后再说？今天就要说！"他转头看着病房里的彭德怀和谭震林，厉声说道："彭军团长、谭政治委员，这个任务就交给你俩了！我要你俩三天之内……不，两天之内，用罗汉苟的人头祭奠伍军长的魂灵！"

173

下午，静安寺，红三军团第五军军部驻地。

彭德怀埋头看着地图，思考着对策。谭震林神态凝重地轻轻走进来，站在了彭德怀身后。他情绪不稳，始终静不下心，看了一会儿地图又摇了摇头，然后问道："怎么样，面对坚固的城墙，彭军团长想好方案了？"

彭德怀仍沉浸在自己的思索中，他说："没有。"

第三十一章 ★ 复仇

谭震林端起桌上的一碗茶轻轻地喝了一口,说:"安福县城城墙高且厚,我们没有攻坚的大炮,又能有什么办法攻进去呢?"

彭德怀没有作声,继续看着地图思考着。

谭震林接着问:"用火攻,不知行不行得通?"

彭德怀头也不抬,回道:"让我再想想。"

谭震林思索了一下,说:"彭军团长,要不要我俩找找朱老总,听听他怎么说?"

彭德怀答道:"暂时不用,我再看看。"

谭震林想起了什么,说道:"刚才我找了安福县平都乡苏维埃政府主席梁建富同志,了解到了安福县城的一些情况。"

"一些什么情况?"彭德怀终于抬起头来,一副十分感兴趣的样子。

"梁建富同志说,安福县城敌人众多,武器装备好,凭藉高大的城墙居高临下占据了优势。我们的部队若是要硬攻,恐怕不太容易奏效。如果硬攻不行的话,可以考虑智取,这样也可以减少我们部队的伤亡。"

彭德怀点了点头,说:"怎么个智取法?莫非他有什么好的建议?"

谭震林把手里的茶碗放下,说:"这点他倒是没说,只是提醒我们可以从这方面考虑。"

彭德怀有点失落,悠悠地说道:"好吧,我会往这方面考虑的,我相信一定能找出个好方案的。"

"要是我们手上有几门炮就好了,就什么也不用忧愁了,直接向安福县城摆开阵势发起进攻就行了。"谭震林自言自语地说。

"我也想打这样的富裕仗。可是不容易啊,我们就这个装备、这样的家底子,就这些也是我们游击时一点一点积累的。"彭德怀感慨地说。

"会慢慢富裕起来的!我们的部队只要多几个彭军团长你这样的领导带兵,我对我们的革命前途就非常有信心。"谭震林笑了笑,说,"你是军团长,我们第十二军只管配合你的行动。"

"呵呵,谭政治委员也学会了给人戴高帽,光会在一边给我说好听的。"彭德怀也是一笑,接着继续看地图去了。

174

安福县城，罗汉苟靖卫团。

团部的大厅里，一张油漆了的桌子上面放着几只碗碟，碗碟里放着瓜子、花生、红枣、橘子。桌子上方摆着一张檀木太师椅，上方的墙上挂着一幅"张果老倒骑毛驴"的人物画。人物画上面挂着一块镏金字匾，匾上写着"官道无疆"。桌子的两侧排着两排红木靠背椅，应该是会客时供客人坐的。

罗汉苟乡下的亲戚陈老泉、张保生、罗冬江等候在一边，罗汉苟威风八面地步入大厅，后面跟着三个靖卫团团丁，他在太师椅上坐下了。

陈老泉上前给罗汉苟作个揖，说："汉苟。"

罗汉苟向陈老泉等人点了点头，说："老泉姑丈，你们坐吧。说吧，一早从乡下来，有什么事？"

陈老泉说："明天是你的五十大寿，你又当了安福县靖卫团团长，亲戚们感到有面子，就推举我们仨进城来给你道个喜，并给你凑了几只鸡、鸭、鹅和一头年猪供你办酒宴用，还凑钱给你请了个采茶戏班子，准备明天早上来给你热热闹闹庆个寿。"

罗汉苟看了几个亲戚一眼，最后把眼光落在张保生的脸上，问："是这样吗，保生表叔？"

张保生有点心神不定地低声说道："是……亲戚们的一点心意，只希望……平日里多关照一下亲戚们。"

"关照……好说！难得你们还把我当亲戚，过了这么多年还没忘记我。好吧，你们的好意我收下啦。不过，明天送寿礼来弄吃的，时间上恐怕有点来不及。"罗汉苟眼珠转了转，淡淡地对他们说，"这几年安福县乡下闹赤匪，恐怕也有点不太平。寿礼嘛，还是让亲戚们今天晚上八点静悄悄地送进城来吧。老泉姑丈留下来，届时可以到城门口迎接他们。保生表叔和冬江老表可以先回去，通知亲戚们今天晚上送过来，就这么定啦。我还有公务要处理，就不多陪你们了。"说完，起身就走了。

第三十一章 ★ 复仇

175

　　安福县下罗村浸种场停着几辆马拉的大板车，张保生、罗冬江和采茶戏班黎班主把一捆捆演戏的场景、工具、乐器等物料和一个大黑木箱子搬到了车上，十几个穿着龙套戏服、脸上化着采茶戏装的演员分坐在两辆大板车上，另一辆大板车上则放着鸡、鸭、鹅、蔬菜等东西，差不多装载完了的时候，几个庄稼汉把一头绑着的年猪也抬上了大板车。那头年猪以及那些鸡、鸭、鹅，在大板车上不停"哼哼"地叫唤着。

　　张保生、罗冬江和采茶戏班黎班主三个人互相说了几句什么，张保生接着大声地嚷道："出发啦，给表侄女婿罗团长祝寿啰。"大板车在马的拉动下开始向安福县城方向行进。

　　远处的树林里，两个幽幽的黑影探头探脑朝装车的地方窥探着，把装车的全过程都看在了眼里，却没有见到什么可疑的地方，装车的一切都是那么合情合理。直到这些马拉着大板车前进了，这两个幽幽的黑影才离开树林，跑步回安福县城向主子报告去了。

　　晚上八点，整个安福县城的官老爷还在花天酒地之中。没有风，没有雨，只偶尔远远近近听见几声狗叫声。天边月牙儿的光亮柔柔地照射下来，似乎像在帮助什么人似的，默默地照着大地。一路上，只有马拉的大板车的车辘辘转动着发出了阵阵清响。

　　大板车慢慢地向前走着，采茶戏班的人在大板车上坐着，张保生、罗冬江和采茶戏班黎班主在前面带路。张保生和罗冬江一边走一边轻轻地说着："一路上没有什么地方显出了不对之处吧？"

　　采茶戏班黎班主安慰着他俩："你俩安安心心地配合演好这一场戏，一切都安排妥当了的。你俩只要不慌不张，事情的发展尽在我们的掌握之中，你俩放十二个心好了。"

　　张保生和罗冬江扭头看了看大板车上这些化着戏装的小伙子，只见他们一个个沉稳静定，好像真的就是个戏班子一样。

　　天上慢慢地飘过几朵乌云，大板车上的人们仿佛被大板车颠得懒洋洋的，都无精打采地坐在车上摇晃着身子。

马拉着大板车走了一个多小时，远远地看见了安福县城的西门，大板车上的人们这才振作起精神来，眼睛观察着周边的情形。

忽然，城墙上响起了拉枪栓的声音，一个气势汹汹的声音问："喂！城墙外的人听着，你们是什么人？晚上来县城干什么？快说，不然我就要开枪了！"

张保生两只手围成一个喇叭，放在嘴边向着城墙上的靖卫团团丁答道："城墙上的弟兄听得到么？我是下罗村的张保生，是你们罗汉苟团长的表叔，来给你们罗团长送寿礼的，明天是你们罗团长的寿诞。请快点打开城门，让我们进城。"

城墙上的声音又响起了："我没接到通知，我也不知道这事，也不清楚你们是不是真的是我们罗团座的亲戚。按照我们罗团座的命令，晚上任何人不准进出县城。你们赶紧拉着东西走吧，待明天开了城门再送来。"

"你这个弟兄说的哪里话？世界上什么事都有人弄假，亲戚不能吃不能喝的，哪里还会有人去弄假？你这话怕是买肉找上卖菜的——弄错了对象吧！你赶紧打开城门，不要多啰嗦，耽搁了戏班子搭台唱戏，你们罗团座等会知道了，看他还放不放过你。"张保生来了气说道。

这时，只见一个人影上到了城墙上，走到了朝城墙下喊话的人面前。他探头往城外的几辆大板车看了看，喊道："是张保生亲家吧，你们终于来啦？我是陈老泉啊，都等你们好久了，你们怎么才来呀？"原来，上城墙的人影正是陈老泉。

"我是张保生呀！这些天安福县城郊到处下大雨，道路有积水，路不好走哩。"

"好！你等着，我让弟兄下城墙给你开城门！"陈老泉一边说着，一边向朝城墙下喊话的靖卫团团丁说了几句什么。

那靖卫团团丁还是不放心，狐疑地朝城墙外又看了看，干脆把城门钥匙直接递给了陈老泉："你是我们罗团座的姑丈，既然是这样我把城墙门的钥匙给你，还是由你自己去开吧，免得罗团座到时怪罪下来算到我头上。"陈老泉接过钥匙，果真自己下城墙去打开了城门。

第三十一章 ★ 复仇

176

城墙西门缓缓地打开了。几辆大板车相随进了城,大板车上的演员们顿时抖擞起精神,他们扯掉了身上的伪装,在采茶戏班黎班主的指挥下迅速地从一捆捆演戏的场景和工具里掏出枪支,制住了看守城西门的靖卫团团丁。

这时,那个大黑木箱的盖子也打开了,从里面窜出一个人来,手上攥着一挺机关枪。他跨出黑木箱,向其中两个演员招了招手,说:"你们俩跟我上城墙,先占领城墙制高点。"两人答应一声,端着枪跟着机枪手上城墙去了。

城墙上的几个靖卫团团丁看到这个阵仗,顿时什么都明白了。没等攥机关枪的人开口,他们都乖乖地放下枪,跪着地上,向他们投降。

机枪手从口袋里掏出一盒洋火柴,从里面抽出一根洋火棒划着了,在空中缓缓地转了三圈,然后拿着不动,直到燃尽了才丢掉。然后又抽出一根洋火棒划着了,重复刚才的动作,在空中缓缓地转了三圈,然后拿着不动,直到燃尽了才丢掉。

城墙外一百五十米处早已悄悄地埋伏了第三军团第五军的战士,他们看到城墙上发出的信号,知道计划成功了。彭德怀往空中开了三枪,大声命令道:"同志们,冲啊!冲进安福县城,活捉罗汉苟!冲啊!为伍军长报仇啊!"顿时,地上潜藏着的数千人马纷纷往县城西门冲去。

一时间,城西门口被人流塞满了,战士们按照事先布置的任务,分别拼命地往国民党安福县警察局、国民党安福县党部、国民党安福县靖卫团、国民党安福县监狱等机关所在地冲去。

城墙西门里的几辆大板车早已倒翻在地,大板车上的年猪、鸡、鸭、鹅、蔬菜全被拼命涌进来的第五军战士们挤翻在地上。

那些鸡、鸭、鹅、年猪在拥挤人流的挤踏下,"吧吧吧"地叫唤着,"哼哼哼"地挣扎着,竟然都挣脱了捆绑的绳子,在县城的街巷里到处飞、到处跑、到处跳,蔬菜也踏烂了一地。

177

　　城墙西门上，除上了城墙的两人外，扮演采茶戏班子的其他演员中留下了两人守西门，剩余的人赶去了南门。他们赶到南门，制住了守南门的警察局的人，逼他们拿出钥匙打开了南门。又安排了几个人登上了南门城墙，控制住了南门城墙的制高点，并向埋伏在南门城墙外的谭震林发出了进城的信号。千点寒星，一弯钩月，这是一个躁动不息、仇恨闪烁的夜晚。安福县城南门，第十二军战士在谭震林的指挥下迅猛地冲进了安福县城。

　　靖卫团驻地，三个机枪堡垒呈品字形摆列，守护着靖卫团团部的安全。每个堡垒里都有一个枪眼，每个枪眼中都设置有一挺机关枪。三挺机关枪若是同时向外射击，可以组成一个严密的交叉火力网，任何人想进攻靖卫团团部都会付出很大的牺牲。

　　彭德怀亲自坐镇，指挥着第五军的军事行动。第三师师长彭鳌赤膊上阵，带领一个突击队分开冲向堡垒，用手榴弹把两个堡垒炸了个稀巴烂。堡垒里的敌人好似几只受了旋风惊吓的秧鸡，都不知道是怎么回事就被炸飞上了半空。第一师师长李实行没等两个堡垒炸飞的碎物安然落地，便迫不及待地带领第一师往靖卫团团部冲锋，活捉了正在床上准备与姨太太亲热的靖卫团团长罗汉苟。

　　另一个堡垒的攻克任务由第十二军完成，谭震林亲自督战第十二军。第五团在第十二军参谋长林野的带领下，冒着机枪密集的火力，不要命似的向前攻击，牺牲了三营五名战士才逼近了这个堡垒。三营营长陆松宜往机枪眼里塞了两颗手榴弹。只见夜空中一阵硝烟弥漫，这个堡垒瞬间被炸毁了。

　　没有了堡垒的掩护，没有了罗汉苟的指挥，靖卫团团丁们除了投降就是溃散逃跑。没有背负红军血债且愿意投降的，缴了枪就让他们投降；背负有红军血债且不愿缴枪的，则不给他们投降。有些敌人乘夜幕突围，被五团二营的战士发现了，营长朱学山带着部队勇猛追击，把他们一个不剩地歼灭了。

第三十一章 ★ 复仇

在英勇的红军第五军、第十二军的联合进攻下，罗汉苟装备精良的靖卫团全部被彻底剿灭了，罗汉苟也被第五军第一师师长李实行活捉。随后，彭德怀、谭震林除了留下各自一部分部队打扫县城战场外，他们含着满腔怒火，领着第五军、第十二军的剩余部队，押着罗汉苟来到五里岗土地庙指认现场。

彭德怀命令第三师政治委员谢翰文联系上当地苏维埃政府，连夜买了十几口棺木抬到良家山上收敛烈士遗体，又把四口棺木抬到五里岗土地庙，把伍中豪和另外三个警卫战士的遗体搬进棺木里就地掩埋。

178

为了避免敌人发现伍中豪的掩埋地点，彭德怀不让战士们在坟墓上竖牌，只让战士们寻来三块大石头，放在伍中豪的坟墓前以作记忆标志，方便以后革命胜利了政府寻迹来找。

彭德怀把伍中豪的遗体放进棺木里，他脱下自己的外套，穿在伍中豪的遗体上。伍中豪的身体呈卧着射击的姿势，难以把他放入棺木之中。彭德怀深情地对伍中豪说："伍军长，中豪兄，我是老彭。我们已经打下安福县城，活捉了杀害你的靖卫团团长罗汉苟，一会儿用这贱货的血来祭奠你的在天魂灵，请你安息吧。"说完，彭德怀想将他的手势复位，却怎么也复位不了；想将他的双眼合上，他却又睁开了。

谭震林上前，说："伍军长，我知道你不肯安息的原因，你想亲眼看到杀害你的仇人死在你的面前。好，我满足老伙计你的这个愿望！"

他转过身来，大声说："拿把刀来。"第十二军一个姓郑的连长从背上拔下一把大刀，双手递到谭震林的手上。谭震林接过大刀，用手试了试刀锋，走到罗汉苟面前，一手把他扯了过来，让他跪在伍中豪的遗体面前。

只见罗汉苟浑身颤抖着已面如土色。谭震林眼露杀气，对他斩钉截铁地说："罗汉苟，你一生作恶多端，欠下多少农民协会干部和农民赤卫队骨干的血债，这回还欠下了红军第十二军的血债。我谭震林作为第十二军的政治委员，岂能饶恕你这作恶多端的魔头！现在我代表英勇的红军，代表英雄的人民,用你的血祭奠我们伍中豪军长的魂灵。如果你还有来世的话,奉劝你来世投个好胎做个好人。现在你安心地受死吧!"

谭震林说完,用嘴在大刀的两面哈了两口热气,一刀向罗汉苟头上砍去。一道白光闪过,干脆利落,罗汉苟的人头落了地。

谭震林提了人头走到伍中豪遗体前,将刀插在地上,单膝跪地,对着伍中豪的遗体沉痛地说道:"伍军长,我的老伙计,我当着你的魂灵,当着红军第五军、第十二军全体将士的面,把杀害你的仇人罗汉苟一刀劈了,用他的血祭奠你的在天魂灵,你可以安息了……"说完他泣不成声……

这时,只见一阵冷风飒飒地吹过,在五里岗绕旋了一阵,然后渐渐远去。

彭德怀满怀悲恸,这才将伍中豪的遗体放进棺木,帮他盖上了棺板。战士们在棺板上钉上了钉,然后把棺木缓缓放入坑里,用黄天厚土将英雄填埋。

这段往事已然过去九十多年,时至今日,对于伍中豪军长的死不瞑目,社会上仍然有着各种神奇的解说。伍中豪军长献身革命的魂灵,仿佛天空闪过的流星,闪耀着一种灿烂的光辉,永远守护着赣西大地,守护在家国的热土上。

179

被砍掉头颅的国民党靖卫团团长罗汉苟的尸体应怎么处理,第十二军和第五军的战士们意见严重不一致:有的战士说,把罗汉苟的尸体收敛起来埋掉;有的战士说,把罗汉苟的尸体挂在安福县城墙上曝晒以作昭示;有的战士说,把罗汉苟的尸体丢到野地里让野狗老狼吃掉。彭德怀征询谭震林的意见,谭震林与第十二军参谋长林野商量,却也没能商量出个什么好的主意,最后还是彭德怀拿出了主意。

彭德怀让附近农民协会的人帮忙,找了一副担架和一张草席,让战士们用这张草席把罗汉苟的尸身和头颅包裹了起来放在担架上,抬回了安福县城。

第三十一章 ★ 复仇

回到安福县城时天已透亮,却找不到一个安福县委地下党的人,也找不到一个安福县苏维埃政府的人。原来,县委和苏维埃政府的人大部分都在乡下,躲避着敌人的白色恐怖和血腥镇压。大家还不知道,昨晚因为什么事,一夜间安福县城被我英勇的红军攻打下来了。

当大家正在焦虑的时候,安福县城地下党的负责人找来了。红军战士把姓李的负责人带到了彭德怀面前,彭德怀很是高兴。他让这位姓李的负责人尽快把县委和苏维埃政府的同志找来,赶紧让他们的人来接收安福县城。

陈老泉、张保生、罗冬江也找了过来,一看到彭德怀,他们似乎都快要哭了。彭德怀赶紧问他们:"怎么回事?攻打安福县城立了大功的人,怎么哭起来啦?你们不要哭,有什么事说出来,我会帮你们解决好的。"

陈老泉哭丧着脸说:"彭军团长,这头年猪,这些鸡、鸭、鹅、蔬菜,都是为了帮你们攻打安福县城,向我们村的各户人家借来凑数的。现在它们都跑掉了……安福县城这么大,我们找了一个晚上都找不到,不知道它们跑去哪里了。这不是豆腐掉到灰堆里——洗不净,没法收拾吗?等我们回去了,大家要我们怎赔,我们怎么赔得起呵,这可怎么办哦?我们又咋个赔得起?彭军团长啊,你一定要给我们怎做个主。"

彭德怀点了点头,和蔼地对陈老泉他们说:"老乡们,你们可以放宽心,这个事我一定负责。你们现在就在这儿等,哪里也不要去,两个钟头一准给你们消息。"陈老泉三人听了这才放下心来。

彭德怀把参谋长邓萍叫了过来,对着他的耳朵私语了几句。邓萍点点头,立马把第一、第三、第四几个纵队的司令员李灿、吴溉之、郭炳生召集了起来。

邓萍传达了彭军团长的话,让这几个纵队司令员带着他们的战士分片包干,把陈老泉、张保生、罗冬江三位老乡借来的年猪、鸡、鸭、鹅都给找回来,要求就算把安福县城翻个底朝天也要找到。

180

于是,红军第五军上至纵队司令员下至普通战士,马上散开在安福县城各个角落帮老乡们找起年猪、鸡、鸭、鹅来。过了不到一个钟头,就有消息传来说年猪找到了;又过了一会儿,又有消息传来说鸡、鸭、鹅找到了。战士们把找到的年猪和那些鸡、鸭、鹅都送了过来。

陈老泉一点数,说:"数目不对,还少了一只鹅。"于是,战士们又散开了继续四处去找。还是第三纵队的政治委员于定一动了脑筋,他让大家在鹅可能活动的区域重点寻找,终于在一个草丛里找到了。于定一把这只鹅捉了回来,陈老泉、张保生、罗冬江见了高兴得合不拢嘴。他们仨数了一遍又一遍,最后对于定一作揖道:"这下全对哩,数字都对得上了,我们可以回去交差啦。"

这时,天越来越亮,早晨的太阳那饱满的光辉把安福县城的各条街照得闪闪发光。原来,战士们在打扫战场时,把所有的街道都用水清洗了一遍,根本看不出昨晚这里打过仗。

陈老泉、张保生、罗冬江起身向彭德怀告辞,彭德怀把他们叫住了,对他们仨说道:"三位老乡,年猪、鸡、鸭、鹅是找回来了,蔬菜却损坏了。我们得照价赔偿你们,不然你们回去拿什么赔给人家?"他扭头向参谋长邓萍看了看。

邓萍会意,立马从腰间挎着的公文包里取出三个银圆递给了彭德怀。彭德怀接过三个银圆,把它们交给了陈老泉,对他说道:"老乡,我们红军不能让老乡背儿媳上山——出了力气还受气,这三个银圆是赔偿你们这些损坏的蔬菜钱,你可要收好。"

陈老泉激动地说:"彭军团长,你们赔多啦,损坏的蔬菜值不了三个银圆哩。"

彭德怀说:"不多。你们辛苦了一个晚上,还为我们担惊受怕了一个晚上,应该要的。"

街面上的店家在犹豫不决中打开了店铺门,陆陆续续地开始开店了。彭德怀站着的这个位置对角的一家商铺,门上有一盏黄色的大灯笼,淡淡

第三十一章 ★ 复仇

的光线照在街头上，色调暖和，像是一种吉祥的祝福。在今天这样的日子里，这大灯笼特别有新生活的味道。它仿佛是帮助红军在茫茫的人世间挂起来的一样，好似在庆祝这来之不易的胜利。

陈老泉说："我们要回去了。要是你们永远不走，天天在安福就好啦。这样的经历，这样的队伍，让人见识了，心里总是不舍得！"

彭德怀对他点点头，肯定地对他说："老乡放心！会有这么一天的！只要我们团结一心，这样的事情天天都有！这是红军为何人打仗的宗旨！现在，还有个事需要听一下三位老乡的意见。"

"什么事？"陈老泉、张保生、罗冬江不约而同地问，他们纳闷着红军的首长能有什么事情需要向自己提问的。

"说出来你们不要生气！罗汉苟作恶多端，对农民协会、对乡亲们做过许多坏事，因此红军把他处决了。这都是他生前咎由自取，一切坏事都与你们无关。可是处决了他之后，他的尸体是敛起来埋掉，还是把他挂在安福县城墙上曝晒，还是把他丢到野地里让野狗老狼吃掉？战士们意见不一。你们毕竟是他的亲戚，红军想听一下你们的处理意见！"彭德怀认真地询问他们。

"这……这……"没想到彭德怀问的是这么个问题，陈老泉、张保生、罗冬江三人互相看了看，低下头来不知怎么回答才好，三人都默不作声起来。

彭德怀知道，这样的问题有点大，怕是把他们吓坏了。他想了想，换了一种口气把自己的想法说了出来，请他们不要有压力："三位老乡，罗汉苟生前欠下人民太多的血债，所以人民不能放过他，他必须死。然而，他的肉身已经得到惩处，换来他应有的可耻的下场，我们不可以同情他。我们红军是仁义之师，不是国民党的军阀，我们已经处决了他，却不能将他的尸体抛尸荒野，还需要找个地方把他埋葬掉。你们都是他的亲戚，在大是大非面前，你们一直没有糊涂，也没有跟着他做坏事，并帮助我们打下了安福县城，这是值得人民尊敬的！你们的血缘关系还在，所以想把他的尸体交还给你们带回，你们悄悄找个地方把他埋了。这样让他下辈子不再去做恶人，也好让他能够找户好人家投胎。不知三位老乡同不同意我说的？若同意就请你们把他带回！"

181

　　陈老泉、张保生、罗冬江听明白了，他们对彭德怀的仁义做法感恩不已，突然都把脸一仰双腿一屈跪倒在他的面前，对着他喊道："共产党都是好人，苏维埃政府都是仁义的！红军都是活菩萨！彭军团长是菩萨化身！我们替死者感恩共产党！感恩红军！感恩彭军团长！"

　　彭德怀连忙把陈老泉、张保生、罗冬江一一扶了起来，对他们说："这是我们红军的政策，也是我们共产党人的规矩，我只是按政策办事、按规矩做人，你们不用谢我！"然后他对参谋长邓萍说："邓参谋长，还是由你代表红军第五军，带他们去办理相关手续吧！"

　　邓萍点头答应，带着他们三个人欣然走了。

　　谭震林率领红军第十二军在攻打安福县城中没有担任主攻，只是协助第五军佯攻。等到歼灭完国民党安福县靖卫团、刀劈完靖卫团团长罗汉苟，为第十二军军长伍中豪报了仇，他已经了结了一桩心愿。他先一天回了吉安陂头，茶水都没有顾得上喝一口，便马上就去毛委员的住处向他汇报攻打安福县城的经过了。

　　毛委员躺在床上，他已两天没有吃进去饭菜也没有喝水了，身体还发着烧，急得贺子珍又是用冷毛巾帮他敷额头，又是让警卫排排长肖俊遂赶去医院把傅连璋请到家里来诊疗。

| 第三十二章 |

恋情

182

朱老总和康克清一天三次跑到毛委员的住处，询问他的身体情况。傅连璋背着个药箱也来到了毛委员在陂头的住处——一个以皮货商身份为掩护的地下党员的家门前。毛委员的警卫排排长肖俊遂上前帮傅连璋拿着药箱，几人一同往屋里走。傅连璋从无多话，来了就取出诊疗器械并给毛委员把脉。

诊疗完，他对朱老总坦诚地说："心病还须心药来医，不需要打针也不需要吃药。这次伍中豪军长的突然牺牲对毛委员的打击可能有点大，安福县城若有好消息传来，病自然就会好的。"

傅连璋的话朱老总是相信的，朱老总非常清楚，这几年毛委员的身心遭受了许多打击，他的许多心腹爱将、左臂右膀接连牺牲，其中尤其三个人的离去对毛委员的打击是最大的。

第一个是与毛委员一起举行秋收起义的总指挥——卢德铭，他的牺牲对毛委员的身心打击特别大；第二个是红军第四军参谋长——王尔琢，他的牺牲对毛委员的打击也特别大；第三个是第十二军军长——伍中豪，他的牺牲对毛委员的打击尤其大。卢德铭牺牲时22岁，王尔琢牺牲时25岁，伍中豪牺牲时25岁，都是风华正茂干事业的年纪。

面对他们的接连牺牲，毛委员心底怎么可能不心痛？怎么可能不心态爆炸？他身心挺不住，于是就病倒了。

毛委员是个自控力很强的人，他即便在身心状态非常糟糕的情况下，还不忘以红军第一军团总前委总政治委员的名义给伍中豪的妻子段凤翔写了一封信，并附上三十元银圆，然后把赣西南特委敌工科科长萧文昌找来，嘱咐他尽快想办法把信和款转交给她。

段凤翔在武昌一个职业学校当老师，还是1926年伍中豪在武汉国民政府警卫团三营当连长、毛委员在武汉中央农民运动讲习所讲学时，伍中豪请毛委员出面，托农民运动讲习所的学员帮段凤翔找的这份工作。

谭震林向毛委员汇报，他亲手用大刀斩了罗汉苟。毛委员的心情顿时宽慰了许多，中午竟然愿意吃饭了。虽然只是吃了半个红薯、半碗南瓜汤，却已是件非常好的事情了。

彭德怀率领第三军团第五军在安福县城停驻了一天。这一天，他与安福县委、安福县苏维埃政府领导见面，处理接收安福县城的工作。表面上诸多事宜仿佛都用不着他坐镇处理，但是刚打下的县城是离不开红军主力的撑腰的。地方赤色区域政权一旦脱离了红军主力的支持，工作起来就会少了几分底气。

彭德怀让参谋长邓萍与安福县委、安福县苏维埃政府办理县城移交工作，全部办妥了才率领第五军回陂头。彭德怀回到陂头便前去毛委员的住处，向毛委员、朱老总报告诸般工作的成果。

毛委员听了报告心情畅爽，与他不知不觉谈了两个多小时，还留他一起吃了饭。贺子珍亲自下厨炒菜，并叫了朱老总和康克清前来作陪，可见收服安福城、端掉国民党盘踞的力量、血刃国民党靖卫团团长罗汉苟对他情绪的影响有多大。

吃完饭，彭德怀还与毛委员下了盘象棋，毛委员让了彭军团长一个"炮"，彭军团长也还是输了。朱老总与彭军团长也下了一局，彭军团长也是输了。彭军团长这个人就是这样，战场上总是打胜仗多，棋盘上总是打败仗多，而且还喜欢悔棋，却也成了红军队伍中流传开来的一段佳话。

彭德怀准备离开毛委员的住处，临出门前毛委员带着欣慰的神情问他："伍军长牺牲了，第十二军缺个军长，你有什么好的人选推荐给我？"

听到毛委员这样问，彭德怀倒有一点踌躇，他相信毛委员心中可能早就有了合适人选。他笑道："要说人选，我觉得罗炳辉可以，只是我对他的

第三十二章 ★ 恋情

印象不代表你对他的印象。"

毛委员点点头，没有说话。现在到处缺军事干部，只要是个人才，毛委员从来是不拘一格起用的。彭德怀一离开，他便给江西省委和中央分别写了封密函，拟调罗炳辉出任第十二军军长。

毛委员在吉安陂头待了一个星期。贺怡听说毛委员病了，便来陂头看望毛委员，顺便也看看姐姐贺子珍。贺子珍知道妹妹要来，心里很是高兴，亲自到门口去迎接她。

毛委员的身体其实好多了，尤其是听说罗汉苟被谭震林一刀劈了，用他的人头祭奠了伍中豪军长，他身心舒畅，身体状态恢复得更快。毛委员透过门窗老远就看见贺怡来了，只见她上半身穿一件中装，下半身穿一条浅暗色裤子，脚套一双厚底布鞋，头发上还包着一条手巾，英姿飒爽，毛委员几乎都认不出她来了。

贺怡这样一身打扮，显得额头有点黑、下巴有点尖，是不是比在家当姑娘时好看，毛委员倒也说不出来。但无论她打扮成什么样子，她在工作上要求自己热忱，在革命环境中要求自己不畏艰苦，这一点她一直坚持着，毛委员最欣赏她这方面的秉性。

183

贺子珍让肖俊遂去请毛泽覃来，说既然贺怡来了，干脆叫毛泽覃也来，兄弟姐妹一起聚聚。毛委员笑着表示同意，对贺子珍说："这样也好，中午吃完饭，正好与他一起去会场，继续上次未开完的联席会议。"肖俊遂得了指示，欢欢喜喜地往毛泽覃那里去了。

肖俊遂也很久没见到毛泽覃了，最近一次见到毛泽覃是在一年前，毛泽覃到他的家乡万安县茅坪区兰田乡苏维埃政府督察工作，借宿在他家里。后来肖俊遂响应苏维埃政府的号召，报名参加红军来到了第四军，他就没有再见过毛泽覃了。启程去部队那天，他的父母和他新婚刚四个月的妻子来送他。看着身子有孕的妻子，他颇有点依依不舍。他的父母也有点不愿意他当红军，因为他在家里是独子。但他还是坚定地报了名，坚决要当红军,做父母的和做妻子的也就只好依了他。

毛泽覃随着肖俊遂来到毛委员的住处,人还没进大门,脚步声先传到了屋里,他大声地对毛委员和贺子珍说道:"其实今天你们不叫我来,我也是准备要过来看看大哥、大嫂的,不知大哥的身体好些了没有?"

毛委员说:"我的身体有什么要紧,只是一下子听岔了气缓不过劲来,休息一两天就好了。"

贺子珍半天没有搭腔,仿佛毛泽覃的话触到了她的什么心事。她的心不禁现出些许忧闷,末了她还是提醒了几句:"伍军长被靖卫团杀害,分析起来实在有点憋屈,其实有可能还是哪个环节出了漏洞,不然那天晚上靖卫团的人怎么会守在那里?即便罗汉苟已被红军抓到一刀劈死了,伍军长也还是不能活过来。一个国民党的狗腿子换我们红军的一个军长,总是件难受的事。我们在这方面吃的亏可不算少,这方面问题的经验和教训还是要引起我们的重视。"

听了贺子珍的话,毛委员和毛泽覃都点头赞同她的分析。

吃完饭,毛委员和毛泽覃一起走在前面,临时充当会议记录员的贺怡和贺子珍一起走在后面,四人朝祠堂会场走去,继续上次未完的联席会议。

毛委员对毛泽覃说道:"吃饭时你大嫂提醒的这个话你要时刻记在心里,你经常喜欢不受拘束一个人下到地方去转转,有时连你的警卫员都不告诉,连他们都不知道你去了哪里。这种工作脾气你要改,毕竟现在你是有名头的人了,有时你也要对自己负责点,不要让我们在外面担心你,对你牵肠挂肚。"

毛泽覃答道:"大哥,我知道啦,大嫂的提醒我也记住啦。你自己为着工作熬夜,也要多注意休息,懂得自己多照顾自己一点。"

走到半道岔路口,遇到了同样要去祠堂会场开会、手上拿着一叠材料的曾山。他向毛泽覃招了招手,算是与他打招呼,然后转向近旁的毛委员关切地问道:"毛委员巧啊,你的身体好些了吧?"

毛委员说:"身子板结实着呢,反倒是你要注意身体。刘士奇同志调到了部队,赣西南特委、赣西南苏维埃政府与赣西南军事委员会总指挥部由你一肩挑,各种任务就重啦,你要养成这个能够载压承重的能力。现在部队和地方上上下下都在为攻取吉安城做工作,关键时刻你的身体可不能垮下。"

曾山说："我的身体不碍事，任务一件是完成，两件也是完成，只要有毛委员和第一军团总前委的支持，我什么负重也坚持得住，什么压力也承受得起。"

高空中几只大雁在快活地飞翔着，它们一面恣意地飞着，一面欢喜地叫唤着，一直飞到了山岭那头的树林中，在人们的视线里逐渐消失了。

184

埠田乡山岭下的鳌头村，一棵古老孤寂的大枫树映衬着埠田河对岸的高塔。大枫树旁边搭起的新茅草房和简易竹棚把四周围成了一个广场。有很多新鲜血液加入的红军第四军第十一师师部就悄然驻扎在这里。有着通信天赋的萧淑青从赣西南特委调到了第四军第十一师，任师部通信科科长。无独有偶，在吉安城区搞过地下工作的罗芳初也由第六军第二团万安连调到了第四军第十一师，任师部作战科科长。

这天，萧淑青低着头聚精会神地看着一本有关通信技术基础的书，她的齐肩短发有些遮挡了眼帘，脑后隐隐约约露着一点洁柔的脖子。第十一师士兵委员会主任兼师通信警卫排排长杨得志掀起布门帘走进了通信房，对萧淑青说："萧科长，外面有人找。"

萧淑青心里纳闷，说道："谁呀？"她刚调到第四军第十一师不久，还没几个人知道，因此也就没有什么人来找她。

杨得志说："你出去看看不就知道了。"说完，还神秘地扮了个鬼脸。

萧淑青放下书，走出通信房一看，不由得惊呼一声："是你！"来的竟然是罗芳初，她惊讶得有点欣喜若狂，"你怎么知道我调到这里来了？"

"我当然知道！怎么，我调到十一师当作战科科长，杨主任没有告诉你？"罗芳初笑着向萧淑青说道，"我几次在食堂吃饭，就是看不到你。就去问杨主任，他说你一直是让通信科的人帮你打饭带回来吃的，我就只有硬着头皮来通信房找你啦。"

"啊！调来十一师通信科才不久，除了师领导，其他的我一个人还不认识,所以我就很少去食堂吃饭了。"停顿了一下,萧淑青接着说,"其实,我在调走之前找过你,到你单位向你辞行,不过没有找到你,我就只好走啦。"

原来,师部领导、师部通信科、师部通信警卫排、师部作战科属同一个伙食单位,司务长是通信警卫排排长杨得志,他同时又担任第十一师士兵委员会主任。第四军军部士兵委员会主任原是陈毅,第六军成立后陈毅调到了第六军当军委书记,他的军部士兵委员会主任一职一时找不到合适人选,便由毛委员的警卫排排长肖俊遂暂代。杨得志和肖俊遂两人在士兵委员会主任位置上不存在隶属或上下级关系。每个新人进来本单位,都要到士兵委员会那里报到,萧淑青和罗芳初调来第十一师,也都要在杨得志那里办理伙食关系。

因此,萧淑青在不在食堂吃饭,杨得志是一清二楚的。萧淑青调来第十一师通信科,因为没有什么熟人,加上她又想尽快熟悉业务,于是就选择不去食堂吃饭,而是让通信科的人帮她打饭回来吃。

那时红军部队的连队经济开销以及食物采购,都是由士兵委员会掌握,并且不定期地向战士们公布账目。

部队若是打了胜仗、缴获敌人物资较多的时候,便会召开一次士兵大会,用预算之后结余的钱——也叫伙食尾子——去外面买些吃的东西分发到连队里,战士们边吃东西边唱山歌,边讲故事边论形势,场面很是活跃热闹。

罗芳初调来作战科的第一天,最先认识的是师长邓毅刚、师政治委员罗瑞卿,随后是师士兵委员会主任杨得志。来了几天,他在食堂里守候着,却怎么都看不到萧淑青,所以就只好问杨得志了。

"你调走之后,我一直挺想你的。"沉默了一会,最后还是罗芳初忍不住先开了口,他向萧淑青低声解释道,"我知道你到单位找过我,单位上的人都告诉我了。我后来去了你单位,也没有找着你。你单位的人说你调到第十一师了,我就只好回去了。"罗芳初溢满柔情的眼神一直没有离开过萧淑青,萧淑青害羞地低下了头。

"我有什么地方值得你想的?"萧淑青轻声地说着,脸突然红了。又沉默了一阵,她接着轻声问道:"你是怎么调来第十一师的?"

第三十二章 ★ 恋情

"我从你那里回去后，天天都想你。每天晚上躺在床上，手里都会拿着你送给我的书，临睡前在床上看它几页……只有这样才睡得着。"罗芳初迟疑了一下自顾自地说着，答非所问。

萧淑青用手摩挲着自己的头发，故意装出一副不记得了的神情，说："我送你什么书啦？我怎么一点都不记得。"接着她岔开了话题说，"你还没有告诉我，你是怎么调来十一师的。"

"鲁迅先生的《彷徨》呀，1926年北平北新书局出版的，你好好想想。"罗芳初一听萧淑青忘了送书的事情，有点急了。他接着说："你调来十一师后我经常睡不着觉，就向赣西南特委打了申请报告，托曾山委员长协调，借红一军团总前委向赣西南苏维埃政府要干部之机，要求也调来十一师，软磨硬泡的我就调来啦。"

"啊，你这么说，我好像有点印象。首篇的文章叫《祝福》，鲁迅先生写于1924年2月16日；末篇的文章叫《离婚》，写于1925年11月6日，我没有说错吧？"这一次轮到萧淑青有点顾左右而言他了。

"是啊，你想起来啦？……近一年多来，我可以说是每天从早忙到晚，都埋头在工作里，从没想过自己还是单身。自从在吉安城区区委认识了你，我突然觉得我该成个家了。也许我只是个平凡的革命战士，我却坚定地觉得这次不想错过你了……"罗芳初讲这番话时一颗心突突急促地跳着，可话刚说出口他便又猛然想到，自己现在讲这番话，会不会有点太唐突了，会不会吓到萧淑青，不知她会不会生气。

萧淑青低着头，只管傻笑着没有答话，其实她从心里很早就喜欢罗芳初了，只是因为革命斗争的复杂性和革命环境的残酷性，过去她一直不敢幻想个人感情的事情。

今天罗芳初来了，并且突然直接对她来了这么一番情感的倾泻，一刹那间她的心便已经被罗芳初给融化了，她几乎暂时忘记了他们现在正处在攻打吉安城前期紧张的准备工作之中。

这时，师部通讯员昌玉民突然来到了他俩的面前。他对着罗芳初喊道："罗科长，找了你半天，原来你在这儿。邓毅刚师长和罗瑞卿政治委员在找你，让你赶紧过去一趟，有要紧的事情交代给你。"

罗芳初回过神来，向昌玉民脸上望了望，回答道："好的，这就过

去。"接着他扭头对萧淑青说:"我先过去,不知邓师长、罗政治委员找我什么事,也许又是要我出去侦察敌情。回头有时间我再来看你。"说完深情地望了她一眼,匆匆忙忙转身走了。

185

夜幕降临,篝火正盛,鳌头村沉寂的大枫树广场上响起了一阵柔和的笛声。为了庆祝毛委员和朱老总指挥第一军团第四军与当地赤卫队打了两场漂亮的歼灭战以及第十一师在这两场战斗中立下了大功,师政治委员罗瑞卿告诉士兵委员会主任杨得志,晚上组织全师战士开个士兵大会,全师上下都很高兴。

原来,早晨第四军和当地赤卫队在水南打了个漂亮的歼灭战,歼灭号称"铁军"的唐云山旅前锋团五百多人。部分残敌逃到了施家边,毛委员和朱老总命令第十一师乘胜追击,从上午十点激战到了下午两点半时分,终于将唐云山旅前锋团全部消灭。

这两次战斗战果非凡,红一军团第四军共俘敌官兵七百多人,缴获长枪九百余支、机枪八挺、迫击炮两门、子弹五十多担。

罗瑞卿告诉杨得志:"晚上开士兵大会最好要来几出文艺节目,我和师长邓毅刚会来参加,还有朱老总及康克清、毛委员及贺子珍也会来参加。"他还要杨得志准备些好吃的东西,晚上让大家放松一下。

晚上,一轮弯月升起,在埠田河边铺了一地的银光。杨得志找了些战士清理了一下广场上的杂物,向鳌头村的乡亲借了十几张高低不一、大小不同的桌子,将它们由高到低排列整齐,用抹布擦干净桌面,在每张桌子的中间摆上花生、瓜子、红薯、糖块、橘子、纸烟,又安排人手专门烧了两桶开水,放在桌子的两头供大家享用。

第三十二章 ★ 恋情

186

　　晚上八点钟的时候，毛委员和贺子珍、朱老总和康克清在邓毅刚师长和罗瑞卿政治委员的陪同下来到了士兵大会会场，会场上响起了热烈的掌声。战士们全体起立，在杨得志的引领下集体演唱了两首歌曲表示欢迎——一首是《国际歌》，一首是《三大纪律、六项注意》——唱完了大家才重新坐下。毛委员和贺子珍、朱老总和康克清见战士们坐下了，他们才坐下来。杨得志想给首长们斟茶，却发现他们没有带搪瓷缸子。

　　原来，每个战士一人只有一个搪瓷缸子或搪瓷碗，吃饭和喝水都用它，谁也没有多的。邓毅刚师长和罗瑞卿政治委员的缸子，杨得志已提前向他俩的警卫员任兴坤和钟显桂打过招呼，让他俩记得分别把师长和政治委员的缸子带上，不然晚上的士兵大会他俩可是没有喝水的东西的。

　　于是，开会的时候任兴坤和钟显桂帮着邓毅刚和罗瑞卿把缸子拿来了。杨得志拿起桶盖上的木勺子，揭开桶盖，从里面勺了热水给他们的缸子满满地斟上。

　　然而，毛委员和贺子珍、朱老总和康克清是直接从红一军团第四军军部过来的，警卫员便没有带他们的搪瓷缸子来，弄得他们没有盛水喝的缸子。好在师部的通信房就在广场旁边，通信科科长萧淑青正好出来看热闹，心细发现了这一幕。她立刻进了通信房，把她和通信科三名通讯员的缸子洗干净拿了出来，悄悄地跑到桌旁交到了杨得志手里，缓解了他的尴尬处境。

　　这个晚上，战士们与朱老总和毛委员一起座谈，大家有说有笑，兴致都很高，两桶热水都快喝完了。朱老总和毛委员分别都讲了话，贺子珍也讲了话。

　　朱老总说："赣西南根据地已发展到了兴国、赣县、于都、安远、寻乌、会昌、信丰、南康、全南、龙南、定南、瑞金、吉安、泰和、万安、永丰、宁都、乐安、永新、莲花、安福、宜春、分宜、新余、峡江、吉水等二十六个地域的广大地区，同时占有十九座县城，初步建立了与闽西、湘东南地区的联系，赤色区域有组织的基础群众达四百多万，其中赤卫队

队员有四十多万、少年队员有三十五万、儿童团员有三十万，赤色区域群众的革命热情非常高涨，在一年多的时间里即有这样的成绩，我认为对我们广大战士浴血奋战的成绩是可以感到满意的；但就全江西省的局面来观察，为担负全国苏维埃政府的榜样这样的任务，这点数量还是太少。今后我们应当更加以十二分的努力，扩大红军队伍的数量，以贯彻'攻取吉安城，经营全江西'的精神。"

战士们满腔激情地倾听着朱老总的讲话，听讲的人群中便有萧淑青，她倚在通信房门口也在认真地倾听着。

萧淑青，万安县窑头区人，1927年3月在吉安城入党，与朱老总的爱人康克清是老乡。康克清是万安县罗塘区人，萧淑青则自小在吉安城长大，另一位战友罗芳初自小也是在吉安城长大的。因此，萧淑青和罗芳初自打认识起，大家彼此讲话和做事总感觉有一种共性，格外亲切。

187

大家安静地坐在各自位置上，全神贯注地听着讲话，都没有意识到朱老总的话讲完了，都觉得这么大的部队领导讲话不会短，应该会讲很长或者会讲很久，但是究竟要讲多长、究竟要讲多久，大家谁也说不上。因此，大家都在等着朱老总继续讲话，一时都忘记了鼓掌。直到会场上安静了好一会儿，大家才意识到朱老总的话讲完了，才想起来鼓掌。

轮到毛委员发表讲话了。只见他不紧不慢地拿起桌上的哈德门纸烟，拆了包装抽出一根来，拿起桌上的洋火柴悠悠地点上，在口里深深地抽了两口，好像是过了一把神仙瘾。

士兵大会会场上燃着篝火。在篝火摇曳的火光中，鳌头村及附近村的许多群众还有儿童都涌进了会场。于是，杨得志指挥会场的战士们往会场桌子中间挤一挤，给过来凑热闹看节目的群众留点位置。

杨得志和警卫排的战士们从桌子上抓起花生、瓜子、糖块、橘子分发给孩子们，孩子们高兴不已。杨得志一边分发糖块、花生、橘子，一边对群众们说："大家想吃什么，自己到桌子上随便拿。"一些群众跟着战士真

第三十二章 ★ 恋情

的越过人群，到桌子上拿自己喜欢吃的东西去了。

毛委员炯炯有神的眼睛扫视了一下会场，然后向广场上越挤越多的群众和孩子打招呼，转过脸又向着通信警卫排排长杨得志点了点头，好像是在表扬他做得好，今晚桌上准备的这个纸烟很不错。

毛委员手里夹着纸烟，对着大家说："苏维埃政府的不断壮大，使赣西南赤色区域内的群众在经济上得到翻身，他们不用还租、不用还债、不用完粮、不用纳捐税，他们热爱识字。因此，赤色区域广大群众的革命思想觉悟普遍得到了提高。一年多来，从赣西南农民的对敌斗争中，总前委知道，目前赣西南赤色区域群众最急迫的要求，是尽快攻取吉安城，到吉安城里去买东西，以解决被国民党封锁的食盐问题、布匹问题和药品问题。然而，他们革命的最大对象，还是在于彻底打破封建制度，坚持建设民主政治，不因一言一行的异议而被国民党反动政权抓起来，被无辜地投入到黑暗的监狱之中。广大群众的这种要求，主要表现在反团防、反土豪劣绅、反贪官污吏上。因此，主动要求农民武装的行动更趋坚决。今后苏维埃政府的工作应领导好农民，一方面继续作上面的斗争，以从根本上扫清封建余孽；另一方面应更努力更广泛地开展赤色区域民主制度的建设，落到实处就是'攻取吉安城，经营全江西'，为保卫苏维埃政权、为扩大苏维埃政权而斗争！"

毛委员讲话时神色激动，他一心一意，内容简明扼要、切中时弊，能够迅速让人的心里产生认同感。战士们听着，听着，全然沉浸在斗争不息的激情里，这是毛委员讲话时与众不同的视野与胸怀带来的效果。

战士们望着毛委员一边讲话一边抽纸烟的身影，个个露出敬仰且惊奇的神色，有的还三三两两地开始谈论起什么来，一时间人声鼎沸。杨得志坐在一张小矮凳子前，手上拿着一个笔记本，他朝会场上挥了挥手，说："大家安静。"会场上便安静了下来。

有人悟懂了毛委员的讲话，带头鼓起了掌。鼓掌的人越来越多，会场上的掌声如一片澎湃海涛。在掌声中，第十一师侦察连一名永新籍的英雄连长站了起来，喊道："请贺子珍科长也给我们讲讲话。"

侦察连一个湘南籍的机枪手也附和着："请贺子珍同志给我们讲几句。"

附和的战士越来越多，杨得志这当儿又举起握着笔记本的手向会场上扬了扬,他笑着对贺子珍说:"贺科长,今天你给我们大家讲几句吧。"

188

贺子珍在第四军机要科当科长,这一年正好21岁。她个子颀长,戴着一顶军帽,头发罩在军帽里,身穿灰布男式军装,腰间扎着皮带,皮带上插着两把短枪,给人一种英姿飒爽的印象。

第十一师的战士们很多都认识贺子珍,但听过她讲话的人却不多。贺子珍在军部机要科当科长,主要负责机要事务,平常很少在公众场合发表讲话。

贺子珍不好拒绝会场上战士们要求她讲话的呼声,也不好拒绝杨得志要求她讲话的邀请。因为杨得志兼任第十一师士兵委员会主任,在士兵中是有一定影响力的,也是能够代表士兵提要求的。她只好站起来,讲了几句:

"士兵委员会是士兵群众的组织,是代表士兵群众利益的组织,必须使士兵群众了解此种意义,士兵委员会乃能得到士兵群众的拥护。士兵委员会又是领导士兵群众做改善自身生活及参加政治运动的斗争机关,必须要使士兵群众知道斗争的意义和方法,士兵委员会乃能领导士兵群众的行动。士兵委员会又是教育士兵的自治组织,必须注意这一问题,士兵委员会乃能从日常生活及一切行动中训练士兵斗争的知识和能力。同时,士兵委员会与军队各方面是有密切关系的,不能单独存在,不能孤军奋斗,故又须使军队了解士兵委员会的真实,对士兵委员会尊重及信任。因此种种,士兵委员会对上对下的政治教育和生活服务工作是非常重要的。"

贺子珍发表起讲话来时声调清脆,通俗又好理解,且逻辑性很强,加上有肢体动作,很有些男指挥员的气概。她接着说道:

"为使士兵委员会成为革命红军队伍士兵权益保障的总执行机关,士兵委员会要号召士兵群众团结起来成为委员会的后盾。要做到这一点,必须使革命红军队伍的各士兵委员会实行民主革命的官兵平等政策,要实行进步的士兵团结政策,才可以消弭受封建官僚思想腐败的危险。如果革命军队的士兵委员会能够保护士兵利益,使封建官僚遗毒思想不能浸染我们的士兵委员会，组织士兵管理经济，行使各项民主权利，则士兵群众自然拥护士兵委员会。这也是红军军队士兵生活与国民党军队士兵生活的根本区别。我非常尊重和喜欢我们红军队伍里的士兵委员会这个组织。我的讲话完了，谢谢大家！"

战士们吃惊地听着贺子珍的讲话，没有想到她的讲话能力这么强，更没有想到她的政治理论水平这么高。他们对贺子珍的这次讲话报以长久的热烈的掌声。战士们挚诚的目光和热烈的掌声弄得贺子珍反倒有些不好意思起来。她几次站起来向战士们鞠躬，满脸都是绯红。

189

掌声停下后，文艺节目表演正式开始了。

第一个上场表演的人竟然是师部作战科科长罗芳初。他表演了一个拉二胡的节目，这个二胡是向鳌头村村里的戏班子借的。

原来，下午师长和政治委员让师部通讯员昌玉民叫他，便是要让他准备一下晚上上台表演的节目。于是罗芳初决定表演个二胡节目，他的二胡受父亲的熏陶拉得非常好。

一直倚在通信科房门口聆听讲话的萧淑青，看见罗芳初拿着一把二胡上了台，坐到杨得志为他摆放在会场中央的凳子上，她恍然大悟："这个罗芳初竟然还会拉二胡，怪不得他一来到第十一师就当上了师部作战科科长。"萧淑青的这番理解显然有点不太对，罗芳初会拉二胡不假，但他能当作战科科长与拉二胡不相关，他在地方上一直从事军事工作，又搞过地下工作，还在地方机关待过，担任师部作战科科长其实是实至名归的。

罗芳初今晚拉的是《杨六郎出征》，他以前最喜欢听父亲拉这一首曲子。他小时候只听父亲拉了三四遍，自己就学会拉了，而且在场景渲染和感情倾注方面拉得比父亲还要激昂动人。

他遵守着这样的拉弦演奏规律：音调的高低和长短对烘托杨六郎出征打仗的环境和感情是会起很大的支持作用的。因为悟到了这一点，所以应该说他拉的二胡比父亲拉得还要好。

也许他拉二胡太投入了，又或者因为他好久没有拉过二胡了，他心无旁骛，心潮澎湃，拉杆上全部的手势倾注了他全部的情绪波澜和壮阔心境。会场上每一个听曲子的人，都被感染了。

这首《杨六郎出征》一拉完，会场上不管是懂拉二胡的还是不懂拉二胡的，所有人都热烈地鼓起掌来。黑压压的人群中，许多战士和群众呼喊着："再来一首！再来一首！"罗芳初又开心又激动，一时间竟有点不知所措起来。

既是士兵委员会主任、又是临时充当晚会主持人的杨得志顺着大家的呼喊声，也对罗芳初喊道："罗科长，再来一首！"

第三十三章

整编

190

  罗芳初看了看满场坐着的观众,透过篝火的亮光看到萧淑青也在看他演出,他远远地望着她,仿佛看到了她那热切的眼神中柔情似蜜水,他顿觉神清气爽。于是,他定了定神,接着又拉了一首《穆桂英挂帅》。

  拉这首曲子时,罗芳初脸上洋溢着肃然起敬的神情,神态显得庄严肃穆。这是罗芳初沉浸于穆桂英当年那"国家安危系于肩"的情怀之中一贯的心绪表现,穆桂英这种敢于直面历史、勇于担当的光辉豪情在曲谱中表现得淋漓尽致,任谁听了都会对穆桂英生出一种钦敬和崇拜。

  晚会会场上似乎所有的观众谁都不舍得咳嗽一声。随着曲子,人们仿佛目睹了穆桂英挂帅一样,与她同呼吸共命运。罗芳初的表演充分展现出了人民群众的历史智慧和英雄战士的使命精神,他拉的两首曲子获得了毛委员和朱老总的一致赞许,也赢得了萧淑青的一片芳心。

191

  第二个上场的是王泉媛,她是第十一师宣传科科长。她一上场就直接表演,没有开场白,也没有铺垫句。她往桌子中间位置一站,眼望着树林山岭,心无杂念,庄严肃穆的神态中透出一股威严的震慑力:

> "当我沉默着的时候,我觉得充实;我将开口,同时感到空虚。过去的生命已经死亡,我对于这死亡有大欢喜,因为我借此知道它曾经存活。死亡的生命已经朽腐,我对于这朽腐有大欢喜,因为我借此知道它还非空虚。
>
> 生命的泥委弃在地面上,不生乔木,只生野草,这是我的罪过。野草,根本不深,花叶不美,然而吸取露,吸取水,吸取陈死人的血和肉,各各夺取它的生存。当生存时,还是将遭践踏,将遭删刈,直至于死亡而朽腐。
>
> 但我坦然,欣然。我将大笑,我将歌唱。我自爱我的野草,但我憎恶这以野草作装饰的地面。地火在地下运行,奔突;熔岩一旦喷出,将烧尽一切野草,以及乔木,于是并且无可朽腐。但我坦然,欣然。"

王泉媛表演的节目是文章朗诵,朗诵的是鲁迅写于1927年4月的文章《野草》,这篇散文在同年《语丝》第一百三十八期的杂志上发表。当时,文章一刊出就像一枚手榴弹被引爆了,惊醒了许多原本对时局麻木不仁的人,一时间洛阳纸贵,大家争相阅读这篇文章。

王泉媛原是少共湘赣省委青妇委员会委员,与少共湘赣省委儿童委员会书记胡耀邦同归王炳生领导,王炳生时任少共湘赣省委书记。《中央通告第四十九号》文件发出之后,为了加强红军的宣传力量,中共湘赣省委从省直机关选拔了一批青年骨干到红军队伍中工作,王泉媛便是这批青年骨干中的一个。

战士们沉醉其中,心里对王泉媛充满了崇敬,又觉得自己以前孤陋寡闻,竟然从来不知道师部宣传科有一个这么有才华的科长。

> "我将大笑,我将歌唱,天地有如此静穆,我不能大笑而且歌唱。天地即不如此静穆,我或者也将不能。我以这一众野草,在明与暗、生与死、过去与未来之际,献于友与仇、人与兽、爱者与不爱者之前作证。
>
> 为我自己、为友与仇、人与兽、爱者与不爱者,我希望这野草的死亡与腐朽,火速到来。要不然,我先就未曾生存,这实在

比死亡与腐朽更其不幸。去罢，野草，连着我的题辞！

　　一九二七年四月二十六日，鲁迅记于广州之白云楼上。"

　　王泉媛朗读结束，向会场全场敬了个军礼，然后神态自若、轻盈地走下了舞台，场上的人却没有反应过来，仍然沉浸在鲁迅文章的意境里。

　　坐在桌子一侧的朱老总带头为王泉媛的出色朗读鼓起了掌，毛委员也鼓起了掌，全场的人都跟着鼓起了掌来。其实，王泉媛哪里是朗诵，她全部都是背诵的。大家正使劲地鼓着掌，定睛一看，发现王泉媛早已下场了，于是会场上又响了一阵带着几分自嘲的欢乐笑声。

192

　　1930年3月，中共中央在上海召开全国赤色区域地方军事工作会议和全国苏维埃区域代表大会，赣西南苏维埃政府委员长曾山和红军第三军团第五军政委滕代远分别代表苏维埃和红军赴上海参加了这个大会。

　　在这次会议上，中央对农村革命根据地的地方群众武装以及苏维埃政府负责人称呼等方面作了规范化处理，规定了统一的组织、统一的编制和统一的命名。

　　中央规定：将赤色区域以前的各种农民赤卫队、农民游击队、农民赤卫纵队、农民自卫军，统一命名为赤卫军；将以前的各种少卫队、少共队、少共师，统一命名为少年队；将赤色区域以前的苏维埃政府主席、负责人、委员长，统一称呼为委员长；截至该年十月底，赤色区域农民武装以前的各种命名、称呼都统一改正过来。

　　中央同时规定：将赤色区域的红军主力"第×纵队"统一命名为"第×师"；将红军"独立×团"、红军"游击第×大队"统一命名为"×团"。

　　中央还肯定了第一军团总前委提出的"攻取吉安城，争取经营江西，同时兼及闽西、浙西"的战略计划，讨论了今后为创建更大规模的农村革命根据地，以及在赣西南地区形成长期的和日益发展的工农武装割据局面的建议，将地方革命武装组建成红军正规部队已迫在眉睫。

中央下达了将赤色区域各种地方武装整编为正规红军的命令。按照中共中央制定的扩大正规红军的计划，拟将赣西南赤色区域的红军独立第二、第三、第四团及几个县的赤卫队改编成红军第三军，并决定委任江西省委军委书记、江西省委特派员蔡升熙为军长。

然而，在党中央下达这个命令之前，赣西南赤色区域的红军独立第二、第三、第四、第五团，赣西游击第二大队和永新、莲花、宁冈等县赤卫队，已合编组建为中国工农红军第六军。

党中央收到第一军团总前委呈递的行动报告时，红军第六军业已组建完毕。在听取了曾山、滕代远的工作汇报之后，中央发函第一军团总前委：

"得悉你们已将中央原来计划编成第三军的武装组建为第六军，在此表示祝贺和同意。但湘鄂西特委在你们之前已成立了第六军，故你们现有的第六军仍按中央规定改为第三军。军长一职由谁担任，由你们会议讨论后决定。"

同时，党中央在函中还指出：

"中央基于第一军团总前委统一指挥红军作战的考量，同意你们之前已整编的方案：

一，将红军第三、第四、第十二、第二十、第二十二军合编，成立中国工农红军第一军团（简称'红一军团'），总指挥：朱德（兼），总政治委员：毛泽东（兼），其他组织结构、同志职务不变。

二，将红军第五、第八、第十六军合编，成立中国工农红军第三军团（简称'红三军团'），总指挥：彭德怀，政治委员：滕代远，参谋长：邓萍，政治部主任：袁国平，其他组织结构、同志职务不变。

三，红军第四军之前对外所称的前指、前委、总指挥部、总前委，统一称为红一军团总前委。"

至此，外界一度叫了许久的红一军团、红三军团的整编正式获得了中央的同意和通过。

第三十三章 ★ 整编

193

毛委员和朱老总收到了曾山、滕代远从中央带回的信函。1930年6月13日，总前委在福建汀州召开军事扩大会议，遵照中央密函的指示，决定正式对外公布：红四军总前委改为红一军团总前委，成立红一军团和红三军团；并据中央要求，将红军第六军番号改为红军第三军，军长仍为黄公略，政治委员为毛泽覃，参谋长为周子昆，政治部主任为李涛。当年第三军的武装，全军已达到二千多人枪的规模。

同时，红一军团总前委将红军第三军、第四军、第十二军原来辖下的纵队番号改为师建制，并与其他军的番号相衔接，并调罗炳辉任第十二军军长，与政治委员谭震林搭档。

红一军团总前委对第三军和之后成立的第十六军的建制和干部任免做了大幅度调整。将第三军的第一纵队改为第七师，师长陈伯钧、政治委员李湘龄；第二纵队改为第八师，师长刘畴西、政治委员王如痴；第三纵队改为第九师，师长徐彦刚、政治委员朱良才。第四军的第一、第二、第三纵队番号依次改为第十、第十一、第十二师建制，第十师师长王良、政治委员李赐凡，第十一师师长曾士峨、政治委员罗瑞卿，第十二师师长萧克、政治委员张赤男；第十二军第一、第二、第三纵队番号，依次改为第三十四、第三十五、第三十六师建制。各个部队的给养都进行了补充。

不久，红三军团第十六军在湘鄂赣地区成立，然而该军团师级以上干部严重缺乏，部队军事化管理工作没有办法进行，彭德怀便向毛委员作了汇报。

毛委员为了巩固和加强红军队伍的组织建设，把红一军团第三军政治委员毛泽覃，第七师师长陈伯钧、政治委员李湘龄，第八师师长刘畴西、政治委员王如痴，第九师师长徐彦刚、政治委员朱良才，全部调往红三军团第十六军任职。红一军团第三军政治委员及各师师长、政治委员都重新作了调整。第三军政治委员由蔡会文接任，第三军第七师师长、政治委员分别由柯武东、李韶九接任，第八师师长、政治委员分别由龙芝道、戴奇接任，第九师师长、政治委员分别由徐彦刚、刘作述接任。

红一军团总前委在党组织会议上，确定了攻取吉安城的日期时，第十六军留在湘鄂赣地区未参加赣西的这场战役。

红军第六军改为第三军之后，在攻打吉安城之前一直在湘赣边和赣西赤色区域活动，兼负拱卫赣西南特委、赣西南苏维埃政府的重任。根据第三军的战略布署和任务分工，这段时期第七师常在吉安、安福、吉水、分宜、永丰、宜春、新余、峡江、乐安、新淦诸区域活动，第八师常在万安、赣县、兴国东乡、于都北乡、宁都南乡、广昌、石城诸区域活动，第九师常在泰和西乡、遂川、万安诸区域活动。

有一次，黄公略的第三军第九师在师长徐彦刚、政治委员朱良才的率领下在万安县茅坪区夏露乡活动，何长工的第八军第六师在师长郭炳生、政治委员彭雪枫的率领下在万安县茅坪区下龙乡活动。两师的战士相遇，为了过界借门板的事情差点打起架来。

还是彭雪枫及时赶到，及时制止了这场风波，把带头吵架的一个连长关了三天禁闭。朱良才知道后，也对参与吵架的两个排长处罚打扫三天厕所，还关了两天禁闭。

之后，两个师在茅坪区夏露乡和下龙乡各自举办了一场文艺表演，并都邀请了对方参加，关系搞得很融洽。两个师毗邻而居二十天，为茅坪区夏露乡和下龙乡的党团建设及苏维埃文化建设作出了重要的历史贡献。

194

曾山在上海开会期间，邓英派出一支部队对陂头进行侵袭。赣西南特委为了安全，临时决定连夜将老百姓转移，把机关从陂头秘密搬到了东固根据地。东固是吉安县纯化乡的一个小圩场，虽然地处僻静，但是崇山峻岭，民风强悍，毗连永丰县和兴国县，可直达赣南宁都，由此可转达福建。

东固根据地曾是省县区乡等各级苏维埃政府的办公地，这里还设有赣西南红军学校、赣西南军官教导团、赣西南东固银行、赣西南特委党校等部门和机构。后来，除了赣西南东固银行仍留在吉安县赤色区域境内外，赣西南红军学校、赣西南军官教导团、赣西南特委党校等部门机构都搬迁到了万安县茅坪区下龙乡和夏露乡，在万安县这两个乡存续了半年。

存续期间，中央长江局军事部部长周以栗从国民党监狱里被营救出来，被赣西南特委安排到万安县茅坪区夏露乡凌岗村养伤。

周以栗在夏露乡苏维埃政府的精心照护下，身体恢复很快，在决定回中央长江局之际，他应赣西南特委党校校长黄鉴的邀请，在万安县委书记刘黎的陪同下，到赣西南特委党校讲了一天的课。黄鉴在赣西南特委党校任校长两个月，就被调到中共赣南行委去任职了。

随后，余飞接任赣西南特委党校校长一职，不过任职时间还不到三个月。其间，中共寻乌县委书记古柏到赣西南特委党校来学习了半个月。古柏回寻乌两年后，毛委员要去寻乌县搞调查，余飞便向他推荐了古柏这个人，毛委员去寻乌时果真去找古柏了。

过了半年，到了1931年2月，苏维埃政府形势发展转好，在赣西南特委的指示下，赣西南红军学校、赣西南军官教导团、赣西南特委党校等部门和机构，又从万安县茅坪区夏露乡和下龙乡迁移到了吉安县富田村，并没有迁回到东固根据地。

曾山从上海开完会回到赣西南特委后，出于安全考虑，不想让赣西南机关集中在一个地方，也为着后续攻取吉安城工作的方便，遂把赣西南特委从东固又迁回到了吉安陂头。

195

一夜过去，思绪万千，大家都精神抖擞。根据中央的指示，赣西南军事委员会总指挥部立即组织辖下的东、西、南、北、中五路指挥部相继展开行动。总指挥部总指挥曾山召集东路总指挥高克念、西路总指挥马铭、南路总指挥段起凤、北路总指挥焦云庭、中路总指挥杨成英开了一个行动吹风会，要求他们各项工作措施要按部就班尽快到位。曾山强调："哪路的工作措施没有落实，影响了攻取吉安城的计划，哪路的总指挥就要被追责。一切工作的重心都以攻取吉安城为首要！"于是，大家回去后都抓紧落实相关措施去了。

国民党吉安卫戍司令部显然嗅到了浓浓的火药味，邓英突然命令各处靖卫团、还乡团集结，统一归属卫戍司令部参谋部指挥，并把这些反动武装分成东、西两路，不断地在红军出没的地方大肆搞偷袭。

邓英委派参谋部一个叫刘志辉的副参谋长，带领东路纵队到林源、胡家、三角塘等赤色区域腹地偷袭，又到塘东、高塘圩等地方搞破坏；又委派江西保安第三团一个叫孟志峰的副团长，带领西路纵队到埠田、青湖、黄路坪等赤色区域腹地偷袭，还到石坪、桐树坪等地方搞破坏。邓英这一纠集兵力到赤色区域腹地搞破坏的招式，给当地群众和攻取吉安城工作队各个击破的工作，带来了不小的负面影响，造成了不小的损失。

196

一个遭遇敌人偷袭的区苏维埃政府领导气呼呼地跑到了赣西南特委，向特委书记曾山直接提出批评："你这个赣西南特委书记是怎么当的？你这个赣西南军事委员会总指挥是怎么干的？邓英组织的靖卫团、还乡团纵队深入赤色区域腹地，到处搞偷袭，连我们设在石坪、桐树坪的粮食处都被敌人的靖卫团、还乡团纵队破坏了。赣西南的农民赤卫军都枕着枪支在睡大觉吗？这样下去，攻取吉安城的工作任务还怎么完成？"

一个遭遇敌人偷袭的伤兵站负责人也硬着头皮跑到赣西南特委，要找曾山诉苦但没找着。他不死心，又跑到赣西南军事委员会总指挥部指名道姓地要找总指挥曾山。见到了曾山，他哭丧着脸向曾山撂挑子："曾总指挥，你处分我吧，只要别叫我干伤兵站的负责人，怎么安排我都行。在这个做好攻取吉安城准备工作的节骨眼上，邓英组织的靖卫团、还乡团纵队把我桐树坪伤兵站、塘东伤兵站给破坏得一片狼藉……你把我安排到后方，我还不如不干这个负责人的好。"

曾山把这两个领导干部叫到了一起，给他俩各自斟了一碗热水，然后心平气和地对他们说："靖卫团、还乡团来搞偷袭、来搞破坏，这是他们的本性，他们不搞这些下三滥的行动，他们还叫靖卫团、还乡团吗？在这个攻取吉安城的关键时刻，他们为什么这么疯狂搞偷袭、搞破坏？说明邓英这个老狐狸嗅出了一种即将扑向他的浓浓火药味。你们是党培养多年的农民干部，攻取吉安城的战斗即将打响，你们却被眼前的这点困难吓倒了，还让这点小挫折影响了你们的斗志，竟然不辞辛苦大老远地跑来找我诉苦，你们觉得这样做像话吗？你们觉得这样做还是个共产党员吗？你们基本的思想觉悟哪里去了？你们这样做能解决问题吗？你们好好想一想，想好了再告诉我。"

这两个农民干部听了曾山一顿和风细雨的批评，羞愧得不知说什么才好，低着头喝起了水。他们觉得自己确实不该有畏惧困难的思想，遂站了起来紧张地说道："曾总指挥，是我们错了。我们不该有畏惧困难的心理，我们忘记了自己是个共产党员。我们现在就改，现在就回到自己的工作岗位上去……"

曾山赞赏地点了点头："你们认识到了自己的错误，并且马上自我改正，有这样的态度很好，今天我就不处理你们了，希望你们回到自己的工作岗位上后用实际行动来回答你们确实是改正了错误。"

两个农民干部齐齐表示："请曾总指挥放心，我们一定用实际行动来证明我们提高了认识。"

曾山掏出怀表看了看时间，对他们说："快到吃中午饭的点了，要改正错误也要吃饱了肚子才去改正。你们跟着小杨去食堂，吃完中午饭再回去吧。"说着从抽屉里拿出两张饭票，一人一张塞进了他俩的手心，然后对外面的通讯员喊道："小杨，你现在带这两名'落后分子'去食堂吃饭。"

小杨应声进来，向这两名农民干部吐了吐舌头，扮了个鬼脸，带着他们出去了。

197

吉安县池渠湾，是一个只有十来户人家的小山村。一条小渠从一棵大树下经过，长长的树枝低拂小渠，这里因而得名池渠湾。

一队农民赤卫队被靖卫团、还乡团东路纵队刘志辉带领的团丁追杀得到处躲藏，溃不成军，丢镖卸帽。这个农民赤卫队仿佛不堪一击只有逃命

的份，拼命向一座小山跑去，子弹呼呼地在他们身旁乱飞，一会儿他们逃得看不见踪影了。

刘志辉命令靖卫团、还乡团东路纵队不要停顿，继续追击。

到了池渠湾的一座山沟里，突然，山岭的四周闪现出了许多赤卫队队员，他们把敌人包围在了山沟里。

他们在山岭上对着追过来的靖卫团、还乡团东路纵队猛烈射击，站在靖卫团、还乡团东路纵队后面的匪首刘志辉野兽般地吼叫道："撤！快撤！中了共产党曾炳春赤卫纵队的埋伏了！"

曾炳春居高临下，远远地看着这个靖卫团、还乡团东路纵队的匪首刘志辉。他从旁边一个赤卫队队员手上拿过一支长枪，对着刘志辉瞄准，一枪出膛，不偏不倚打中了这个匪首的太阳穴，把他的头打了个洞穿透，作恶多端的匪首刘志辉应声倒地。

敌人一看平日里作威作福的首领刘志辉被共产党赤卫队一枪爆头毙命，心里暗自高兴，但同时也被吓得不知怎么办才好。一个小队长带着团丁们拼命往外跑，一边跑一边大声嚷嚷："快突围！逃命要紧！"

一个高个子的赤卫队队员从腰间摸出两个手榴弹，从衣袖上撕下一片布条，把它们紧紧扎在一起，接着拉响手榴环，然后猛地投向敌群。手榴弹没有落在那个嚷嚷着的靖卫团小队长头上，反而落在了被曾炳春打死的匪首刘志辉的尸体上，只听"轰隆"一声巨响，匪首刘志辉那肥胖的尸体被炸得飞上了天空，碎尸散落满地。

曾炳春把长枪还给身旁的赤卫队队员，挥动着手中的短枪，对赤卫队队员们大声喊道："同志们，冲啊！为根据地死去的乡亲们报仇啊！"

赤卫队队员们开着枪，端着梭镖，挥舞着大刀，向山沟里的匪团丁们杀去。

嘭！嘭！嘭！在一阵阵弥漫的硝烟中，靖卫团、还乡团的匪团丁们纷纷倒下……

被打愣了的靖卫团、还乡团东路纵队群匪无首，但他们很快就回过神来了，不顾一切地踩着同伴的尸体往山沟外逃去。

曾炳春继续指挥赤卫队队员向匪团丁们开枪，在追击中，在硝烟中，靖卫团、还乡团东路纵队死伤累累，终于土崩瓦解……

看着这些手上沾满了根据地干部群众的鲜血的匪团丁们，看着他们被击杀的场景，曾炳春脸上现出了满意的笑脸。他带着队伍清理好战场，押着俘虏回赣西南军事委员会总指挥部向曾山交差去了。

198

孟志峰带着靖卫团、还乡团西路纵队摸到了万安县茅坪区南洲村，他们对村里的鸡、狗等家禽牲畜以及老人、妇女、儿童等毫无差别地开枪射击。他们冲进了公路旁的一家小商铺，不管四七二十八把柜里柜外的物品一扫而光。他们冲进了山坡上的一家民宅，用刺刀把木箱子挑开，把木箱子里的衣服、被子、鞋子全都包在一个布包袱里背上拿走。

一个白发苍苍的老伯拼命拉住靖卫团团丁背上的包袱，不想让敌人夺走自己的东西，靖卫团团丁用枪托把老伯打倒在地，拉开枪栓对着老伯就是一枪，老伯顷刻倒在了血泊之中。

做完这些还不过瘾，靖卫团、还乡团点燃了火把，把它们一路投向茅草房顶，把一幢幢房子点燃了，顿时间只见天空中浓烟滚滚，火光熊熊，村子里到处哭声震天。

烧完南洲村，靖卫团又跑到窑头区刿溪乡的几个村子烧杀抢掠，弄得家家户户无家可归。阳光寂寂却惨淡无光，无力地映照着火光之中刿溪乡的几个村子。

随后，孟志峰带着靖卫团、还乡团西路纵队窜到了万安县窑头区与泰和县城郊交界一个山包的原野里，突然让队伍全部停下，扭头对身边一个队长模样的家伙说道："就在这里歇息一下，支锅煮饭，吃完饭晚上袭击窑头区苏维埃赤匪政府，抓几个农民协会赤匪干部回吉安城，向邓英长官交差。"山包不远的森林处，红军第八军第六师的战士们在师长郭炳生、政治委员彭雪枫的指挥下，正从各个树丛草丛里钻出来，往孟志峰的靖卫团、还乡团所在的这个地方围合。

郭炳生轻声细语地对几个团长交代："必须全歼！一个不漏！"

"这帮狗娘养的，到处犯下根据地群众的血债，我们只有将他们全歼，才能对得起根据地的父老乡亲。"彭雪枫的声音中带着一种由激动变为坚毅不屈的情绪。

战士们精神饱满，已在周边散开，漫山遍野地向敌人包抄过去。一个还乡团团丁走出山包来解手，看见一群群的红军战士，惊得大声叫喊道："孟团座！红军……红军来啦！我们被红军包围啦！"

郭炳生举枪朝喊叫的还乡团团丁射击，那个还乡团团丁耷拉着脑袋立时倒在了地上。

郭师长的枪声一响，战士们不甘落后，纷纷向靖卫团、还乡团开枪、投掷手榴弹。顿时，山包原野里枪声大作、爆炸声四起，双方队伍处在一片片火海烟尘之中。

孟志峰毕竟是江西保安第三团副团长，久经战场，面对红军的突然包围，他命令靖卫团、还乡团集中火力向东南方向一个点的红军发起攻击。

第六师一团战士向敌人的阵地冲锋，但被靖卫团、还乡团一排手榴弹压制住了。南京国民政府兵工厂生产的手榴弹比赣西南苏维埃政府兵工厂制造的手榴弹的威力大多了，一时间有几个红军战士在爆炸声中牺牲了。

虽然敌人的集中火力压制住了第六师一团的战士，但是敌人对其他方向二团、三团红军战士的冲锋却来了个不闻不顾，他们想集中全力撕开一个口子突围。二团、三团的红军战士见状从背后向敌人发起了冲锋。

这时，二团、三团的几挺机枪也刮风似的向敌方的人群扫射，敌人纷纷中弹倒下，结束了他们罪孽深重的一生。未被打死的敌兵心里开始动摇了，不顾孟志峰的督促，纷纷举枪跪在地上投降。

彭雪枫见孟志峰挥动着枪，不让靖卫团、还乡团团丁们投降，他举枪瞄准向孟志峰射击，第一次子弹从孟志峰的耳际擦过，第二次子弹击中了他的胸部，孟志峰中弹倒地。敌兵见孟志峰被红军打死了，斗志全无，不再顽抗，全都举枪投降。也有零星几个想继续逃跑的，被一团的红军战士发现并当场击毙。

第三十三章 ★ 整编

199

"北路桐树坪粮食处""北路桐树坪粮食处后勤事务管理委员会",两块硕大的招牌显眼地挂在两根并列立着的高高木杆子上。

在桐树坪粮食处,到处可见这样一个人山人海的火热场面:各个运粮车队络绎不绝地来往于桐树坪附近。

在粮食处颇为显眼的十一号仓库,夏露乡妇救会主任魏淑兰、下龙乡妇救会主任张玉英,两个身板结实的女同志正在搬粮食。她俩站在独轮车的两边,同时把粮食从独轮手推车上抬下,尽量控制着使独轮手推车不至于因轻重不均衡而翻车。另有几位妇女正在其他独轮车上忙着搬运粮食。

十一号仓库的门口用墨迹写着"十一号粮仓"的字样。下龙乡苏维埃政府主席施秀兰正在指挥着运粮车队的人们有条不紊地往十一号粮仓里搬粮食。旁边一张小桌子旁的小矮凳上坐着一个姑娘,她在账本上不断地记录着什么、统计着什么,现场粮食的计量和抄数都是她一个人完成的。

200

"西路石坪粮食处""西路石坪粮食处后勤事务管理委员会",也是两块牌匾并立。与北路桐树坪挂的牌匾不同的是,它们显眼地竖在高高的辕门上,辕门是用竹木临时搭建的。

石坪粮食处广场上人来人往,人声鼎沸。运粮队伍羊群似的移动着,有的人用箩筐和扁担挑着,挑累了就换个肩;有的人用两轮大板车拉着,一人在前拉,一人在后推,拉粮拉累了两人就交换一下位置。

按照赣西南苏维埃政府给万安县苏维埃政府下达的指示,万安县苏维埃政府筹备的米柴油盐菜主要运输到北路桐树坪附近的粮食处和西路石坪附近的粮食处,这两个粮食处主要交由万安县苏维埃政府管理。

在征得中共万安县委书记刘黎的同意之后,万安县苏维埃政府任命茅坪区农民协会主席萧祖耀担任这两个粮食处后勤事务管理委员会的总负责人。

运粮队伍在石坪粮食处广场卸完粮食，大家拿着扁担、拉着空车刚走，新一拨的运粮队伍又有条不紊地来了。

队伍里，一个拿着扁担的运粮农民高声地与萧祖耀打着招呼，向他喊道："走啦！萧主席！回头我去趟茅坪区妇救会转告罗大嫂，帮你找一找那个水烟袋，找到了就帮你捎过来……"

萧祖耀在一处大粮仓门口一边指挥运粮队伍搬粮，一边高声回答："一定要记得，不要忘啦……"

那个拿着扁担的运粮农民一边答应着，一边随着运粮的队伍向远方走去。

201

吉安县东固根据地，在一口池塘旁边不远的一处空旷之地，来自各地的冲锋队带着斫铁丝网的木杆子长柄柴刀，掘壕的锄头、马刀，以及挖壕的深锄，在这里集结完毕。

有的冲锋队在负责人的引领下，已经整装待发。

来自万安县的冲锋队伍还排着队在紧张地登记造册。万安冲锋队负责人是万安县委组织部部长张伟，负责登记造册的是赣西南特委妇救会副主任冯兴华。

冲锋一队队长康敷伦、副队长李五立，冲锋二队队长刘太祥、副队长许衍初，冲锋三队队长匡人镜、副队长萧延功，三个冲锋队的正副队长带着矫健的队伍，正在聆听总负责人张伟的动员讲话。

第三十四章

总攻

202

冯兴华穿着一件蓝色的外套,显得特别抢眼。她蹲在一张矮凳旁,就着矮凳在现场执笔疾书。

张伟高声地讲着话:"队员同志们,你们在冯兴华副主任这里登记完个人资料信息之后,你们就可以在各队正副队长的带领下随着我出发了,我们一起在向导的引路下找到我们的战场。在战场上,大家要沉着应战,要积极配合部队完成好既定的战略目标。到时吉安城打下来了,我和大家一起逛吉安城去,看看吉安城的街道是个什么样!"张伟的话引得大家一阵兴奋。

203

北路固江伤兵站。

来自永新县总工会的赵有活带着他的担架四队四排,随着永新县担架四队队长黄卓力来到了这个站点。与赵有活一起从永新县征调来的其他担架队——一队、二队、三队、五队则是分到了其他伤兵站。其中,永新县担架一队分在西路高塘圩伤兵站,队长吴建君;永新县担架二队分在北路总站塘东伤兵站,队长康应业;永新县担架三队分在西路总站永阳伤

站,队长戴晓春;永新县担架五队分在西路庙前伤兵站,队长曾泷道。只有北路桐树坪伤兵站这一个伤兵站没有永新县的担架队。

北路固江伤兵站除来了黄卓力的永新县担架四队之外,还有汪安凤的永丰县担架一队、高云的万安县担架二队、李会香的安福县担架三队、赖经文的吉安县担架四队,各个县的担架队赶到固江伤兵站报到时已是晚上十点了。

固江伤兵站站长黄勇率领全站工作人员,举着火把到门口列队欢迎,搞了个简单的迎接仪式。他发表了几句简短的讲话,安排了各队住宿棚的棚号和位置,并把伤兵站的工作人员一一地介绍给担架队的队员们认识。

就在黄勇发表简短讲话之时,赣西南苏维埃政府通讯员吴立恩挎着一支盒子枪,腰间揣着两颗手榴弹,骑着一匹枣红色的快马匆匆来到了固江伤兵站,交给黄勇一个紧急通知。他急急忙忙地说了一句:"请按照通知要求,让他们立即执行!"说完就跨上了马,快马加鞭到其他地方送通知去了。

各个县担架队的队员们看着黄勇站长手上的通知,纷纷在心里揣度通知里说的是什么事。

通知是赣西南总工会后勤保障总调度室发来的。黄勇借着火把的光看了看通知,接着朝担架队扫视了一眼,然后走到了永新县担架四队的队伍前,大声问道:"永新县担架四队队长黄卓力、担架四队四排排长赵有活,两位同志在哪里?请两位出列,到队伍前边来。"

204

担架队伍中,茫然不知所措的黄卓力、赵有活从永新担架四队队伍中慢慢地伸出头来,紧张地四下望了望,随即跨步出列,对黄勇说道:"黄站长,我们在这儿。"

黄勇注视着黄卓力、赵有活,舒了一口气,说道:"两位同志哪位是黄卓力?哪位是赵有活?"

黄卓力用手指了指自己:"我是黄卓力。"又用手指了指赵有活:

第三十四章 ★ 总攻

"他是赵有活。"

黄勇说:"黄卓力同志,你不能担任永新县担架四队队长了。赣西南总工会后勤保障总调度室紧急调你到北路桐树坪粮食处担任后勤事务管理委员会副主任,协助管理北路桐树坪粮食处的粮食后勤保障工作。明天天亮之前早晨六点时分须赶到北路桐树坪粮食处报到。"

黄卓力抬头看了看天空,十分着急地说:"不知总调度室怎么考虑的,黑灯瞎火的,怎么这个时候送通知来?"

黄勇对黄卓力说:"不要紧的,我这里有火把,等会给你们几个,再给你们派个向导。"

他又转向赵有活,对他说道:"赵有活同志,赣西南总工会后勤保障总调度室令你接替黄卓力同志担任永新县担架四队队长,带着你的担架四队于明天天亮之前早晨六点时分赶到北路桐树坪伤兵站报到。等下你们担架队与黄卓力同志一起出发,你们担架四队的目的地与黄卓力同志的相同。因此,我只给你们派一个向导,应该不会耽误事。"

他扭头对身边的一个护士长说道:"赵护士长,你现在去四号棚,通知李锦通向导准备一下,十点半钟出发给永新县担架四队做向导,送他们到达目的地之后即刻返回。"赵护士长点点头,就往四号棚走去。黄勇又叫住了她:"顺便到站里的后勤仓库向张管理员申请十三个火把,交给永新县担架四队的同志。"

这时,赵有活插话问道:"黄站长,通知上有没有说由谁接替担架四队四排排长的工作?"

黄勇低头看了看通知,说:"通知上说,四排排长的空缺由你和前任队长黄卓力同志商量后任命,明天到达报到单位后向伤兵站备案。"

这样的事情不能耽搁,于是赵有活与黄卓力头碰着头低声细语地商量起来。大约商量了四五分钟,确定由四排副排长艾野接任担架四队四排排长,艾野原来的副排长由五班班长接任,五班班长则重新从组员里挑一个接任。

赵有活当场宣布了这些任命。这时,赵护士长手上拿着十三个火把,带着向导李锦通来了。赵有活让四排排长艾野接过赵护士长的十三个火把,并就着火把点燃了一个。

赵有活和黄卓力带着队伍向黄勇、赵护士长及担架队同仁们告辞,在李锦通的带领下向北路桐树坪方向出发。

火把的火光把赵有活、黄卓力的脸色照得通红,夜深人静的路上只听见许多矫健的脚步声在响……

205

早上九点,红一军团总前委举行了攻取吉安城前的最后一次军事会议。

各军团、军、师的负责同志都策马从驻扎地赶来参加会议。红一军团和红三军团并肩打了几年仗,缴获了许多敌人的物资,许多军团、军、师领导都配发有战马,这样前来开会时效率就提高很多了。

在这次高级军事会议上,大家以一种高度的责任感和兴奋的心情表示:坚决执行红一军团总前委的命令和赣西南赤色区域军事委员会总指挥部的行动方针!会场上朱老总、毛委员那种充满期待的气息坚定了各军、各师的领导对此战必胜的信心。会后,各军团的人回到各军、各师后各自又进行了怎么攻打的大讨论。在攻取吉安城的战略任务中,各部队按照红一军团总前委的部署,对怎样有效地配合作战有了初步的认知。

与此同时,这边的红一军团左路军已经主动采取行动,他们按照总前委的命令,根据战略规划按时到达埠田一线集结。

根据总前委发布的命令,红一军团兵分五路向吉安城进发:第一路是红四军,由埠田出发,经青湖、黄路坪、周家山到百子塘,在百子塘一带集结,安营驻扎;第二路是红二十军,由林源出发,进至胡家、三角塘、华家,在牛筋坑一带集结,驻扎宿营;第三路是红三军第九师及总直属队,由埠田出发,经君子亭、湖源、枫岗桥、桐树坪到山前,在山前附近驻扎宿营,等候命令;第四路是红三军军部及第七师,由万安县茅坪区夏露乡凌岗村、新坑村出发,赶至桐树坪的田冲岗,在田冲岗附近驻扎宿营,等候行动;第五路是红十二军,由葫芦湾、水南岭出发,向神岗山前进,在神岗沟驻扎宿营,静候指示。

206

午后，淅淅沥沥地下起了小雨。吉安城区方向，敌人向红军断断续续地发出隆隆的小口径炮弹，然而它的猛烈程度却不亚于晚秋的雷霆，震撼着每个红军战士的心房，然而却阻止不住攻城部队往吉安城聚集的脚步。

1930年9月12日，红一军团总前委指示红三军团即日经湖南醴陵进占江西萍乡，稍作休整后由江西萍乡出发，于9月24日进攻江西樟树，占领江西宜春区域的临江一带，截断赣江水域一线，堵住南昌方向来的敌人援军，以确保攻取吉安城战斗的成功。

彭德怀接到红一军团总前委的命令，率领红三军团按照总前委指定的路线，从醴陵进占萍乡，稍作休整又率部队攻占了樟树，于9月29日到达宜春，随后经过新余，攻占了清江县城临江镇，然后调配兵力守在临江镇聚精会神准备堵截南昌援吉安之敌。

此时，赣西南赤色区域各工农武装和各路红军接到了红一军团总前委和赣西南军事委员会总指挥部的决议，所有攻城部队限两日午后到达指定地点，10月3日红军攻城部队的大部，须于下午二时全部到达吉安城郊，4日拂晓开始总攻吉安城。军令如山，赣西南各赤色区域上下除了担任警戒和守卫后方的武装以外，全部奔赴前线投入攻取吉安城的战斗。

207

中午饭后，毛委员几乎没怎么说话。他有时来回踱步，陷入思考中；有时停下，静静地看作战科送来的敌情动态；有时走到窗前眺望远方，然后仿佛想到了什么，回到桌前用红蓝铅笔在袖珍的江西省地图上打着标记，手中的香烟一支接一支一直抽个不停。

"我现在有个想法，红一军团总前委位置前移，把它设在吉安城北山前村。"毛委员忽然对朱老总说道。他声音沉稳，一边比划着手势，一边谨慎地斟酌着每一个字：

"我想这样：调一个主力师假装开往吉安县城，到了吉安县郊区虚晃一枪，隐蔽起来等到天黑。然后避开邓英守敌李坤团的锋芒，出敌不意占领吉水县城，守住赣江防线，防止邓英守敌在我红军、赤卫军强大的攻势下突然弃吉安城乘船逃离。邓英守敌有四个团约九千多人，装备完善精良。一旦他决定弃吉安城逃跑，红军没有一个师的兵力在吉水县拦截，则这场军事行动就难以达成歼灭他的有生力量的目的。"

毛委员的意见也引起了朱老总的思考，但朱老总不认为邓英守敌会弃吉安城逃跑。他笑着说："邓英可能会认为他有整整四个团的兵力，还有他认为的坚不可摧的吉安城墙城防，南昌城的鲁涤平鲁胖子还会出动飞机帮助他牵制和骚扰我们的攻城部队，他或许会觉得他没有必要弃吉安城逃跑。如果攻城部队抽调走了一个主力师，攻吉安城的部队力量必然会有所削弱，势必造成部队的攻城军事行动受挫。因此，我不主张抽调一个主力师去吉水城守株待兔。但红一军团总前委位置前移，把它设在吉安城北山前村，我赞成。"

毛委员觉得朱老总的分析也有道理，可能是自己想多了，就没有坚持自己的这个想法。于是只叫参谋部和作战科的人赶紧打包，把总前委位置往吉安城北山前村前移。

傍晚时分，赣西南赤色区域军事委员会总指挥部。

来自红一军团总前委的朱参谋长，与总指挥曾山俯在桌上的地图上，研究赣西南赤色区域地方武装和群众如何配合红军主力部队攻城的问题。

曾山指着桌上的地图，对朱参谋长笑着说："这次攻打吉安城，总指挥部根据毛委员和朱老总的建议和部署，将原本的东、西、南、北、中五路指挥部撤并了南、中两路指挥部，并把这两路并入到东、西、北三路指挥部里，赣西南赤色区域所有的地方武装都调过来了，包括运粮队、担架队、向导队、冲锋队，大概有十几万人之多。赣西南赤色区域军事委员会总指挥部根据红一军团总前委的部署，已调工农武装两万人到北路，配合第二十军向真君山猛攻，逼近吉安城；西路已调工农武装两万人，配合第三军、第十二军进攻天华山，相机渡河，直取吉安城；东路已调儒林赤卫军、少年队，配合赣西南干部学校进攻神岗山；同时，还从富田调了一个赤卫军过来，配合水东赤卫军协助东路向吉安城进攻；赣西南所有的工农武装已全部动员！为防备和堵截激战后从吉安城溃退下来的敌人，根据毛委员的提议，总指挥部已调纯化一个赤卫军、万安一个赤卫军，在滩头、张家渡一带配合中路作战；总指挥部还调来兴国独立团，在水东配合富田、水东赤卫军作战。相信这次的武装调配对攻取吉安城、打败城区守敌邓英这只老狐狸，应该是没有问题的。"

朱参谋长仔细地听完曾山对工农武装安排的介绍，焦虑不安的心镇定了下来。他看着地图思考了很久，觉得曾山这样的部署是合理的，于是点点头表示对曾山这样调整的认同。

208

吉安城，中华民国国民政府赣西南剿赤司令部。

邓英和柳副官匆忙地走进作战室，拉开墙上厚厚的布幕，在墙上地图槽凹处拿起一根细长木杆，仰头指着墙上的江西省军事态势图，移动比划了几个位置，似乎想着什么极大的恐慌的事。一会儿，邓英丢下细长木杆，说道："赤匪突然增加这样多的兵力，说明攻取吉安城是他们整个军事行动的重点。看来，城区靖卫团侦缉队队长向廷灏上次报告的情况……"他话还没有说完，突然桌上电话铃响。

柳副官拿起话筒，问："哪里？你要找谁？"

电话那头的人说道："是柳副官吧？我是王锦文，我找师座！"王锦文在电话那头十分焦灼地大声喊道，柳副官用手捂着话筒，把电话递给了邓英，小声地说："师座，找你的，是王锦文团长。"

邓英接过话筒，不紧不慢地说："王团长吗？是我！你那边的情况怎么样？有多少赤匪？"

王锦文发疯似的答道："报告师座，我这里的赤匪好多！满山遍野到处都是，数也数不清楚。他们正蠢蠢欲动，光是水东山上就看到满是红旗和梭镖队，少说也有几万人之众。"

邓英陷入了极度的紧张之中："好吧，我知道了，继续观察。王团长，我跟你说，赤匪的人马来得再多，也只能是作摆设，因为他们没有重武器，山上的红旗和梭镖队即使再增加，也都是呐呐喊，他们爬不上城墙。我们有四个团的兵力，就算他们要攻城也不用怕，你们要敢于向赤匪反击，要有与他们反复战斗的准备。我命令，你们现在就全部进入阵地！"

说完，他不容对方再多说什么就挂断了电话。

"与省政府鲁主席联系得怎么样？"邓英向柳副官问道，"他答应派飞机支援了吗？"

柳副官："已经联系上了，省政府鲁主席办公室答应会联系空军部队支援！"

"估计这些空军部队里的官僚也就是派几架飞机过来，帮助投下几颗炸弹就算完成任务了，他们马上就又会飞回去向上峰邀功领赏去了。"邓英紧张地思索着，他叹了口气，神情有点沮丧也有点莫名其妙的生气。

柳副官机械地问道："那么，师座，你看……我们下一步该怎么做？"

"我担心赣江边！"邓英沉吟着，"柳副官，我交给你一个任务，你带着警卫连立即赶到赣江边，把梅林渡口、白鹭洲全部封锁起来，不准任何一个人靠近江边，连这些资本家、地主、豪绅、牧师、神父在内都不准靠近。从现在起，警卫连二十四小时守在赣江边，江内一切船只立即集拢，一块停靠在梅林渡口、白鹭洲不准动，任何一个地主豪绅要用船都不允许。违令者，格杀勿论。"

柳副官察觉出了什么，大声说道："是！知道了！我立即带着警卫连赶去江边，封锁白鹭洲码头！"

209

下午三点，数架敌机在螺子山、真君山、神岗山、天华山等山域的上空盘旋。它们不断地突然俯冲下来，轮番向红军和赤卫军阵地上投掷炸弹，投完炸弹后飞机又突然往上拉，然后飞到另一个地方投弹。

剧烈的爆炸声此起彼伏，山坡上、山峰处、山岭里、公路上，到处烟尘弥漫。

第三十四章 ★ 总攻

树丛下、草丛中、石岩旁，挤满了准备冲锋搏杀的红军、赤卫军、少年队和群众。一群群战士精神饱满，带着对敌机轰炸的愤怒，握着枪支、梭镖、长矛、大刀，都摩拳擦掌、跃跃欲杀。赤卫军、红军、少年队中的队员们耐住了性子，在观察着天空。

敌人的轰炸机把山岭、四野炸得七零八落，接着原野上呈现出一片短暂的宁静，但这不代表轰炸结束了。果然，过了不一会儿，数架敌机飞到远处调了个头，又飞回到了这里的上空，继续对这些地方投掷炸弹。"轰——轰——轰"的爆炸声轮番响起，石岩旁有一棵老树都被拦腰炸断了。

在这轮爆炸声中，有几个赤卫队队员和群众受伤了，有的伤在头部，有的伤在腹部，有的伤在手上。医生上前给他们包扎，包扎完赶紧招手让随后的担架队把他们抬走。

吉安城北山前村，这个地方也遭遇了敌机的轰炸。村前烟火弥漫，一座小溪上的桥梁已被炸塌，被炸散炸烂的木料在小溪里随着水流慢慢飘走。幸好，红一军团总前委指挥所没有被炸到。

210

红一军团总前委总指挥朱老总发布攻城命令：红四军两个师为左翼，分别向北面螺子山、真君山之敌人阵地进攻；红二十军两个师从正面，分别向西面真君山、天华山一线之敌人阵地佯攻，以分散敌人的注意力；红三军一个师与红十二军一个师为右翼，分别向南面神岗山、天华山一线之敌人阵地攻击。

红军第四军第十二师的阵地上，战士们正从各个树丛里钻出来，准备向北边螺子山、真君山冲锋。山冈上师长萧克正声音洪亮地向这些勇猛的战士作动员："同志们，考验我们的时刻终于到啦！前面是螺子山、真君山，它们阻挡我们进入吉安城，我们要把它们踩在我们的脚下！用红军的真诚，用共产党、共青团赋予我们的信仰和精神，勇敢地向它们进攻！"

战士们昂着胸膛，脸露战斗的锋芒。

第四军军长林彪、政治委员罗荣桓朝队伍走来,师长萧克、政治委员张赤男急忙上前敬礼。林彪举手还礼,他看了看第十二师的战士们,对萧克、张赤男说道:"今天打不打得进吉安城,就看你俩拿不拿得下螺子山、真君山。去吧,为了赣西南赤色区域的广大父老乡亲,祝你们在战斗中勇往直前!勇冠三军!"

萧克、张赤男抬起头来,望着林彪、罗荣桓说道:"保证完成任务!"

林彪从上衣口袋里拿出怀表看了看,严肃认真地说:"下午五点整,中国工农红军第四军的旗子一定要插上螺子山、真君山峰顶!总前委在等我们的捷报,看你们的了!"

"是!"萧克、张赤男一个立正,然后转身对第十二师的战士们发出号令,"同志们,出发!"

211

在北边的螺子山阵地,无数的爆炸声在螺子山响起,无数条火舌疯狂地冒起,到处烟尘缭绕。敌人强劲的火力毫无顾忌地向第十二师扑来。从近处往山上看,强劲的火力后面是一群群顽固的敌兵。敌人仗着手上有优势武器,正不要命地往第十二师这边拥来,他们竟然敢向红军主动发起攻击,但那枪声慌慌张张响得无什规律。敌人已经在山岭上散开,漫无边际地冲将过来。不愧是国民党的精锐部队,邓英能够带出这样一群顽兵,也不枉他的上峰鲁涤平对他的信任。

有一群敌兵杀到了第十二师的面前。在敌人的腾腾杀气中,一个红军战士牺牲了,一个红军战士负伤了。后面的担架队迅速跟了上来,快速地把这一死一伤两个战士抬离了战场,抬往最近的伤兵站。

萧克望着这些冲杀过来的不可一世的骄兵,心中充满了憎恨和怨气。他举枪朝敌兵中的一个头目开了一枪,这个敌兵头目随即一个倒栽葱倒地。

战士们不断地向敌人射击,敌人陆续倒下,有的就倒在红军第十二师战士们的跟前。

萧克让司号员吹起冲锋号。激昂的军号声中,排山倒海似的红军战士

第三十四章 ★ 总攻

不顾一切地向敌群中杀去。敌人纷纷倒地,没有倒地的想要临阵撤退,战士们不给敌人喘息的机会,继续对逃跑的敌人紧紧追击。敌人死的死伤的伤,没死的敌人全部举枪向红军第十二师投降了。

红军第十二师的战士们坚不可摧地冲向螺子山峰顶,司号员把红旗插在了螺子山峰顶。

真君山阵地,萧克带领红军第十二师继续向真君山冲去。在敌人阵地的指挥所,一个敌连长着急地挥着手枪,恶狠狠地命令着他的兵士们:"射击!狠狠地射击!不能让这群赤匪靠近了,不然我们都死无葬身之地!"

敌人的两挺机枪发足蛮力,不断地向我第十二师战士射击。一个战士被机枪打中,倒在了地上。后面的卫生员赶紧上前,为这个战士做好包扎,然后指挥担架把伤员抬了下去。政治委员张赤男抬起头看了看前面,对一个团长说:"古大刚,带上你的英雄团,迅速把这个火力点敲掉,不然我们的战士会有很大牺牲。"

"是!"古大刚挥了挥手里的短家伙,对后面的战士们说,"同志们跟在我后面,把敌人的这个毒牙拔掉。"他们贴着地向前爬行。

敌方指挥所外面,许多敌人不断地向战士们开枪,想阻止第十二师向前推进。第十二师的战士们开枪还击,敌我双方的火力把周边的阵地打得迷雾满天。

约一个连的敌人在两挺机枪火力的掩护下蜂拥而来,想对第十二师的战士们形成一个火力碾压的优势,显露出一种顽抗到底、孤注一掷的架势。战士们打红了眼,一鼓作气向敌人攻击。一个机枪手顽强地把敌人的机枪火力牵制住了。团长古大刚急红了眼,说:"投手榴弹,把敌人的机枪火力点打掉!"

战士们投出手榴弹,把敌方指挥所外围的敌人都干翻掉了。机枪手旁边的一个红军战士见状,突然从地上跃起,冲向敌人的指挥所,向敌人的指挥所投掷了一颗手榴弹。响亮的爆炸声响起,敌方指挥所被炸得飞上了天。

战士们纷纷跃起,向敌群中杀去。敌人不敢顽抗了,举枪过了头顶,嘴里嚷嚷道:"红军爷爷,我们投降!你们别开枪,我们投降!"

一个不安分的家伙想杀鸡儆猴，举枪想瞄准那个带头举枪投降的士兵，被古大刚看见了，他向这个不安分的家伙抬手就是一枪，正中敌人的眉心，敌人"哼"都没来得及"哼"一声就应声倒地。枪声稀落，反抗的敌人很快被剪除了，第十二师的古大刚团长亲自在真君山峰顶插上了第四军的红旗。

212

枪声渐渐地向吉安城墙外延伸。

于几个月前成立的红二十军也投入了战斗。红二十军下辖一七二团、一七三团、一七四团、一七五团四个团，共两千五百多人枪。一七二团团长肖大鹏，政治委员刘藜；一七三团团长刘承禄，政治委员陆松宜；一七四团团长李学俊，政治委员刘敌；一七五团团长刘泽民，政治委员谢汉昌。首任军长由赣西南红军学校校长曾炳春担任。红二十军的军事实力相对于弟兄部队而言，比较偏弱；但相对于国民党的杂牌军来说，则又显得很强大了。红二十军也曾参加过一两次大规模的战斗。

红二十军遵从红一军团总前委的部署，从正面向西面真君山、天华山一线的敌人发起冲锋。阵地上的敌人无论是还乡团还是靖卫团，想不到都是不堪一击的。既然不是邓英的正规部队，区区几个还乡团、靖卫团，凭借几挺机枪的火力怎能阻挡得住红二十军的冲锋？敌人在山顶上设置的火力点很弱，更是连阻击红二十军前进步伐的能力都有限。

在一片喊杀声中，红二十军漫天遍野地向敌人冲锋，发现一路上敌人的火力竟然都只如蜻蜓点水般，没有什么像样的阻击，红二十军很快占领了真君山、天华山一线。他们乘胜追击，分路向敌人猛追过去，敌军兵败如山崩，很快红二十军就挺进到了吉安城墙的外围。

神岗山、天华山一线阵地，红一军团第三军与第十二军高举旗帜，分别向神岗山、天华山右翼一线之敌人阵地发起攻击，只听得枪声、小口径炮声、喊杀声响彻云霄。

第三十四章 ★ 总攻

　　第三军打头阵的部队是第八师，在师长龙芝道、政治委员戴奇的带领下，已经把神岗山松树坳的位置占领了。随后，第九师在师长徐彦刚、政治委员刘作述的带领下也赶了过来，后面的部队正在陆续赶来，冲锋的战士越来越多。

　　第八师师长龙芝道向周围望去，只见神岗山往吉安城方向森林密密，密林中布了好些火力网，两边峡道和南边岩壁之下也有火力网配备。东边进吉安城的路口隐隐约约也有敌人把守，却始终没有一个人动一下。

　　政治委员戴奇走了过来，看了看阵势，对龙芝道伸了伸舌头，他感慨地说："邓英这个老狐狸，治军有这么严吗？不愧是个懂军事的行家呀！"

　　龙芝道对他笑道："邓英要不这样摆设，他的新编第十三师哪能一到吉安城驻防，军衔就直线上升为中将？"

　　戴奇笑道："这个国民党中将，恐怕是有点过于好大喜功啊。"

　　龙芝道说："那是。今天他遇到了我们第八师，我们要把他的这些摆设坚决拿掉。"

　　戴奇提醒说："尽量降低伤亡。"他的心中满怀期待。

　　龙芝道把望远镜交给戴奇，说："你盯一下，我去找军长。"

　　戴奇静静地说："我也感觉哪里有点不对劲，你快去报告。这儿我看着。"

　　龙芝道对他轻轻点了点头，转身离开了。

　　龙芝道找到了军长黄公略，对他低声说："今天这阵势，怕是邓英又在耍什么花招！"

　　军长黄公略正和政治委员蔡会文、参谋长周子昆低声商量着什么，他看到第八师师长龙芝道来了，转身对龙芝道说："是的，龙师长，你反映的不对劲，军作战处雷处长也向我们报告了，我们正在商量。"

　　龙芝道说："我建议将军部的这三门小口径小钢炮调拨给我们第八师，让我们先打他们几炮试试……"黄公略摇了摇头，说："只有三发炮弹，要留着攻吉安城用，怎么可能把它用在这山野上？我们再研究一下！"

213

吉安城，中华民国国民政府赣西南剿赤司令部邓英私宅客厅。

邓英一身戎装，正神秘地和江西保安第三团副团长何志强、吉安城区警察局局长钱小巫对坐，布置任务。院子里布满了国民党卫兵，他们一脸严肃地站立着。邓英新编第十三师的参谋长黎季文一直紧张地走进又走出，不停地接电话。

何志强、钱小巫冷眼四面观察。邓英专心地端起茶杯，喝了一口遂川县狗牯脑茶，微笑着道："对吉安城区的守护和联防，你俩要打起十二分的精神。神岗山、天华山的侦缉队和还乡团也都撤下来了，人马都归你俩调遣支配。你俩在这个时候要有对党国忠诚的信念，不要对几支赤匪部队有恐惧心理。当然，赤匪部队做梦都不可能想到，我把神岗山、天华山上面的部队都撤进吉安城区来了。虚虚实实，实实虚虚，我这次就给赤匪部队留下个迷魂阵。"何志强、钱小巫看着邓英，都紧张得不敢言语。虽然安装在过道拐角处的电话与客厅隔有一段距离，但铃声、黎季文的答话声仍不断地传到了客厅。

何志强、钱小巫看着邓英面显胸有成竹之色，两人端着茶杯半天却不敢喝茶。何志强毕竟久经官场，他用茶盖拢了拢茶杯里的茶叶，小心翼翼地喝了一口，说："今天听了邓师座的一席教导，感受良多。小的对怎么守卫吉安城，心中有底了。"

邓英微笑着把茶杯放在桌上，对何志强说："何副团长，你担任保安第三团副团长一职已经两年多了吧？该扶扶正了。现在，我任命你为江西保安第三团团长，吉安城东门的守备职责即日起由你全权负责。"

何志强站了起来，激动地立正，说道："是！坚决不负邓师座的信任和栽培！"

邓英定定地看着钱小巫的眼睛，说："你呢？钱局长。你今天的态度跟你往常的表现，有点不一样啊。"

钱小巫对着邓英干笑了一声，说："邓师座，你要我做什么我就做什么，在守卫吉安城这个任务上，我是鹅卵石掉进粪坑——又臭又硬，绝不藏着掖着。"

邓英又注视了钱小巫一眼，说："好！吉安城南门的守备职责即日起由你全权负责。"

第三十五章

逃跑

214

钱小巫也立正,响亮地答道:"是!坚决服从邓师座的命令!"

邓英向他俩挥了挥手,面色严峻地说:"你俩先回去吧,好好地担负起你们的守备职责,有什么任务调整我会及时通知你们的。"

何志强、钱小巫怔怔地望了望邓英,相互对视了一眼,然后转身一前一后低着头走了。

黎季文看着他俩远去的背影,轻轻顿了顿脚,走到邓英身旁低声问道:"师座,这两个草包,怎能担当如此重任?"

邓英注视着黎季文,摇了摇头:"这是一着险棋,我们只管按着原计划做好我们的事。等到赤匪朱毛的红一军团打进了吉安城,发觉上了当……"

邓英讲到这里禁不住"嘿嘿"地冷笑起来,黎季文跟着邓英也"嘿嘿"地冷笑起来,两只老狐狸笑得是那么险恶……

215

厚岭村在外人看起来是一个很大的村庄,两面围着山岭,中间是个平丘,像它的名字一样显示出一种古老的意蕴。村街的两旁满是稻草铺顶的房子和院落,一行行竹篱重重,一排排茅屋壁立,一座座院落密密,真的

第三十五章 ★ 逃跑

是布置得错落有序、井井有条。

厚岭村中间，一条宽宽的直街一直延伸到村口。直街两旁耸立着幢幢秫秸房屋，这样秫秸样的房屋在蓊郁的赣西境内委实是不多见的。有老一辈人讲，这个厚岭村是有点来历的。在清朝雍正年间，村里曾出过两榜进士，在方圆十几里多少是有些名气的。

小街尽头，有一座泥砖砌的简易茅草房，院落里摆着竹编筏，上面晒着切成片的红薯干，搭放在两根开裂的竹竿上。

刘铭方、李勉鸿正在屋里玩着扑克牌，两人的脑门和鼻梁上都贴着一些大小不一的白纸条，他俩玩得这样专心，以至于泰和县独立营士兵委员会主任曼玉手里拿着一把牛绳走进屋来，站了好一会儿，他俩都不知道。

曼玉在他俩身边略为停顿一下，待他俩出完手中的牌，依次把他俩脑门上、鼻梁上的白纸条扯下，嗔怪道："你俩还玩？都玩了一个钟头了还没玩够？知不知道现在都什么情况啦，还这么不知轻重！"

"呵，现在是什么情况啦？曼主任。"刘铭方站了起来。

"总攻就要开始了！天华山苑岭南那边都被第五师及泰和独立营攻下来了，现在在往吉安城推进。"曼玉兴奋地说道。

"这么快？那什么时候轮到我们上场？"李勉鸿把桌上的牌一收，丢在了一边。

"应该快了！我们早作准备。"曼玉对李勉鸿说道，"通知一到，我们就立即行动！"

李勉鸿说："好极了！"随即起身去拿了些稻草，到房子后院喂着这些从谢成墟眼皮底下"买"来的牛。

刘铭方接过曼玉手中的牛绳，高高兴兴地跟着曼玉也来到了后院。他把牛绳分成几拨，拿着一拨跨进了牛棚，把牛绳绑在黄牛套上，做好了随时出发的准备。

曼玉拿着另一拨牛绳走到了牛棚的另一头，像刘铭方一样，慢慢地上前把牛绳绑在黄牛套上。地上的牛绳渐渐都绑完了。

李勉鸿不断地折返去拿草料，喂着各个牛棚里的黄牛。

这时一个战士跑进来，气喘吁吁地大声喊道："曼主任……曼主任！"

"在这里呢！是张开贵吧，我们在后院，在牛棚里拴牛绳呢！"曼玉知道任务来了，欢喜地大声答道。

张开贵跑了进来，跑得太急竟一头撞到了门框上，痛得他龇牙咧嘴。他一边用手摸了摸痛处，一边说道："高师长下命令了，把这些黄牛赶到阵地上，要发挥它们的作用了！"

"太好了！终于开始行动啦！早就盼望着这一天了！"曼玉又激动又紧张地对张开贵说道，"张开贵，你赶紧去隔壁胡大爷家把黄牛组的同志们都叫过来，各人牵上各人负责的牛，上阵地去！"

"是！"张开贵三步并作两步地快走出去，"我这就去！"他的手还在抚摸着刚才被门框撞痛的地方，嘴巴里却不敢"哼"出一声。

216

10月2日晨6时。第八军第五师与泰和县独立营以及七千多赤卫军与少年队在师长吴高群、政治委员李四环的率领下，由泰和七姑岭渡赣江北上，沿司家、永阳、盘上、黄家过禾水河，开进到老杨家、曾家等地隐蔽集结。

一路上，到处能够听到螺子山、神岗山、天华岭敌机投弹的爆炸声和两军对垒的枪炮声。一路上，经过与敌人的几次激战，10月3日夜，部队终于顺利开进到了天华山苑岭南，来到了半里路远的凤凰洲老杨家。

217

按照吴高群师长的命令，第五师、赤卫军、少年队都分散在野外沟壕阵地中隐蔽，赤卫军运输队、少年队运输队用独轮手推车推着部队的给养不紧不慢地跟在第五师的后面。

在夜色中，只见他们手中的独轮手推车上装满了部队的给养，他们从一个山坡推向另一个陡坡，像乌龟一样慢慢地在坡道上爬行，有时前行的陡坡的坡度将近35°，猛一看使人心里胆战心惊。

第三十五章 ★ 逃跑

慢慢地他们的手推车推不动了，不时还遇到了一些险峻地势，车子有点打滑甚至往后滑退了几步。副师长高自力忙号召部队战士出手，帮他们拉车，一直把后勤保障物资拉到了平坦的高地上，所有拉车和推车的人才松了一口气。

白天，吉安城墙外围的阵地上敌人派出的红尾巴战斗机不停地呼啸着，有时是三架，有时是五架，有时是六架，不断地在红军的阵地上空盘旋，向第五师的阵地投掷炸弹。在敌机的密集轰炸下，后勤保障有点跟不上了，物资不是那么充裕。有些运输队的士兵受了伤，被担架队抬去了伤兵站。

草木青葱的第五师阵地被炸出了好些炮弹坑。吴高群来到了阵地前沿，他还没来得及观察吉安城墙外围的电网、梅花桩、明碉暗堡的情况，一架红尾巴战斗机向下一个俯冲，朝阵地上投下了一颗炸弹，瞬间发出了剧烈的爆炸声。

炸弹落在距离吴高群四十米远的地方，警卫员李雄云眼疾手快，迅速把吴高群扑倒在地，用自己的身子压在他的身上。随着一声剧烈的爆炸声，一股巨大的气浪把漫漫尘土送上了半空。

吴高群把李雄云推到了一边，自己爬了起来，又伸手把李雄云拉了起来。谁知半天却不见李雄云有动静，蹲下一看才知李雄云为了救他已经牺牲了！敌人的炮弹片击中了他的背部，鲜血直往外流，红了一地。

一个医生冲上前赶紧帮李雄云包扎，但已无济于事了。一组担架上来把李雄云抬下了阵地。吴高群看着担架上一动不动的李雄云，心里万分难受，眼睛涨得通红。

攻破电网的战斗还在激烈地进行着，许多冲锋队队员拿着大砍刀想斫断城墙外的梅花桩和电网。城墙外的明碉暗堡里伸出了许多机枪，不断地往外喷出火舌，阻挡了他们前进的脚步。

许多冲锋队队员倒在了敌人机枪的毒舌之下，担架队队员默默地上前把他们抬下了阵地。有的担架队队员也受伤了，医护人员的力量也十分窘迫。

218

  第八军第五师攻了整整一天,也没能打开敌人的城防。吴高群觉得不能这样蛮战,让战士们白白送死,赶紧叫停进攻,让所有进攻的部队及冲锋队的人都暂时撤退下来。

  第八军军长何长工见阵地上突然没有了枪声,便来到前沿阵地质问吴高群:"为什么停下来?为什么不进攻?为什么让部队撤下来?"

  吴高群回答说:"何军长,是我命令停下来的,也是我让部队撤下来的。我是师长,我要对得起第五师战士们的父母。战士们的牺牲太大了,第五师承受不起。敌人的明碉暗堡太多,我们不能这样打,得想个万全之计。"

  何长工锐利的眼光盯在吴高群的脸上,他有点不高兴地说:"就你第五师懂得坛子里点灯——照里不照外?其他师就能够赤膊捅马蜂窝——不惜血本?你这样做让总前委知道了,追究起来你吃罪不起。"他眉头紧锁沉吟了一阵,又问道:"你说说看,你想到了什么万全之计?"

  吴高群说:"我们准备了一群黄牛,准备晚上搞个黄牛阵,先让它们去冲破敌人的梅花桩和电网。"

  何长工问:"既然早就准备了黄牛阵,为什么刚才进攻时不用?"

  吴高群答道:"这些牛是种田人的根本。我想过了,如果部队进攻能够突破敌人的电网和梅花桩就最好不过了,如果不能够突破,就只能启用这个黄牛阵了!"

  何长工说:"好吧,这次我饶了你,总前委问起来我帮你担着。今晚我等着你的好消息。"

219

  晚上,山坳里,月光下。
  吴高群对全师及七千多名工农武装讲话:

第三十五章 ★ 逃跑

"同志们，吉安城就在我们触手可及的地方。要是我们把吉安城墙外的壕沟、电网、障碍物清除掉，我们就可以举着红旗大踏步地开进吉安城。要是我们能破除敌人的明碉暗堡、梅花桩加电网，敌人就要开始害怕我们了。大家都知道，近一年来红军和赤卫军先后八次攻打吉安城都没有打下，都因这个明碉暗堡和电网阻碍了我们的前进。今天我们集结在这里，准备第九次攻打吉安城。按照红一军团总前委的命令，这次我们一定要打进城去，彻底歼灭吉安城内的敌人！这是革命者发出的进攻，我们必须打进吉安城！不知同志们有这个信心没有？"

"有！有！有！"山坳里响起红军、赤卫军、少年队有力的回答，一种迫不及待的情绪在战士们之间蔓延。

政治委员李四环在一旁微微一笑，说："同志们有信心，我和师长也有信心！现在我们要做的第一件事，就是今晚彻底搞掉吉安城墙外的明碉暗堡、电网和梅花桩。今天下午何长工军长到了我们师的阵地，他说今晚他等着我们的好消息。这个任务，由哪个部队来完成呢？"

"当然是由我们泰和县独立营来完成！"营长肖锋急不可待地说。他一步上前，当仁不让地大声说道："我们独立营养黄牛都半个月啦，我们一直等待的就是这个任务。"

吴高群对肖锋点了点头说："一个能够买到牛、又能够养好牛的部队，一定是个肯动脑筋的部队。我现在命令你，今晚二十三点总攻时领着你的独立营、带着你的黄牛阵，去破了邓英老狐狸的这个梅花电网阵！"

"是！保证完成任务！"肖锋满怀信心地喊道，"泰和县独立营的，随我出发！"

220

昏暗的天空隐约飘着几团乌云，周遭阴沉寂静，连街上商家的狗也没有听到多少它们的吠叫声。

邓英怀着极为复杂的心情走出了他那座设施豪华的私宅，出现在他眼前的是一个个荷枪实弹站岗的卫兵。这样肃杀的院落，更加深了他想将繁

华的城区据为己有的念头。他在私宅院落中呆立了几分钟,转身走向了色彩黯淡的大街……

邓英在大街上走着,后面跟着参谋长黎季文和他的卫队。一间间早早关了门的店家,商贩们那慌恐下的不安和迷茫,让这座赣西都市一片肃杀。他心烦意乱,当"赣西王"的雄心已一点点地消解了。他心境不定,只感到自己的手脚冰凉,只有躯体还是热乎的。

这时,值日军官从远处跑来,气喘吁吁地向他报告:"有许多赤匪部队正在搬运大炮,有无后座的小口径钢炮,还有松树炮、迫击炮,正蜂拥而至围住了城区的南门、北门……"

邓英害怕值日军官的报告会动摇他已经作出的决定,他顺着来时的街道急急地向回去的方向走去……

"报告!南门被赤匪包围了!"

"报告!西门被赤匪包围了!"

"报告!东门方向发现有大批的赤匪在蠢蠢欲动!"

……

接二连三的"报告"惊吓住了邓英,他两眼凝视着这座快要被赤色埋掉的城市,眉锁客蹙,沉痛地喃喃道:"吉安末日快要到了……新编第十三师的劫运快要降临了……"他的眼珠子都气红了,他转过身子朝参谋长黎季文大喊道:

"命令:一,江西省保安第三团和吉安城区警察局分头开出东门、南门,于电网、壕沟、炮台、碉楼、哨棚一侧守备,不得退入城墙内,违令者斩;二,令柳副官即刻将赣江中船只一齐调集在梅林渡口,停在白鹭洲,谨防赤匪偷渡,任何地方名流、地主豪绅、商贾市贩、社会人士非经本座亲自许可,不得靠近船只,违令者斩;三,鸣锣通知全市各商家住户,即刻起一律闭门不准外出;四,令城区警察局即时撤退各岗警,全部撤到南门外围参与守备,不得有误。"黎季文拿着命令赶紧传达去了。

城区城墙外,不断传来红军攻城的呐喊声、枪炮声,街上巡逻的国民党士兵一边巡逻,一边相顾愕然,恐慌不已。

第三十六章

胜利

221

晚上九点多,街上拥挤嘈杂,一阵马蹄声急促响起,邓英、李坤、王锦文、王劲修、黎季文骑着马往梅林渡口、白鹭洲方向奔去,卫兵们倒背着枪支,手提着长官们的大包小包、大箱小箱,紧紧地跟在长官们的身后。

黎季文对着一个手提箱子的卫兵队长喊道:"小心点,曾队长,里面都是邓师座的身家宝贝。千万不要碰撞到了哪里,若是损坏了一点点,到时邓师座饶不了你。"

不一会儿,只听到赣江白鹭洲码头人声鼎沸,汽笛呜呜,一片混乱状态。

222

吉安城区的城墙始建于唐宋时期,厚且高。

第十二军第十一师赖以攻城的火炮和炸药严重不足,连用以攀爬城墙的云梯都很少。9月28日,第十一师由桐坪出发,八时许抵达吉安城附近,与第二十师、二十五师、第十二军的军预备学校以及第十二军的军干部学校汇合,占据了真君山,冲到了吉安城西门一带。

由第十二军第十一师、第二十师、第二十五师以及军预备学校、军干部学校等组成的攻城突击部队，不断地在电网、炮台、碉楼、哨棚、壕沟外开枪射击，持续打到了当天半夜。

在吉安城墙外，敌人的强大机枪火力网压制着由第十二军第十一师等组成的攻城突击部队。

尽管都是红军主力部队，但第十二军在攻坚战方面似乎有它的短板，打了几个钟头，竟然也没能跨越敌人设置的壕沟，没能前进一步。

战士们都显得有点紧张，军长罗炳辉也急得团团转。尤其是肩负左翼攻击任务的第二十五师，他们是这路进攻组合部队中最先发起攻城冲锋的，他们的子弹都快打没了，但还一点效果都没有。

夜间，月亮出来了，斜斜地挂在半空中，不是很亮。寒颤的光亮透过夜雾，照射着吉安城，照射着攻城的第二十五师的指战员们。夜色柔和静谧，但却没有一个人高兴得起来。军长罗炳辉亲自来到了第二十五师中督战。

驰援中路的万安农民赤卫军抬着两门松树大炮来支援了，他们朝着敌人接连放了两炮，敌人这才开始面露惧色。

第十一师在攻坚方面暂时失利，但这一师作战经验较为丰富。趁着敌人一时间尚没弄明白我方的实力之机，战士们抢先大举渡河。第二十五师紧跟着开进，其他的攻击部队也纷纷跟进，攻坚战一下子掌握了一点主动权，一时击毙敌兵数十名，缴获了枪支数十支，敌人的抵抗这才减弱了许多。

223

第八军第五师阵地。

泰和县独立营，师长吴高群对其寄予了很大厚望。

肖锋看了看天色，从上衣口袋里掏出了一个日记本，从里面抽出一张早就裁好的卷烟纸，他一边卷着纸旱烟，一面默默地思考着。他把卷好的纸旱烟点燃，猛然在嘴里使劲地抽着。

第三十六章 ★ 胜利

士兵委员会主任曼玉带着刘铭方、李勉鸿、张开贵及黄牛组的战士们，连夜将三十头黄牛、水牛赶到了天华岭南侧的电网、炮台、碉楼、哨棚、壕沟之外。在曼玉的指挥下，每三个人率一头牛，在三四百米长的壕沟凹槽处分散配置，还准备好了油桶、爆竹、稻草和桥板，满怀信心地耐心等待着。

天华岭南侧，不知什么原因攻城部队突然停止了开枪，四周静得出奇。

曼玉伸长脖子，探出头去看，却什么也没有看到。在夜色的亮光中，她那条又粗又短的辫子轻轻地甩动着。她那神色严峻的鹅蛋脸上隐约显出一对很少被人注意到的酒窝，在静静的山野里，她显得是那么美、那么成熟稳重。临近流血牺牲的战场，她却一点怯意也没有。

夜里23时，总攻时间快到了。

曼玉和刘铭方、李勉鸿、张开贵及黄牛组的战士们，在黄牛、水牛的尾巴上绑上棉花，洒上煤油，做好了攻击前的准备，等待着攻击的号令。正当城墙明碉暗堡里的敌人在做着红军和赤卫军攻不破电网、壕沟、高墙障碍的美梦时，第三军、第四军、第八军、第十二军、第二十军的冲锋号突然间同时吹响，嘹亮、整齐划一的冲锋号震撼着山崖城角，催得战士们涌起阵阵热血。

曼玉指挥着黄牛组的同志们将黄牛、水牛尾巴上的棉花点上火，那些受惊的黄牛、水牛组成了一支庞大的队伍，两眼盯着西边吉安城区闪光的灯火，如同久困的猛兽般一齐黑乎乎地向东狂奔，直直冲进敌人的电网，一下子就把电网给冲塌了。

无数的红军、赤卫军、少年队和群众的喊杀声以及枪炮声响彻云霄，声震数十里，吓得城墙外的保安第三团、吉安城区警察局的兵士们惊慌失措。电网一破，敌人尤似失去了天堑的庇佑。在混混沌沌中，守在明碉暗堡里的敌人，见到无数黑压压的红军战士、赤卫军、少年队和群众越过了电网、梅花桩，他们吓得丢下了阵地，钻出了明碉暗堡，狼狈逃窜。

阻碍前进的城墙障碍被破除了，第五师师长吴高群、政治委员李四环率领七千多赤卫军、少年队队员以及泰和独立营的战士从天华岭南向吉安城区东北方向猛烈冲锋下去。

第五师第三团团长肖德军、政治委员肖天助指挥着战士们不断把手榴弹几颗几颗地绑在一起，投向弃碉弃堡而逃的敌保安三团，只听一声声巨响，黑尘冲天，敌人被炸得飞上了半空。

战士们一鼓作气，继续向前冲。

历史庄严地记录着这一刻。

10月5日凌晨二时，战士们端着刺刀，沿着黄牛、水牛开拓的道路，很快就把木桥架好、将敌人挖的水泊壕沟填平了。他们一边开着枪，一边在夜色中呐喊着："冲呀！活捉敌师长邓英！"直扑吉安城区中山大街和白鹭洲。

邓英早知败势已定。晚上九点时，他抛下了满吉安城的土豪劣绅，抛下了许多忠诚于他的商贾富客，悄然带着他三个多团的残兵败将，从赣江白鹭洲码头乘火轮轮船、渔船经吉水向南昌逃跑了。

凌晨二时，第四军第十师在师长王良、师政治委员李赐凡的带领下，在攻城过程中，突然发现赣江江面上有很多船只在向下游南昌方向游动，就改变了作战计划。师政治委员李赐凡率一部分队伍继续攻进城去，师长王良带一部分队伍沿着河去追击乘船逃走的敌人。他们不断地在河边朝敌船开枪，敌船就靠着东岸向下游走。赣江河面宽，水面大，距离远，红四军第十师的枪支落后，枪打不准，只能吓吓敌人。王良不死心，他带着队伍继续追赶，在江边找到了三条渔船，每条渔船能坐三四十人，他们在船上架起机枪扫射，敌人害怕，只好投降，一下子俘虏了二百多人，缴了一百多条枪。

躲在吉安城区里的土豪劣绅，却是有点背运，碰到了个私欲极重的主，但竟然谁也没有沾到邓英的光，他们一个也没有跑掉，都滞留在了吉安城里。

泰和县独立营配合主力红军第八军第五师作战，伤亡不大。肖锋清点了一下独立营缴获的物资，有四十多支洋枪、充足的子弹以及一大批点灯的洋油。

224

另一个主阵地，吉安城区城墙上。

10月4日拂晓，吉安城区城墙上的敌人顽固地与红一军团第二十二军打了一夜，竟然不觉得疲惫。他们轮番上城墙，神情警惕，死死地监视着城墙外的第二十二军。

早餐过后，十余万赤卫军和农民协会会员陆陆续续从各地赶来支援。

第二十二军和赶来支援的赤卫军及农民协会会员，轮换着向吉安城发起攻击。由于第二十二军和赤卫军的武器不行，重型武器非常缺乏，虽有小口径小钢炮却已没有了炮弹，攻击了一天还是没有攻破城门，部队上下的士气明显有点受挫。

当天夜晚，各地支援的云梯陆续到达。在军长陈毅、政治委员邱达三的领导下，第二十二军的指战员们又打起了精气神，开始又一轮的冲锋。

参谋长胡灿负责调度第二十二军部队的主攻方向，他主张发动夜战，采取连续作战、一鼓作气的策略继续攻城。冲锋队队员们纷纷响应，拿起铁镐、锄头、大砍刀、马刀涌向壕沟、电网，一起行动起来。

已是深夜，但在月色的照射下，还可以看清第二十二军、赤卫军、少年队阵地的全貌。

这是一处足有一千米长的壕沟，长长的高高的电网以及梅花桩就像一双双巴掌似的，从吉安城墙中突起延伸出来，和敌方阵地上的明碉暗堡密切地配合着。壕沟上，敌人设置了满布的表面障碍物，其中一些在冲锋队队员们艰苦卓绝的工作下已被斫断排除，还有一些电网、炮台、碉楼、哨棚仍然矗立着。

不知是邓英还是黎季文的阴招，电网和炮台上写着"坚决阻击赤匪攻城""人在新编第十三师阵地在"等口号，口号的大字潦草不堪。

冲锋队队员们奋力地斫断电网，填埋壕沟，有的用长长的竹竿扎在一起，形成了一个个竹排，铺在了壕沟上给攻城的战士们开道；有的冲锋队队员头上还缠绕着绷带，未愈的伤口渗出血迹，把绷带染成了红色。

枪声和第二十二军战士们攻城的呐喊声一直没有停止过，他们一边掩护着开路的冲锋队队员们抢砎工事,一边给远处胆战心惊的敌人制造威慑。看着红军的气势越来越盛,有些炮台上和明碉暗堡里的敌人恐惧猛增,纷纷放弃抵抗逃离了据点。

第二十二军的战士们坚定地冲锋到了城墙下,争相架起云梯,不顾枪林弹雨径直往城墙上面攀爬。陈毅审时度势,选择将西门方向作为突破重点,其他方向作为佯攻。陈毅把第二十二军的机枪集中起来使用,向城墙上的敌人扫射,压制住了敌人的火力点,掩护突击部队架云梯登城。

这时,有几架敌机掠空而过,向攻城的部队疯狂地开枪、投掷炸弹。一时间有不少战士负伤倒下了。

但是,攻城并没有停下,有十几个战士率先攀上了城墙,跳进城墙内,与敌人近身肉搏。面对这样神勇的红军战士,敌人胆战心惊,纷纷往城墙下溃退。

225

在第四军的阵地上,战士们的呐喊声、城墙上断断续续的枪声逐渐地变得稀疏起来,一丝丝大捷前的喜悦气息在空气中流淌。

"萧营长!"忽然,从一个碉堡边传来了一声兴奋的喊叫。接着一个排长一边招手,一边领着赣西南特委敌工科科长萧文昌过来了,第四军第十一师作战科科长罗芳初持枪跟在后面。

第四军特务营营长萧元礼大声向萧文昌喊叫道:"萧文昌!你这个敌工科科长,怎么这么快出现在这里?"

罗芳初从萧文昌身后冒了出来,叫了一声:"萧元礼,还有我呢!"

萧元礼一看见罗芳初,惊喜地高呼一声:"罗芳初!"他兴奋地跑过去抱住了罗芳初,狠狠地捶了一下他的肩膀。罗芳初痛得脸都变了色,衣服上渗出了血迹。

萧元礼一看,赶紧关心地问道:"怎么挂彩啦?"接着扭头大喊道:"卫生员!卫生员!快!给罗科长包扎一下,叫一副担架把他送到伤兵站去。"一个卫生员应了一声,来到了罗芳初面前,在夜色中帮他包扎伤口。

罗芳初摆了摆手,说:"不用!用绷带简单包扎一下就行了。"他话音才落,人却已晕倒在地。

卫生员帮罗芳初包扎好了,一个担架队迅速上前,几个队员把罗芳初搬上担架急急忙忙地往伤兵站抬去。

萧元礼和萧文昌看着担架队走远了,才和战士们一起向吉安城区城门的方向冲去。

萧元礼兴奋得气息有点急促:"你到底出现啦!好几年没见你,真是时时牵挂着你啊!"

萧文昌说:"我也牵挂着你呢!上个月回特委开会,曾山书记见到我,还问到你的情况呢。说你从万安纵队调到第四军直属特务营当营长这么久,也不去特委看看他。"

萧元礼答道:"我也想去看他哩!可是部队天天打仗,又招进来许多新干部和新战士,总得把他们带熟了才敢走开。"

萧文昌朝着萧元礼嗔怪着说:"你呀,不要整日整夜忙工作、忙打仗,有时间也该请趟假回家去看看。你要知道,仗是打不完的。"

萧元礼不以为然地说道:"你不是也一样,也没见你回过家看看。"他向周围看了看,低声说道:"这次打下吉安城了,我打算就向林军长请个假,回家看看去。也不知林军长批不批假。"

"这还差不多!应该会批这个假的!"萧文昌听了很是高兴。接着,他郑重地说道:"告诉你个好消息,我可能也要调到第四军来工作了,上周曾山书记找我谈话,问我愿不愿意调动。"

"那太好啦!来我们特务营当政治委员吧,我们特务营正好缺个政治委员……"萧元礼鼓动着说。

226

第二十军这回露了脸了,战士们带着第二十军干部学校和青年干部学校的学员们在高沙歼灭了地主豪绅还乡团一个营,击溃了江西保安四团的一个团,俘敌四百多人,缴枪四百多支,敌人设在铁丝网外的精锐力量被他们消除干净了。

由第二十军的一个师和第二十军干部学校及青年干部学校组成的攻城突击一队，仗着年轻干部多、精神劲头足，一鼓作气占领了天华山一侧，战斗打得比较顺利。但是，由第二十军的另外两个师和北路赤卫军组成的攻城突击二队在真君山打得却十分艰苦。

他们把独轮手推车裹上棉絮，制成一辆辆土坦克，遮挡着敌人的子弹，掩护着部队发起冲锋，战士们冲到了吉安城墙外的铁丝网下，与吉安城区警察局的敌人展开了肉搏战。激战数小时，第二十军牺牲了二三百人，尤其是干部牺牲最多。可见，吉安城区警察局的军事实力委实不能小瞧。

赣西南特委军事委员会总指挥部总指挥曾山见此牺牲情形有点不忍心，做出决定撤出第二十军，把部队开往峡江县休整待命，只留下独立团、冲锋队、破坏队等群众武装继续攻打吉安城。第二十军军长曾炳春有点不太愿意，他对赣西南特委军事委员总指挥部总指挥曾山说："仗都打到这个份上了，你叫我二十军撤退，以后我这个军在红军队伍里还怎么抬得起头来？"

曾山拗不过曾炳春的请求，只好同意第二十军留下继续进攻吉安城。

第二十军军长曾炳春也是个狠人，他以身作则，身先士卒，往敌人火力最强的地方冲锋，下面的师团领导也都下了狠心，与敌人血拼到底。

军、师、团领导们的勇敢拼搏在战士们中间起到了巨大的榜样作用，他们团结一心、坚定不移地往前冲。他们冲上了城墙，打开了城西大门，大批的红军、赤卫军从西城门疾风劲草般地往城内中山大街冲去，给了敌人歼灭性的攻击。

227

夜幕笼罩下的吉安城，街上混乱得成了一锅粥。许多资本家、地主豪绅提着大包小包到处乱窜，牧师神父们的胆子也都几欲吓破。

他们窜到了南门，想从南门逃走。有从南门过来的地主说："南门有几万赤匪围堵着，不能走南门。"他们就往北门奔走。

他们窜到了北门,想从北门逃走。北门枪炮声不断,有从北门过来的牧师神父说:"北门的赤匪部队黑压压的一大片,把北门都封堵掉了,只能走西门。"于是,这帮资本家、地主豪绅、牧师神父提着大包小包,又往西门跑。

他们窜到了西门,红军、赤卫军、群众不停地打枪,不断地呐喊。出不了西门,他们又提着大包小包往东门跑。然而,到了东门遇到的情况还是一样。

螺子山的攻城红军、赤卫军举着红旗,一边开枪一边呐喊,率先攻进了吉安城。

这些牧师神父、资本家、地主豪绅手中都有枪。他们干脆不跑了,有些家伙从骨子里仇恨共产党、仇恨赤卫军,就在吉安城里造起反来。

对愿意缴枪投降的,攻城部队只把他们拘押起来,等候上级处理;对不愿缴枪投降的,战士们就开枪把他们当军阀一样击毙了。

然而,有些红军战士还是过于善良了,没有注意他们口袋里的枪,一不小心就被他们放了一枪,结果被地主豪绅打死了十几个红军战士。

曾山得知后十分气愤,他对敌工科科长萧文昌说:"带部队把这些顽劣分子统统抓起来,到时由苏维埃政府法办。"就这样,一个晚上下来露头搞破坏的牧师神父、资本家、地主豪绅都被敌工科带着部队抓了起来。吉安城区的治安面貌终于稍有改观。

228

黎明,从万安县茅坪区苏维埃政府选调到第四军二十八团工作的牛黄顺、严玉成来到了街上,正准备检查战士们的住宿安置情况。

通信科科长萧淑青也来了,她站在街边说:"牛排长、严排长,吉安城刚刚解放,资本家、地主豪绅不会善罢甘休的,肯定会暗中搞破坏,你们要注意安全。"

牛黄顺、严玉成站在街上环视了一圈,用手拍了拍身上背着的枪支,对萧淑青说:"萧科长,我们去检查一下战士们住宿的安置情况,遇到牧师神父、资本家、地主豪绅，我们肯定留神注意的……我们身上都背着枪呢。"

萧淑青不放心地提醒道："大家还是小心无大错。"说着走过去帮牛黄顺正了正军帽，帮严玉成扣上了风纪扣，说道："注意军纪风纪。"牛黄顺、严玉成自信满满，急着想走了。

萧淑青不放心，又一次提醒他俩，说："这些地主豪绅都是很坏的，毕竟这座城市刚刚解放，赣西南特委和红一军团总前委正在研究管理他们的方案和行政政策呢。"

这时，萧文昌带着敌工科的武装走了过来。听了萧淑青对牛黄顺、严玉成的提醒，他也说道："现在城里还不太平，你们在街上要留神潜伏在城区的资本家和地主豪绅。"

牛黄顺、严玉成异口同声地说："知道啦！"

萧淑青这才放心地转身回去，好似看到了敌工科的战士上街巡视她就安心、太平就有了保障一般。

牛黄顺、严玉成两个放心地对视了一眼，向前快步走着去完成他们的任务去了。

到了街上一个拐角处，只听突然两声枪响，牛黄顺、严玉成两人应声倒在了地上。

萧淑青听到枪声跑了出来，只见萧文昌带着队伍正朝枪响的反方向追去。没过多久，不远处传来"啪、啪"两声枪响，两个地主豪绅应声倒下，只"哼、哼"两声就没声气了。

在这次资本家、地主豪绅造反的斗争中，牛黄顺、严玉成竟被他们暗中开枪击伤了。好在萧文昌在街上及时出手救了他们。两个连敌人都没有看清的老赤卫军战士就这样负了伤，萧文昌及时叫了担架把他们送去了伤兵站，最后他们才被抢救了过来。

这样的事情引起了红一军团总前委和赣西南特委的严重关切，当晚他们就研究出了应对方案和行动措施。

229

城区内，攻进城来的红一军团部队和赤卫军武装却没有遇到一个邓英新编第十三师的守敌。原来，邓英早已发觉形势不对，领着他的精锐部队、带着他搜刮来的细软金钿，悄无声息地坐船抢先逃回了南昌城。临逃之前，他还摆出一种装模作样的姿态，严令留下来与吉安城共存亡的江西保安第三团、城区警察局、靖卫团、还乡团、侦缉队，必须开枪阻击赤匪的攻城。

邓英和他的新编第十三师精锐在梅林渡口、白鹭洲乘船顺流逃跑，他惧怕城区群众走漏风声，竟然下令不准一个商铺的居民出街来看。

午夜十二时许，第四军胜利地攻占了梅林渡口，占领了白鹭洲，解放了吉安城，红旗在城区的城头和天主教堂上空高高飘扬。

红军占领了吉安城区之后，继续乘胜追歼残敌。吉安城区周边原先没有解放的县城和乡镇，随后几天也都相继解放了。

赣西南广大红色区域就此连成了一片，从南丰到永新，由寻乌到峡江，纵横七百余里，人口达四百余万，几乎横断了半壁江西。

230

1930年1月5日，红一军团和红三军团的部分部队及赣西南党政机关进驻吉安城。

在残破的街道前面，一个地主豪绅躲在暗处，向赣西南特委书记曾山举枪。突如其来的子弹从曾山耳际穿过，把曾山身后的一个警卫员打伤了。

萧元礼带着特务营正从附近经过，听到枪声赶紧过来察看。只见一个地主豪绅正偷偷举枪，想暗杀红一军团和赣西南特委的领导。他二话不说，抬起手里的枪向那个地主豪绅瞄准，一枪就击中了他拿枪的手，枪从地主豪绅的手中滑落。曾山身后的战士循着枪声迅速上前，把那个地主豪绅打翻在地，反扭着他的双手，把他押到了曾山的面前。

萧文昌循着枪声也赶来了。

曾山看到萧文昌，对战士们说："把这个不知好歹的家伙，交给敌工科萧科长处理吧。"

看到了萧元礼，曾山不由得笑了。他说道："怎么，萧元礼同志，几年不见你，当了营长你也不来特委看看我，今天一见面却给我送这么大一份礼——在自己的吉安城救了特委书记一命。"

萧元礼忙上前与曾山握手："曾书记好！没想到我是以这种方式与书记再次见面！您先忙，我带着战士们正在打扫战场，回头我来特委看书记。"曾山点了点头，带着特委的人先离开了。

萧文昌和萧元礼押着那个地主豪绅朝莱蕨巷二十一号天后宫走去，准备把他关押在那里。

天后宫，本是国民党执法别动队、侦缉队秘密关押共产党政治人犯的地方，原先被国民党驻防吉安城的执法别动队、侦缉队关押在天后宫的共产党政治人犯已被萧元礼和萧文昌带着战士们救出来了。

菊香嫂从天后宫监舍里走了出来，一见到萧文昌，激动的泪水禁不住使劲地往外流。萧文昌握着菊香嫂的手，一时竟也激动得不知说什么好。

231

昏暗的吉安城上空飘过几丛乌云，在枪火骤停的吉安城里，空气显得有点混沌。

曾山带着中共赣西南特委和赣西南苏维埃政府的成员，心情沉重地来到了黄义、申中、刘生元、梁一清、梁铎集体牺牲的地方。他神情肃穆，与他们谈话的场景仿佛犹在眼前，牺牲的同志的音容笑貌仿佛犹在眼前，他们的魂灵仿如赣江边神岗山上的高塔，指引着千千万万的革命群众前进。

这样肃穆的地方，这般神洁的烈士告别地，更加引起了曾山对同志们、对烈士们的思念，他久久地肃立在烈士洒血的原地。他仰头凝视着苍苍茫茫的天空，一群大雁正在天空中展翅高飞……

菊香嫂迈着蹒跚的脚步，在萧文昌的陪同下也一步步地来到黄义、申中、刘生元、梁一清、梁铎集体牺牲的地方。这次吉安城被英勇的红军、赤卫军攻下来了,却没能亲手抓住叛徒曾道懿,为烈士们报仇,她感到心情有点低落消沉。看到曾山也来了,且比她还早地来看望烈士们,她的心里又生出了许多宽慰,她的心里又重新燃起了坚强的革命信念和理想。

这时,天空下起了小雨。小雨飞飞扬扬,没下多久又停了……

菊香嫂朝着前面不远处的曾山,急急地走了过去。

"菊香嫂!"曾山听到了脚步,转过身来,两眼凝视着这个被国民党侦缉队关押了一年多的女英雄。他对她表示真诚的关切和深深的敬重:"你也来啦,你受苦了!"

菊香嫂伸出粗糙的大手握住了曾山的双手,喃喃地说:"终于又能见到曾书记了!"她感受得到,自己握着的这双手,是一双劳动人民智慧的手……

232

山野的季风猛烈地刮着,在吉安城卷起了阵阵尘埃。

天主教堂外的大街上,可见许多杂货店、包子馒头铺和面食馆。

天主教堂在吉安城区中算是一座不小的建筑,宽敞的房舍显得空间很大。熙熙攘攘的人群进进出出,在警卫战士严密的警戒之中显得忙碌而有序。

梁必业和父亲梁兴教及同乡梁仁峤在赣西南特委开了党、团介绍信,在老乡第四军特务营副政治委员梁兴芬的引领下,来到天主教堂第四军政治部报到当红军。

第四军政治部工作人员迎身站了起来,亲切地问梁兴芬:"梁副政治委员,有什么事吗?"梁兴芬笑着说道:"陆干事,他们三个是我陂头乡的乡亲,今天一起来当红军。"

陆干事伸手接过他们仨递来的党、团关系材料,轻轻扯开,一页一页、一项一项地看着,偷偷打量了他们仨一眼,便坐下来给他们办手续。手续一一办完,他把三份组织报到证分别交到了三人的手上,然后亲切地对梁兴芬说:"梁副政治委员,梁兴教就分在你们特务营第一连当文书吧,梁必业和梁仁峤就分在第四军政治委员办公厅政治训练队当学员吧。"

梁兴芬点点头表示赞同，转身对他们三个陂头老乡说道："组织上对你们三个老赤卫队队员、少年队队员这样分配，你们有什么意见没有？"

梁兴教、梁必业、梁仁岭三人互相看了看，都摇了摇头，异口同声地说："没有意见。"

233

曾山来到了天主教堂红一军团总前委办公地，打算找毛委员、朱老总报告吉安城不太平的情况，以及打算对潜藏的资本家、地主豪绅采取强硬措施的方略。

他在门口遇到了梁兴教、梁必业、梁仁岭三人，便与他们打招呼："怎么，梁兴教同志，你俩父子下定决心一起当红军啦？"

梁兴教回道："是的，曾书记，你的教育见效果了。我们不能辜负了你的这番教育。"说话之间，只见天主教堂进进出出的人不少，不时地有人跟曾山打招呼。

曾山拍了拍梁必业、梁仁岭的肩膀，说道："两个小家伙，到了部队上好好干，不能给陂头乡的乡亲们丢脸啊。"

梁必业、梁仁岭对着曾山的鼓励只是灿烂地"嘿、嘿"笑了两声。

毛委员、朱老总正在与第三军军长黄公略、政治委员蔡会文以及第四军军长林彪、政治委员罗荣桓谈论清街宵禁的问题，曾山径直走了进去。原来，红一军团总前委和第三军军部、第四军军部都设在天主教堂里。

毛委员、朱老总完全赞成曾山的意见。曾山有了信心，他回到赣西南特委与常委们开了个碰头会，提出"为着实行肃清反革命派的工作"，决定马上设立"肃反委员会"，宣布戒严命令和肃反临时条例，并着手清查和处理各地逃亡在吉安城内的豪绅地主和反动分子。

234

吉安城区竹牌巷、吉安商会大楼门口,许多商人在听值夏小学的蒋校长念墙上的《告商人书》。

离人群较远的地方,有三四个赤卫军战士、少年队队员在站岗放哨。

蒋校长大声读着布告:

"'做生意的同胞们:一,共产党所领导的红军到你们这里来啦,红军会怎样对待你们呢?你们要怎样对待红军呢?你们要怎样对待革命呢?

"'二,共产党在现时领导的革命,叫作民权革命,是要打倒三个反革命的东西:第一个,打倒帝国主义,不许洋人在中国逞凶,中国归中国人管,不许洋人支配中国;第二个,打倒地主阶级,废止收租制度,田地平分予农民;第三个,打倒国民党政府,建立工农兵苏维埃政府。这就是受共产党政治领导的红军在现时努力奋斗的三个大任务。'"

一个商人听到这儿,插话问道:"这三大任务与我们做生意的有什么关联呢?我们做我们的生意,互不关涉呀。"

另一个大嗓门的商人说:"做生意也只是为了养家糊口呢!共产党打倒了地主阶级,取消了收租制度,农民日子过得好与不好,无关生意人什么事哩!"

又一个性情有点急躁的商人说:"先不去争论好与不好!前面的仁兄,你把共产党的这个章程念完吧。"

于是,蒋校长继续念着:

"'红军对城市的政策是:取消苛捐杂税,保护商人贸易。在革命的时候用累进法,资本多的多捐,资本少的少捐,请大商人捐款供给军需,但不准摊派到资本在两千元以下的小商人身上。城市反动分子、军阀的走狗、贪官污吏、国民党指导委员、工贼、农贼、学阀的财物一律要没收。'"

一个戴蓝色皮帽的商人在人群外面踮着脚尖,问:"那上面有没有讲,乡村收租放息的乡绅搬到了城市里住家的,对他们的财物打算怎么处理呢?"

"有讲,有讲。'乡村收租放息为富不仁的乡绅,搬到了城市里住家的,他们的财物也要没收。'"蒋校长继续解读着,戴蓝色皮帽的商人脸色苍白,转身便走了,不再听蒋校长念什么了。

蒋校长留意到了他。他挤出人群,追上了戴蓝色皮帽的商人,气定神闲地说:"楚先生怎么就走啦?不听啦?"戴蓝色皮帽的商人心事重重,不吭一声。

蒋校长猜中了他的心事,对他说道:"楚先生是不是担心,财物会被没收了?……你不用担心了,告示上针对的是'为富不仁'的这部分商人,楚先生不属此列。"

戴蓝色皮帽的商人一听蒋校长的解说,脸色稍微好转:"蒋校长这话当真?"他的心情为之一振。

蒋校长说:"不是我这话当真,是布告这话当真。上面明明白白写着呢,共产党、苏维埃政府的政策不会乱来的。"蒋校长给戴蓝色皮帽的商人吃了颗定心丸。

235

深夜二时,红一军团总前委发出了"整治城市、清理街巷"的密令。

三曲滩、北门桥、桐树坪、十五里、长塘,各处路口闪动着战士们忙碌的身影。第四军接到密令后行动了起来,四处派出警戒,开始盘查交通,检查反动派、有嫌疑之人以及武器、军用品和反动文件等。

吉安城区,萧元礼带着特务营的战士们荷枪实弹,在莱菔巷、习溪桥、南湖桥、盐桥、景福桥、王家桥、小桥、竹牌巷、半苏巷以及马悦塔附近盘查可疑的行人。

城区一应的街道、巷口、码头以及商埠上的房屋、大楼,由各个连队的战士们分区分片包干,一班兵力为一组,战士们进进出出在检查藏匿在城区暗处的反动分子及土豪劣绅。

检查完毕,第四军每个连队的战士用粉笔在门上显眼处写上了"肃清"二字作为记号。

236

晨曦初显，平静的赣江白鹭洲江面上掠过了一群水鸟。江面上没有一艘渔船，邓英带部队逃走时把船都掠夺走了。

吉安城区中山路附近，萧文昌挎着枪，带着一群红军战士、赤卫军战士、少年队队员穿过一幢幢古建筑小楼，在广场外围巡逻警戒。

走着走着，他忽然站住了。他用右手搭了个凉棚，遮住阳光，眺望着远方的天空，只见美丽的吉安城上空碧蓝如洗，晴空万里。

237

中山路的尽头，是中山广场，大会场就设在那里，参加大会的人们正成群结队地向那赶去。

一群挑着几十担开水的女赤卫军战士、女红军战士、赣西南妇救会成员，排成队列走在大街上。她们在赣西南妇救会副主任冯兴华的带领下，挑着开水往大会场方向赶去。走到了萧文昌身边，冯兴华兴奋地与他打着招呼："啊，萧科长，巡逻警戒啦！"

"是哩！你们给大会场送开水啦！"萧文昌从远望中回过神来，对冯兴华点了点头，继续巡逻。

在中山路广场不远的树林下，几个背枪巡逻的赤卫军战士在谈论着什么。其中一人看着冯兴华的背影，说道："多好的一个姑娘啊，要是我能娶上她，我这辈子就值得啦！"

238

清早，喷薄欲出的太阳给吉安城中山广场披上了一层金黄的光辉。

吉安城一夜间被红一军团、红三军团、赣西南赤卫军一举攻下，消息震动八方。

1930年10月7日，这是永远载入中国共产党史册的一天。

中山广场大会场上人头涌动，红旗遍布，天地间喧闹非凡，一种喜气洋洋的氛围四处弥漫。

王怀、陈正人、肖道德、李文林、肖韶、彭德怀、曾炳春、罗炳辉、滕代远、朱昌偕、陈毅、黄公略、段起凤、邱达三、古柏、刘光万、金万邦、郭承禄等人簇拥着毛委员、朱老总、曾山等人，步履矫健地来到了中山广场大会场。

红一军团总前委和赣西南特委在这里共同举行有十三万人一齐参与的庆祝赣西南暴动胜利大会，并宣告江西省苏维埃政府成立。

毛委员、朱老总、曾山走上临时搭建的高高的简易主席台，威严地站在主席台桌子的中间。

十三万群众欢欣鼓舞，激动地欢呼着："中国工农红军万岁！""赣西南暴动胜利万岁！"

排山倒海的欢呼声响彻长空，共产党的旗帜、中国工农红军的旗帜在中山广场上猎猎飘扬。

毛委员、朱老总、曾山久久地伫立在台上，向飘扬在广场上空的鲜红旗帜注目……

这场已过去了九十多年的划历史的大会，时至今日，已经渐渐淡出了人们的记忆。但在这场划历史的大会上讲话的毛委员、朱老总，以及主持这一场划历史的大会的曾山，这些光辉的人物以及无数满怀赤诚之心为革命抛头颅、洒热血的志士，永远被历史铭记，永远屹立在翻身做主的人民的心中。

239

会场上，毛委员眼里充满激情、充满阳光、充满活力，他在主席台上对着大会场上的与会代表们，满怀深情地大声宣布：

"今天，我们在吉安城，在这座历史文化名城，隆重地庆祝'赣西南暴动胜利暨江西省苏维埃政府成立'！这是中国工农红军取得的一个初步胜利！就全国范围来说，赣西南暴动是胜利了，但工人还没有完全汇合农民的力量把资产阶级和帝国主义推翻，还没有把国民党反动军阀打倒。资本主义不但依然剥削着农民，而且比以前变本加厉，造成农村中出现了残酷的剪刀差现象。

"农民虽然有饭吃，但无衣穿无货用，一切农产品价格贱得要命，一切布匹货物却贵得要命，农民的生活依然痛苦不堪。农民要想解决这种剪刀差痛苦，只有参加红军、拥护红军、扩大斗争，帮助工人阶级在全国范围的大城市中取得胜利，打倒资产阶级和帝国主义，建立广泛的苏维埃政府管理全国，同时促进形成全世界的革命高潮，推翻全世界的资本主义！唯有如此，农民才能取得全国各界尤其是全国工人阶级的帮助，消灭铲除剪刀差的痛苦。

"赣西南暴动的胜利暨江西省苏维埃政府成立，昭示着我们的红军队伍：应该继续在全国每一个红色农村中扎根，把农村及城市两方面的政治和经济形势结合起来。借像赣西南这样暴动胜利的机会，用各种方式告诉农民，鼓励他们坚定支持红军！实现全国暴动的胜利，建立全国苏维埃政府，这就是我们未来的战斗目标！我们必须继续努力，团结一致，为实现这个战斗目标前进！"

240

曾山在大会上也发表了讲话，他语气诚恳地说道：

"吉安城的胜利攻破，是广大红军、赤卫军、少年队、革命群众团结一心、共同浴血战斗的结果。赣西南特委在当前的目标实现后，不能只停留于当下的计划。我们还有进一步的计划，就是攻破南昌和九江——这是赣西南特委和红一军团总前委所要领导工农武装继续推进的下一个目标！"

曾山的讲话中充满着一种共产党人的激情，洋溢出一股强劲的力量感，他对着会场上的与会代表们继续大声说道：

"我们若不在当前目标还未实现前，鼓励群众全力实现当前的目标；

在满足了当前目标后,却不鼓励群众去实现进一步的目标,群众就会有'既是这样可以,又何必那样,究竟应怎样'的疑问产生出来。现在,我们在大会上就把进一步的目标说出来,我们广大的红军、赤卫军、少年队、革命群众就有了进一步行动的方向,就会避免骄傲自满情绪的滋生。这就是说,经营全江西——是我们赣西南特委和红一军团总前委要进行的进一步的目标!"

241

艳丽的阳光照耀着赣西大地,到处暖洋洋的。毛委员和曾山的讲话,像那暖阳一样温暖着会场上十三万多的革命群众。人们心情激奋,热诚地鼓着掌。

菊香嫂在人群中起立,她身旁是来自万安县的支前模范施秀兰、萧中鼎,他们听着毛委员、曾山的讲话,心情振奋,都在用力地鼓着掌。

菊香嫂扭头看着情绪激动的施秀兰、萧中鼎,与他们感同身受。

她望着身旁的红军战士、赤卫军战士、少年队员和革命群众,自己的心绪也沸腾起来。她那神色坚定的脸庞,与会场上鲜红的共产党旗帜、红军旗帜相互衬托着。

掌声慢慢地停下了。菊香嫂对施秀兰和萧中鼎说道:"这个会,让我也增强了信念……我们红军队伍的发展壮大,以后是赣西南群众自己的事情啦!苏维埃政府在赣西南群众心里扎住根了!无论局势怎么变换,它都不会被吹倒,它都不会被拆散!……国民党、资本家、地主豪绅想着法儿要把红军消灭,然而她呀……反而更加壮大了!英勇的工农红军、农民赤卫军、革命群众,还把吉安城给打下来了!以后,红军还会更加强大!这个发展势头,任谁也阻挡不住!"

领导们在一个一个地讲话,每当讲完话后,会场上又会响起热烈的掌声,菊香嫂和施秀兰、萧中鼎也热烈地鼓起掌来。

上午,吉安城的中山广场美极了。太阳照耀着广场上的菩提树,树阴广阔,广场上投下了点点星光。

这些菩提树，在十月初秋新鲜气息的滋养下，闪烁着青春活力之色。

宽阔的广场上，十三万多与会人员在跳跃的阳光下精神饱满地倾听着毛委员的讲话，倾听着赣西南特委书记曾山的讲话，精神抖擞。

苏醒了的赣西南儿女们从毛委员雄健的讲话中深切地感受到，共产党的领导是一切革命事物存活的力量源泉！她像一座巍峨的灯塔，照耀着中国共产党历史长河的航行之路！她像高大的丰碑，耸立在祖国文明岁月成长的旅途上！

大会选举出毛泽东、朱德、彭德怀、陈毅、黄公略、滕代远、曾山等53人为江西省苏维埃政府执行委员会委员，曾山被选举为江西省苏维埃政府执行委员会主席。

会上，赣西南特委发布了《庆祝赣西南暴动胜利并成立江西省苏维埃工农兵群众大会宣传大纲》。

会上，曾山代表江西省苏维埃政府执行委员会发出布告："宣布本政府成立及公布政纲！"

大会通过了《进攻南昌、九江》《扩大红军一百万》《坚决反对富农 保障分田胜利》等三个决议。

大会发出了《致苏联书》《致全世界无产阶级书》《致全国革命群众争取胜利书》等庄严布告。

从未曾见识过大城市场面的施秀兰、萧中鼎，面对革命形势翻天覆地的变化，他俩都沉浸在一种巨大的幸福感之中。他们望着主席台上毛委员、朱老总、彭德怀、曾山等那一张张坚毅又善良的笑脸，不由自主地流下了激动的眼泪。

242

下午，萧淑青回到了第四军第十一师通信科。

一进门，师部通信警卫排排长杨得志便对她说："赣西南特委敌工科科长萧文昌来找过你。"

萧淑青怔了一下，问："有没有说找我什么事？"

杨得志笑了笑,说:"他没说,只站了一会儿就走了。"

萧淑青想了想,转身便去街上找萧文昌,她知道他正在街上巡逻。在街上却没有找到他,于是她又到特委去找。她知道特委与敌工科的办公地点一般是不会分开太远的,果然在特委找到了他。

萧文昌看到萧淑青来了,便迫不及待地对她说:"我正找你,你不在。"

萧淑青望着萧文昌忧心的样子,心中忐忑不安起来,她问道:"找我有什么事吗?"

萧文昌答道:"罗芳初在攻打吉安城战斗中负伤了,正在桐树坪伤兵站住院。怕你还不知道,就特意告诉你一声。"

萧淑青默然了一会,喃喃地说:"怪不得……没有他的消息。"她先前还在纳闷,吉安城已经打下来了,罗芳初却一直没有来找过她,心里还为此起伏过。

她忽然很迫切地想要看见罗芳初。

她对萧文昌说:"你下午没什么事吧?能不能陪我去桐树坪伤兵站,看看罗芳初科长,顺便也看看牛黄顺、严玉成。"

萧文昌笑着说:"我找你可不仅仅是要告诉你这个消息,就是准备了要陪你一起去的。你看看门背后,桌子上是什么东西。"只见桌子上放着三个网格提袋,袋子里装有橘子、苹果、麦乳精和瓶装罐头。

萧淑青吐了吐舌头,说:"这么丰富,这是哪里弄到的呀?"她忘记了萧文昌是敌工科科长,手可长着呢。

萧文昌说:"打下了吉安城,什么东西买不到?我拿着这几个月的津贴专门买的。呐,也是专门为你准备的。"他很热心地对她微笑着。

"为什么今天这么大方?你肯定是有什么事求我。"萧淑青笑了一笑。

萧文昌嘻嘻地笑着:"我要托你帮个忙。我看上了妇救会副主任冯兴华,请你帮我说合说合。"

萧淑青听见这话,扑哧一声笑了,望着萧文昌说道:"总算露出了你的狐狸尾巴。"

她忽然想起来,有一次冯兴华也曾向她打听萧文昌是否有对象。原来两人都有这个意思,她心里一乐,说道:"行,你的这个忙我帮了。现在我们可以走了吧？"

"我就知道你会帮我！"萧文昌喜得有点合不拢嘴，他故意调皮地问萧淑青，"去哪？"

"当然是陪我去医院喽！这还要问。"萧淑青说着，就匆匆地往外走去。于是，萧文昌提起了桌上的水果，赶紧追了上去。

243

已近傍晚，桐树坪伤兵站的医生和护士还在紧张地忙碌着，给各个病房的伤员打针、换药、止痛、消毒，有的护士则利用晚饭的时间给伤兵们洗衣服。

桐树坪伤兵站副站长程稆桂正在伤兵站值班室跟一个医生谈着什么……

萧文昌站在值班室门口叫了声："程副站长——"

程稆桂扭头一看，是萧文昌来了，便对那个医生说了句："那个治疗方案，回头再谈。"说完起身走出了值班室，打趣地说："萧科长，稀客呀！你怎么有时间来啦？难道我这里的伤兵站还有对敌工作要开展？"

萧文昌笑着说："过来探探第四军第十一师作战科罗芳初科长。"

程稆桂恍然大悟，说："哦！他就住在前面左拐弯第四间病房，今天第十一师来看他的人还真多，刚刚走了一拨呢。"

这时，一个医生快步走了过来，对程稆桂说："程副站长，你快过去看看，那个姓张的副团长闹着要出院回部队，一心想着打仗，怎么都拦不住。"

"好！你先过去，我就来！"程稆桂对着这个医生点了点头，转身对萧文昌抱歉地说，"萧科长，我就不陪你们去探望罗科长了。我这里还有好些个愣头青，他们不时地给我们造一点小烦恼，现在我过去处理一下。"说着歉意地握了握手，抬脚便走了。

萧文昌看着程稆桂走远了，才拉了拉萧淑青的衣袖，与她一起往罗芳初的病房走去。

244

傍晚，暮色降临。太阳早已下了地平线，阵阵凉风吹在人们的身上，一种畅爽悦心轻盈流动。

桐树坪伤兵站，临建的病房区静无声响。

病房里，牛黄顺、严玉成像孩子一样，乖乖地接受了护士的换药，然后一副急不可待的样子问着护士："我俩的伤，看样子没什么大碍吧？"

护士说："子弹都射进了身体里，差一两公分就打中身体的要害了，你们说有没有大碍？"

伤兵站每天来这么多伤兵，每天来探望伤兵的人也多。人来人往，久而久之护士把病员和探访者的心态都摸透了。因此，针对不同的人她便有不同的回答。

护士换完药，转身端着药盘到隔壁的病房去了。

245

在病房门口，护士便遇到了施秀兰、萧中鼎，他们向她打听："请问，牛黄顺、严玉成两位同志住在哪间病房？"

原来，施秀兰、萧中鼎参加完"庆祝赣西南暴动胜利"大会，听到战友说牛黄顺和严玉成遭到地主豪绅的偷袭受伤了，于是他俩一路打听，心急火燎地来到桐树坪伤兵站探望他们。

护士笑着用手指了指身后的病房，回答说："他俩就住在这间呢。"说完便到隔壁的病房给罗芳初换药去了。

牛黄顺、严玉成一看是施秀兰、萧中鼎来探望，不禁喜出望外，忙跟他俩打招呼。他们四人已有半年多没见面了。

严玉成打趣地问："带喜糖来了没有？"施秀兰一听脸都红了。

萧中鼎说："我们是来参加'庆祝赣西南暴动胜利暨江西省苏维埃政府成立'大会的。"

第三十六章 ★ 胜利

牛黄顺一见到施秀兰、萧中鼎，突然想到了一件事。他嘴快，对他俩说道："你们不知道吧，罗芳初也受了伤，也在这里住院，就住在隔壁。"

施秀兰一听急了，有点坐不住了。只待了一会儿，她就拉着萧中鼎出了病房，来到了隔壁，想看看罗芳初的伤势要不要紧、恢复得怎么样了。

246

罗芳初在病房里静卧着。平常里一想起萧淑青，他的心就会"扑通扑通"地跳个不停，他多么希望她能马上出现在自己面前。实际上，他刚刚遇到她的时候，就有了一种奇妙的感觉，他时时刻刻想见到她，希望这一辈子都不离开她。而那时候他还不知道，这就是人们口中常说的爱情。

那一次，罗芳初去第四军第十一师通信科找萧淑青，他的心情一直处于亢奋之中。幸好那天师长和政治委员找到他，要他晚上上台表演节目，让他有了一个暂时离开她的理由。不然他还不知道得怎么收场，恐怕心里会感到窘迫，毕竟这是他第一次在一个女人面前表达自己的爱和感情。

他受伤的那一天，萧文昌、萧元礼叫了副担架把他送到了桐树坪伤兵站。他心里是暗暗地又高兴又紧张，只要萧淑青得到消息，她就一定会来伤兵站探望他的，他就又可以享受与她在一起的温馨时光。

萧淑青果真和萧文昌一起来伤兵站看他了。他看着她，心里非常高兴。她还给他喂稀饭，他激动的心差点就飞起来，全然感觉不到身上的伤痛了。萧文昌借口要去看看牛黄顺、严玉成，溜到隔壁病房待了好一阵，给了他与她好一会儿单独相处的时光。

第二天，萧文昌说要带部队巡逻宵禁，不能陪萧淑青来伤兵站，萧淑青也就乐得一个人过来了。

罗芳初在病房与萧淑青聊天谈诗，喝她喂的粥，他感觉身上有一种莫名的兴奋充溢在他的内心。他忍不住想，原来在医院住院也可以这么开心，可以让他焕发出饱满的精神。

247

施秀兰、萧中鼎走到了罗芳初病房的门口,却见一个年轻的女人坐在罗芳初的病床前。

她正在给他念一首诗:"吾家何处。对落日残鸦,乱花飞絮。五湖四海,千岩万壑,已把此生分付。"

女人给罗芳初喂着稀饭,性情显得是那么细致、那么耐心,旁人看到了也倍感温馨。

这个女人留着齐肩短发,额前的几缕刘海遮挡住了眼帘,脑后隐隐约约露着一点洁柔的脖子。从背影上看,一时看不出来这个女人是谁。

"这个女人究竟是谁呢?我俩认不认识她呢?"没有看到她美丽的正脸,施秀兰和萧中鼎不能确定。

施秀兰、萧中鼎一想到罗芳初竟然也已有了女朋友,他俩的心里陡然觉得痛快起来。

那么,这个女人,究竟是不是罗芳初的女朋友呢?施秀兰、萧中鼎心中仍在狐疑。

一段峥嵘的红色岁月呼啸而去,但云淡天高,江山不语,却已刻画下了诸多儿女志士的足迹。这一段抛头颅、洒热血、忘我革命的岁月,成为红色革命之火的种子,光辉永远闪耀在人们心中。

有道是:

楚天千里清秋,水随天去秋无际。遥岑远目,献愁供恨,玉簪螺髻。落日楼头,断鸿声里,江南游子。把吴钩看了,栏杆拍遍,无人会、登临意。　休说鲈鱼堪脍,尽西风、季鹰归未?求田问舍,怕应羞见、刘郎才气。可惜流年,忧愁风雨,树犹如此!倩何人、唤取红巾翠袖,揾英雄泪!

——(南宋)辛弃疾《水龙吟·登建康赏心亭》

参考文献

[1]《中央日报》. 南京，1928-12～1930-12.

[2]《民国日报》. 南昌，1928-12～1930-12.

[3] 中央档案馆.《红星报》（全部刊物）.

[4]《江西党史资料·十万工农下吉安专辑》第⑦集. 中共江西省委党史资料征集委员会，中共江西省委党史研究室，1988-7.

[5] 中国共产党建设全书：1921—1991·第1卷[M]. 太原：山西人民出版社，1991.

[6] 中国共产党建设全书：1921—1991·第2卷[M]. 太原：山西人民出版社，1991.

[7] 中共中央党史研究室. 中国共产党的九十年[M]. 北京：中共党史出版社，2016.

[8] 中共中央党校. 中共中央文件选集（1～15卷）[M]. 北京：中共中央党校出版社，1989.

[9] 周谷生. 吉安英烈[M]. 北京：中共党史出版社，1992.

[10] 中共吉安地委党史工作办公室. 吉安苏区史[M]. 北京：中央文献出版社，1995.

[11] 江西省万安县文史档案局. 中国共产党万安历史（1919—1949）[M]. 北京：光明日报出版社，2011.

[12] 中共中央党史资料征集委员会. 中共党史资料（1～50期）[M]. 北京：中共党史出版社，1985.

[13] 中共中央党校党史教研室. 中国共产党史稿（第一分册）[M]. 北京：人民出版社，1983.

[14] 中共中央党校党史教研室. 中国共产党史稿（第二分册）[M]. 北京：人民出版社，1983.

[15] 文史资料选辑（第1～80辑）[M]. 北京：中国文史出版社，1986.

[16] 《永新人物传》编纂委员会. 永新人物传（第1～4卷）[M]. 北京：中国文联出版社，2000.

[17] 中共吉安县委党史工作办公室. 中国共产党吉安历史·第一卷：1921—1949[M]. 北京：中共党史出版社，2011.

[18] 中共党史参考资料（第1～5册）[M]. 北京：人民出版社，1979.

[19] 中共江西省委党史资料征集委员会. 江西党史资料（第1～46册）[M]. 北京：中共党史出版社，1988.

[20] 康克清. 康克清回忆录[M]. 北京：解放军出版社，2001.

[21] 何长工. 何长工回忆录[M]. 北京：解放军出版社，1987.

[22] 萧克. 萧克回忆录[M]. 北京：解放军出版社，1997.

[23] 梁必业. 梁必业将军自述[M]. 沈阳：辽宁人民出版社，1997.

[24] 中共江西省委党史研究室. 曾山传[M]. 南昌：江西人民出版社，1999.

[25] 中共江西省委党史研究室. 曾山文集[M]. 南昌：江西人民出版社，2019.

[26] 刘勉钰. 曾山这一生[M]. 南昌：江西人民出版社，2015.

[27] 萧锋. 萧锋征战记[M]. 北京：中央文献出版社，2010.

[28] 萧劲光. 萧劲光回忆录[M]. 北京：当代中国出版社，2013.

[29] 罗瑞卿. 罗瑞卿军事文选[M]. 北京：当代中国出版社，2006.

[30] 粟裕. 粟裕战争回忆录[M]. 北京：解放军出版社，1988.

[31] 杨得志. 杨得志回忆录[M]. 北京：解放军出版社，2011.

[32] 匡胜，刘晓农. 井冈双雄：袁文才王佐传[M]. 南昌：江西人民出版社，2006.

[33] 孙伟. 陈毅史料选编：土地革命战争时期[M]. 北京：解放军出版社，2013.

[34] 梅黎明，匡胜，黄样兴. 1927年9月的中国与中国共产党：部分民国报刊资料摘编[M]. 南昌：江西人民出版社，2014.

[35] 梅黎明，匡胜，余伯流. 星火燎原：全国革命根据地要览[M]. 北京：中国发

展出版社，2014.

[36] 梅黎明，匡胜，余伯流，等. 峥嵘岁月：井冈山斗争与中国革命[M]. 北京：中国发展出版社，2014.

[37] 梅黎明，匡胜，黄样兴. 决定中国革命命运的20天：1927年9月9日—29日的中国共产党[M]. 南昌：江西人民出版社，2014.

[38] 梅黎明，匡胜，余伯流. 浴血罗霄：井冈山革命根据地历史[M]. 北京：中国发展出版社，2014.

[39] 孙伟. 创业艰难百战多：土地革命战争时期的陈毅[M]. 北京：中共党史出版社，2016.

[40] 程思远. 中国国民党：百年风云录（上、中、下卷）[M]. 延吉：延边大学出版社，1994.

[41] 柏柳. 苏区英风录：老一辈革命家在江西[M]. 南昌：百花洲文艺出版社，1992.

后记

《十万工农下吉安》这部红色长篇小说的创作,源于我与老红军、老赤卫队员的接触。在拜访他们的过程中,这些老红军、老赤卫队员自然流露出的崇高的信仰和敢于斗争、无畏牺牲的革命英雄气概,深深地感染了我,于是我萌发出了要书写和记录这些为共和国的诞生作出了卓越贡献的革命前辈的念头。

筹备和创作的过程是十分艰辛的。为了了解斗争的过程,我查阅史料,请教党史方面的专家,还尽可能地联系和拜访老红军、老赤卫队员,十年来足迹遍及福建、江西、湖北、湖南、上海、广东、广西、贵州、北京、天津及东北三省等地区,积累了厚厚的一沓历史资料,了解到革命早期很多感人的细节,感知到斗争的艰辛,心中充满了崇敬之情。夜深人静之时,我常常辗转难眠,心中充满了波澜,也充满了敬畏,总是感觉不吐不快。慢慢地,那段峥嵘岁月在我脑海中交融,交织出了一幅沧桑动人的图景……

众多的老红军、老赤卫队员及其亲属给了我很多勉励和期望,是他们"西风解事,为人间,洗尽三庚烦暑"的胸襟,照亮了我前行的路途!

所谓信笺书情人常在,"钟磬泠泠夜未央,梨花庭院月如霜。步虚声里拜瑶章"。多少年来,大学的授业恩师们一直指引和教导我,鼓励我不断进步;支持与关爱我的数不清的同行给了我力量,成就了我的著作。

"雨过芙蕖叶叶凉,摩挲短发照横塘。一行归鹭拖秋色,几树鸣蝉饯夕阳。　　花侧畔，柳旁相，微云澹月又昏黄。风流不在谈锋胜，袖手无言味最长。"风风雨雨中一路走来，再多的言语和行动，都无法表达我对老前辈、新老朋友和帮助过我的贵人们的深深感激！"直待金风到后，红叶秋时，细写情辞。"唯以此抒表我心底对他们的谢意。在今后的人生旅途中，我将把满腔热忱落在红土地里，常怀感恩之心做人，常怀虔诚之心创作，常怀担当之心干事。

在《十万工农下吉安》的创作过程中，得到我的家乡中共吉安市委和市委领导的支持和关心。在修改完善的过程中，还得到中共吉安市委党史办闵赛珍主任和朱荣辉副主任的帮助和指导，他们给予我中肯的、有建设性的修改意见，为小说增色不少。我真诚地向他们表达敬意和表示感谢！

收集史料和采访老红军、老赤卫队员历时数年，其间南昌杰联工程设计有限公司朱小健总经理、广州市中西医结合医院刘礼胜副主任医师、广东雄宇律师事务所高级合伙人肖霈桦副主任律师尤其关心和支持我，为我提供经济资助，使得史料收集和采访活动得以开展，我真诚地向他们表示感谢！

在史料的收集过程中，中共吉安市委党校黄军红副教授也给予了我关心和帮助。在图书的出版过程中，得到广东省作家协会及其相关领导的支持和帮助。另外，华南理工大学出版社的领导和编辑付出了许多心血。图书完稿后，中国人民武装警察部队海警总队直属某支队肖伯扬同志为本书倾情作序。此外，本书还得到社会其他一些领导的帮助和关心。向他们一并表示感谢！

据不完全统计，近十年里我拜访的老红军、老赤卫队员及其直系亲属有105位。如今这105位老同志多数已然离世，他们没能够看到本书的问世，我深感遗憾，但在此我仍然要向他们鞠躬致敬！

由于故事发生的年代久远，加上个人水平有限，书中疏漏之处在所难免，敬请广大专家和读者不吝指正。

肖栈光
2022年7月